THE WARS OF RECONSTRUCTION

THE BRIEF, VIOLENT HISTORY OF AMERICA'S MOST PROGRESSIVE ERA

重建之战

[美] 道格拉斯 · R. 埃格顿 著

周峰 译

上海译文出版社

目 录

序言

罗伯特·维齐的查尔斯顿

南北战争结束之际，去过查尔斯顿的人这样描述这座城："满目疮痍，惨遭遗弃，空房遍布，寡妇成群；码头锈迹斑斑，仓房荒废已久，成片土地寸草不生，楚楚生怜，如泣如诉。"然而，考虑到当年内战在此打响，想到1861年4月12日凌晨4:30，海岸炮兵袭击萨姆特堡的场景，总统认为这场血腥的冲突也应该在原地画上句号。亚伯拉罕·林肯希望在这个州举行一场具有象征意义的自由盛会。这里曾是约40万受奴役的美国人的故乡，至今也仍是一个以黑人为主的城市。1865年3月下旬，战争部长埃德温·斯坦顿就"应对时局变化的军事安排"一事致电总统，建议他邀请温德尔·菲利普斯、亨利·沃德·比彻这两位废奴主义者来。斯坦顿还认为：让现役罗伯特·安德森少将在萨姆特堡升旗再合适不过了，4年前，他就是在此地被迫降下了同一面旗。在林肯的授意和鼓励之下，斯坦顿还请来了《解放者》报的记者威廉·劳埃德·加里森，《解放者》报在当时的波士顿素以反对奴隶制闻名。陆军中尉乔治·汤普森·加里森也获准休假，陪父亲首次造访查尔斯顿。由于当时的战争部希望来访者中有黑人活动家和军人，因此，弗吉尼亚自由人出身的少校马丁·R. 德拉尼也在受邀之列，他是第一个担任陆军校级军官的非裔美国人。同样受到邀请的还有中尉罗伯特·斯莫斯，他曾是卡罗来纳州的奴隶，当年驾着偷来的南方邦联的运输船"种植园主号"离开了查尔斯顿港。后来，有人记起什么，便又邀请了老罗伯特·维齐，这位非裔美国木匠是1822年夏被那时的市政当局绞死的废奴主义者丹马克·维齐的儿子。①

就在一个月前，也就是2月18日，这座城市被占领了。与此相应，第一批进城的是黑人军队。他们唱着约翰·布朗的《真理永远向前进》，鱼贯而入这座曾分裂国家、奴役黑人的军事堡垒。白人居民躲在屋里焦虑不安，黑人却涌上集会街和国王街，迎接他们的解放者。一位上了年纪的妇女扔掉拐杖，兴奋地叫喊，说自己不需要拐杖了，说她的禧年大赦终于来临。德拉尼少校立即着手用昔日的奴隶来补充队伍的严重减员，他告诉这些即将入伍的前奴隶：南方邦联总统杰斐逊·戴维斯依然掌控里士满，一个战后自由民②还可以"通过成为一名士兵来证明自己是个男子汉，用自己强健的臂膀为自己的种族解放而战斗"。许多青年人挺身而出，踊跃报名，有记者惊叹道："查尔斯顿的征兵官员简直忙得不可开交。"查尔斯顿的黑人"成群结队地涌到合众国旗帜下"，使德拉尼得以重组了自己麾下遭受重创的第103、第104团，并开始组建合众国有色人种部队（USCT）的第105团。③

---

① Sidney Andrews, *The South Since the War* (Boston, 1866), 1; Edwin M. Stanton to Abraham Lincoln, March 25, 1865, in Abraham Lincoln Papers, Library of Congress (hereafter LC); Henry Mayer, *All on Fire: William Lloyd Garrison and the Abolition of Slavery* (New York, 2005), 577; James Brewer Stewart 的 *Wendell Phillips: Liberty's Hero* (Baton Rouge, 1986)中没有提到这个仪式，Phillips 似乎没有出席。

② 本书的"战后自由民"(freedman) 主要指是南北战争后获得自由的前奴隶。自由人(freeman) 则指没有做过奴隶的黑人。——译者

③ Bruce Levine, *Half Slave and Half Free: The Roots of the Civil War*, rev. ed. (New York, 2005), 241; Bernard E. Powers, *Black Charlestonians: A Social History, 1822–1885* (Fayetteville, AR, 1994), 70.

3月29日，查尔斯顿的黑人再次走上街头，这是自1850年支持蓄奴制的政治家约翰·C. 卡尔霍恩死后，这座城市出现的最大规模的游行。记者估计游行人数超过4000人，还有1万名观众为其呐喊助威。合众国有色人种部队第21团的士兵为游行开路，后面跟着黑人工匠和商人，其中大概就有罗伯特·维齐，他们沿着街道蜿蜒穿行了好几英里。一辆骡车路过，车上载着两名去参加模拟奴隶交易的妇女，车后拖着60名被锁链串在一起的男奴，路人目睹这番场景，不禁流下了眼泪。最后过来的是一个沉箱，里面装着一口棺材，上面覆着黑布，一面旗子在旁迎风飘扬，上书“奴隶制已死”。在那个当口，游行现场变得喜庆起来。一辆“自由之车”载着13名白衣女孩，后面跟着数百名最近在自由民局（Freedman's Bureau）设立的学校入学的孩子。一些人举着醒目的标语，上面写着“战争英雄：格兰特、谢尔曼、谢里丹”，另一些人则带着“我们知道没有种姓或肤色之分”的标语牌。像往常一样，鲜有白人敢出来看这种关于自由和种族自豪感的示威游行，而那些真的出来看的人，记者认为，看起来很暴躁，但是也“有足够的理智把自己的想法隐藏起来”①。

萨姆特堡光复庆典定于4月14日，也就是安德森投降的纪念日。那时，戴维斯已经放弃里士满，许诺一旦林肯政府放弃了“让奴隶成为自由民的不可能完成的任务”，他就会打回里士满。但是，罗伯特·李将军前一周就投降了，那些真正了解受奴役的滋味的卡罗来纳人准备庆祝星条旗重回萨姆特堡大旗杆的顶端。在活动的前一天晚上，约翰·波特·哈奇将军主持了一个盛大的舞会。为了让大家明白

① Walter J. Fraser, *Charleston! Charleston! The History of a Southern City* (Columbia, SC, 1990), 272; Leon Litwack, *Been in the Storm So Long: The Aftermath of Slavery* (New York, 1979), 178.

这场战争已使南北破镜重圆，哈奇不仅选择了皮埃尔·博加德 4 年前为南方独立举办庆祝晚会时使用的那个大厅；还雇了同样的宴会负责人，点了同样的菜。①

第二天早晨，晴空万里，柔风拂面。当造访这座城市的人们漫步走向码头时，不禁注意到查尔斯顿一副凄凉的样子。1861 年 12 月的一场大火烧毁了许多房屋，至今尚未修复；一名刚获得自由的前奴隶对一位达官显贵肯定地说，纵火犯"就是耶稣本人"。最后，在 11 点时，一支小舰队开始驶往萨姆特堡。其中一艘名为"种植园主号"的船仍由斯莫斯中尉驾驶，但这次载的客人是德拉尼少校和罗伯特·维齐。一家报纸称，这艘船的甲板"黑压压地站满了查尔斯顿的有色人士"。在港口的北面，挤在铁轨上的人们注视着苏利文岛，那里曾经是将非洲人卖到南方殖民地的最重要的集散地。而在港口的南面，人们可以看到莫里斯岛和瓦格纳堡的遗迹，那里长眠着大批马萨诸塞州第 54 黑人步兵团的士兵。萨姆特堡本身也几乎被摧毁。长年的炮击将五面墙中的三面夷为平地，绝望的南方邦联守军将这片废墟重新垒成了高高的防御屏障。游客们爬上新建在城堡西角的一个码头，再顺着一段台阶走到阅兵场。一个由白人和黑人士兵或者说一群"萨姆特堡突袭的幸存者"组成的仪仗队，在旗杆两边整齐列队。②

在这座堡垒的中央，木匠们建造了一个巨大的菱形平台，点缀着桃金娘、常青树和各种花朵。平台顶上有一个天篷，上面挂着美国的旗子，后面还系着花环。刚过中午，安德森少将和他的女儿拾级走上平台，他们的到来"引发了台下响亮而持久的欢呼"。当安德森像一

---

① Paul Escott, *After Secession: Jefferson Davis and the Failure of Confederate Nationalism* (Baton Rouge, 1977), 224; *Milwaukee Daily Sentinel*, May 4, 1865.

② Andrews, *The South Since the War*, 1; Mayer, *All on Fire*, 578; *New-York Tribune*, April 18, 1865; *Philadelphia Illustrated New Age*, April 18, 1865.

位嘴巴不饶人的费城记者所写的那样，将“他曾经应叛军的要求降下的”旗子升回原位后，演讲开始了。比彻发表了一篇措辞激烈的演说，将这场冲突的责任推给“想要继续掌权的、毫无原则的统治贵族”。马萨诸塞州参议员亨利·威尔逊提醒白人政要，卡罗来纳州的奴隶“一直忠于这个国家的旧国旗”，此语赢得了黑人听众的欢呼。非裔美国人“置身于奴隶主的叛乱，在这样的伟大局面中证明了自己的价值”。他们保护了美国士兵，还在可能的情况下加入了他们的行列。“你们知道旧国旗意味着什么吗，”威尔逊喊道，“它意味着这个国家的每个男男女女的自由。”①

当晚，昆西·亚当斯·吉尔莫尔将军主持了一场晚宴。安德森少校举杯祝酒，得到了陆军军法署署长约瑟夫·霍尔特的响应。霍尔特提醒大家：仗是打赢了，但斗争还远未结束。他警告说，如果“在奴隶制的毒瘤仍有一条根在侵蚀国民的生命时，我们却刀枪入库、马放南山，那么我们就白白花费了成千上万的财富，白白将我们最英勇的儿子献给了血红的战争祭坛”。在场的人欢呼起来，屋外的焰火照亮了天空。然而就在此时，晚上10:15，在那个美好的星期五晚上的华盛顿特区，一件大事的发生戏剧性地改变了这个国家蒸蒸日上的进程。一个名叫约翰·威尔克斯·布斯的演员、南方邦联的狂热同情者闯进福特剧院的总统包厢，从他的大口径短筒手枪里射出一颗子弹，刺杀了林肯总统。②

---

① *Philadelphia Illustrated New Age*, April 18, 1865; Philip Dray, *Capitol Men: The Epic Story of Reconstruction Through the Lives of the First Black Congressmen* (New York, 2010), 19 - 20; Fraser, *Charleston*, 273; Henry Wilson, Speech of April 1865, in *The Freedmen's Book*, ed. Lydia Maria Child (Boston, 1865), 259.

② Elizabeth Leonard, *Lincoln's Forgotten Ally: Judge Advocate General Joseph Holt of Kentucky* (Chapel Hill, 2011), 198 - 99; Joseph Holt, *Treason and Its Treatment* (New York 1865), 6 - 7.

1865 年 2 月 17 日，威廉·谢尔曼将军率联邦军队到来，迫使南方邦联放弃了查尔斯顿和萨姆特堡。由于战争曾在这座城市打响，亚伯拉罕·林肯总统认为应当办一个典礼，纪念 1861 年萨姆特堡受降仪式四周年以及即将到来的国家重建的开始。(照片由国会图书馆提供)

第二天早上，噩耗才传到查尔斯顿，给庆祝活动蒙上了一层阴影。当该市的黑人在哀悼林肯总统的离世时，德拉尼继续推进一个原计划举行的旨在将卡罗来纳的自由民吸纳进共和党阵营的政治集会，并邀请加里森和威尔逊参议员发言。在去参加集会的途中，加里森、比彻以及乔治·汤普森·加里森在圣菲利普教堂墓地驻足，参观了卡尔霍恩的墓。这位废奴主义者低头凝视着那座简陋的长方形砖墓，把手放在它的大理石顶上，似乎是想确定他的对头是否真的死了，他平静地说："看来是下到一个比奴隶制的葬身之地更深而且更无复活可能的坟墓去了。"这群人静静地站了一会儿，然后大步走向要塞广场

(Citadel Square）的露天集会。曾被这里的白人烧毁肖像的加里森，现在发现有如此多的黑人拥在他前面，使他无法到达讲台。“压力和欣喜之情是如此之大，加里森先生简直就是站在现场听众的肩膀上的。”一位在场人士这样写道。尽管华盛顿传来了令人不快的消息，但那些将加里森抬上讲台的男男女女有理由相信：他们的国家终于走上了正确的道路。正如这位殉道的总统在葛底斯堡所承诺的那样，他们即将见证自由的诞生。[①]

为纪念那些为国捐躯的士兵，查尔斯顿的黑人群体试图把一座南方邦联时代的监狱改造成一座合适的公墓。在南北冲突的最后一年，卡罗来纳的白人将城市边缘外的华盛顿赛马场和赛马会用作关押联邦士兵的俘虏营。被赶进围栏后，这些俘虏无遮无挡、缺衣少食，即使当地的“黑奴和爱尔兰人”尽力“善待他们”，他们也还是免不了大批死亡，他们死后没有棺木，尸体就这样赤裸着被扔进浅浅的墓穴里，唯有标了编号的木桩做标记。第一根木桩上只写了个“1”，最后一根是“257”。萨姆特堡的仪式结束后不久，黑人教士自发去清理杂草，筑起一道高高的围栏，将木桩刷成白色。在赛马会旧入口的上方，他们用大写字母写着“赛马场烈士”。5月1日上午9点，大约1万名查尔斯顿黑人带着花束来到墓地。众多居民参加了实际意义上的全国第一个阵亡将士纪念日，一名曼哈顿记者这样写道：“城里几乎没有成年有色人士。”有色人种部队第25和第104团的士兵排成两列绕着坟墓行进，黑人孩子唱着《星条旗永不落》。几名军官分别向人群发表了讲话，正如这位记者语带挖苦地指出，讲话者“来自近期被奴役被排斥的种族”，“绝对看不见真正受过《独立宣言》之信条熏陶

---

① Mayer, *All on Fire*, 582; Dray, *Capitol Men*, 81 - 82; Powers, *Black Charlestonians*, 71. 要塞广场就是今天的马里昂广场。

的白人”。在场的少数白人中，有位一身黑衣的老母亲，她从波士顿赶来，一心想要找到儿子的遗体。[1]

仅仅两周后，黑人团结的表象出现了令人不安的裂痕，这一裂痕将在未来十年造成政治难题。最高法院首席大法官萨尔蒙·P. 蔡斯是最近刚刚访问这座城市的共和党要人。锡安山长老会的黑人信众邀请他发表讲话。就像现在普遍的情况一样，很多人都来了，以致近2000人根本挤不进教堂。几位地方领导人也应邀来引介这位首席大法官。第一个发言的人谴责“旧统治阶级亵渎了他们的选票，表明了他们根本不配在四五年前被托付选举权，而这帮人现在居然还要怨恨人们试图向这里唯一忠于国旗及其所代表的原则的阶级授予政治投票权”。但是马丁·德拉尼的介绍有所不同。[2]

与德拉尼的家乡弗吉尼亚不同，查尔斯顿是一大群混血自由民的老家。这些人几十年来一直称自己为“棕色人种”，好与占人口大多数的黑奴划清界限。在一位对此感到震惊的记者看来，德拉尼的演讲“试图表明，黑人和黑白混血儿之间的交恶源于一个黑白混血儿对丹马克·维齐的背叛”。维齐1822年密谋在乘船前往海地之前解放城里的奴隶，结果两个混血的查尔斯顿人出卖了他，也许这个皮肤黝黑的士兵最近才意识到这是个有严重危害的不和。那两个人的儿子，威廉·B. 彭泽尔和约翰·C. 德斯维尼，很有可能就坐在听众席上，他们曾在1860年向即将脱离联邦的种植园主保证过他们身为奴隶的忠心。最近被解放的奴隶生怕像德斯维尼这样的富裕自由民可能会为所有的非裔美国人代言，他们担心棕色人种精英可能会拒绝接受他们激

---

① Stephen Budiansky, *The Bloody Shirt: Terror After Appomattox* (New York, 2008), 18–19; *Boston Daily Advertiser*, August 11, 1865; *NewYork Tribune*, April 13, 1865.

② *New York Herald*, May 22, 1865.

进的土地改革议程，这些想法并非无中生有。但是1865年的春天是一个种族融合、赋予权力的时刻，而德拉尼不合时宜的咆哮被蔡斯的及时到来打断了。“立刻，大批的人站了起来，发出一阵阵由衷的热情欢呼，这表明他们对这位杰出的来客毕生为他们的事业所做的贡献是多么了解，多么感激。”①

随着国家重建的序幕拉开，正如在城市里可以看见的白人的怨恨在屈服与反抗之间危险地摇摆不定，**所有**非裔美国人的团结——不仅是曾经生活在南方邦联中的那些人之间的团结——显得至关重要。南方白人痛苦地意识到，他们没能创建一个《查尔斯顿水星报》曾经描述过的“奴隶共和国”，许多人隐忍着准备接受华盛顿对他们提出的任何条件。然而，很少有人愿意原谅，这使得重建的最初时刻变得至关重要。当南卡罗来纳州哥伦比亚的联邦指挥官指示圣公会三一堂的白人牧师彼得·J. 尚德以圣公会祈祷书为安德鲁·约翰逊总统主持祈祷仪式时，尚德起初拒绝了。当有人提醒他，有官员会在那个星期天去教堂检查执行情况时，尚德不情愿地答应了。但是，时间一到，这位牧师就“匆匆收尾，仿佛那些祈祷词让他窒息”。当尚德念完，那位恼怒的军官就表示：“整个教堂都没有听到一句‘**阿门**’。”在查尔斯顿，圣保罗的圣公会主教断然拒绝举行祷告，因此当地指挥官下令关闭了教堂。具有讽刺意味的是，打心底里不愿祝福林肯的继任者

---

① *New York Herald*, May 22, 1865. 关于1790年棕色人种组织的成立，参见 Robert L. Harris, “Charleston's Free Afro-American Elite: The Brown Fellowship Society and the Humane Brotherhood,” *South Carolina Historical Magazine* (hereafter *SCHM*) 82 (1981): 304. 关于 Peter Desverney 和 George Wilson 出卖维齐一事，参见我的 *He Shall Go Out Free: The Lives of Denmark Vesey* (Lanham, MD, 2004), 2nd ed., 154–62. 关于该市许多棕色人种签名的信，参见 Elizabeth Collins, *Memories of the Southern States* (Taunton, UK, 1865), 89. 这些签名的棕色人种包括 John、Francis、Anthony 三兄弟及其父亲 Peter Desverney，签名的同年 Peter Desverney 逝世，享年73岁。

的那些虔诚的基督徒，很快发现新总统竟然是他们最强大的盟友和支持者。[①]

3个月后，举行了一场截然不同的仪式，3000名查尔斯顿黑人聚在一起为新的非裔卫理公会圣公会教堂奠基。黑人随军牧师本杰明·F. 伦道夫宣读了开场的祈祷文，"唱诗班唱了一段相应的圣歌"。接着发言的是牧师理查德·H. 凯恩，一位弗吉尼亚州出生的自由人，被其追随者称为"该隐老爹"[②]。教堂的新牧师E. J. 亚当斯，在一位费城来的黑人记者笔下被形容为"看起来真像一位非洲王子"，他从《列王纪》开始讲，并向他的弟兄们保证《旧约》的承诺最后应验了。"你若遵行我的律例，谨守我的典章，"亚当斯念道，"我必应验我的话。"这座黄松木结构的简陋建筑矗立在伊丽莎白街和会议街之间的卡尔霍恩，距离40年前被市政当局夷为平地的最初的"非洲教堂"所在地不远。每一个"正在干活的人都是有色人种"，一个卡罗来纳黑人夸耀道，"丹马克·维齐的儿子罗伯特·维齐是建筑师"。过路的白人皱起眉头，但对于年长的黑人木匠和他的教友们来说，有理由希望他们的国家已经迎来了新的一天，大多数美国人终于准备兑现人人生而平等的承诺了。[③]

这样的希望还为时过早。战前构成该州白人统治层的人很快便试图恢复其昔日地位，剥夺被解放的卡罗来纳人的政治权利。那年11月，该市的黑人活动家做出反击，他们开了个会，一个"非同寻常的会"，其不寻常之处在于，就在几个月前这样的集会还是会受到军方

---

① Andrews, The *South Since the War*, 2; Walter B. Edgar, *South Carolina: A History* (Columbia, SC, 1998), 378;关于《查尔斯顿水星报》及其倡导的"奴隶共和国"，参见1861年的2月13日的《查尔斯顿水星报》。

② 凯恩牧师姓Cain，与《圣经》中的该隐同名。——译者

③ Philadelphia *Christian Recorder*, October 14, 1865.

阻挠的。由于非裔卫理公会大楼仍在施工中，会众在锡安山教堂举行了集会，此时这座教堂仍然披着黑纱，以纪念那位遇刺的总统。德拉尼在会上讲了话，和“该隐老爹”一样，后者很快将成为第一位在众议院任职的黑人牧师。弗朗西斯·L. 卡多佐也登上了教堂讲坛。卡多佐出生在查尔斯顿，父亲是被解放的奴隶，一个葡萄牙裔犹太人，卡多佐曾就读于格拉斯哥大学，并在伦敦接受长老会牧师培训。卡多佐惊叹道，考虑到“这次会议是**谁**张罗的，**允许**集会的**目的**是什么”，它在“南卡罗来纳的历史”上是非同寻常的。与会人士投票谴责该州的政治体制剥夺了他们的基本权利，转手将这些权利向“这个国家最卑鄙的（白人）、挥霍无度的人”奉上，同时要求联邦政府对“这个州的全体人民采取强有力的法律手段”。其他的决议要求“平等的选举权”，并敦促华盛顿方面拒绝接受任何未能“不分肤色”地平等对待所有公民的新宪法，以此回报他们在“叛乱”期间“毫无疑问的忠诚”。①

尽管这次会议反映了卡罗来纳黑人的新决心，但是在锡安山教堂举行的这次抗议集会之所以成为可能，仅仅是因为联邦军队仍然占领着这座城市。对于罗伯特·维齐而言，他的名字曾一度让他只能躲在阴影里，士兵的出现意味着尽管他已是一个老人——65 岁左右，这年纪已经超过了黑人男性的平均预期寿命几十年——但可以重新开始生活。他出生于 1800 年左右，母亲是一个叫贝珂的女奴，母子俩最初的主人是约翰·巴克，1808 年约翰·巴克以区区 400 美元的价格把“黑丫头贝珂”连同“她的儿子罗伯特”卖给了詹姆斯·埃文斯。在

---

① Wilbert L. Jenkins, *Seizing the New Day: African Americans in Post-Civil War Charleston* (Bloomington, IN, 1998), 39; W. E. B. Du Bois, *Black Reconstruction, 1860–1880* (New York, 1999 ed.), 231.

1822年父亲被处决后，尽管维齐又做了几年的木匠以维持生计，但后来他和妻子帕特茜还是从人们的视线中消失了。没有人口普查员或城市名录记录他的存在。维齐也没有应门缴纳自由黑人税，这是他所在的州为把前奴隶驱赶到北方而征收的。但是，在萨姆特堡庆典后的几个月里，维齐几乎参加了所有由黑人活动人士组织的公众集会。与南方其他黑人城市居民的情况一样，维齐突然重新出现在公众活动中，代表着一种集体逐渐参与政治活动的现象，一种从偏僻后巷的阴影进入政治阳光下的群体运动。他在重建他父亲的教堂的过程中所扮演的角色为他赢得了新的名声，很快他就出现在了市机械师协会的每周例会上。毫无疑问，在该协会慈善委员会供职时令维齐不自在的是，与他共事的该组织主席约翰·C. 德斯维尼，正是当年导致他父亲死亡的告密者之子。①

维齐家族的生活得远离敌对当局的窥视，这有损于他们的经济和社会地位。丹马克·维齐能流利地使用好几种语言，但罗伯特的儿子小罗伯特，出生于1832年，既没有学会写作，也没有掌握一项技能。另一个儿子迈克尔英年早逝，但罗伯特的两个女儿苏珊和玛莎，都结了婚并在战争中幸存了下来。即便如此，小罗伯特和他的妻子安娜·克雷特还是存了足够的钱，在自由民储蓄信托公司的

---

① *South Carolina Leader*, December 9, 1865；也可参见 Bill of Sale, September 10, 1808, Vol. 4A, p. 97, South Carolina Department of Archives and History. 詹姆斯·埃文斯在其奴隶乔治·埃文斯受审时作证，指出丹马克的妻子贝珂曾经是约翰·巴克的妻子。参见 Records of the General Assembly, Governor's Message, South Carolina Department of Archives and History; Steven Hahn 的 *A Nation Under Our Feet: Black Political Struggles in the Rural South from Slavery to the Great Migration* (Cambridge, 2003)，颇具影响力和说服力。正如其副标题所示：书中提及的政治运动发生在农村，当地很多退伍官兵组织黑人选民参与政治。然而，像其他学者强调的那样，那个时代担任地方和州政府工作人员的，大多还是居住在城市地区的非裔美国人以及在战前获得自由的非裔美国人。

查尔斯顿分行开了一个账户。他只用他“自己的记号”签了名，并确认他的职业是普通“劳力”，但他在东湾街的家庭有四个女儿，和其他开户的储户一样，39 岁的小罗伯特·维齐认为美国黑人现在可以和他们的白人邻居一起改善自己的生活，共同治理他们的国家。[①]

对于长期被剥夺受教育和识字机会的非裔美国人来说，这意味着他们的孩子得以进入联邦自由民局主办的数百所新学校学习。北方的教师冒险南下，与联邦军队并肩作战，由于南方邦联的部分地区已落入联邦政府的控制之下，自由民局为获得自由的儿童建立了走读学校。起初，他们只教阅读和拼写；尽管只有为数不多的南方州明确禁止让为奴的儿童接受教育，南卡罗来纳却是战前没有为黑人自由民建立公共教育体系的四个州之一，社会也不赞成奴隶主教少数值得信任的佣人和驾车人之外的奴隶识字。在萨姆特堡庆典后不到两个月的时间里，自由民局就在弗吉尼亚州的里士满建了 4 所学校，为 2000 名儿童提供教育。到 1866 年夏天，超过 900 所学院和 1400 名教师在施教于 9 万名学生。自由民局学校的支持者注意到，白人孩子如果愿意，也可以来上学。而一位共和党记者认为：让没有受过教育的白人农民学会“阅读一般新闻［并］形成自己的观点”，而不必向“有钱的主人”寻求政治信息，这符合共和党的利益。当然，基本的公共教育是要付出代价的，南方的民主党人抱怨说：要开办自由民学校就得提高税收。路易斯安那的一个黑人回答说：在 1867 年之前，新奥尔良的有色人种自由人缴纳了房产税，但“这个税他们从来没有用上，

---

① Robert A. Vesey, August 30, 1871, Register of Signatures of Depositors in Branches of the Freedman's Savings and Trust Company, 1865 - 1874, Reel 23, National Archives (hereafter NA), Washington, D. C.

而是专门用在了白人孩子身上”。[①]

对黑人来说，平等地加入共和国也意味着要好好利用他们的教育，尤其是这关系到参与政治。在战争结束后的5年内，密西西比州的共和党官员报告说，85%的黑人陪审员能够读写。黑人活动人士要求平衡警察部队的人种构成，为表明他们没有种族偏见，亚拉巴马州莫比尔的黑人警察逮捕的非裔美国嫌犯比其白人前任在时还要多。随着1866年《民权法案》的通过，黑人经营的《新奥尔良论坛报》的一位编辑评论道：“没有一项权利是白人可以享有，而有色人种无权享有的。”到1868年，非裔美国人在南卡罗来纳和密西西比占了登记选民的大多数。有了这些人的支持，黑人开始竞选州和国家公职。1872年大选后，非裔美国人在南方占据了15%的职位（这个比例比1990年的还高）。就在7年前，这些选民、陪审员和警察中的大多数还是美国白人的财产。难怪老罗伯特·维齐认为非裔美国人可以放心地走出阴影，在查尔斯顿的商人中找到应有的位置了。[②]

对于摆脱了奴隶制的社区来说，政治权利要求社会平等；大多数黑人认为第十三修正案在宪法上抹去了他们和他们昔日主人之间的所有法律区别。1867年3月，当查尔斯顿黑人聚集在要塞绿堡（Citadel Green）组建共和党的一个支部时，一个又一个的演讲者鼓励在场的人乘坐城里的马拉街车回家。（虽无任何条例规定这么做，但查尔斯顿铁路公司长期禁止黑人乘它们的车。）从共和党集会归来的几家人

---

① Christopher M. Span, *From Cotton Field to School house: African American Education in Mississippi, 1862 - 1875* (Chapel Hill, 2009), 64; *Milwaukee Daily Sentinel*, May 4, 1865; *Boston Daily Journal*, August 17, 1866; *Albany Evening Journal*, March 29, 1866; *New Orleans Tribune*, October 29, 1867.

② Michael W. Fitzgerald, *Splendid Failure: Postwar Reconstruction in the American South* (Chicago, 2008), 158 - 59; *New Orleans Tribune*, July 7, 1867; James M. McPherson, *Abraham Lincoln and the Second American Revolution* (New York, 1991), 19.

乘了车，遭到了当地警方逮捕。但4月1日，当大批男女自由民再次乘车时，公司总裁让步了，并整合了交通系统。在新奥尔良，一位“完全忘乎所以”的白人妇女告诉一位街车驾车人，只有在车上没有“黑鬼妇女”的情况下，她才会上车。驾车人让两个警察把她逮捕了。平克尼·B.S.平奇巴克是个弗吉尼亚出生的自由人，也是一名随联邦军队抵达路易斯安那州的陆军上尉，他将这一原则又向前推了一步。他买了新奥尔良铁路线上的一张卧铺车厢的头等票，然而这位浅肤色的平奇巴克先生在上车后却被拒绝入座，而且被命令去坐二等车厢。时为州参议员的平奇巴克起诉了铁路公司，索赔2.5万美元。白人习惯了黑人民众的顺从和恭敬，由此才开始明白他们生活在令人惊讶的革命时代。①

像查尔斯顿的教堂会众一样，平奇巴克这样有主见的年轻人之所以可以随意挑战南方的习俗，主要是因为联邦军队一直驻扎在那里。《辛辛那提商业报》的社论写道：“我们非常清楚，我们必须在一段时间内保有一支强大的军队，并控制住南方各州的军事力量。”这不仅仅是因为士兵们是抵御白人报复的盾牌。听过德拉尼少校慷慨激昂的演说的人都明白，还因为军方为后来的政治服务提供了一个平台。军队教黑人列兵读书，教黑人下士用自己的语言及人格力量去指挥和说服他人。篝火旁的聊天变成了政治辅导。在瓦格纳堡或哈德逊港的血腥袭击中幸存下来的士兵们不太愿意腾出一辆街车来安抚白人的情感。到这场冲突结束时，有超过17.8万名非裔美国人在美国军队服役；在路易斯安那州，部分地区早在1862年就被北方联邦军队控制，31%的达到征兵年纪的黑人穿上了蓝色制服。特别是当这些士兵曾是

---

① Fraser, *Charleston*, 285; *New Orleans Tribune*, October 29, 1867; New Orleans *Weekly Louisianian*, July 9, 1871.

随军牧师时，他们对黑人选民的吸引力更大，因为梅森-狄克逊线[①]两边的非裔美国人社区长期以来都把宗教人士视为民间领袖。在战争最黑暗的日子里，费城成立了一个名为“联邦同盟”（Union League）的附属于共和党的团体，通过它组织成一个个政治俱乐部，黑人退伍军人先是成为选民，接着成为县里的社会活动家，然后是州议员，最后是联邦众议员和参议员。在一个将男子气概和服兵役等同于公民身份的世纪里，一个穿着破烂制服却很自豪的自由民被证明是一个令人生畏的候选人。他们服役的事迹，以及他们从士兵转变为政治明星的传奇故事，翻开了新的篇章。[②]

对那些熟知现代民权斗争的人来说，公共交通整合的故事、战场归来意志坚定的士兵的故事、勇敢的牧师的故事以及为建立像样的公立学校而斗争的故事听上去简直太熟悉了。如果是这样的话，为什么这段进步改革时期会结束呢？为什么一百年后的后来一代活动家又不得不发起类似的斗争呢？问题回答起来可没那么简单，解释重建为什么会结束的理论的政治家、作家、记者和历史学家与提出重建理论的一样多。有个学派认为，尽管南方白人认识到继续战斗是徒劳的，但他们还是忠于邦联，敌视华盛顿特区的政府，并在白人至上的事业中团结一致。从这个角度看，所有阶层和性别的白人都对黑人共和党人以及他们的秘密盟友发动了一场无情的游击战。怀着对失败的事业的忠诚，即使是那些从共和党的经济计划中受益的南方白人，也最终

---

① 这是美国宾夕法尼亚州和马里兰州的分界线，也是南北战争之前美国的南北分界线，更是美国历史上文化和经济的分界线。——译者

② Andrew L. Slap, *The Doom of Reconstruction: The Liberal Republicans in the Civil War Era* (New York, 2006), 74; James K. Hogue, *Uncivil War: Five New Orleans Street Battles and the Rise and Fall of Radical Reconstruction* (Baton Rouge, 2006), 24 - 25; Edmund L. Drago, *Black Politicians and Reconstruction in Georgia: A Splendid Failure* (Baton Rouge, 1982), 76.

认定种族问题高于个人利益，并坚决要倒转政治进程的车轮。尽管这在某种程度上是事实——其实每一种有助于解释重建失败的理论都有一定的可取之处——但它低估了中产阶级和工人阶级在南方邦联最后几年的心存不满，并夸大了战争刚结束后白人团结和抵抗的程度。①

德拉尼对查尔斯顿已经自由的棕色人种的不明智的谴责，为其他学者提供了一条不同的线索。一些历史学家指出一小部分混血的卡罗来纳人在重建过程中扮演了重要角色，还发现那些在**战前**获得解放的人——所谓的自由人（与此相对，那些在战争期间和战争结束时获得解放的人称为**自由**民）——在南卡罗来纳州议会中占有过高比例的席位。这些历史学家认为，这些位于中间位置的非裔美国政治家未能支持农村自由民所看重的更广泛的土地再分配计划。这一理论指出，由于未能推出真正的进步纲领，浅肤色的城市居民落入白人保守派和温和的南方共和党人（这些人常常被嘲笑为无赖）手中，因此失去了农民选民的支持。但是，唯有查尔斯顿和新奥尔良才是大批棕色人种的家园，这些人通过强调白人的庇护并且随后在自己和那些因战争而获解放的黑人劳工之间进行语言上的区分，才获得了自由。这一理论的批评者补充说，即使在南卡罗来纳州和路易斯安那州，黑人自由民，尤其是退伍军人、工匠和牧师，也迅速向老一辈的有色人种精

---

① 当然，这是为了将通常复杂的论文简化成一段。有时，单一理论学派内的作者的研究方法也存在巨大差别。Anne Sarah Rubin, *A Shattered Nation: The Rise and Fall of the Confederacy, 1861－1868*（Chapel Hill, 2005）认为，白人对邦联的情感依恋使他们保持团结，而 J. Mills Thornton III, "Fiscal Policy and the Failure of Radical Reconstruction in the Lower South," in *Region, Race and Reconstruction: Essays in Honor of C. Vann Woodward*, eds. J. Morgan Kousser 和 James M. McPherson（New York, 1982）认为，共和党的财政政策，特别是需要用税收来支持新服务的政策，反而将农民推向所谓的救赎者的怀抱（讽刺的是，其中的许多人曾是辉格党人，在国家经济问题上常同共和党人站在统一战线）。

英发起挑战，正如他们所质疑的，鉴于查尔斯顿的大多数棕色人种相对缺乏财富和经济自主权，他们是否可以被恰如其分地定性为资产阶级。①

一种更新的理论认为，数百万突然获得解放的人要实现一种独立的文化生活的决心，助长了白人种族主义者保持单独的政治身份的愿望，尽管这些白人为后来的民权斗争奠定了基础。内战前的历史学家一直在争论，当受奴役的黑人被束缚在一种将其与其白人主人捆绑在一起的法律和经济安排中时，他们还能维持多大程度的自主权。一些人假设黑人社区是男女奴隶于长时间劳动后，在远离白人监督的情况下在住所里打造出来的东西，另一些人则回应说，即使被困在一个压迫性的制度中，受奴役的南方人也为一个单独的黑人社会奠定了基础，这个社会使奴隶们能从心理上抵御他们法律地位的恶化。因为即使是像重建这样的革命时期也是建立在战前的基础上的，这一理论暗示着，1865 年后的黑人自治颇具讽刺意味地促成了美国短命的跨种族民主实验的结束。这并不是说像德拉尼或“该隐老爹”这样的黑人活动家应该为这个时代的消亡负责，而是爽快地承认：黑人机构的起源可以追溯到阿波马托克斯投降之前，旧的种族伤口愈合得很慢。②

---

① 该学派的两大主要观点见 Thomas Holt 的 *Black over White: Negro Political Leadership in South Carolina During Reconstruction*（Urbana, IL, 1977）以及 Michael Fitzgerald 的 *Urban Emancipation: Popular Politics in Reconstruction Mobile, 1860 – 1890*（Baton Rouge, 2002）. 在这一点上，两者之间也存在着历史鸿沟，因为 Holt 强调棕种人和黑种人之间的不同，而 Fitzgerald 则对比阶级背景和黑人政治团体内部的派系主义；Eric Foner, "Reconstruction Revisited," *Reviews in American History* 10（1982）: 89，其中简短但中肯地批评了这一观点。

② Hahn, *A Nation Under Our Feet* 的部分灵感显然来自 Eugene D. Genovese, *Roll, Jordan, Roll: The World the Slaves Made*（New York, 1974）里的一个单独的黑人国家模型。

另一些“修正主义”学者（这是个强加给现代历史学家的并不十分准确的术语，这些历史学家和那个时代的进步人士一样，都认为重建是创造一个更民主美国的崇高之举）关注北方的失败，尤其是共和党商业阶层所固有的保守主义。按照这种解释，已在北方部分地区开始的工业化增长在战争期间加速，并导致工人阶级组织第一次有意义的萌动在1866年随着全国劳工联盟（National Labor Union）的诞生而出现。面对新的劳工斗争，共和党大亨们越来越敏锐地察觉到南方“救赎者”——本地白人商业阶层——以及旧种植园主阶层的残余势力控制**他们**的劳工的欲望，因此，除了最严重的侵犯公民权利的行为，北方的大人物们逐渐对其他事都睁一只眼闭一只眼。这拨共和党人的自由劳工思想的胜利被证明对支持蓄奴的信念来说是如此危险，但讽刺的是，最终未能满足南方自由民的需要。可悲的是，北方工人联合起来反对他们的工厂老板的早期尝试，也阻碍了南方黑人这么做的能力。[1]

对北方的第二次批评针对的是有投票权的公众，而不是其工业或政治精英。一些作家正确地认识到北方的种族主义与南方的种族主义只是在程度上有所不同，因此，他们强调白人对非裔美国人的态度，并发现北方的选民乃至共和党人都没能坚持影响深远的种族政策这一

① 要了解这一观点，参见 Eric Foner, *Reconstruction: America's Unfinished Revolution, 1863－1877* (New York, 1988). 当然，方纳在大部头里阐述的论点严谨复杂，这里也有过度简化之嫌。他在1980年代创作的大部分作品的内容都和邓宁学派反对重建的传统思想相悖。正是这些著作的出版，让所谓的修正主义学者在几年内无需回应旧的批判性的重建观点。我对“修正主义”主要的意见在于：大量知名学者撰文谴责 U. B. Phillips、William A. Dunning 等白人历史学家，比如 Du Bois, *Black Reconstruction*（1934）和 John Hope Franklin, *Reconstruction After the Civil War*（1961）。事实上，在1877年之后很长一段时间里，许多黑人政治家和白人活动人士仍在为重建工作辩护。从这个意义上说，我们完全可以把菲利普斯和邓宁这样的批评者描述为真正的修正主义者。

点并不奇怪。这些中产阶级选民对他们认为旨在帮助南方自由民的特殊利益立法持批评态度，认为自己为联邦而战，已经履行了对昔日奴隶的义务。他们夸耀自己的经济成功是建立在私营工业基础上的，而不是依靠种族、性别和区域等偶然性，他们拿拥护个人主义为自己未能持续支持对南方的有意义的社会变革找借口。由于大多数北方立法机构（新英格兰以外的）只是勉强支持黑人的投票权，并且回避促进社会或性别平等的立法，华盛顿那些胆小怕事的共和党人不得不小心谨慎，以免在选民前面走得太远。1870 年代，当南方白人常以谋杀和残害两种方式继续抵制民主化时，疲惫不堪的北方选民在压力下只好对他们在自己的社区里都很少支持的进步社会议程让步了。①

这些理论中有极少数是相互排斥的。有些是对其他学派观点的补充，或者对同一棘手问题提出不同的看法。所有这些都有助于更全面地理解相关问题。然而，在试图解释 1860 年代末的进步的改革运动为什么搁浅时，历史学家一贯地把焦点放在那个时代的后几年，即那些在 1860 年代末改革派立法之后出现的可怕时刻，因为政治势头正在消退这一点日渐明朗了。基于对 1870 年代中期南方大部分地区重建工作失败的认识，学者们自然倾向于从中寻找问题所在，假设昔日邦联发生的某些重大事件或华盛顿方面在这个时代即将结束之时的政治失误，导致了美国第一次有意义的种族平等运动中断。核心问题往往变成为什么重建会**失败**而非**结束**，这暗示着重建进程本身存在某种缺陷并因此造成了其自身的失败。

---

① 这些关于美国北部种族主义的准确介绍，可以在重建题材的书籍中找到，例如 C. Vann Woodward 的 *Reunion and Reaction: The Compromise of 1877 and the End of Reconstruction*（New York, 1951）和 Heather Cox Richardson 的 *The Death of Reconstruction: Race, Labor, and Politics in the Post-Civil War North, 1865 - 1901*（Cambridge, MA, 2001）。

对于重建**何时**结束，学术上也没有达成任何共识。许多作者指出1876年那场有争议的总统选举，导致获胜者拉瑟福德·B.海斯从南方撤出了剩余的联邦军队。与用军队保护男女自由民同样重要的是，士兵人数在1870年代稳步下降，而且，即使在人数相对较多时，士兵也趋向于驻扎在城市地区而不是白人暴力最为显著的农村地区。但是，要确定这个时代开始或结束的具体日期，就要通过华盛顿的政治较量和国会法案来界定。黑人老兵和坚定的废奴主义者所要求的许多法律是至关重要的。然而，对于美国各地的黑人活动家来说，服兵役和1863年申请公民身份仅仅标志着对旧的要求加快了步伐。所有倡导民权和社会正义的人也没有在1877年停止他们的斗争。直到1901年，黑人国会议员一直代表着南方地区，而在重建期间获得选举权的伊利诺伊州和纽约州的非裔美国选民从未失去这一权利。共和国各地的重建工作既没有失败，也没有结束，甚至在那些活动人士被谋杀、选民政治权利被剥夺的州，民主运动也仍在继续。

这本书从重建的曙光中**展望**未来，并将其消亡的根源定位于它的开端。尽管南方的白人最终会以种族至上的名义跨阶级团结起来，并将杰斐逊·戴维斯政府浪漫化——他们中的很多人在战争期间都鄙视这个政府——但这种种族内部的一致发展得非常缓慢。诚然，许多前种植园主和南方邦联的退伍军人从来没有接受失败，也没有承认美国黑人的平等。然而在1865年春天，当精疲力竭、饥肠辘辘的士兵七零八落地回家时——很不幸，25.8万名南方人再也没有回到他们的农场和家庭——大多数人准备接受林肯政府打算强加的任何条件。“我必须为南方人说句公道话，”改革家查尔斯·斯特恩斯承认，“当时，广大民众显然更愿意弥补他们的经济损失而不是修复他们的政治利益。”一位佛蒙特州来的记者同意这种说法。“重建工作顺利进行了好几个月，”他在1866年说，“那些叛乱州似乎以惊人的速度‘步入正轨’。”就连南方邦联的詹姆斯·朗斯特里特将军也发表了一篇社论，呼吁“克制、宽容和服从”。朗斯特里特劝告道，南方白人是“被征服者”，他们必须“大大方方地”面对这个残酷的事实。只有“一条路留给智者去走，那就是接受征服者现在开出的条件”。如果在南方邦联投降后的几个月里，开明改革的前景是光明的；如果萨姆特堡的庆祝者们没有天真地相信光复庆典预示着美国种族关系的一个新开端，那么是什么像斯特恩斯所说的那样“激怒了南方人”呢？是什么“将反叛的邪恶本领重新灌输到那些厌倦战争并希望保持安宁的人的心中呢？”上天为这个国家开启了一扇巨大的机会之窗，无论多么短暂；但那一刻很快就过去了。①

早在1865年的耶稣受难日，这扇窗户就开始关闭了。原因也许不在于林肯是唯一一个有能力重建国家的人，而在于安德鲁·约翰逊被证明是一个完全不适合这个工作的人。从他上任伊始，这个田纳西来的约翰逊就向他的南方白人同胞表示，他几乎不会对他们提出任何要求。直到战争中期还一直敌视美国黑人的约翰逊，本人就是个奴隶主。最初他只要求批准第十三修正案，以作为南方重返国会的条件。对于这位意外成为总统的人来说，黑人解放是这一进程的结束，而不是走向政治和社会平等的第一步，而且他也无意动用军队来确保自由民的宪法权利。1866年夏天，亚拉巴马州的一位共和党人写信给伊利诺伊州参议员莱曼·特朗布尔，抱怨“约翰逊总统的重建政策和他对

---

① Charles Stearns, *The Black Man of the South and the Rebels* (Boston, 1872), 103; *Vermont Journal* (Windsor, VT), March 31, 1866; Jeffrey D. Wirt, *General James Longstreet: The Confederacy's Most Controversial Soldier: A Biography* (New York, 1993), 410–411. Wirt补充道：“其他前南方军官和政客也表示赞同朗斯特里特的观点，这一情况不仅发生在路易斯安那州，也出现在整个地区。”

政府的公开敌人的极度偏袒已成事实，并且这些正在迅速让国家重新陷入无政府状态”。一名马里兰州的记者补充说，尽管他曾经担心林肯会“报复心切”，把“叛国罪”定为“罪大恶极”，而林肯的继任者反倒“把忠诚定为十恶不赦”，以至于白人或黑人共和党人“在叛乱州的生命和财产都不再安全”。一小撮顽固好斗的反动分子意识到总统只是在正式重新奴役被解放的黑人的问题上划了一条线，便出手控制了事态，并选举了前南方邦联官员，包括前南方邦联副总统亚历山大·H. 斯蒂芬斯出任州和国家的公职。当密西西比州和得克萨斯州拒绝批准第十三修正案，包括南卡罗来纳州在内的大多数战败州颁布的一套严格限制非裔美国人政治权利的《黑人法典》时，南方的温和派陷入了沉默，或者被吓得默许。正是卡罗来纳州的《黑人法典》引发了 11 月在锡安山教堂举行的抗议集会。[1]

随着可用于保护美国黑人的联邦士兵数量不断减少，再加上意识到约翰逊认为他们的行动是正当的，少数从未接受战败事实的南方白人对黑人活动家和白人改革者发起了一场有针对性的暴力运动。尽管学者们最近逐年列出了 1872 年大选后发生的一系列致命骚乱，尤其是 1873 年 4 月路易斯安那州科尔法克斯发生的大屠杀，然而规模小杀伤力却很大的暴力早在 1866 年就开始了。那一年，南方邦联的老兵都瞅准了一点：白宫不会对他们的报复行为予以打击。思想教条的南方白人没有继续从事那种引起北方记者和政治家

① Slap, The *Doom of Reconstruction*, 74 - 75; John Diertrich to Lyman Trumbull, July 16, 1866, in Lyman Trumbull Papers, LC; *Annapolis Gazette*, September 6, 1866. 正如 Annette Gordon-Reed 在她内容不多但颇有见地的新传记 *Andrew Johnson* (New York, 2011), 5 中所言，“仅在一个任期之内，美国便从拥有最好的（总统）沦落到拥有最差的。相比之下，Howard Means 的 *The Avenger Takes His Place: Andrew Johnson and the 45 Days That Changed the Nation* (New York, 2006) 虽然经常批判约翰逊，但也无法有力证明他贯彻了林肯的政策。

愤怒的大规模、公开的野蛮行为，而是悄悄地但有条不紊地攻击正在崛起的共和党新一代官员。1868 年遭暗杀的人中就有本杰明·F. 伦道夫牧师，他曾在查尔斯顿黑人教堂的落成仪式上宣读过祈祷文。①

当黑人活动家为他们的信念付出生命的代价时，惊恐万分的投机分子（北方政客、传教士和教师）纷纷逃离了南方。改革人士本可以借机顶替他们留下的空位，却往往选择了活命，他们难过地意识到，放弃重建工作的代价意味着未来一代的活动家将不得不冒着生命危险去争取投票权和种族融合。正如这些男男女女所知，重建并没有失败；在重建工作崩溃的地区，它是被那些在内战期间为捍卫奴隶制而战，又在接下来的十年里以游击队的身份继续战斗的人暴力推翻的。民主运动可以通过暴力活动叫停。

白人治安维持会不仅袭击黑人，还攻击那些允许社会进步并将获得自由的男女黑人从种植园生活带入另一种生活的机构。1866 年初，驻扎在北卡罗来纳州的一位上校向自由民局局长奥利弗·O. 霍华德将军提交了一份在这两方面都非常典型的报告。“伊丽莎白城发生了一场严重的骚乱，”他报告说，“在此期间，一座为自由民学校而设的旧教堂被烧毁，一些退伍的黑人士兵惨遭毒打。”上校命令增派部队

---

① Michael Perman 在 *The Facts of Reconstruction: Essays in Honor of John Hope Franklin*, eds. Eric Anderson and Alfred A. Moss Jr.（Baton Rouge, 1991），27 中提出“反对重建”的观点；关于 1873 年大屠杀的两本近期的优秀作品分别是 LeeAnna Keith 的 *The Colfax Massacre: The Untold Story of Black Power, White Terror, and the Death of Reconstruction*（New York, 2008）和 Charles Lane 的 *The Day Freedom Died: The Colfax Massacre, the Supreme Court, and the Betrayal of Reconstruction*（New York, 2008）. 在 *Inherently Unequal: The Betrayal of Equal Rights by the Supreme Court, 1865 -1903*（New York, 2011）中，Lawrence Goldstone 进一步讨论了 Lane 关于美国联邦最高法院漠视黑人权利的观点。关于伦道夫 1868 年遇刺一事，参见 *New York Times*, October 19, 1868。

进入该地区，但这意味着必须从该州其他需要部队的地方撤出兵力。当士兵们怀着“逮捕袭击者”的期望到达时，行凶者已经不见了。然后，又一所学校没了，位于伊丽莎白城黑人社区中心的一座教堂也化为灰烬，黑人老兵遭到残酷对待并被解除武装，而全县百姓已经明白希望是要付出巨大代价的。①

那些有勇气继续斗争的人明白民主的代价，他们中的许多人愿意为这一事业赌上自己的性命。共和党人詹姆斯·L. 奥尔康报告说，“我们将开个大会，传单已经发出，我们将举行一次盛大的集会”，就在密西西比的梅肯。他接着说，当地政府判处“3 名黑鬼星期五接受绞刑，而我们的会将在第二天举行”，这绝非巧合。对于胆小的人来说，如此直白的警告没什么必要重复。对于坚决果敢的人而言，党的活动家在黑夜中一个接一个地消失了，就像奇怪的果实从白杨树上飘落。南卡罗来纳州的约翰·达文波特回忆道：“我在镇上投了共和党的票。虽然我的朋友都没当过官，但我还记得他们中的几个。老李·南斯就是其中之一。他在 1868 年当选为立法议员后被一个白人杀害了。很快，就连那些只想投票的人也被选举日手持猎枪和棍棒的暴徒找上了。②

那些缄口不言的人中就有小罗伯特·维齐。1871 年他在自由民储蓄银行开户时，他的父亲老罗伯特和母亲都已去世。该银行于

---

① Colonel Whittlesey to General Oliver O. Howard, February 16, 1866, in Register of Letters Received by the Commissioners of the Bureau of Refugees, Freedmen, and Abandoned Lands (hereafter Freedmen's Bureau Papers), Roll 23, NA.

② James L. Alcorn to W. D. Frazer, March 20, 1880, in Blanche K. Bruce Papers, Howard University; interview with John Davenport, in *The American Slave: South Carolina Narratives*, ed. George Rawick (Westport, 1972), 242. 关于 Lee A. Nance, 参见 Eric Foner, ed., *Freedom's Lawmakers: A Directory of Black Officeholders During Reconstruction*, 2nd ed. (Baton Rouge, 1996), 158。

1874年倒闭，是前一年全球大萧条的受害者。在鼎盛时期，这家总部位于华盛顿特区的机构持有61131名储户的330万美元资产；没有记录显示罗伯特·维齐和安娜·维齐在恐慌中损失了多少钱。那年1月，他们失去了一件更珍贵的宝贝，那就是他们刚出生的儿子、跟他父亲同名的罗伯特·A. 维齐因“痉挛”夭折。孩子被安葬在城市墓地，那是一处穷人的埋骨之所，表明这个家庭重新陷入了贫困。虽然这位悲痛的父亲年仅42岁，但维齐一家再次从公众记录中消失了，他们短暂的兴旺和乐观是一面悲惨的镜子，照出了那个时代破灭的希望。①

今天，游客们坐着马车经过破败的查尔斯顿市监狱和旧交易大楼，而丹马克·维齐便是在那大楼的地牢里度过了生命的最后时刻。和许多美国人一样，这座城市的导游并不太清楚重建是怎么进行的，尽管他们做导游之前都需要接受培训。在最近的一次旅行中，白人导游指着萨姆特堡解释说“激进的重建是南卡罗来纳州历史上最不民主的时期”。然而事实上，重建根本不激进，它无论在南方还是北方都是19世纪最民主的几十年，以至于成为这个国家历史上的第一个进步时代。就在最高法院首席大法官罗杰·B. 塔尼支持将奴隶制扩展到西部地区，并宣布美国黑人即使生下来是自由人也不能成为共和国公民的十年后，黑人仍在北方各州为选举权而斗争；在查尔斯顿、新奥尔良和旧金山为打破乘坐公共交通的歧视而战；为种族融合的公立学校筹措资金；为在昔日邦联中投票和获得公职而奋斗。而黑人老兵、活动家、牧师、议员、登记员、民调工作人员、编辑和一些忠实

---

① Carl R. Osthaus, *Freedmen, Philanthropy, and Fraud: A History of the Freedman's Savings Bank* (Urbana, IL, 1976), 180 - 184; death of Robert A. Vesey, January 15, 1874, in Charleston City Death Records, 1821 - 1914, South Carolina Department of Archives and History.

的白人盟友是如何冒着生命危险投身这项事业，险些推翻了一位种族主义者总统，但最终因为白人暴力而输掉了他们的战斗，这便是本书的主题。①

① Ethan J. Kytle and Blain Roberts, " 'Is It Okay to Talk About Slavery?' : Segregating the Past in Historic Charleston," *Destination Dixie: Tourism and Southern History*, ed. Karen L. Cox (Gainesville, 2012), 143. 具有讽刺意味的是，这种评论反映了南卡罗来纳州州长本杰明·佩里的想法，即黑人拥有选举权意味着南方白人需要"放弃他们所在州以及所有共和政府赋予的权利"。参见：Benjamin F. Perry to F. Marion Nye, May 25, 1867, Perry Papers, Wilson Library, University of North Carolina. 当时的旧交易大楼在1822年是邮局兼银行，其金库在过去曾做过地牢。丹马克·维齐被处决的前一天晚上，和另外4名被判有罪的黑人一起从监狱被转移到这个地牢。那天早晨，他们被抬到城外的绞刑架上。参见拙作 *He Shall Go Out Free*, 189 - 190。

第一章　“他纽扣上的鹰”

为联邦而战的黑人

他们来自四面八方。在1863年的头几天，州长约翰·A. 安德鲁宣布组建马萨诸塞州第54志愿步兵团，这是第一个主要由北方自由人组成的团，共和国各地的黑人响应了这个号召。来自康科德的乔治·杜根是个44岁的农民和鳏夫。杰弗逊·埃利斯只有19岁，在波基普西当船工，这个淡黄色头发、蓝眼睛的年轻人，至少有一位祖先是非裔美国人，被邻居视为“有色人种”，所以他也加入了这支部队。罗伯特·琼斯来自俄亥俄州汉密尔顿，是个20岁的农民，身高5英尺7英寸，鉴于一个世纪以来的饮食不足造成劳工阶层的子弟缺乏必要的营养，这种身高在当时算是正常。他的同伴丹尼尔·凯利和路易斯·凯尔西，是来自纽约州伯班克和密歇根州底特律的农民，都比他矮了4英寸。有些人来自南方。塞缪尔·金尼是个39岁的铁匠，来自弗吉尼亚州罗克布里奇县，为了争取黑人的自由，他放弃了打铁的工作。约瑟夫·巴奇是北卡罗来纳州的一名自由人，他认为自己是“一个有教养、有思想原则的北方佬”，为此他离开邦联，去了波士顿。18岁的乔治·亚历山大是南卡罗来纳州查尔斯顿的一个农民，这个州几乎没有什么自由人，其中大多数是马丁·R. 德拉尼所怀疑的混血棕色人种。在军队的“描述性名册”中，列兵亚历山大“肤色深黑”，身高5英尺4英寸。①

一段时间后，这些年轻人中的一部分会成为教师、牧师、社区活动家、共和党官员、州议员和国会议员。在重建期间任职的1510名有名有姓的有色人士中，至少有130人曾在军队中服过役。他们之中包括兰登·S. 朗利，他参加了1868年的南卡罗来纳州制宪会议；马丁·F. 贝克尔，他是来自马萨诸塞州菲茨堡的出生在南美的理发师，后来成为南方选举官员。但是在1863年的冬天，一些人只是普通的“劳工”，年轻的亨利·柯克登记的职业便是这个，他是从密苏里州的汉尼拔东迁而来的。宾夕法尼亚州伊斯顿的埃诺斯·史密斯也是劳工。肯塔基州的约翰·西蒙斯告诉征兵人员他是个“铸造工”。军队将成为这些人的家；对许多人来说，也是学校；对大多数人来说，是政治俱乐部。在阿波马托克斯投降后的十年里，他们的勇气、兵役和军阶将为他们赢得选民。②

首先，他们必须在战争中幸存下来。那年7月，农民凯利和杜根死在南卡罗来纳州的瓦格纳堡。罗伯特·琼斯熬过了对瓦格纳堡的攻击，1864年初却在佛罗里达州杰克逊维尔附近“阵亡”。埃利斯和凯

---

① Jefferson Ellis, Company Descriptive Book, April 1863, Compiled Military Service Records of Volunteer Union Soldiers, U. S. Colored Troops, 54th Massachusetts Infantry, Reel 5, NA; Louis J. Kelsey, Reel 10, Ibid. ; Daniel A. Kelley, Reel 10, Ibid. ; George W. Dugan, Reel 5, Ibid. ; Robert J. Jones, Reel 10, Ibid. ; Samuel Kinney, Reel 10, Ibid. ; George Alexander, Reel 5, Ibid; Joseph K. Barge to Blanch K. Bruce, February 17, 1876, in Blanche K. Bruce Papers, Howard University.

② Eric Foner, ed. , *Freedom's Lawmakers: A Directory of Black Officeholders During Reconstruction*, 2nd ed. (Baton Rouge, 1996), xxv; Enos Smith, Company Descriptive Book, April 1863, Compiled Military Service Records of Volunteer Union Soldiers, U. S. Colored Troops, 54th Massachusetts Infantry, Reel 15, NA; Henry Kirk, Reel 10, Ibid. ; John Simmons, Reel 15, Ibid.

尔西在瓦格纳堡受了伤；凯尔西被遣散了，蓝眼睛的埃利斯在袭击后被南方邦联俘虏，关押 17 个月后被“假释和交换”。埃利斯重返部队，被提升为下士。埃诺斯·史密斯和塞缪尔·金尼就没那么幸运了。宾夕法尼亚州劳工史密斯 7 月在南卡罗来纳州詹姆斯岛的战斗中被俘，1865 年 2 月 20 日“在佛罗伦萨的监狱里饿死”。弗吉尼亚的铁匠金尼在瓦格纳堡的战斗中失去大部分的膝盖骨，但他坚决拒绝退役。1865 年初被提升为下士后，他在 4 月 18 日，即罗伯特·E. 李将军在阿波马托克斯投降 9 天后的一场小规模冲突中被杀。

许多年长的黑人活动家鼓励他们的年轻亲戚加入这个团。废奴主义者、女权活动家索杰纳·特鲁斯送了一个孙子来。反奴隶制的编辑兼演说家弗雷德里克·道格拉斯当时住在纽约的罗切斯特，也让两个儿子报名入伍。马丁·德拉尼的儿子图桑·卢维杜尔·德拉尼也在第 54 团服役。后来，在 51 岁的时候，老德拉尼自己也参军了。他 1812 年出生于西弗吉尼亚州，父亲是奴隶，母亲当时已获自由，因此他出生时是自由人。他所成长的家庭是非常令白人邻居好奇的那种有着美好生活梦想的黑人家庭。德拉尼的母亲帕蒂决定让她的孩子们学会如何阅读，并从一个流动小贩那里买了《纽约初级读本与拼写课本》。当邻居们的敌意渐浓，在奴隶抓捕者试图抓住马丁和他的一个兄弟姐妹后，帕蒂把全家搬到了宾夕法尼亚州的钱伯斯堡；一年后，马丁的父亲萨缪尔·德拉尼赎回了自己的自由，与家人团聚。19 岁时，马丁搬到匹兹堡，加入了那里的贝瑟尔非裔卫理公会教堂，并在杰斐逊学院学习古典文学。德拉尼是一个有抱负的年轻人，他给安德鲁·麦克道尔医生当学徒，学习杯吸和蛭吸的放血术。大约在那个时候，德拉尼与一位富裕的食品供应商的女儿凯瑟琳·理查兹结了婚。凯瑟琳生了 6 个孩子，每个都以黑人英雄或民族的名字命名。这对夫妇决定再搬一次家，这次是去波士顿，这样马丁或许可以在哈佛大学学医。带着17封推荐信，德拉尼开始上课了，却因为几名白人学生向学校请愿，要求开除他和另外两名黑人学生而被迫离开学校。德拉尼毫不犹豫地搬到了底特律，开了自己的诊所。1854年，当这座城市因霍乱而满目疮痍时，他是为数不多留下来照顾病人的医生之一。①

德拉尼是个多才多艺的人，在接下来的十年里，他拿起笔，回应他认为哈里特·比彻·斯托在《汤姆叔叔的小屋》中对奴隶行为过于被动的描写。他的驳斥之作——《布莱克：抑或美国小屋》，1859年以连载的形式出现在《盎格鲁非洲人报》（*Anglo-African*）上。它讲述了一个非裔古巴逃亡者的故事，这人辗转南方，为的是鼓动奴隶起义。但这部小说也暴露出一种绝望感，德雷德·斯科特案的判决下达后，像德拉尼这样的自由人被拒绝授予联邦公民身份，因此这种绝望感在自由黑人的社区中越来越普遍。1859年5月，德拉尼造访了利比里亚。这个40多年前由白人管理的美国殖民协会（American Colonization Society）建立的国家，现在已是一个独立共和国，但鲜有美国黑人对移民到此表现出任何兴趣。早在1852年，德拉尼就怀疑他的国家将永远剥夺非裔美国人的基本权利。甚至他曾经的合作伙伴弗雷德里克·道格拉斯，一个长期反对移民的人，也开始考虑大规模流亡到海地的可能性。在续写《布莱克：抑或美国小屋》的同时，德拉尼开始为他的冒险事业筹集资金，并召集了一群潜在的定居者。接着战争就来了。②

---

① Robert S. Levine, *Martin Delany, Frederick Douglass, and the Politics of Representative Identity* (Chapel Hill, 1997), 20 – 27.

② Martin R. Delany, *The Condition, Elevation, Emigration, and Destiny of the Colored People of the United States, Politically Considered* (Philadelphia, 1852); Martin R. Delany, *Blake: Or, the Huts of America*, ed. Floyd Miller (Boston, 1970).

最终，联邦政府在1863年同意招募黑人自由人时，人到中年的德拉尼迫不及待地站了出来。来自伊利诺伊州的有影响力的白人朋友纷纷向亚伯拉罕·林肯总统递上了推荐“马丁·R. 德拉尼医生”的信。共和党人查尔斯·戴尔向总统保证，德拉尼是一个充满“精力和智慧”的人。芝加哥商人彼得·佩奇附和总统广为人知的支持黑人移居海外的倡议，他显然忽视了这位美国黑人早已一心想移民海外，提拔其在国内发展颇有讽刺意味。根据他对德拉尼的“非洲探险”的了解以及对“这个国家自由的有色人种殖民”的支持，佩奇认为其“非常有资格”担任林肯认为合适的任何职位。[①]

很大程度上是因为最高法院在德雷德·斯科特案上正式表明了大多数白人私下持有的立场，德拉尼急于表明他对自己出生的土地的忠诚。他向一位听众保证：“如果我们拥有与其他美国人平等享有公民身份的权利，我们就会从我们在这个国家所处的地位出发尽一切努力。”虽然德拉尼最初是受雇招募北方的自由黑人，但他渴望亲自将战斗带到他的南方家乡。在写给战争部长埃德温·斯坦顿的信中，德拉尼要求被授予“南方或脱离联邦的各州的有色人种部队”的指挥权，把服兵役视为“黑人的主张得到官方承认的措施之一”。许多运动人士和德拉尼一样，都寄希望于一旦大量黑人参军，美国白人就不能再拒绝给予他们政治发言权。然而，德拉尼意识到，尽管克里斯普斯·阿塔克斯是波士顿大屠杀这场“革命悲剧的第一个受害者”，但他的死在过去几十年里对促进融合几乎没有起到什么作用。事实上，德拉尼特别渴望带领黑人军人进入查尔斯顿，那里是分裂的温床，他“从很小的时候起”就“学会以极度憎恶之情去思考它”，这表明他和

---

① Charles V. Dyer to Abraham Lincoln, April 26, 1863, in Lincoln Papers, LC; Peter Page to Abraham Lincoln, May 1, 1863, Ibid.

其他黑人废奴主义者一样，都急切地想摧毁奴隶制，并“攻击已压垮和打倒在地的敌人”，就像他们急于争取公民身份一样。[①]

出生于西弗吉尼亚州、生下来就是自由人的马丁·R. 德拉尼在被迫从哈佛大学医学院退学后，开始相信非裔美国人在美国没有未来。1859 年，他前往利比里亚，回国后，他打算在非洲西海岸建立一个新的定居点。到了 1863 年，他放弃了那些计划，开始为新的黑人军团招募士兵。德拉尼最终被任命为少校，成为内战时期军衔最高的非裔美国人。随着南方邦联的瓦解，他调到了自由民局，在南卡罗来纳州的希尔顿黑德工作。（照片由霍华德大学莫兰-斯普林加恩图书馆提供）

公民身份确实姗姗来迟。1861 年萨姆特堡投降后的第一时间，

① Margot Minardi, *Making Slavery History: Abolitionism and the Politics of Memory in Massachusetts* (New York, 2010), 151; Martin R. Delany to Edwin M. Stanton, December 15, 1863, in *Freedom: Series II: The Black Military Experience: A Documentary History of Emancipation, 1861－1867*, eds. Ira Berlin, Joseph P. Reidy, and Leslie S. Rowland (Cambridge, 1983), 101－2; Leon Litwack, *Been in the Storm So Long: The Aftermath of Slavery* (New York, 1979), 96.

林肯就号召忠诚的州长们召集7.5万名志愿者，按他希望的那样，针对7个脱离联邦的州进行一场为期90天的短期战役。密苏里州和肯塔基州犹豫不决，而面对联邦士兵穿越奴隶制重镇沿海诸县的前景，弗吉尼亚州和其他三个州脱离了联邦，把自己的命运绑上了南方邦联的战车。北方的黑人挺身而出，竟遭到战争部的拒绝，后者希望将这场冲突定义为一场简单的联邦战争。政府担心，允许黑人士兵入伍，可能会逼着肯塔基州、马里兰州，甚至特拉华州加入南方邦联。德拉尼在北方各地发表演讲，谴责将黑人排除在军队之外的做法，并要求应征入伍，理由是服兵役仍然是“提出他的种族主张”的最佳途径。弗雷德里克·道格拉斯将他年轻时与监工爱德华·柯维的斗殴视为自己变成男子汉的开端，他向听众保证：“没什么比看到南方的老爷们被同等数量的黑人男性好好鞭打一顿更能令他高兴，并给他的种族增光的了。”道格拉斯抱怨道，只招募白人入伍，让这些军人牺牲自己的生命去保护一个种族主义联盟，这种政策既有违美国一向标榜的自由，在战略上也是愚蠢的，因为这意味着“只用一只手”与“叛军”作战，却将“那只黑色的手绑上锁链，闲置于身后”①。

受奴役的南方人选择不等华盛顿官员的同意。这年5月，也就是冲突刚开始一个月，南方邦联军队用来建造防御工事的三名奴隶逃跑，逃到了门罗堡的大门前，门罗堡是弗吉尼亚半岛南端的一处要塞，仍处于联邦政府的控制之下。门罗堡的指挥官是本杰明·F. 巴特勒少将，他是马萨诸塞州的民主党人，前一年曾支持赞成蓄奴的候选人约翰·C. 布雷金里奇担任总统。随后，又有几十个奴隶出逃。到7月底，不知所措的巴特勒向上级报告说，他手下生活着大约900

---

① Levine, *Delany*, 222; Philip Dray, *Capitol Men: The Epic Story of Reconstruction Through the Lives of the First Black Congressmen* (New York, 2010), 12.

名难民。只有300人是“男的，身体健全”，其余的都是妇女、儿童和“基本上从事过艰苦劳动”的上了年纪的奴隶，而且每天都有“更多的人进来”。巴特勒要求战争部明确答复：“这些男人、女人和孩子是奴隶吗？他们是自由的人吗？”既然弗吉尼亚州已经“叛国”，那么“所有的财产关系都终止了吗”？第一批逃亡到门罗堡的奴隶曾被派去挖掘南方邦联的战壕，战前曾是律师并从过政的巴特勒认为最好把他们看作解放了的“战争禁运品”。巴特勒的立场符合传统的战争权（war-power）理论，1861年8月6日，就在收到巴特勒的询问一周后，总统签署了《没收法》，通过允许没收包括曾为邦联军队做工的奴隶在内的所有财产，该法从事实上批准了这位将军的建议。在逃到门罗堡的人中有个人叫哈里·贾维斯，是个来自东海岸的奴隶，31岁，他偷了一只独木舟，划了35英里穿过切萨皮克湾而来。贾维斯不满足于作为禁运品获得解放，他告诉巴特勒自己想参军。巴特勒将军不同意，说“**这不是一场黑人的战争**”。贾维斯却不这样想，预言道：“在事情结束之前，这**就是**一场黑人的战争。”[1]

一些处境艰难的将军同意了。在路易斯安那州哈德逊港附近，纳撒尼尔·P. 班克斯将军为替联邦炮艇打开密西西比河道而奋战。和巴特勒一样，班克斯也来自马萨诸塞州，但这位前民主党人在1854年的《堪萨斯-内布拉斯加法案》允许奴隶制延伸到中西部地区后，

---

① James Oakes, *The Radical and the Republican: Frederick Douglass, Abraham Lincoln, and the Triumph of Antislavery Politics* (New York, 2007), 144 – 45; Adam Goodheart, *1861: The Civil War Awakening* (New York, 2011), 335; Hans Ls. Trefousse, *Ben Butler: The South Called Him Beast!* (New York, 1957), 79; Benjamin F. Butler to Secretary of War Simon Cameron, July 30, 1861, in *Private and Official Correspondence of Gen. Benjamin F. Butler*, eds. Benjamin F. Butler and Jessie Ames Marshall (Norwood, 1917), 1: 185 – 88; Steven Hahn, *A Nation Under Our Feet: Black Political Struggles in the Rural South from Slavery to the Great Migration* (Cambridge, 2003), 70.

心生厌恶而退党，并在 1856 年转而支持共和党候选人约翰·C. 弗雷蒙特。由于身强体健的军人寥寥无几，班克斯就招募了非裔美国人入伍，其中一些是逃亡者，另一些则是肤色较浅的有色人种自由人。班克斯在 1862 年 5 月报告说，无论“迄今为止对黑人军团的效率存在着怎样的疑虑，今天的历史已经确凿地证明了政府将在这一阶层的军人中找到有力的支持者和捍卫者”。尽管班克斯取得了成功，在其他地方也遭遇一系列军事挫折，但政府依然不愿部署黑人军队。然而，要求提供兵源的文件却继续在战争部的桌上堆积。加兰·H. 怀特曾是邦联的国务卿罗伯特·图姆斯的奴隶，他向战争部长斯坦顿保证，他曾和他的主人在南方旅行过，现在他“非常愿意用自己的一生来宣讲反对罪恶，并与之作斗争”。后来，怀特住到了加拿大，担任一帮逃亡者的牧师，他告诉斯坦顿，他的信众“召唤”他去带领他们“去南部地区作战”。斯坦顿不加评论地提交了这封信，但随着北方联邦军队伤亡人数的增加，政府可能会继续无视这样的提议，而这只会令军事上取胜存在一定的风险。①

就在班克斯和怀特向华盛顿方面提出请求时，一个更有影响力的声音也加入进来。大卫·亨特少将是一名职业军人，在 1860 年大选期间，曾驻扎于堪萨斯州的利文沃斯堡。在西部的时候，他经常与总统候选人林肯通信，因而林肯当选后邀请他陪同自己从斯普林菲尔德前往华盛顿。后来，作为南方部的指挥官，这位出生于纽约的废奴主义者来到了南卡罗来纳州海岸，1862 年 4 月，他要求给他 5 万支毛瑟枪和同等数量的“猩红色马裤”，以装备和配发给“（他）在这个国

---

① James G. Hollandsworth, *Pretense of Glory: The Life of General Nathaniel P. Banks* (Baton Rouge, 2005), 128; David Goldfield, *America Aflame: How the Civil War Created a Nation* (New York, 2011), 280; Garland H. White to Edwin M. Stanton, May 7, 1862, in *Freedom: Series II*, 82–83.

家所能找到的忠诚的人”。亨特虽没有直接说出来，但确实打算解放和招募卡罗来纳州的奴隶。斯坦顿和林肯都没有回应，或许是认为让亨特将军悄悄地推行他的计划更明智，而亨特确实这样做了，派遣北方联邦军队到诸海岛去召集黑人新兵。[①]

尽管这个地区有大量的奴隶，征兵进程却很慢。亨特手下的白人初级军官和应征士兵毫不掩饰自己对这场征兵实验的不屑，而卡罗来纳的白人则急忙警告他们的劳力，说北方佬要把他们卖到古巴去。亨特无法向他们保证会支付报酬，也无法保证他们的家人亦能获得自由；许多奴隶明智地选择了观望和等待。为鼓励入伍，5月9日，亨特最终宣布解放佛罗里达州、佐治亚州和南卡罗来纳州的所有奴隶，受此激励，罗伯特·斯莫斯在几天后偷走了“种植园主号”，并驾着它离开查尔斯顿港，进入北方联邦军队封锁线。到了仲夏时节，已经聚集了足够多的人，组成了南卡罗来纳第一志愿兵军团。劳拉·M. 汤恩是一名随军的北方教师，她认为这些人“看上去非常棒”，而且“为指挥官立了大功”。公众的反应就没有那么热烈了。由于担心该军团是种族战争的第一步，《纽约时报》警告说，这场冒险“可能会对人性造成危害”。国会中的民主党人愤怒地要求知道斯坦顿是否批准了这个团的成立。具有讽刺意味的是，林肯当时正在起草他的《初步解放黑人奴隶宣言》，但就连私下里为亨特的行动鼓掌的财政部长萨尔蒙·P. 蔡斯也公开承认，只有总司令才有权解放这么多奴隶。8月，林肯推翻了亨特的赦令，批准了他的调任请求。尽管林肯没有

① Frederick Douglass, *Life and Times of Frederick Douglass* (New York, 1962 ed.), 337; Edward A. Miller Jr., *Lincoln's Abolitionist General: The Biography of David Hunter* (Columbia, SC, 1997), 97; Steven V. Ash, *Firebrand of Liberty: The Story of Two Black Regiments That Changed the Course of the Civil War* (New York, 2008), 32-33.

解散亨特的黑人军团，但他此举激怒了总统的自由派批评者。这些人义正辞严地指责政府“在这个问题上茫然四顾”，未能制定出明确的政策。①

然而，有幸住在联邦边界附近的奴隶继续涌向北方联邦士兵的阵营，他们的数量，加上华盛顿所谓的激进共和党人持续而有力的敦促，最终迫使这一问题摆上了台面。7 月 17 日，就在总统撤销亨特赦令的几周前，国会通过了两部相互关联的法律：《第二没收法》（*the Second Confiscation Act*）和《民兵法》（*the Militia Act*）。后者授权林肯要求各州根据每个州的人口再召集 30 万人入伍 9 个月。该法允许黑人成为每个州配额的一部分，但只能作为自由之身加入，并且规定他们的家属也应该是自由的，这为黑人入伍提供了额外的激励。新的《没收法》超越了前一年的法律，规定如果南方邦联官员在 60 天内不投降，其所拥有的男女奴隶都将获得解放。该法授权林肯“雇用尽可能多的非裔来镇压这场叛乱”，并解放所有应征入伍的奴隶，只要他们的主人是大家所知道的邦联同情者。即使不是出于高尚的原因，这两部法案还是在国会以令人满意的优势轻松通过。黑人士兵可能会挖茅坑、运木材，干其他种类的“黑鬼活计”，艾奥瓦州州长这样告诉亨利·哈勒克将军。当战斗结束时，他补充道：“如果发现死者中有

① Thomas Wentworth Higginson, *Army Life in a Black Regiment* (Boston, 1870), 272–73; Dray, *Capitol Men*, 12; Laura M. Towne, *Letters and Diary of Laura M. Towne, Written from the Sea Islands of South Carolina* (Cambridge, 1912), 71; Geoffrey Perret, *Lincoln's War: The Untold Story of America's Greatest President as Commander in Chief* (New York, 2004), 204–5; Salmon P. Chase to Abraham Lincoln, May 16, 1862, in Lincoln Papers, LC; David Hunter to Abraham Lincoln, June 25, 1862, Ibid.; Ash, *Firebrand of Liberty*, 33; Miller, *Lincoln's Abolitionist General*, 101–2. Friday Albright 是脱离主人控制的典型人物.他是一名现役士兵，1862 年 5 月 11 日离开 James Kirk 的 Hilton Head 庄园，转而加入了 Hunter 的部队。参见 Company Descriptive Book, May 1862, Compiled Military Service Records of Volunteer Union Soldiers, U. S. Colored Troops, 1st Colored Infantry, Record Group 94, NA。

一部分是黑鬼，甚至全都不是白人，我也不会感到任何遗憾。”①

虽然行动迟缓的总统和更开明的国会议员之间存在明显的鸿沟，但林肯还是越来越支持把南方黑人派上用场，只要联邦指挥官不越权大规模地解放黑人。甚而当亨特要求新的指挥权时，华盛顿也在寻找合适的接替者来领导南卡罗来纳州的志愿入伍者。鲁弗斯·萨克斯顿将军（他有个身为废奴主义者的父亲，以女权主义者和先验论者的身份在巡回讲学中声名鹊起）推荐了同为废奴主义者的托马斯·温特沃思·希金森。作为一名牧师，希金森坚强到足以成为堪萨斯内战②的老兵，又温柔到足以成为诗人艾米莉·狄金森的朋友和导师。当萨克斯顿的信寄到时，希金森正在马萨诸塞州的步兵队任上尉，并且刚刚为《大西洋月刊》写了一篇关于丹马克·维齐的文章。他迫不及待地接受了推荐。他“做废奴主义者的时间太久了，对约翰·布朗的了解和喜爱太深了”，他说，“当他发现（自己）处于（布朗）希望得到的位置时，最终一点都兴奋不起来了。”当时正在伍斯特接受训练的希金森拜访了安德鲁州长，辞去了他以前的职务。没等他的上校军衔到来，他就乘船前往卡罗来纳州海岸，并“与黑人部队一起”投入了余下的战斗。③

像大多数白人废奴主义者一样，希金森从未涉足南方。虽然对新

---

① *Cincinnati Daily Gazette*, August 7, 1871; Glenn David Brasher, *The Peninsula Campaign and the Necessity of Emancipation: African Americans the Fight for Freedom* (Chapel Hill, 2012), 205; Philip Shaw Paludan, *The Presidency of Abraham Lincoln* (Lexington, 1994), 146 - 47; Willie Lee Rose, *Rehearsal for Reconstruction: The Port Royal Experiment* (New York, 1964), 186 - 87; *Journal of the Senate*, July 17, 1862, 37th Cong. , 2nd Sess. (Washington, 1863), 872; Scott French and Carol Sheriff, *A People at War: Civilians and Soldiers in America's Civil War*, 192.

② Bleeding Kansas，也称“流血的堪萨斯”，指美国史上支持蓄奴者和反对蓄奴者之间为争夺对堪萨斯州的控制权而发生的战争。——译者

③ Rose, *Rehearsal for Reconstruction*, 193; Litwack, *Been in the Storm So Long*, 68; Higginson, *Army Life in a Black Regiment*, 2 - 3, 276.

任命感到喜出望外，但他并不确定自己在北方联邦占领的南卡罗来纳州博福特登陆后会发现什么。不出所料，他发现了一个趾高气昂的军官，“这人噘起的嘴唇和上翘的鼻子讲述了他全部的爱国故事”。但是希金森上校对自己即将指挥的这队“坚定”的士兵印象更为深刻，他们“全都像印刷机的墨水一样黑”，“穿着红裤子、蓝外套，戴着帽子，昂首挺胸地扛着枪”。这位新来的上校见过太多的逃亡黑奴，以至于对美国黑人的政治练达一点也不感到惊讶。尽管如此，他还是为那个当鼓手的男孩感到难过，那个男孩对他讲了自己在乔治敦附近做奴隶时，因为听到林肯当选的消息便唱起了“我们很快就会自由”而遭到了鞭打的事。他的士兵普遍不识字，但他们知道战争的起因是什么，也知道他们在为什么而战。一天晚上，军团的随军牧师托马斯·朗对军队发表讲话（据一位白人观察员称，用的是可记录的语言、方言和所有语言）时，重申他们的服役已然迫使华盛顿那些不情不愿的共和党人支持黑人获得自由。“如果我们没有成为战士，所有的一切都可能倒退到从前，”朗讲道，“我们的自由可能已经从国会两院溜走了，而林肯总统的四年任期可能已经就此玩完。”但是，因为卡罗来纳州的自由民“展示了我们的勇气和我们天生的男子汉气概”，这个国家对自由的承诺就“永远不会倒退”。朗补充道，美国白人怀疑奴隶在当兵时是否会有出色的表现，他说着砰地把手砸在军营的桌子上以示强调，“幸好有了这个军团，（他们）再也不能多说什么了，因为我们首先向他们表明了我们可以和他们并肩作战”①。

---

① Higginson to James, November 24, 1862, in Higginson Papers, American Antiquarian Society; Sarah Parker Remond, *The Negroes & Anglo-Africans as Freedmen and Soldiers* (London, 1864), 6; James M. McPherson, ed., *The Negro's Civil War: How American Negroes Felt and Acted During the War for the Union* (New York, 1965), 213; Higginson, *Army Life in a Black Regiment*, 34. 白人观察员一般不仅（转下页）

希金森从他手下对合众国的虔诚拥护中获得了巨大灵感。“我相信美国是在为我而战，也是为我的同胞而战。”一名新兵坚定地说，此话未必准确，但他说得信心十足。由于没有应征入伍的赏金，薪酬也迟迟未发，所以没有人是为了钱才参军的。更让希金森感到惊讶的是，也很少有人是为了报仇而参军的。一名入伍后在亨特手下效力的士兵坦言，他并不介意主在审判日那天会在“地狱的边缘”摇晃一会儿他残忍的主人，但他祈祷上帝最终不要把他丢进坑里。不过，这位马萨诸塞州废奴主义者也目睹了军人的艰难现实。当他的大部分新兵逃到北方联邦边界时，他们都把亲人留在了身后。一名士兵哀叹自己将“妻子落在了受奴役的地方”，另一名士兵几乎认为他听到了他的“孩子每天晚上在问，我的爸爸在哪?”。许多人知道他们不会以解放者的身份活着回家。卡罗来纳的一名自由民后来回忆起他的“爸爸和其他黑鬼一起为‘亚伯叔叔’打仗去了，我们再也没见过他”。①

林肯仍然担心黑人军团在下北方地带和坚定的蓄奴州产生的政治影响，这是有道理的。9 月 22 日的《初步解放黑人奴隶宣言》最初挫伤了潜在白人新兵的热情，他们希望遏制冲突，实现统一，迫使总统承认他应该招募更多的黑人士兵而不仅仅是南方的逃亡者，“从中得到一些助益”。副总统汉尼拔·哈姆林将一个年轻军官代表团领入白宫，其中一人就是他的儿子，所有人都准备好带领北方的自由人投入战斗。罗得岛州长写信请求批准该州的黑人入伍，并指出“罗得岛对这个团拥有历史性权利”，因为它早前的“有色军团在独立战争中

（接上页）记录黑人领袖所说的话，而且还记录自己眼中奴隶的土话。尽管这些资料表明：白人共和党人和北方废奴主义者也背负着种族和阶级的包袱，但是要将这些记载改写成现代英语使用，同样与真实历史情况不符。

① Ash, *Firebrand of Liberty*, 36 - 37; interview with John Franklin, in George Rawick, ed., *The American Slave: South Carolina Narratives* (Westport, 1972), 84.

为自己赢得不朽的声誉”。在安提塔姆战役[①]之后血腥的那几个月里，他的军队表现不佳，保守的民主党人也奔走反对他的《初步解放黑人奴隶宣言》。“我想时机已到。”他这么对哈姆林的军官代表团说道。[②]

越来越多的黑人部队走上战场使得南方邦联政府感到恐惧。到了晚秋，希金森的军团在路易斯安那州也有类似的部队加入，指挥后者的是约翰·W. 菲尔普斯将军以及刚从门罗堡被调到新近占领的新奥尔良，仍然心不甘情不愿的本杰明·巴特勒。南方邦联的将军塞缪尔·库珀宣布剥夺菲尔普斯和亨特的“法律权益”——他不知道后者已经被替换——这意味着如果被抓获，他们将不会被交换，而是“会被关进密室等待处决”。那年11月，南方邦联的士兵在佐治亚州海岸俘获了6名黑人士兵。“他们是奴隶，手持武器对付他们的主人，穿着废除奴隶制度的制服。”俘获他们的人这样写道。南方邦联的战争部长詹姆斯·A. 塞登下令将其中一名士兵处死，“以儆效尤”。塞登还说，黑人士兵“不会被视为战俘”。在里士满，杰斐逊·戴维斯总统扩大了这一政策的适用面，宣布指挥黑人士兵的联邦军官比“罪有应得的强盗和罪犯”好不了多少。12月23日，作为前南方邦联人士对重建期间的黑人运动人士和白人进步分子的命运安排的恐怖预演，戴维斯下令，所有白人军官和“带武器的被俘黑奴”都要交给地方法院“按照上述州的法律处理”，这意味着他们会被作为造反者予以处决。[③]

---

① 美国内战中乃至美国历史上单日伤亡最大的战役。——译者

② David Donald, *Lincoln* (New York, 1995), 430; Frederick J. Blue, *Charles Sumner and the Conscience of the North* (Arlington Heights, IL., 1994), 134 - 35; Thomas A. Jenckes to Abraham Lincoln, September 11, 1862, in Lincoln Papers, LC.

③ Dudley Taylor Cornish, *The Sable Arm: Black Troops in the Union Army, 1861 - 1865* (Lexington, 1987), 162; John David Smith, "Let Us Be Grateful That We Have Colored Troops That Will Fight," in *Black Soldiers in Blue: African American Troops in theCivil War Era*, ed. John David Smith (Chapel Hill, 2001), 44 - 45; Governor M. L. Bonham to General P. G. T. Beauregard, July 22, 1863, in Berlin, ed., *Freedom: Series II*, 579 - 580.

戴维斯的法令虽从未被正式撤销，但也从没有生效。甚至于反对使用黑人军队的北方报纸和政客也谴责南方邦联的这一政策。汉娜·约翰逊是纽约州布法罗的居民，几年前，她的父亲逃离了奴隶制，而今她为她儿子的事给总统写信。“我在放我儿子走之前就想到了这件事，”她写道，相信政府“绝不会让他们把我们的有色人种士兵卖为奴隶”。如果他们这么做，她建议，“你必须把叛军关进州监狱，让他们做鞋子，做工”。事实上，林肯已经得出了这个结论。去年7月期间，南北政府同意交换战俘，但林肯谴责奴役黑人士兵是“退回野蛮状态”，并威胁说要停止遣返，除非南方邦联对所有战俘一视同仁。一名南方邦联的专员最终同意交换所有生而为自由人的士兵（比如约翰逊的儿子），但他发誓，若要放弃“将奴隶当作缴获的财产送回去的权利”，他宁可“死在最后一道战壕里”。战争部长斯坦顿反驳说，如果这是戴维斯的政策的话，那就注定了2.6万名南方邦联的俘虏要在联邦战俘集中营里待上好几个月。“山姆大叔态度坚决，”一位记者报道说，“他不会放弃对自己士兵的保护。”①

随着1863年新年的临近，以及林肯签署最终版的《解放黑人奴隶宣言》，美国黑人和白人废奴主义者准备庆祝“禧年”。一些人担心，在最后一刻，交战的国民可能会达成妥协，导致总统撤销他的法令。他们紧张地看着新泽西州民主党人提出一系列“和平主张”，由该州充当“调停者”。但马萨诸塞州反奴隶制协会在波士顿集会“支持那个如上帝谕旨般的目标”，声称只要“这片土地上的400万居民”仍被奴役，他们的征战就不会结束。特雷蒙神庙是一个博物馆和浸信

① Hannah Johnson to Abraham Lincoln, July 31, 1863, in Berlin, ed., *Freedom: Series II*, 582-583; James M. McPherson, *Tried By War: Abraham Lincoln as Commander in Chief* (New York, 2008), 205.

会教堂二合一的建筑，会众们聚在它附近一起祈祷、唱歌。先是一曲振奋人心的《快将号角吹响》(*Blow Ye the Trumpet Blow*)，接着是一个庄严的感恩节祈祷，并为“总统和宣言”欢呼。在曼哈顿，黑人冒着狂风在希洛教堂庆祝“守望自由之夜”。纽约民主党人就没那么热情了。一名编辑警告说，这一宣言“将开启危害国家的潘多拉魔盒”。他担心，其后果是“雇用黑人从事政府工作”，并且由此引发的“战争会达到相互残杀的野蛮极限”。①

在最终将冲突从单纯的重新统一提升到更为崇高的解放和自由的基础上之后，政府采取行动，补充了因去年12月在弗吉尼亚州弗雷德里克斯堡那场大战而折损的兵力。“在《解放黑人奴隶宣言》发布并招募有色人种士兵保卫国家之后，”一位黑人共和党人说，“全面的解放是不可避免的。”战争部没人相信黑人平民能在短期内做好准备，上前线执行任务，但斯坦顿很确定地告诉马萨诸塞州参议员查尔斯·萨姆纳，总统希望“在6月之前武装好20万黑人”。那些新兵可以在密西西比河和卡罗来纳州沿海地区守住已经占领的据点，而经验丰富的“白人士兵”则重新部署到前线，直到新兵部队完成集训。萨姆纳兴奋地说：“让音乐响起来，庆祝这一天的到来吧。”②

萨姆纳并没有代表所有的白人联邦主义者（white Unionists)。在这年秋季的选举中，保守派发起反对林肯那份宣言的运动，对林肯目标改变的不满，加上对战时高税收的愤怒，使共和党在众议院失去了22个席位。由于林肯是以总司令的名义颁布法令的，因此不是立法

① *Liberator*, January 2, 1863; *Boston Journal*, January 2, 1863; *Philadelphia Inquirer*, January 1, 1863; *New York Herald*, January 1, 1863.

② San Francisco *Elevator*, July 3, 1872; Charles Sumner to John Murray Forbes, December 28, 1862, in *The Selected Letters of Charles Sumner*, ed. Beverly Wilson Palmer (Boston, 1990), 2:136.

行为，也不影响那些留在共和国的蓄奴州。时任田纳西州军事长官的安德鲁·约翰逊是一名忠诚的民主党人，他警告白宫，在他所在的州增加黑人军队只会激励被打败的白人继续战斗。由于约翰逊那时还拥有奴隶，因此对黑人公民身份的提法感到震惊，他在此问题上明显是有偏见的。但林肯从安布罗斯·伯恩赛德将军那里也得到了关于肯塔基州的类似建议。他提醒说，征召自由人或获得解放的奴隶“不会给我们增加实质性的战力”，但“会造成很多麻烦”。然而，在这个国家的首都，自由的黑人叫嚣着要参军，“一支有色人种军团将很容易在这个城市召集起来。”一位记者报道说。尤利西斯·S. 格兰特少将从伊利诺伊州南部写信来，他的热情与约翰逊的敌意不相上下。他在给林肯的建议是，通过“武装黑人，我们多了一个强大的盟友”。“他们将成为优秀的士兵，从敌人那里将他们夺过来会削弱敌人多少就会正好使我们壮大多少。”[1]

无论是抗拒还是支持这项政策，白人都认为黑人是渴望参军的。在大多数情况下，这是真的，华盛顿许多准备参军的自由人还有亲朋在邻近的马里兰州和弗吉尼亚州为奴。新英格兰的黑人男子享有选举权，但那些涌向投票站支持林肯的纽约白人选择了对黑人维持财产限制，即须拥有 250 美元的财产才有资格投票，对白人却无此要求。黑人也不能在蔡斯的俄亥俄州或林肯的伊利诺伊州投票。黑人活动家约瑟夫·斯坦利在《芝加哥论坛报》上发表了一封信，声称只要歧视性法律仍然有效，该州政府就无权要求黑人入伍。少数黑人把这场战争称为“白人的口角”。大多数人认识到，对新兵的迫切需求推动了这

---

① Bruce Tap, “Race, Rhetoric, and Emancipation: The Election of 1862 in Illinois,” *Civil War History* 39 (1993): 101 - 125; Perret, *Lincoln's War*, 296 - 297; *Liberator*, February 20, 1863; Ulysses S. Grant to Abraham Lincoln, August 23, 1863, in Lincoln Papers, LC.

一新的征兵策略，与北方对奴隶制的仇恨所发挥的作用不相上下。一旦这个国家“有任何真正的仗要打，有任何像邦克山那样的战役想赢”，一位废奴主义者尖刻地说，那些不情愿的政客“毫无疑问会非常乐意去让（黑人士兵）吃枪子或者挨刺刀”。①

尽管在看待国家需求和黑人服役之间的关系上并不幼稚，但更多的废奴主义者和非裔美国人的想法与道格拉斯一样，认为黑人的牺牲将有助于争取政治上的平等。道格拉斯是马里兰州的一名逃亡者，对南方奴隶主怀有深仇大恨，盼着年轻人有机会“去杀死那些白人叛军”。然而，如果说复仇的渴望起到了一定作用的话，道格拉斯那年冬天所做的大多数公开声明则走上了一条更为高尚的道路。“在这场大战中为政府而战，”道格拉斯向费城的黑人听众保证，“就是为自己的种族而战，就是与我们所有其他阶层的同胞一起为争取一席之地而战。”在这场世界末日般的战争之后，一定会有一场全国性的重新评估，一种新的政治秩序。一旦黑人“纽扣上多了只鹰，肩上扛了把毛瑟枪，口袋里有了颗子弹，”道格拉斯推测，“地球上就没有什么力量”可以“否认他已获得了美国公民权”。最高法院的判决可能会被未来的法院或修正案推翻，尤其是一旦黑人部队上战场迫使白人承认非裔美国人对美国民主的贡献。“记住查尔斯顿的丹马克·维齐，”道格拉斯在其于北方广泛传布的《拿起武器》一文中千叮万嘱，“记住南汉普顿的纳撒尼尔·特纳！”②

---

① Edward A. Miller Jr., *The Black Civil War Soldiers of Illinois: The Story of the 29th U. S. Colored Infantry* (Columbia, SC, 1998), 22; Minardi, *Making Slavery History*, 167.

② David W. Blight, *Frederick Douglass's Civil War: Keeping Faith in Jubilee* (Baton Rouge, 1989), 160 - 61; *Hartford Daily Courant*, March 7, 1863; 白人律师 Justin D. Fulton 思想进步，他也希望“手持武器的战后自由民绝不屈服，绝不让别人剥夺自己的公民权。”参见他的 *Radicalism: A Sermon Preached in Tremont Temple, on Fast-Day* (Boston, 1865), 35。

有着广泛的反奴隶制运动历史的马萨诸塞州，最先响应了这一号召。就在《解放黑人奴隶宣言》发表几天后，共和党州长约翰·A. 安德鲁请求授权成立两个黑人军团，即马萨诸塞州第 54 团和第 55 团，各服役三年。1 月 6 日，在共和党人挫败了一位肯塔基州参议员拒绝付给黑人士兵任何报酬的最后努力后，斯坦顿批准了安德鲁的请求，使这些部队与亨特和萨克斯顿培养的那些非正规军不同，成为第一批获得正式授权的黑人军团。安德鲁认为第 54 团“可能是整个战争期间组建的最重要的部队”。为了领导这支队伍，他求助于 25 岁的上尉罗伯特·古尔德·肖，肖是安提塔姆之战的老兵，也是波士顿著名的废奴主义者的儿子。由于这是“自由州培养出来的第一支有色人种军团”，州长告诉肖的父亲，“它的成败将极大地提升或打压”美国黑人的未来。肖并不看好这支部队，但他还是同意了，并被晋升为上校。同样是废奴主义者之子的诺伍德·P. 哈洛韦尔成为肖的副手，来自波士顿的黑人医生约翰·德格拉斯博士担任该部队的外科医生。“我（是）一个黑鬼上校。”肖笑着，欣然接受了这个称呼，以减轻自己的新角色带来的刺痛，他可能没有意识到，随着许多白人教师和活动家准备迁往南方，很快他们的职业头衔上也会加上同样令人讨厌的字眼。①

由于马萨诸塞州到入伍年龄的黑人不多，安德鲁为了填补兵力，把目光投向了这个州以外的地方。道格拉斯立即放下了他在罗切斯特的编辑工作，开始奔走演说，鼓励参军。45 岁的道格拉斯穿越北方，

① W. E. B. Du Bois, *Black Reconstruction, 1860 -1880* (New York, 1999 ed.), 97; John A. Andrew to Francis G. Shaw, January 30, 1863, in Berlin, ed. , *Freedom: Series II*, 86 - 87; *Liberator*, February 20, 1863; Robert Gould Shaw to Elizabeth Lyman, February 20, 1863, in *Blue-Eyed Child of Fortune: The Civil War Letters of Colonel Robert Gould Shaw*, ed. Russell Duncan (Athens, GA, 1992), 292 - 293.

行程近2000英里，他先招募了包括德拉尼在内的一批废奴主义者担任该部队的代理人。然后，从纽约西部到曼哈顿的库珀联盟学院，再到费城，他一路呼吁年轻人报名参军。尽管在每个地方他也遇到了阻力、听到了担忧，人们怀疑战争部是否会兑现承诺，为黑人士兵提供平等的待遇，但在雪城（Syracuse）有25名听众认同他的观点。道格拉斯私下里对斯坦顿拒绝让非裔美国人担任军官的做法表示了一些"犹豫"，但在公开场合，他还是劝说一批又一批的听众成为"光荣队伍的一员，为自己身为奴隶的同胞带去自由"①。

道格拉斯自己年纪太大无法参军，便骄傲地宣布他的两个儿子查尔斯和刘易斯"是纽约州首批入伍者中的两个"。年长的刘易斯今年22岁，是一名印刷工人。查尔斯入伍那天19岁。两人都没有父亲那般令人印象深刻的身高，但都姓他的姓，可能就是因为这个，查尔斯到达里德维尔的梅格斯营（Camp Meigs）后不久，就被提升为下士。在那里，索杰纳·特鲁斯的孙子詹姆斯也加入了他们的行列，他夸口说现在"是时候证明我们是男人了"。同意其观点的人中有个叫斯蒂芬·恩尼斯的，是个来自宾夕法尼亚州南部的浅肤色的音乐家。他发誓自己在萨姆特堡之战前是合法的自由人。还有一个叫彼得·史密斯的，是个出生在中美洲的24岁水手。另一个姓史密斯的，名叫托马斯，从蒙特利尔越境——也有可能是再次越境——前来参军。来自百慕大的二等兵罗伯特·J. 西蒙斯曾是一名职员，长着淡褐色的眼睛，但他的肤色深得足以让人觉得他是非裔美国人。②

---

① Ronald C. White Jr., *A. Lincoln: A Biography* (New York, 2009), 541 - 542; Blight, *Frederick Douglass's Civil War*, 158 - 159.

② Douglass, *Life and Times*, 342; Margaret Washington, *Sojourner Truth's America* (Urbana, 2009), 305; Charles R. Douglass, Company Descriptive Book, April 1863, Compiled Military Service Records of Volunteer Union Soldiers, U. S. Colored （转下页）

出发的命令在5月底到达。查尔斯·道格拉斯留了下来，他病得太重，走不了，新近升为中士的刘易斯则登上了开往波士顿的火车，安德鲁州长在那里沿着灯塔街举行了一场游行。当10个连队登上前往卡罗来纳州海岸的德莫雷号时，成千上万人向他们挥手道别。威廉·劳埃德·加里森从温德尔·菲利普斯家的二楼往下看，倚在约翰·布朗的半身像上悄悄地抹泪。道格拉斯一直待在码头上，直到载着他大儿子的船驶出港口。据刘易斯报告，向南的航程中在波涛汹涌的海面上度过了“6天晕船的日子”，有些人“希望他们从来没有去当过兵”。在博福特登陆后，道格拉斯不仅遇到了逃跑的舵手斯莫尔斯，此人向海军提供了南方邦联的港口防御系统的信息，还遇到了自己家的朋友哈丽特·塔布曼，43岁的她是非官方任命的“队长，带领北方联邦军队的一帮人马进入敌方的国家”。就在几天前，塔布曼曾帮助三艘汽船驶过南方邦联埋设水雷的地方，当时联邦军队突袭了康巴希河，解放了数百名奴隶。①

在这个团服役的士兵只有少数来自南方腹地，在对重建时期困扰黑人社区的另一个裂痕的预演中，这个部队的一些士兵认为卡罗来纳州的黑人——大多是非洲人的子孙——既奇怪又陌生。尽管刘易斯·

（接上页）Troops, 54th Massachusetts Infantry, Reel 5, NA; Lewis H. Douglass, Reel 5, Ibid.; Stephen Ennis, Reel 5, Ibid.; Peter Smith, Reel 15, Ibid.; Thomas F. Smith, Reel 15, Ibid.; Robert J. Simmons, Reel 15.

① Russell Duncan, *Where Death and Glory Meet: Col o nel Robert Gould Shaw and the 54th Massachusetts Infantry* (Athens, GA, 1999), 1 - 2; Lewis H. Douglass, Company Descriptive Book, April 1863, Compiled Military Service Records of Volunteer Union Soldiers, U. S. Colored Troops, 54th Massachusetts Infantry, Reel 5, NA; William S. McFeely, *Frederick Douglass* (New York, 1991), 225; Washington *National Intelligencer*, July 8, 1863; Lewis H. Douglass to Amelia Loguen, June 18, 1863, in Walter O. Evans Collection, Savannah; Kate Clifford Larson, *Bound for the Promise Land: Harriet Tubman, Portrait of an American Hero* (New York, 2004), 203 - 204.

萨姆特堡战役打响时，黑人活动人士游说联邦政府允许自由的黑人服役。第一批加入具有先锋性的马萨诸塞州第 54 步兵团的人中就有出生在新贝德福德的刘易斯·道格拉斯。1863 年 7 月瓦格纳堡遇袭前不久，道格拉斯被提升为中士，他向未婚妻保证："如果我在下一次战斗中倒下，无论是死是伤，我都希望是面朝敌人。"（照片由霍华德大学莫兰-斯普林加恩图书馆提供）

道格拉斯的父母是马里兰州出生的非裔美国人，但他在马萨诸塞州的林恩和纽约州的罗切斯特长大，他发现那些刚获得解放的人几乎都很古怪。"在这里土生土长的人似乎都很如鱼得水，"他告诉他的未婚妻，"我几乎每天晚上都能听到他们在祈祷会上唱歌和祈祷。他们都是快乐的人。"哈佛毕业的肖上校更是看不上一位被解放的牧师在军营里发表的演讲，他对母亲说那演讲"非常糟糕"。但 7 月 4 日到了，随之而来的是一场盛大的庆典。一个黑人男孩朗读《独立宣言》，一群孩子站在旗帜下唱着《我的国家》。"你能想象出比在南卡罗来纳州种植园举行一场有色人种废奴主义者集会更妙的事吗?”肖兴高采烈地说,“这里聚集了岛上所有被解放的奴隶,他们在听最极端的废奴演说”,就在几个月前,“他们的主人还在这里,对着土地和他们作威作福”①。

14天后的7月18日,趁着最近在葛底斯堡和维克斯堡取得的胜利,该团准备进攻瓦格纳堡,那是莫里斯岛上的一个守卫查尔斯顿港南部入口的防御工事。几天前,南方邦联的守军击退了一次进攻,现在下令进攻的北方联邦军官昆西·亚当斯·吉尔莫尔将军知道伤亡会很重。刘易斯·道格拉斯把他的担心写在了寄给未婚妻阿米莉亚·洛根的信里,这可能是他给她的最后一封信,阿米莉亚是田纳西州逃亡者、雪城社会活动家杰曼·W. 洛根之女。“记住,如果我死了,我是为一个美好的事业牺牲的,”他写道,“这将是一个值得欢庆的日子!这一天预示着(查尔斯顿)的垮台,叛国和不忠就是首先从它的大厅和街道上席卷了这个国家。”大约下午6点,肖下令向海滩进攻。军团挺进到离堡垒不到一英里的地方,然后上好刺刀躺下,等待夜幕降临。终于,肖站起身来,拔剑指向瓦格纳堡。“我要你们证明自己,”他喊道,“成千上万双眼睛将注视着你们今晚的所作作为。”②

对部署黑人军队持批评意见的北方人曾嘲笑说,非裔美国人一听到炮声就会逃跑。然而,步兵团跟在肖后面,冲过齐腰深的护城河,爬上了沙筑的城墙。100名士兵到达了矮防护墙边,其中就包括刘易斯·道格拉斯。“我们的人打起战来像老虎一样。”道格拉斯这样安慰

① Robert Gould Shaw to Sarah Shaw, July 3, 1863, in Duncan, ed., *Blue-Eyed Child of Fortune*, 373; Towne, *Letters and Diary*, 114; Lewis H. Douglass to Amelia Loguen, September 28, 1864, in Douglass Papers, Evans Collection, Savannah.

② Lewis H. Douglass to Amelia Loguen, August 27, 1863, in Evans Collection, Savannah; McFeely, *Douglass*, 226; Joseph E. Stevens, *1863: The Rebirth of a Nation* (New York, 1999), 309.

他忧心忡忡的父母，但他们在人数上确实寡不敌众。南方邦联军用“葡萄弹和榴霰弹”对着护墙扫射，“辉煌的第54团被打散了”。肖在登上城墙时被射穿了心脏，哈洛韦尔“三处受伤”。索杰纳·特鲁斯的孙子被俘了，波基普西的一位沙色头发的船夫杰弗逊·埃利斯以及百慕大出生的职员罗伯特·西蒙斯也被俘了。来自纽约的年轻农民丹尼尔·凯利在袭击中丧生，而他只是吉尔莫尔最终宣布撤退之前伤亡的1515名联邦人员之一。虽然道格拉斯只告诉父母他的“剑鞘被炸飞了”，但他也受了重伤。第二天早上，南方邦联的守军挖了一条战壕，把死者埋在堡垒下面的沙子里。当一名被俘的外科医生问肖的尸体怎么样了时，这座堡垒的指挥官笑了笑：“我们已经把他和他的黑鬼埋在沟里了。”①

为了照顾伤员，“势不可挡的哈丽特·塔布曼”停止了她的侦察活动，把博福特的自由民妇女组成了一支护理队。道格拉斯希望回到他的部队，但不出几周他的伤口就化脓成了坏疽。被运到曼哈顿后，道格拉斯“病得很重”，在格拉斯哥受过训练的黑人外科医生和废奴主义者詹姆斯·麦库恩·史密斯认为，道格拉斯即使是执行“最轻的军事任务”，也得需要几个月的康复时间。到那时，他的兄弟查尔斯已经康复，可以回部队了。1864年春天，查尔斯从第54团退伍，这样他就可以加入马萨诸塞州第5骑兵队，成为上士。与此同时，内森·斯普拉格加入了查尔斯过去的兵团，他是个英俊的前马里兰州奴隶，在道格拉斯位于罗切斯特的家做园丁。斯普拉格引起了弗雷德里克·道格拉斯的女儿罗塞塔的注意，他9月入伍，圣诞休假时

---

① Stevens, *1863*, 309; Lewis H. Douglass to Frederick and Anna Douglass, July 20, 1863, in *The Black Abolitionist Papers, Vol. V: The United States, 1859 to 1865*, eds. C. Peter Ripley and Michael Hembree (Chapel Hill, 1992), 240 - 41; Washington, *Sojourner Truth's America*, 306.

与之结为连理；他的文件表明，是“弗雷德里克·道格拉斯向他提的亲”，很可能他与伟大的废奴主义者的女儿成婚是因为他入伍才达成的。①

攻击瓦格纳堡的幸存者明白，他们的斗争才刚刚开始。詹姆斯·艾伦活着逃出了要塞，却在几天后的一场小规模的战斗中被俘。他还不到30岁，就在南卡罗来纳州佛罗伦萨附近的一个战俘营里熬了17个月，直到1864年圣诞节的前几天饿死。来自纽约的劳工亨利·加德纳在佛罗里达州海洋池塘（Ocean Ponds）的行动中受伤，被囚禁于佐治亚州安德森维尔臭名昭著的“叛军监狱”期间因伤势过重而死。另一名工人，神秘的六指塞缪尔·特纳，1842年出生于弗吉尼亚州南安普敦县，他是联邦部队在附近的梅森岛建基地时入伍的。他也在家乡弗吉尼亚的战斗中阵亡，当时他所在的部队正试图攻入里士满。②

肖也不是他的非裔美国军队中倒下的唯一一个白人军官。在进攻瓦格纳堡的消息见诸北方报纸后的几天里，其他改革者也前仆后继。爱德华·P. 亚当斯毕业于汉密尔顿学院，战前是一名教师，被他家的朋友、来自波士顿的医生和废奴主义者塞缪尔·格里德利·豪伊推

① Certification by Dr. James Macune Smith, October 6, 1863, in Compiled Military Service Records of Volunteer Union Soldiers, U. S. Colored Troops, 54th Massachusetts Infantry, Reel 5, NA; Lewis H. Douglass to Amelia Loguen, August 15, 1863, in Evans Collection, Savannah; Nathan Sprague, Company Descriptive Book, September 1864, Compiled Military Service Records of Volunteer Union Soldiers, U. S. Colored Troops, 54th Massachusetts Infantry, Reel 15, NA; E. D. Townsend, Special Order 122, March 19, 1864, Reel 5, Ibid. 根据史密斯医生的报告，道格拉斯出现了“左侧阴囊坏疽”的症状。刘易斯虽然回家娶了未婚妻阿米莉亚·洛根，但他一直没有孩子。

② Henry Gardner, Company Descriptive Book, June 1864, Compiled Military Service Records of Volunteer Union Soldiers, U. S. Colored Troops, 8th Infantry, Record Group 94, NA; Samuel Turner, 1st Colored Infantry, June 1863, Reel 15, Ibid.; James Allen, Massachusetts 54th, Reel 5, Ibid.

荐担任中尉。亚当斯以“勇气、智慧和睿智”著称，但他未能活着见证重建的成功。爱德华·L. 史蒂文斯在大四的时候离开哈佛，加入一个全白人的军团做了一名普通士兵。肖阵亡后，史蒂文斯要求调到第 54 团任中尉。史蒂文斯带领着部队到达南卡罗来纳州博伊金磨坊时，在离南方邦联防御工事很近的地方遭枪杀。高级军官们认为把他的尸体找回来太危险了，但据说他的手下“很快就完成了任务”。他们把他的尸体恢复原样，埋在他们的防线后面；当时他 21 岁。①

即使在最艰苦的战役中，黑人士兵也很享受战斗的间隙，会好好地利用这些安静的时刻。许多北方士兵——绝大多数来自工人阶级，父母曾受过奴役——发现读书是个苦差事。在许多情况下，大量士兵和未授军衔的黑人军官都是文盲，这一事实阻碍了军队日常任务的执行，迫使白人军官承担起在全白人军团中通常由下属来承担的职责。受过教育的黑人士兵知道他们的兵团受到多疑的白人文职人员的严密监视，他们对这么多士兵在薪水单上乱画自己的“记号而不是签名”感到尴尬。罗得岛第 14 重炮部队的詹姆斯·琼斯承认，当他得知他所在团的 900 名士兵中只有 250 人勉强不算文盲，而且这些人出生在纽约、俄亥俄“甚至被誉为‘文学和学术的摇篮’的马萨诸塞州”，生下来就是自由之身，他“羞愧得满脸通红”。琼斯认为，由于这个国家总是把学问与公民身份和投票权联系在一起，仅仅在军队服役还不足以实现政治上的包容。他的同袍们必须向自己的白人邻居证明，

---

① Samuel Gridley Howe to unknown, November 13, 1863, Company Descriptive Book, Compiled Military Service Records of Volunteer Union Soldiers, U. S. Colored Troops, 2nd Infantry, Record Group 94, NA; Edward North to unknown, October 27, 1863, Ibid.; Edward L. Stevens, Company Descriptive Book, January 1864, Compiled Military Service Records of Volunteer Union Soldiers, U. S. Colored Troops, 54th Massachusetts Infantry, Reel 15, NA.

他们受过足够的教育，能够在共和国走出战争的泥淖时为其效劳。[①]

士兵们不需要鞭策。他们坚信他们的付出不仅意味着会为国家带来更美好的日子，也预示着会为自己带来机会，因此他们急于提升自我。一些雄心勃勃的黑人下士已经打算好，如果他们能在战斗中幸存下来，就去从事公共事业。“每个军营都有一名教师，”马萨诸塞州的约瑟夫·T. 威尔逊报告说，“事实上，每个连都有一名教师指导士兵阅读。”许多北方自由人的父母或祖父母都住在奴隶社区，那里的少数识字者认为自己有义务帮助不识字的多数人，至少在不被奴隶主盯着的时候是这样。黑人把书本知识看作一种故意不让他们得到的财富，因此托马斯·温特沃思·希金森对手下“无比热爱识字课本”毫不惊讶。受教于哈佛的希金森坦承，有时是“瞎子领着瞎子”。但威尔逊记得，许多后来成为牧师和政治家的年轻士兵是在军营里学会了他们的“第一个字母”，而在久经沙场的士兵眼里，晚上坐在篝火旁听“某个有男子气概的军官上启蒙课”并不是什么丢脸的事。一位女性废奴主义者对黑人士兵“**自学**”的愿望表示了赞赏，只要有必要，即便“没有教师，他们也决心自学”。一些士兵学会了在行军期间读书，她补充道，“随处可见黑人手里拿着一本初级读物”。[②]

即使在政府同意接受黑人士兵之后，战争部也没有为任何种族的工人阶级士兵制定一个全面的教育计划。由于军法禁止高级军官下达武断的命令，一些上校认为他们没有权力要求新兵学习阅读。其他人，尤其是随军牧师，都主动站出来帮忙。一位牧师坚持认为“弹匣

---

① Hahn, *A Nation Under Our Feet*, 97 – 98; Keith P. Wilson, *Campfires of Freedom: The Camp Life of Black Soldiers During the Civil War* (Kent, 2002), 98 – 99.

② Higginson, *Army Life in a Black Regiment*, 25; McPherson, ed., *Negro's Civil War*, 212; Harriet Beecher Stowe, "The Education of Freedmen," *North American Review* 128(1879):614.

和识字课本”应该“绑在同一根腰带上”。特别是来自反奴隶制社区的白人军官，他们在自己的军团里建起了非正式的学校，并且知道在国内应该联系谁寻求帮助。早在1862年，雪城的自由民援助协会就资助学校，并向亨特和希金森麾下的士兵提供书籍。到1863年初，美国传教士协会为在南方的部队提供教师，在非正式的营地学校给1044名士兵上课。“我从未见过如此强烈的求知欲，”驻扎在路易斯安那州的某团牧师报告说，“这些人的出勤情况就像他们履行军事职责时一样。”①

在没有外部资金的情况下，黑人士兵把微薄的薪水攒了起来，雇用平民教师。由于士兵们经常转移，特别是1863年夏天之后南方邦联控制的领土开始萎缩时，他们将最大的帐篷用作流动学校。有色人种第22步兵团的一名士兵惊奇地发现，指挥官为他们提供了“一个几乎和会议室一样大的大帐篷”。当士兵们在一个地方驻扎一段时间后，他们会找材料建一座简陋的建筑，既做校舍，也做营里的礼拜堂。即使在战争的最后一年，在很少有安静的时间学习的情况下，大多数士兵还是在学业上取得了巨大的进步。一位牧师肯定地表示，一个完全不识字的下士只需两天就会写自己的名字，5个月后，他不仅能阅读《圣经》和战术手册，还能维护连队的报告。另一名牧师在宾夕法尼亚州自由人和马里兰州及肯塔基州的前奴隶组成的一个单位里

---

① Ira Berlin, *Generations of Captivity: A History of African-American Slaves* (New York, 2004), 257; Claude H. Nolen, *African American Southerners in Slavery, Civil War, and Reconstruction* (Jefferson, 2001), 129; Joe M. Richardson, "Christian Abolitionism: The American Missionary Association and the Florida Negro," *Journal of Negro Education* 40(1971): 35; Laura W. Wakefield, "'Set a Light in a Dark Place': Teachers of Freedmen in Florida, 1864 - 1874," *Florida Historical Quarterly* 81(2003): 405; E. S. Wheeler to General Ullmann, April 8, 1864, in Berlin, ed., *Freedom: Series II*, 618.

授课，他诅咒“悲惨的奴隶制”，因为它让他的学生“看不懂字母表”。然而，一旦有了波士顿的美国福音传单协会（American Tract Society of Boston）提供的材料，他的学生简直“进步神速”。①

夜间的篝火边也变成了政治学校。士兵们在当时党派性很强的报纸上练习他们新学会的读写能力，并就政策和领导力展开讨论。对于那些考虑在战争结束时转向公共服务的人来说，黑人士官在晋升军衔时受阻的事实成为一个怨声载道的话题。之前的每一场战争已将整整一代的白人退伍军人送上了政治舞台，到1864年，黑人士兵的服役经历足以证明他们的勇气和管理技能。卓有经验的领导者仍然是中士和下士，而经验较少的白人新兵在晋升时会得到优待。黑人征兵员抱怨说，激励征兵的最有效方法是向非裔美国新兵保证他们将由同种族的人领导。“我要的是正义，不管我是什么肤色，”列兵威廉·D. 马修斯说，“因为我们都在为同一个伟大而光荣的统一和解放的事业而战。”黑人士兵希望人们明白，他们不要求任何特殊待遇，他们认为在为自己的抱负努力的同时为自己的国家而战，这两者并不矛盾。刘易斯·道格拉斯向斯坦顿保证，“有色人种军团里有数百名未授军衔的军官”，这些人完全有资格凭借“教育和经验”获得晋升，他在信中谨慎地首次强调了黑人的读写能力。另一名士兵声称，只要吩咐“在华盛顿的委员会”考虑晋升时不在意种族，“我对结果毫不担心”。②

不仅是华盛顿的晋升委员会试图让黑人士兵始终当下属。最初自

---

① Joseph T. Glatthaar, *Forged in Battle: The Civil War Alliance of Black Soldiers and White Officers* (New York, 1989), 226; Wilson, *Campfires of Freedom*, 88 – 89; J. M. Mickley to Adjt. Gen., January 31, 1865, in Berlin, ed., *Freedom: Series II*, 620 – 621.

② Glatthaar, *Forged in Battle*, 178 – 79, 248 – 49; Lewis H. Douglass et al. to Edwin M. Stanton, January 1865, in Berlin, ed., *Freedom: Series II*, 340 – 41; William D. Matthews to James H. Lane, January 12, 1863, Ibid., 69 – 70.

愿领导黑人军团的白人军官中，有不少人发现一些人和事都不是他们的所期望的。一些野心勃勃的白人上尉自愿参军，只不过是为了加官晋爵，因而他们避开加入白人军团。就连那些意识形态上倾向于废奴主义的上层官员，也可能会对劳工阶级出身的手下表现出高人一等的姿态。约翰·F. 巴索尔夫上校认为他的手下对南方白人过于强硬，并抗议说军事政策“不再是‘和解’或‘妥协’，而是‘没收’和‘解放’”。他要求调职。不幸的是，巴索尔夫的话代表了许多北方保守派的想法，这些人反对林肯不断演变的战争目标。当黑人士兵在费城上火车时，这座“友爱之城”（City of Brotherly Love）的居民向士兵的车厢投掷石块。一位征兵人员不安地说，来自纽约的黑人士兵“受到的虐待比种植园里的任何黑人还要严重，而且他们受到的是身穿美国陆军制服的人的虐待”。①

正如宾夕法尼亚州居民对黑人士兵扔石头之事所表明的那样，种族仇恨并不只卡罗来纳的种植园主才有。横跨北方的有轨街车线路要么实行种族隔离，要么干脆禁止黑人上车。在宾夕法尼亚州的威廉营外，黑人妇女跟着哐啷作响的有轨街车走，向即将离去的丈夫和儿子作最后的告别。葛底斯堡战役之后，反奴隶制女性协会一位愤怒的会员说，“我们有色人种迅速响应征兵号召，去赶走入侵宾夕法尼亚州的叛军”，但是黑人女性不得不租用昂贵的马车去探望生病或垂死的亲人。在大多数情况下，州或地方法律并不要求车辆实施种族隔离，然而，受伤的黑人士兵却常常在雨雪中等待专载黑人的车辆。在军医亚历山大·奥古斯塔被华盛顿一辆有轨街车拒载后，查尔斯·萨姆纳

---

① John F. Bartholf to E. B. Tracy, September 24, 1864, in Compiled Military Service Records of Volunteer Union Soldiers who Served with U. S. Colored Troops, 2nd U. S. Colored, Record Group 94, NA; Allen C. Guelzo, *Lincoln's Emancipation Proclamation: The End of Slavery in America* (New York, 2004), 218.

谴责这项政策是“这座城市的耻辱”。当得知华盛顿和乔治敦铁路公司计划为黑人乘客另外购置特殊车辆时，萨尔蒙·P. 蔡斯勃然大怒。“除了有色人种，现在还有谁自愿参军呢?”他质问公司董事，“让所有体面的人上车后都能方便地入座吧。”作为内阁官员和该公司的股东，蔡斯能够在首都安身立命，但作为种族融合倡导者，在反对其他地方普遍存在的偏见方面蔡斯进展不大。列兵约翰·李获准休假 15 天回曼哈顿的家里埋葬他的两个孩子，几个暴徒在他从百老汇的一辆街车上下来时袭击了他，打断了他的两根肋骨。[①]

虽然杰斐逊·戴维斯从未强令执行他下的将被俘的黑人士兵变为奴隶的命令，但他手下的一些高级军官违反战争法，对黑人部队犯下了暴行。1864 年 4 月 12 日，在前奴隶贩子内森·贝德福德·福雷斯特的指挥下，南方邦联军越过田纳西州的枕头堡，士兵们高喊着“绝不对敌人仁慈”，在近 300 名黑人士兵投降后开枪并用刺刀捅死了他们。更常见的是在南方被占领区针对黑人士兵的暴力行为。在北卡罗来纳州的莫海黑德城，几个白人杀害了一名黑人士兵，理由是他“获得了比一个盎格鲁-撒克逊人所能得到的更大的自由”。士兵们预料到穿制服的对手会带来危险，而北方黑人的孩子从小受的教育就是提防白人邻居，但很少有人能准备好应对夜深人静时被人暗杀的威胁；对于那些在战后进入公共服务部门的人来说，这种遭遇早早地给他们上

① David Donald, *Charles Sumner and the Rights of Man* (New York, 1970), 154; Kate Masur, *An Example for All the Land: Emancipation and the Struggle over Equality in Washington, D. C.* (Chapel Hill, 2010), 101; Salmon P. Chase to Jay Cooke, September 1, 1863, in *The Salmon Chase Papers: Correspondence*, ed. John Niven (Kent, 1997), 4:129; John Lee, Company Descriptive Book, January 1864, Compiled Military Service Records of Volunteer Union Soldiers, U. S. Colored Troops, 54th Massachusetts Infantry, Reel 10, NA; Philip Foner, "The Battle to End Discrimination," *Pennsylvania History* 40(1973):270.

了小心谨慎的一课。[1]

面对南方白人的普遍骚扰，黑人士兵偶尔也猛烈攻击那些落入北方联邦军队之手的人。来自宾夕法尼亚州的青年农民阿尔弗雷德·李在瓦格纳堡受了伤，但他及时回到了部队并在卡罗来纳州海岸做“警卫”。一天晚上，在忍受了一次次的侮辱之后，李陷入了“一种野兽般的癫狂状态”，他在街上徘徊，将“上了膛的毛瑟枪对准了一些市民”。由于缺乏身体健全的士兵，也厌倦了南方人的冷漠，李的上级只是命令他回到帐篷里清醒清醒。在新奥尔良，三个黑人士兵走在帕迪多大街上，“遭到一个市民的侮辱”。三人回到营房，给毛瑟枪上膛，到街上寻找侮辱他们的那个人，“打算开枪打死他”。一名白人军官及时赶到，命令他们“回到自己的住处，他们照做了”。然而，这种士兵与平民之间的暴力冲突提醒人们，傲慢的白人能够随意虐待吓得瑟瑟缩缩的黑人的日子早已过去。[2]

对于北方军团中少数从南方来的黑人士兵来说，回到自己的出生地可能是一段痛苦的经历。23 岁的格里姆·Z. 史密斯 1863 年 9 月加入马萨诸塞州第 54 团，他自称“艺术家”，对自己的过去既不诚实，说得也不前后一致。史密斯向波士顿的一位征兵人员保证自己出生在“加尔各答”，但在连队花名册上，他的出生地是“亚利桑那地区的塔霍”，这是个子虚乌有的奇怪地名，因为塔霍湖其实位于加州和内华

---

① John B. Boles, *Black Southerners, 1619 - 1869* (Lexington, 1983), 195; John Cimprich, *Fort Pillow, A Civil War Massacre, and Public Memory* (Baton Rouge, 2005), 72; Gary W. Gallagher, *The Union War* (Cambridge, 2011), 98; Richard M. Reid, *Freedom for Themselves: North Carolina's Black Soldiers in the Civil War Era* (Chapel Hill, 2008), 258.

② Charges and Specifications Preferred Against Private Alfred Lee, July 29, 1865, Compiled Military Service Records of Volunteer Union Soldiers, U. S. Colored Troops, 54th Massachusetts Infantry, Reel 10, NA; *New Orleans Tribune*, August 10, 1865.

达州的交界处。在攻占查尔斯顿后不久，皮肤浅黑的史密斯冲进了玛格丽特·史密斯位于格列比街的家，挥舞着一把上了膛的手枪，喊道：“你这个该死的婊子，我要杀了你。”上级命令史密斯回到他的住处，他却扬长而去，永远从公众视野消失了。由于受害者和行凶者同姓，很可能列兵史密斯加入军团是希望向他怀恨在心的前主人传递一条最私人的信息，等目的实现，他也就自行消失了。①

对黑人士兵来说，最大的不满是薪水不平等。根据 1862 年的《民兵法》，应征入伍的白人每月领取 16 美元的薪水，外加 3 美元 50 美分的服装津贴；黑人领 10 美元，还要扣除 3 美元的服装费。因为大多数北方黑人来自工人阶级家庭，他们参军离家后，家人无依无靠便面临经济困难，而且士兵微薄的薪水只会使他们的妻子更加贫困。“如果白人不能靠每个月 7 美元养家，”俄亥俄州的教师约翰·H. B. 佩恩抱怨道，“我也无法用同样的钱养活我的家人。”许多士兵决定无偿服役而不是接受低薪，尽管他们的抗议——正如他们所知——令家乡的亲人陷入了更大的贫困。面对民主党人对黑人服兵役的一致反对，战争部希望在薪水上实行种族有别，这种安排或可平抑北方人的批评，但这项政策到头来只是挑起了军中的不和。罗得岛军团的一名士兵警告一名出纳员说：“兄弟们不会接受的。”就在瓦格纳堡袭击之前，肖对这项政策颇有怨言，尽管马萨诸塞州议会提出愿意

① Charges and Specifications Preferred Against Private Grimm Z. Smith, June 28, 1865, Compiled Military Service Records of Volunteer Union Soldiers, U. S. Colored Troops, 54th Massachusetts Infantry, Reel 15, NA; Grimm Z. Smith, Company Descriptive Book, January 1864, Compiled Military Service Records of Volunteer Union Soldiers, U. S. Colored Troops, 54th Massachusetts Infantry, Reel 5, NA. 1850 年查尔斯顿的联邦人口普查数据中，出现了三位玛格丽特·史密斯，但其中只有一位是白人。白人玛格丽特·史密斯生于 1810 年，1850 年拥有 38 个奴隶，其中一个是 10 岁男孩；如果列兵史密斯报给征兵人员的出生日期正确的话，那么他就出生于 1840 年。参见 South Carolina, federal census, page 114, NA。

支付差额，但整个团还是投票抵制每个发薪日。既然连新兵蛋子在前线也能挣 7 美元，问题最终还是落在了种族自豪感和自尊上。正如希金森的一名手下对记者解释的那样，“我们不会为了那 7 美元而贬低了自己”。有些团，比如第 54 团，为了抗议他们的薪酬待遇，宁可在分文未取的情况下服役长达 18 个月。[①]

更令民间进步人士恼火的是，边境州的奴隶主还因他们的奴隶参军得到了补偿。自称是马里兰州“忠诚公民”的詹姆斯·马修斯捐出他 18 岁的奴隶弗兰克·泰勒去参军，然后提出赔偿要求。1863 年的法律草案出台后，这种做法变得尤为普遍，该法律草案允许北方人找人替自己去或花钱使自己免于上战场。约翰·J. 库克的富爸爸拥有实行种族隔离的华盛顿和乔治敦铁路公司，约翰雇了年轻的自由人詹姆斯·H. 阿代尔替他从军。前奴隶主、马里兰州塔尔博特县的约翰·W. 赫尔斯比，要求对列兵列文·巴雷特按 300 美元的标准给予赔偿，1842 年他以远低于此的价格买下了当时才 7 岁的巴雷特。显然，赫尔斯比希望巴雷特在战后为他效劳，而当巴雷特在佛罗里达的一家军医院里死于肺炎时，赫尔斯比认为自己吃了亏。真正在战场作战的美国黑人却不这么认为，他们想不通，一个反奴隶制的政府怎么能在付给他们这么少的薪水的同时，却向忠实的奴隶主发放慷慨的奖金。与重建时期的其他类似运动一样，在这件事上黑人活动人士发现

---

① John H. B. Payne to unknown, June 11, 1864, in *A Grand Army of Black Men: Letters from African-American Soldiers in the Union Army 1861 - 1865*, ed. Edwin S. Redkey (Cambridge, 1992), 208 - 9; Herman Belz, “Law, Politics, and Race in the Struggle for Equal Pay During the Civil War,” *Civil War History* 22 (1976): 198 - 202; Litwack, *Been in the Storm*, 83. 肯塔基州的黑人列兵 Perry Hawkins 因为频繁抱怨得克萨斯州黑人士兵的工资和待遇，“于 1865 年 7 月以叛变罪”被军事法庭判处 18 个月劳役。他于 1865 年 12 月 19 日去世，死时尚未服完刑。参见 *History of the 116th Regiment U. S. C. Infantry, From Its Organization to the Present Time* (Philadelphia, 1866), 45。作者不详。

他们得到了少数白人盟友的支持。马里兰州法官休·L. 邦德曾是辉格党人，在1860年投票支持改名立宪联邦党（Constitutional Union），他因战争而日益激进，向斯坦顿抗议这一政策。“对儿子应征入伍的［白人］穷父亲，政府不给这样的补贴，”他怒斥道，“对于学徒被抽调入伍的机修工，政府也不给这样的补贴。”就在几年前，一群“极端支持奴隶制”的立法者提出一项法律，威胁要把获得自由的黑人卖给出价最高的人，试图以此把他们赶出其所在的州。而如今战争已经来临，这帮立法者选择为自己的儿子购买替身，同时向纳税人收钱，在奴隶被解放之前付给把这些奴隶献给军队的人。[①]

有人把他们的抱怨传到了政府的最高层。1863年7月下旬，弗朗西斯·乔治·肖写信给总统，谈到他那个月早些时候死在瓦格纳堡的“独子”，“如今被埋在沟里”。肖说，这位已故上校的手下曾无偿服役，但他们已然证明了“他们在战场上的英勇和献身精神”。现在，他们的政府必须尊重“他们的权利”，为他们说话。马萨诸塞州州长安德鲁也游说总统，指出在1812年的战争期间，联邦政府付给来自新英格兰的黑人士兵的薪酬和白人士兵的一样。“因此，半个世纪以前”，安德鲁说，政府找不出理由“拒绝向任何服役的人支付一个士兵的应得报酬”，“即使他是黑人也得发”。这位州长想不通，为什么共和党政府现在比以前那个詹姆斯·麦迪逊总统（一个弗吉尼亚州奴隶主）更关注种族问题？一个月后，8月10日，弗雷德里克·道格拉斯打电话给总统，要求推动薪酬平等。道格拉斯发现，林肯在不置

---

① Hugh L. Bond to Edwin M. Stanton, August 15, 1863, in Berlin, ed., *Freedom: Series II*, 202 - 3; James H. Adair, November 11, 1863, Compiled Military Service Records of Volunteer Union Soldiers, U. S. Colored Troops, 2nd Infantry, Record Group 94, NA; Levin Barrett, September 1863, Ibid.; James Mathews, Claim for Compensation for Enlisted Slave, June 24, 1863, Reel 15, Ibid.

可否的时候，平易近人且“和蔼可亲”。林肯认为，由于保守派民主党人“鄙视”使用黑人军队，种族有别的薪酬标准“有助于达成用人目的”。虽然道格拉斯对总统的诚实和不“虚情假意”印象深刻，但道格拉斯依然表示反对，为军队里“值得信赖又爱国的有色人种士兵”仗义执言。林肯承认，废奴主义者认为他行动迟缓，但他承诺，一旦他“拿定主意”就绝不“退缩”。①

在众议院，71 岁的宾州国会议员塞迪厄斯·史蒂文斯可不愿意耐心等待。1863 年 12 月 14 日，他提出薪酬平等的立法，并且另外起草了一项法案来废除令人痛恨的 1850 年的《逃奴法案》。1864 年 6 月 11 日，参众两院通过了第一项法案，它不仅将黑人士兵和白人士兵置于“平等的基础上”，而且还补上了过去歧视所欠下的薪酬。然而，即使在后来，国会仍然保留了承诺给忠实的奴隶主的征兵奖金，只是将奖金减到 100 美元。②

在前线，两个种族的普通士兵被一种除了华盛顿最进步的共和党人之外所有人都无法想象的方式扔到一起，战斗力削弱了根深蒂固的北方种族主义。“我以前对有色人种军队没有多大信心，”一名士兵坦陈，“但现在这些疑虑都消除了，因为他们打起仗来和其他人一样勇敢。”对战斗力的赞赏并不一定会转化成对黑人的社会平等的支持，但大多数非裔美国士兵愿意将就政治上的所得，而且这更容易实现。“相信 40 万忠诚的黑人比相信 800 万不忠诚的白人要安全得多”，伊

① Eric Foner, *The Fiery Trial: Abraham Lincoln and American Slavery* (New York, 2010), 254; Douglass, *Life and Times*, 346 – 47; Francis George Shaw to Abraham Lincoln, July 31, 1863, in Lincoln Papers, LC; Frederick Douglass to Abraham Lincoln, August 29, 1864, Ibid.; John A. Andrew to Abraham Lincoln, May 27, 1864, Ibid.

② *New Orleans Tribune*, August 23, 1864; Hans L. Trefousse, *Thaddeus Stevens: Nineteenth Century Egalitarian* (Chapel Hill, 1997), 140; Charleston *Missionary Record*, July 5, 1873; *Cincinnati Daily Gazette*, August 7, 1871.

利诺伊州一名白人若有所思地说，因为“忠诚爱国的黑人士兵已经获得了选举权”。温和派共和党人因为担心疏远选民而不愿出力帮黑人获得选举权。然而，在非裔美国军队领导了对弗吉尼亚州彼得斯堡的英勇进攻之后，一名黑人随军牧师自豪地说，人们将把这次进攻作为“偏见在全军消失”的时刻来铭记。随着白人士兵逐渐习惯于在军营里看到黑人，随着葛底斯堡战役后发生的血腥的消耗战中对南方种植园主的愤怒和挫折感与日俱增，赞同在各种问题上实行平等的军官不在少数。“再打几场”像彼得斯堡那样的仗，某人激动地说，“我们有色人种小伙子将展露他们的男子汉气概而不只是手足之情，让哪怕偏见最深的人也无话可说”。①

黑人士兵在战场上英勇无畏的报道很快传到了后方，社会活动人士认为，是时候提出长期的要求了。芝加哥黑人废奴主义者约翰·琼斯“日夜不停地”不懈努力，成功地游说伊利诺伊州立法机构废除了该州的歧视性法规。波士顿的约翰·S. 洛克成为第一位向最高法院提起诉讼的黑人律师，一本杂志将此举视为“一个伟大民族的情感上正在发生革命的迹象”。为了庆祝林肯 56 岁的生日，生下来是马里兰州奴隶的亨利·海兰德·加内特牧师在美国众议院大厅里做了一场布道，利用此机会来促请政府给予黑人公民身份。安德鲁州长则继续敦促政府奖励战斗积极性。1864 年 3 月，安德鲁在一名白人上校的推荐下，把第 54 团的斯蒂芬·A. 斯维尔斯提拔为少尉，尽管斯坦顿部长用了 10 个月的时间才批准这一任命。安德鲁还提及了另外几个人的名字，其中包括 C. L. 米切尔，而他在 11 月被一颗炮弹削去了一

① Daniel Ullmann, *Address by Daniel Ullmann Before the Soldier's and Sailor's Union of the State of New York* (Washington, 1868), 3; Glatthaar, *Forged in Battle*, 166 - 67; Wilson, *Campfires of Freedom*, 112 - 13; Jason Marsh to Lyman Trumbull, January 8, 1866, in Trumbull Papers, LC.

只脚之后退伍了。1865 年 2 月，林肯批准了马丁·德拉尼的任命，他成了步兵团少校，并且是战时军阶最高的非裔美国军官。①

至于道格拉斯，他对儿子们有很高的期望，公民身份只是第一步。就在几个月前，即使最乐观的改革者也会认为黑人退伍军人在国家法律顾问部门工作的想法是荒谬的，但随着黑人律师出现在最高法院，进入政府部门或司法部门的日子还会远吗？“你我都知道，这场战争的使命是国家复兴。”道格拉斯对纽约市库珀联盟学院的一位听众这样说道，1860 年初，林肯便是在此地一举成名的。道格拉斯设想“黑人是战时的士兵、和平时期的劳动者、南方和北方的选民”。第 54 团成立不到一年，才华横溢、志存高远的北方黑人展现出领导才能，用自己的勇气鼓舞他人，在白人军官战死的情况下带兵作战，学着用言行激励战友。倘若有什么值得说的话，那就是道格拉斯低估了非裔美国人在战时服役的价值。参加战后南方起草新宪法的大会的黑人代表不下 41 人，都是退伍军人。64 位未来的州议员都曾穿过联邦军队的蓝制服，3 位副州长（包括曾短期担任路易斯安那州代理州长的平克尼·B. S. 平奇巴克上尉）也是。服兵役为 4 位国会议员打开了大门，其中一位是陆军牧师希拉姆·R. 雷维尔斯，后来他进了美国参议院。其他许多人，包括德拉尼少校，则担任陪审团审选官之类较低的职位。正如弗吉尼亚州前奴隶刘易斯·林赛在 1867 年被推选参加该州制宪会议时所说：“感谢上帝，黑人学会了使用各种枪和推弹杆。”②

---

① Cornish, *Sable Arm*, 215 – 16; Washington, *Sojourner Truth's America*, 320; Foner, *Fiery Trial*, 317.

② McFeely, *Douglass*, 231; Glatthaar, *Forged in Battle*, 248 – 249; Richard Bailey, *Neither Carpetbaggers Nor Scalawags: Black Officeholders During the Reconstruction of Alabama, 1867 – 1878* (Montgomery, 1991), 109; Eric Foner, *Reconstruction: America's Unfinished Revolution, 1863 – 1877* (New York, 1988), 9; Foner, ed., *Freedom's Lawmakers*, 154.

正如林赛的职业生涯所表明的那样，到1863年底，随着北方的将领在葛底斯堡和维克斯堡战役后的几个月里大举南下，大批南方黑人加入了联邦军队。最初，只有马萨诸塞州新英格兰的相邻地区跟随这个海湾州组建了黑人军团，而其他州也很快纷纷效仿。1863年5月，战争部正式成立了有色人种部队管理局（Bureau of Colored Troops），同年10月，林肯批准招募仍在特拉华州、马里兰州、密苏里州和田纳西州为奴的人。因为看起来“华盛顿南部所有的有色人种都争着要来马萨诸塞州”，这场年轻小伙的大转移似乎只起到了“从弗吉尼亚招兵买马的作用”，林肯认为在南方州北部招募奴隶参军更有意义。对奴隶主的补偿缓和了来自边境各州的批评，但是肯塔基州的白人是如此抗拒，以至于斯坦顿不得不迟至1864年初才在肯塔基州设立了征兵站。即便如此，州长托马斯·E. 布拉姆莱特仍牢骚满腹，说任何怂恿奴隶离开主人去参军的官员都应依据州法律受到起诉。尽管如此，还是有近2.4万名肯塔基黑人在军队服役。自从1860年林肯在肯塔基州只赢得1364张选票，黑人退伍军人理应获得选举权的观点开始被认为是稳健的政治所应有的，就连温和派共和党人也这样认为。像萨姆纳这样更为进步的共和党人担心林肯可能会输掉1864年的选举，或者共和党大会将放弃总统，转而支持他日益保守的国务卿威廉·H. 苏厄德。所以萨姆纳希望尽快将尽可能多的南方黑人武装起来。[①]

“大家都知道，我们的军人无论在哪里，只要他们扣子上有不屈

① Anne Sarah Rubin, *A Shattered Nation: The Rise and Fall of the Confederacy, 1861 - 1868* (Chapel Hill, 2005), 102 - 3; Foner, *Fiery Trial*, 252 - 53; Donald, *Charles Sumner*, 118 - 19; Abraham Lincoln to John A. Andrew, February 18, 1864, in Lincoln Papers, LC. 关于1860年的选举结果，参见拙作 *Year of Meteors: Stephen Douglas, Abraham Lincoln, and the Election that Brought on the Civil War* (New York, 2010), appendix。

的雄鹰，就会带来自由，就会除去所有专制的枷锁。”奥尔巴尼的一位编辑充满热情地说。对于那些还在受奴役的人来说，获得自由的机会就是最明显的激励。对于刚摆脱束缚的士兵来说，有机会将这种自由扩大到所爱的人比赢得公民权更有意义。纳特·加兹登随了卡罗来纳州一户显赫白人的姓氏，他逃离查尔斯顿，加入威廉·特库姆塞·谢尔曼将军出兵南方的部队，成了一名厨师。在某些情况下，奴隶的动机是复杂的。大多数白人军官认为，南方的逃亡者除了追求自由之外，对战时政治知之甚少，所以当来自肯塔基州的查尔斯·W. 辛格中士这样的士兵从更大的层面阐述南北冲突时，军官们都很惊讶。辛格显然意识到，在葛底斯堡战役期间，李将军的入侵部队奴役了宾夕法尼亚州的自由黑人，辛格显然意识到了这一点并理解了联邦军队的胜利及林肯连任对于所有美国黑人的影响。“我们不应该忘记一个事实，有色人种自由人的提拔和奴隶地位的提升一样有争议。”辛格说，“假如叛军远在北方，而联邦军远在南方；结果会怎样？我们的家园会被化为灰烬，我们年迈无助的父母会被野蛮欺凌。”黑人为自由而战正值英法联军入侵墨西哥之时、法兰西第二共和国在政变中垮台之后，辛格明白“全世界的目光”都在黑人身上。和林肯一样，他也相信“美国政府的稳定是其他国家的力量源泉”。到战争结束时，在17.8 万名当兵的黑人中，有 140313 人是从蓄奴州招募来的前奴隶。[①]

---

① *Albany Evening Journal*, March 31, 1866; Nat Gadsden, Register of Signatures of Depositors in Branches of the Freedman's Savings and Trust Company, Reel 21, NA; Charles W. Singer to unknown, September 18, 1864, in Redkey, ed. , *A Grand Army of Black Men*, 213 – 14; Blight, *Frederick Douglass's Civil War*, 164; Louis P. Masur, *Lincoln's Hundred Days: The Emancipation Proclamation and the War for the Union* (Cambridge, 2012), 226. 关于 1863 年南方邦联军队奴役自由黑人一事，参见 Stanley Harrold, *Border War: Fighting over Slavery Before the Civil War* (Chapel Hill, 2010), 186 – 87。

和他们的北方兄弟一样，南方黑人出于各种原因加入北方联邦军队。如果入伍对他们的家庭来说意味着艰难度日，解放也意义不大，精明的奴隶们就向北方军官施压，要求支付薪水和奖金。黑人永远不可能效忠于南方邦联，一名废奴主义者称，而在冲突初期，当联邦士兵逼近时，奴隶们干脆散居“到树林里”，在白人为统一而发动的战争中选择了中立自保。北方黑人士兵的出现，加上“大笔赏金，促使许多黑人报名参军”，因此“几乎所有身体健全的人现在都穿上了军装”。黑人士兵为奴的时候，除了一张粗陋的椅子或桌子外，不允许有一点财产；谨小慎微的他们把薪水妥善地藏起来，希望战争结束后能过上更好的生活。南卡罗来纳州加布里埃尔·马尼戈特的家奴威廉·R. 杰维逃跑后，加入了美国有色人种部队第 128 团；18 岁时，他被晋升为中士。到 1865 年时，他已经存下了足够在查尔斯顿开一家小店的钱。不到 5 年，这位未来的州参议员已有能力买下一个占地 257 英亩、价值 950 美元的农场。在一个高度重视土地，土地也曾经是那些懂得照料庄稼的人的财产的社会里，大多数南方黑人士兵都渴望成为农民。有时，士兵兄弟把他们的收入集中到一起，军官们则报告说全团都有人在拉帮结派。“每个有色人种都会成为奴隶，”普林斯·里弗斯中士解释说，“并觉得自己是个奴隶，直到他能**举起自己的棉花包，在上面做上自己的记号，说这是我的！**”①

对于那些被生活无情打败的男性而言，加入路过的北方军队是一种展示种族自豪感的方式。明白这一点的北方联邦军官，便利用了

① “The Freedmen at Port Royal,” *North American Review* (1865), 27; Holt, *Black over White*, 49; Foner, ed., *Freedom's Lawmakers*, 117; Glatthaar, *Forged in Battle*, 246.

它。有色人种第59步兵团的指挥官举行了仪式，让逃亡者脱去他们的破衣烂衫。这些随后被付之一炬，新获自由的人会得到发下的新制服。“这是我一生中最大的一件事，”一名前奴隶回忆道，“我感觉自己像个男子汉，穿着制服，拿着枪。”对于逃亡者来说，新衣服不仅是崭新的行头。穿上成千上万其他自由人穿的制服，手持南方法律所禁止的武器，这些都是有形证据，意味着他们获得了自由，是为仍受奴役的人带去自由的国家大业的一员。正如一位目睹了这一转变的白人士兵所言：“穿上一身美国军装，曾是**财产**的奴隶就变成了**人**。”作为奴隶，没有通行证他们就不能合法地离开主人的庄园，因而有些人特别喜欢“大模大样地”走在被占领的新奥尔良、亚特兰大和查尔斯顿的街道上。另一些黑人还记得支持奴隶制的辩论家们是如何捍卫自己的生活方式的——他们将非裔美国人幼稚化，将成年黑人说得像孩子一样，为此，这些黑人竭力强调自己的男子气概。“现在我们这些士兵都是男人——这辈子第一次，”卡罗来纳州的一名黑人中士语气坚定地说，“现在我们可以正视我们的旧主人了。他们过去卖我们、鞭打我们，我们一句话都不敢说”，但若让他现在遇到前主人，他会毫不犹豫地“用刺刀刺穿他们”。①

由于士兵们平时都是用固定好的刺刀拼杀，中士的这番话可不是虚张声势。想到他们曾经虐待过的黑人——对暴力几乎不会手软的好斗的年轻人——如今拥有武器，受着军事训练，白人吓坏了。这份恐惧，白人以前对奴隶社群隐藏起来，甚至也不让自己察觉到，而它反

---

① John Cimprich, "The Beginning of the Black Suffrage Movement in Tennessee, 1864 – 1865," *Journal of Negro History* (hereafter *JNH*) 65(1980), 186; Jim Cullen, "'I's A Man Now': Gender and African American Men," in *Divided Houses: Gender and the Civil War*, eds. Catherine Clinton and Nina Silber (New York, 1992), 85; Foner, *Reconstruction*, 9; Glatthaar, *Forged in Battle*, 79.

过来又使仍然为奴的黑人更加勇敢。很少有黑人士兵公开复仇，经历过艰苦战役的退伍军人也不愿意听凭北方联邦控制下的南方邦联白人辱骂。在新奥尔良，黑人士兵登上街车，拒绝让出人行道，与侮辱他们的白人顶嘴，“而数百名无所事事的黑人，站在一旁，笑着鼓掌。”一名南方人抱怨道。来自卡罗来纳州的新兵艾布拉姆坦言，他一直害怕白人，直到他发现白人对黑人士兵有多恐惧。种植园主亨利·拉维内尔抱怨说，像艾布拉姆这样“恶魔般的野蛮人”把他手下“安静、满足、快乐的人”变成了“不满足、不听话的疯汉”。南方的白人不承认他们的奴隶一直“陶醉在自由的烟雾中”，反而任由自己相信他们的奴隶正被废奴主义者和共和党官员引入歧途。[①]

到了 1864 年 11 月林肯连任总统的那一天，旧南方已经支离破碎，无法修复。具有讽刺意味的是，在脱离联邦并引发内战的过程中，种植园主出身的政客们最终迫使华盛顿不情不愿的共和党人武装起黑人，将这场冲突升级为一场革命斗争，对全国各地的种族主义宣战。正如在纽约州雪城的一次大会上黑人活动人士所言，“在经历了近两个世纪的、世界史上前所未有的苦难后”，美国黑人“拯救了这个国家”。在南方宣布独立时，这些武装起来的救星中有 80％以上的人都属于动产，这表明这场革命是多么出人意料和令人震惊。许多北方白人曾谴责《解放黑人奴隶宣言》，并发誓绝不与黑人并肩作战，但他们对黑人军团的勇气日渐产生敬意，即使他们抵制由此带来的政治或社会平等的主张。中西部的共和党人威廉·M. 迪克森就是个典型的例子。尽管迪克森认为“把黑人士兵的勇敢看得比白人士兵的勇敢重要”是不公平的，但他承认“要不是全体黑奴都反对南方的叛

---

① Rose, *Rehearsal for Reconstruction*, 245; Litwack, *Been in the Storm So Long*, 269.

乱，我们几乎不太可能成功”。[1]

当北方联邦的将军们准备向里士满做最后的进军时，当黑人士兵准备对奴隶制残余发起决定性的攻击时，当局准备派发1865年春季就职典礼的邀请函。其中一封寄给了弗雷德里克·道格拉斯，而他常常是总统最严厉的批评者。道格拉斯相信儿子们在军队效力为他赢得了荣誉，就像他相信自己为反对奴隶制所做的一样，他接受了。道格拉斯说，当总统“再也抵挡不住水流”时，“他就随波逐流了”。不久之后，当德拉尼少校回到曼哈顿时，《纽约先驱报》报道称，德拉尼和他的部下遇到了“一大群亲朋好友，他们热情地为英勇的战士们欢呼”。那天晚上，德拉尼像任何一位曾经得胜的白人军官一样，在高档讲究的阿斯特饭店受到款待和祝酒，人们举杯向谢尔曼手下日益壮大的黑人解放者致敬。战争的最后时刻就要来临，奴隶制也将随之结束。[2]

---

① Hahn, *A Nation Under Our Feet*, 89 - 90; *New Orleans Tribune*, October 25, 1864; William M. Dickson, *The Absolute Equality of All Men Before the Law, the Only True Basis for Reconstruction* (Cincinnati, 1865), 6.

② Blight, *Frederick Douglass's Civil War*, 186; *New York Herald*, July 19, 1865.

第二章　“勾销旧账”

战争结束，行动开始

14 岁时，多莉被拍卖出去了。多年后，她的儿子威廉讲述了多莉的故事，说她是如何勇敢地走向一个她希望是良善之辈的男人，请求他买下她，说她“喜欢他的长相”。这位准买家是 34 岁的安德鲁·约翰逊，当时的田纳西州参议员。出生在北卡罗来纳一个贫困家庭的约翰逊曾在一家裁缝店里当学徒，年轻时逃到田纳西州，在自家的前厅开了个裁缝店，生意兴隆。18 岁那年，他娶了个鞋匠的女儿，16 岁的伊莉萨·麦卡德尔。伊莉萨教她年轻的丈夫读写，他掌握得太不利索，以至于他后来写文章时需要他人来合著或共同编撰。作为商人的约翰逊日益成功，但这无法使他获得拥有土地的邻居们的敬意，于是他在 1842 年买下了多莉，成为奴隶主。不久之后，他又买下了多莉同父异母的弟弟山姆。①

在接下来的几十年里，约翰逊在政界崭露头角，先任国会议员，而后是田纳西州州长。1857 年，他成为一名美国参议员；1860 年更是声名大振，一些民主党人甚至想提名他参加大选，约翰逊本人也希望自己能被提名为斯蒂芬·道格拉斯的竞选搭档。随着政治财富的增长，他拥有的美国黑人也越来越多。根据 1850 年的人口调查，他有 4 个奴隶；在 1860 年的统计中，变成了 6 个，但是由于他把一些奴隶租给其他白人——有时他把山姆租给邻居砍柴——这些人可能没算进去。在战前及战时的各类演讲中，他吹嘘自己拥有的奴隶多达 10 人。（出于谨慎，后来他向弗雷德里克·道格拉斯保证自己从未**卖**过一个奴隶。）鉴于约翰逊是个城市居民和常年定居华盛顿的政客，他购买奴隶只是想给同州的农场主们留下一个深刻印象，而并非出于任何经济目的。他的几个奴隶帮伊莉萨做家务，但如果他愿意的话，他的收入完全能雇家仆而不是买下他们。至少在一定程度上是因为约翰逊请求总统豁免田纳西州，因而林肯的《解放黑人奴隶宣言》不适用于那里或密苏里州、肯塔基州、马里兰州、特拉华州，也不适用于当时在北方联邦控制下的南方邦联的部分地区；因此，约翰逊的奴隶并不在 1863 年 1 月 1 日的解放之列。但是，作为田纳西州州长和一个雄心勃勃的人，约翰逊认为当年晚些时候解放他名下的奴隶在政治上是合宜的。他们的解放对于约翰逊来说来得正是时候，后者在 1864 年被选为林肯的竞选搭档，以取代铁杆的反奴隶制共和党人汉尼拔·哈姆林，此人在缅因州的官邸使他身上反映出的联邦主义信仰还不如约翰逊这个田纳西州裁缝。②

---

① David Warren Bowen, *Andrew Johnson and the Negro* (Knoxville, 1989), 51; Annette Gordon-Reed, *Andrew Johnson* (New York, 2011), 38.

② Paul H. Bergeron, *Andrew Johnson's Civil War and Reconstruction* (Knoxville, 2011), 27; Bowen, *Andrew Johnson and the Negro*, 51, 批评了约翰逊在战争初期的行为; James Oakes, *Freedom National: The Destruction of Slavery in the United States, 1861 - 1865* (New York, 2012), 483, 其中措辞较温和，将州军事长官称作总统“在田纳西州废除奴隶制过程中最铁杆的盟友”。关于 1860 年约翰逊竞选总统的想法，参见拙作 *Year of Meteors*, 58 - 60; 关于约翰逊在 1864 年当选总统，参见 John C. Waugh, *Reelecting Lincoln: The Battle for the* 1864 *Presidency* (New York, 1997), 197 - 201。

约翰逊与多莉和山姆的关系依然复杂，或者至少是典型的城市或小农场环境中白人和家仆常见的多方面互动。山姆 30 岁时，约翰逊的儿子查尔斯鼓励父亲把山姆卖到乡下，他在一封错误百出的信中抱怨说，约翰逊的"善念"把这个奴隶变成了一个"忘了本分"的人。当命令他为邻居砍柴且显然没有酬劳时，山姆回答说如果他砍了会"倒霉"的，当查尔斯威胁要卖掉他时，山姆笑着说约翰逊大可"想怎么就怎么，他一点也不在乎"。后来，获得自由的山姆用了前主人的姓氏，在"难民、自由民和被弃土地管理局"担任专员，该局通常被称为自由民局，它成立于 1865 年 3 月，旨在为前奴隶、贫穷的白人提供食物、教育及劳动合同。在 1867 年写给时任总统安德鲁·约翰逊的一封信中，塞缪尔·约翰逊（山姆）表现出了自己被查尔斯那封拙劣的信件低估的才智天赋，他询问一块土地能否"用来建造一所学校，为格林维尔的有色儿童提供教育"。如果约翰逊愿意放弃他在城西的一片土地，塞缪尔答应付"钱"给他。尽管塞缪尔受雇于一个被南方民主党人鄙视的联邦机构，但他向他的老主人保证，他"在政治上没有任何改变，仍然一如既往地支持你"。虽然约翰逊公开反对该局及其付出的努力，但他或许因为塞缪尔声称希望在可能的时候拜访他而感到有面子，于是同意了这笔买卖。①

这位副总统与多莉的关系更令人好奇。成年后，多莉生下三个孩子：莉兹、弗洛伦斯和威廉。尽管多莉被人口普查员统计为"黑人"，但她这几个浅肤色的孩子被列为"黑白混血儿"。"他们的父亲可能是格林维尔的任何一个人，但约翰逊对她孩子的温柔，加上威廉和约翰

① Charles Johnson to Andrew Johnson, January 29, 1860, in *The Papers of Andrew Johnson*, ed. LeRoy P. Graf (Knoxville, 1972), 3:404 - 405; Samuel Johnson to Andrew Johnson, 1867, Ibid., 12:183; Andrew Johnson to Samuel Johnson, 1867, Ibid., 12:237.

逊的哥哥同名的事实，使得田纳西州的白人怀疑安德鲁·约翰逊藏着一个“黑人小妾”。典型例子就是约翰逊 1854 年写给儿子罗伯特的信，信中他承诺送给罗伯特和小安德鲁一些小礼物，还要“送给莉兹和弗洛伦斯一把小椅子”。但随着战争演变成一场反奴隶制的圣战，伊莉萨·约翰逊意识到需要做点什么来推动她丈夫的事业，她把奴隶召集在一起，按威廉的说法，“说我们现在自由了。她说我们可以走了。如果我们愿意的话也可以留下来。我们都留了下来”。（直到 1865 年 2 月 22 日，奴隶制在田纳西州仍是合法的，当时的联邦主义者最终批准了一项禁止奴隶制的州宪法修正案。）威廉·约翰逊活得很长，足以见到富兰克林·D. 罗斯福总统和作家厄尼·派尔。罗斯福总统赠给这个自由民一根手杖，作家派尔则想知道“他在那以后的境况是否比他在安德鲁·约翰逊名下为奴时好”。对此，79 岁的威廉回答：“是的，我们那时很富裕。但任何人都宁为自由人而不愿做奴隶。”①

到了战争的最后一年，随着边境上的非自由之身的劳力减少，山姆与多莉不得不做出一大堆选择，就像在奄奄一息的南方邦联的其他数百万美国黑人一样。他们不得不解决的许多问题是不可避免的，但他们又想不出多少简单的解决办法。就像南方成千上万的男女奴隶一样，山姆和多莉直到 1863 年还没有姓氏。可能是不确定生父的身份，山姆只能用他主人的姓而非生父的。多莉则没有这么明显的选择；如果她和孩子也用副总统的姓，就可能加剧当地关于他们父子关系的传言。既然他们自由了，他们就能决定自己是留下还是离开；如果他们

---

① Gordon-Reed, *Johnson*, 38 – 39; Andrew Johnson to Robert Johnson, 1854, in *Papers of Johnson*, 2:230 – 231; David Nichols, ed., *Ernie's America: The Best of Ernie Pyle's 1930s Travel Dispatches* (New York, 1990), 304 – 306. 关于州宪法修正案，参见 John Cimprich, *Slavery's End in Tennessee, 1861 – 1865* (Tuscaloosa, 1985), 104 – 105, 116。

在买下多莉（右）两年后，时任国会议员的安德鲁·约翰逊在众议院谴责了废奴请愿。“如果你们解放了黑人，下一步做什么?”约翰逊不解地问，“这将使这个国家每个八字脚、裹着绷带、驼背的黑人都与可怜的白人平起平坐。”然而，后来为自由民局工作的威廉（下）和塞缪尔·约翰逊（左）认为约翰逊是个宽宏大量的主人，他允许他们有自己的时间、保留一部分工资。(照片由国家公园管理局提供)

选择离开伊莉萨家，他们会去哪里呢？作为男人，塞缪尔·约翰逊可以选择在一家联邦机构从事公共服务。基本上不识字的多莉是得不到这个差事的。和年轻的威廉一样，他们也渴望自由，但就像所有试图在可怕的内战中生存下来的美国人一样，他们也在想战争的最后时刻是怎样的，那些最后的日子连同他们的行动将如何塑造即将到来的国家重建。

华盛顿和里士满的白人决策者也面临着艰难的选择。1863 年夏季战役胜利后的几个月里，林肯开始起草复原南方邦联的计划，特别是恢复那些已经落入联邦军队手中的地区。在准备 12 月向国会发表的讲话时，林肯就如何将南方的联邦主义者重新纳入国家的怀抱与各党派领袖进行了磋商。马萨诸塞州参议员查尔斯·萨姆纳沮丧地发现，林肯以为联邦主义者都是白人，就像萨姆纳怀疑邦联中只有非裔美国人忠于美国一样。林肯最终选择各让一步，通知国会，只要有 10％达到投票年龄的人宣誓效忠，他就准备对投降的叛军予以“全面赦免”，包括“恢复他们除奴隶外的所有财产权”。大约有 1.1 万名路易斯安那人立即接受了他的条件，同意黑人获得自由，并选出了州长和州议会。总统悄悄游说新州长，让他把投票权授予“非常聪明的（黑人），尤其是那些在我们的队伍中英勇战斗的黑人”。结果，不仅“忠诚”的议会拒绝这样做，还有 16 名议员顽固地投票反对奴隶解放。与以往一样，总统发现自己被夹在党内温和派和受挫的进步派之间。他承认，路易斯安那州正在形成的政治秩序就像“鸡蛋之于鸡”，但他认为更明智的做法是，“通过孵蛋而不是把蛋打碎来得到鸡”。南方的黑人则信心不足。有人向萨姆纳抱怨道：“打碎鸡蛋总比孵出一条毒蛇强。”尽管如此，林肯对黑人投票权的日益支持反映了他思想的一个新阶段。他坚持认为，他那个10%的计划是一项战时措施，旨在加速南方邦联的归顺，而不能算是最终的重建计划。[①]

国会中的共和党人以俄亥俄州参议员本杰明·F.韦德和马里兰州的国会议员亨利·温特·戴维斯起草的一项法案进行反击。该提案定下的恢复南方的条件，是各州投降的南方白人比例是大多数，而不是林肯所说的那么小的比例，而且这个大多数必须发“重誓”，证明他们从未“自愿拿起武器”支持南方邦联（一个精心设计的措辞，免除了南方应征入伍者的责任）。然而，这项提案就和林肯向国会传达的信息一样，在黑人投票权问题上保持沉默，甚至连包括伊利诺伊州的莱曼·特朗布尔在内的4名共和党人也投了反对票。亨利·戴维斯是个温和派，是大卫·戴维斯的堂亲，而大卫·戴维斯是林肯的老朋友、1860年的竞选经理，这一事实表明，这项提案旨在维持国会在此过程中的作用，同时对南方白人提出更严格的要求。主要出于这个原因，希望保留重建控制权的总统在1864年7月否决了这项提案。[②]

华盛顿的党争，以及因种族和奴隶制问题导致总统及其政党与民主党之间出现的巨大鸿沟，对南方黑人来说意义不大，他们继续用脚投票来在这个问题上使力。1864年秋天，随着联邦军队攻入南方邦

---

① David Donald, *Charles Sumner and the Rights of Man* (New York, 1970), 207 - 8 and note 7; David Goldfield, *America Aflame: How the Civil War Created a Nation* (New York, 2011), 418; Salmon P. Chase to Abraham Lincoln, November 25, 1863, in Lincoln Papers, LC; Abraham Lincoln to Michael Hahn, March 13, 1864, Ibid.; Michael Hahn to Abraham Lincoln, May 11, 1864, Ibid. 在路易斯安那州的最终投票结果是70比16。

② Gerald S. Henig, *Henry Winter Davis: Antebellum and Civil War Congressman from Maryland* (New York, 1973), 234 - 235; Benjamin F. Wade to Abraham Lincoln, March 13, 1864, in Lincoln Papers, LC; David Donald, *Lincoln* (New York, 1995), 510 - 11. 连当时的财政部长蔡斯也希望林肯避开使用10%这个数字，倾向于“更加简明扼要地声明”每个州对忠实公民的要求。参见 Salmon P. Chase to Henry Ward Beecher, December 26, 1863, in *Chase Papers*, 4: 225 - 226。

联地区，奴隶们趁机逃走。在战前的岁月里，年轻的奴隶通常是独自或和朋友一起逃跑，而且一般是从毗邻自由地的南方边境县逃走。现在则是整家整户甚至整个种植园的奴隶都利用密西西比河上移动的联邦军队防线和联邦炮艇出逃。正如道格拉斯向林肯保证的那样，“每一个从叛乱州逃出来的奴隶都是叛乱方的失，也是我们忠诚事业的得”，因为这等于从南方抽走了数千名能干农活的黑人劳力。那些白人士兵本希望在被光复的领土上找到畏畏缩缩的黑奴，却往往因为奴隶们的热情欢迎而惊讶不已。艾奥瓦州的士兵约翰·谢泼德早在他的部队偶然遇到“出来迎接我们”的黑人之前就听过这种“呼喊”。一个老妇人“跳来跳去，呼喊着荣耀归于上帝和北方人”，因为现在她的十个孩子都“自由了”。另一个士兵在军营附近遇到一个单身妇女，她主动要求帮他的战士们准备晚餐，打听哪些方向比较安全，也许她想把自己扮成一名士兵，她用做饭换来了“其中一个士兵的裤子、外套和帽子”。她还开口要枪，一个惊讶不已的士兵把枪递给了她。[1]

在弗吉尼亚北部，口头传闻和所谓的奴隶小道消息很快在华盛顿和里士满传开了，自我解放的奴隶们向联邦边界线“蜂拥”而去。特别是在弗吉尼亚州仅为了“修炮台和筑防御工事”这一目的就试图“打动”自由的黑人和多达2万名奴隶加入南方邦联军队后，一位不满的弗吉尼亚州治安法官承认：非裔美国人“向四处散去”，“一些人离开了这个国家”。即使在联邦将军本杰明·F. 巴特勒采取了一项解放奴隶的政策后的几个月里，弗吉尼亚的奴隶们还是明智地选择了静观其变，因为他们担心联邦军队的战线太远而到不了他们这里，或害

---

① Peter Kolchin, *Unfree Labor: American Slavery and Russian Serfdom* (Cambridge, 1987), 289; Frederick Douglass to Abraham Lincoln, August 29, 1864, in Lincoln Papers, LC; Leslie A. Schwalm, *Emancipation's Diaspora: Race and Reconstruction in the Upper Midwest* (Chapel Hill, 2009), 65.

怕承受失败的代价。但是，在南方邦联的罗伯特·E. 李将军呼吁战争部征召“52名黑人修建防御工事”，并为危险的“硝石矿业局”（Nitre and Mining Bureau）劳动之后，奴隶和解放的黑人别无选择，只能冒着一切危险向华盛顿进发。①

在大规模的逃亡中，一些高军阶的邦联人士和有影响力的白人失去了奴隶。在已故总统的曾侄孙约翰·A. 华盛顿骑马南下加入邦联军队之后，弗农山庄②的奴隶利用他不在的机会解放了自己。一些人沿着波托马克河向首都进发，另一些人则等在附近，直到他们认为安全了，才搬回他们的旧小屋，开始以自由农民和雇工的身份养活自己。离林肯的白宫更近的是玛丽·科斯提斯·李的阿灵顿种植园拥有的63名男女奴隶。玛丽的父亲乔治·华盛顿·帕克·科斯提斯1857年去世，他在遗嘱中规定，他的奴隶要在5年内全部获得自由，并提醒他的奴隶记住这一承诺。但玛丽的丈夫和她父亲的遗嘱执行人、当时还是上校的罗伯特·E. 李认为，不自由的劳力对改善阿灵顿舍（Arlington House）的财务状况至关重要。他把其中11人租给了附近的白人，并把其他人送到了自家的帕蒙基河庄园。1859年，当奴隶韦斯利·诺里斯和他的表妹玛丽试图逃跑时，李指示他的监工分别打了他们50下和20下鞭子；从军队请假回家的李还一直在旁边看着，以确保这些鞭子“打得正好”。根据他岳父的指示，李于1862年12月29日正式解放了玛丽的奴隶，但到了那一天，玛丽的种植园已被

① *New Orleans Tribune*, April 6, 1865; Eugene D. Genovese, *Roll, Jordan, Roll: The World the Slaves Made* (New York, 1974), 150 - 51; C. A. Morton to James A. Seddon, April 2, 1863, in Berlin, ed., *Freedom: Series I*, 762 - 63; James A. Seddon to Jefferson Davis, November 26, 1863, in Robert F. Durden, ed., *The Grey and the Black: The Confederate Debate on Emancipation* (Baton Rouge, 1972), 48 - 49.

② 华盛顿总统的故居。——译者

联邦军队占领，她的奴隶已经在河对岸的华盛顿找到了自由。[①]

在弗吉尼亚州的其他地方，黑人难民聚集在北方联邦控制的城镇和港口。在诺福克，5000 名解放的黑人和逃亡者聚在一所被当地白人烧毁的临时学校的废墟上庆祝《解放黑人奴隶宣言》的发表。据前奴隶哈丽特·雅各布斯报告说，亚历山大有文化的自由民为 80 个"小禁运品"建了一所学校。雅各布斯说，士兵们的出现"[消除了]他们心中所有的恐惧，给他们带来了希望和信心"。作为回报，最近获得解放的妇女尽管自身一无所有，却"从牙缝里省出粮食喂饱了这些士兵"。南方黑人的欢呼和支持，再加上他们对"不忠"的平民的日益愤怒，进一步削弱了白人军官本已减少的种族敌意。例如，海勒姆·艾伦中尉在 1863 年 11 月指示他的手下：所有的弗吉尼亚黑人，无论其性别或年龄，"都可以离开种植园，加入你们的行列，你们不要赶走他们而是要保护他们"。如果他们是带着"主人的任何财产"来的，他补充道，"你们也要保护这些财产"，因为士兵没有义务"将任何此类财产还给"奴隶主。战争持续的时间越长，像艾伦这样的军官就变得越激进，因为他们目睹了白人的残酷和黑人的胆量。随着 1864 年的到来，波托马克河的军队已经变成一个解放的机器，一支受到黑人激进主义鼓舞的军队，这反过来又刺激了黑人自治。典型的例子是赛勒斯，一个弗吉尼亚奴隶，他告诉他的前主人"不会再有主人和女主人了，因为一切都是平等的"。赛勒斯也下地干活，他更喜

---

① Joseph P. Reidy, "Coming from the Shadow of the Past: The Transition from Slavery to Freedom at the Freedmen's Village, 1863 - 1900," *Virginia Magazine of History and Biography* 95(1987):408; *National Anti-Slavery Standard*, April 14, 1866; *Morning Oregonian* (Portland, OR), May 4, 1866. 诺里斯的故事最早在 1859 年 6 月 24 日被《纽约论坛报》报道，其发表时间甚至早于李将军在哈珀斯费里打败约翰·布朗而威名大振的时间。

欢做饭。“此外，”他简要叙述了以前的劳动分工，“大房子的厨房活儿归我。我还帮忙搭棚屋”①。

在更远的南方，当威廉·T. 谢尔曼将军的军队穿过佐治亚州，并开始向南卡罗来纳挺进时，远离曾经的前线的非裔美国人第一次体会到了自由的滋味。对种植园主来说，谢尔曼是个残酷的敌人，但对于南方政客所拥有的男女黑奴而言，联邦军队是愤怒的上帝之剑。“我们在找北方佬”，萨维拉·伯瑞尔回忆道，就好像北方佬是“再临人间的天使之主”。一次又一次，士兵和征兵人员在行军路上对已解放的奴隶使用的《圣经》术语发表评论。詹姆斯·M. 西姆斯一年前因教其他奴隶读书而被公开鞭打，这位未来的佐治亚州议员写道，奴隶们向军队致意，高呼“荣耀归于上帝，我们自由了”。当成千上万的黑人士兵和最近解放的新兵跟在谢尔曼的先头部队后面游行时，那些从小就学会了不信任友好的白人的棉花带②奴隶对日益壮大的跨种族军队惊讶不已。当士兵列队进入萨凡纳时，黑人涌上街头，拥抱军队，伸手去摸附近军官的袖子。“在埃及的暗沉海面上尽情欢呼吧!”一位上了年纪的佐治亚人高兴地说，“耶和华得胜了，他的子民自由了。”③

---

① James Oliver to Simeon S. Jocelyn, January 14, 1863, in *The Black Abolitionist Papers, Vol. V: The United States, 1859 to 1865*, eds. C. Peter Ripley and Michael Hembree (Chapel Hill, 1992), 5: 173; Harriet Jacobs to Lydia Maria Child, March 18, 1863, Ibid., Hiram W. Allen to A. G. Draper, November 17, 1863, in Berlin, ed., *Freedom: Series I*, 92; Leon Litwack, *Been in the Storm So Long: The Aftermath of Slavery* (New York, 1979), 399.

② Cotton Belt，美国南方盛产棉花的几个州。——译者

③ Edmund L. Drago, *Black Politicians and Reconstruction in Georgia: A Splendid Failure* (Baton Rouge, 1982), 5 - 6; Leigh Fought, *Southern Womanhood & Slavery: A Biography of Louisa S. McCord, 1810 - 1879* (Columbia, MO, 2003), 178; interview with Savilla Burrell, in George Rawick, ed., *The American Slave: South Carolina Narratives* (Westport, 1972), 151; interview with Sara Brown, Ibid., 142.

如果说沿着卡罗来纳海岸的获得解放的黑人在谢尔曼的军队中看到了上帝的眷顾，那就意味着他们的前主人被当成了法老的子民，正如一些目光敏锐的奴隶主所理解的那样。在低地县的棉地和稻田里，奴役现象尤为严重，一些逃到谢尔曼麾下的年轻人回来复仇。在博福特，一帮工人在庄园里待的时间只够对他们的主人进行“殴打”。曾目睹亲人被卖掉的黑人士兵在威廉·米德尔顿的种植园里砸开了家族墓穴，把他祖先的遗骨撒了一地，然后将他送上了审判台。在罗伯特·奥尔斯顿的奇科拉伍德庄园里，士兵和奴隶烧毁了种植园的账册，并从仓库里自行取走了粮食。他们“**认为**从我们这里偷走东西**是对的**”，奥尔斯顿气得冒烟，“就像以色列人对待埃及人那样”。即使逃走的人没有逗留以实施报复，但当整个社区一夜之间消失时，那些自以为仁慈的奴隶主还是震惊不已。威廉·格里姆鲍尔在查尔斯顿的家里吃饭时，收到消息说他手下所有 80 名劳力，“男人、女人和孩子”都离开了他的庄园。他的监工听说附近有一艘联邦的船，就急忙赶到田里想把奴隶引到“一个安全的地方，却发现他们早已走了”。这种大规模的逃跑需要周密的计划和领导，奴隶主尤其愤慨的是发现深受他们信赖的那些只对白人监工和主人负责的奴隶工头，经常把整个种植园的奴隶引向联邦防线。“这让格里姆鲍尔先生伤心得很。”他的妻子坦承。①

类似的场景在密西西比河沿岸的大种植园区一再上演。在这里，

---

① Eric Foner, *Nothing But Freedom: Emancipation and Its Legacy* (Baton Rouge, 1983), 80 – 81; Julie Saville, *The Work of Reconstruction: From Slave to Wage Laborer in South Carolina 1860 – 1870* (Cambridge, 1994), 151 – 152; Robert L. Paquette, "The Drivers Shall Lead Them: Images and Reality in Slave Resistance," in *Race, Slavery, and Southern History*, eds. Robert L. Paquette and Louis A. Ferleger (Charlottesville, 2000), 31 – 58; Stephanie McCurry, *Confederate Reckoning: Power and Politics in the Civil War South* (Cambridge, 2010), 244 – 245.

“黑人男女挥舞着帽子和白色手帕”成群结队地欢迎士兵们的到来。在战争结束前，近10万名密西西比奴隶——约占全州非裔美国人总数的四分之一——投奔了不断推进的联邦边界。绝望的奴隶主尝试了许多手段来劝阻他们的劳力不要外逃。一些人警告他们的奴隶，联邦官员会让他们在河边“各大营地”的工程中活活累死。当被问及黑人为什么不顾警告拥入联邦军营时，一个逃跑的奴隶觉得这个问题愚蠢可笑。他笑着说：“哦，我们知道主人撒谎了。”其他奴隶主则采取了更严厉的措施。士兵们报告说，到达营地的妇女因被割去耳朵而流血不止，这是奴隶主在杀一儆百。阿奇·沃恩不听劝阻逃往联邦边界，却失败了。他的主人追上来，把他五花大绑，阉割了他，还削去了他的左耳垂。密西西比的一群逃跑者在离开种植园之前，毫不犹豫地割断了监工的喉咙。①

大多数逃跑的奴隶，不管他们受过怎样的虐待，都不想对他们以前的主人施虐。但更多的人为了结旧账，用残酷的方式毁掉了主人的财产。第35团的黑人士兵发现，卡罗来纳的座座豪宅“被长短斧头砍得狼藉一片，门窗被砸破了，果树也被砍倒了”。在密西西比州，奴隶们将14户人家付之一炬，并纵火烧了县法院，那可是邦联政府在当地的象征。正如这些纵火行为所揭示的，奴隶们特别乐于破坏那些与种植园的规矩有关的建筑。一大早催促奴隶去种地的钟被推倒，囚禁或鞭打违抗命令的奴隶的“惩罚屋”（task houses）被烧毁。一

① Gary W. Gallagher, *The Union War* (Cambridge, 2011), 116; Christopher M. Span, *From Cotton Field to School house: African American Education in Mississippi, 1862 - 1875* (Chapel Hill, 2009), 53 - 54; Andrew Ward, *The Slaves' War: The Civil War in the Words of Former Slaves* (New York, 2008), 162 - 63; Michael W. Fitzgerald, "Emancipation and Military Pacification: The Freedmen's Bureau and Social Control in Alabama," in *The Freedmen's Bureau and Reconstruction*, eds. Paul A. Cimbala and Randall M. Miller (New York, 1999), 48 - 49.

些军官注意到，逃跑者有多憎恨和害怕种植园的狗。几个士兵走近一个牧师的庄园时，他向他们保证这些狗“不会咬人，除非你们是黑鬼”，因为这些狗是“专咬黑鬼的”。卡罗来纳的奴隶提醒谢尔曼的一名军官亨利·希区柯克少校，他们遇到的大多数狗都受过训练，会“抓黑奴，长官，会抓逃兵”。当希区柯克的手下射杀了一只大猎狗时，难民们为此“欣喜若狂”。“难怪啊。”希区柯克若有所思。①

正如希区柯克的同情所表明的，到了战争的最后一年，北方联邦的士兵和南方的奴隶常常为解放事业并肩战斗。当这些士兵是黑人时，情况更是如此。在路易斯安那州，凯特·斯通在日记中抱怨道，4个种植园的奴隶结伴逃往附近的营地。他们“带着一队士兵和马车返回，搬走了所有能带的东西，如家具、补给品等”。在联邦骑兵的协助下，另一些路易斯安那州的奴隶带走了州长托马斯·摩尔的“猪、牛、羊”。一位种植园主抱怨说，在南卡罗来纳，联邦军队的到来导致武装的黑人“占领了他的村庄并日夜巡逻，威胁人的性命”。白人认为这种行为“犯上且傲慢”，仅仅是因为看到非裔美国人保护他们的家庭并承担执法责任——在接下来的几年里南方白人会一次次目睹此情此景——这颠覆了他们的战前世界。然而，一位白人抱怨说，这种不可思议的景象“在有色人种部队的军官拥有管辖权之地随处可见”。②

白人眼里的偷窃和肆意破坏财产的行为，在黑人眼里却是对他们多年无偿劳动的报偿。解放前，女奴们照料牲畜，准备着不许她们尝一口的餐食，然而当联邦军队到来，熏肉室的东西被吃光，好酒被饮

---

① *Cincinnati Daily Enquirer*, February 16, 1866; Albert T. Morgan, *Yazoo: Or, on the Picket Line of Freedom in the South* (Washington, 1884), 42; Drago, *Black Politicians and Reconstruction in Georgia*, 8-9.

② William C. Davis, *Look Away: A History of the Confederate States of America* (New York, 2002), 150; Armistead L. Robinson, *Bitter Fruits of Bondage: The Demise of Slavery and the Collapse of the Confederacy, 1861-1865* (Charlottesville, 2004), 201.

尽，奴隶主震惊不已。南方邦联的人“夺走了我们所有的劳力，偷走了我们的孩子”，一个获得自由的奴隶解释道，“而我们不过吃了他们的鸡。”现在自由在手，非裔美国人不仅期望得到欠他们的酬劳，还期待拥有资产，开始新生活。战争结束时，白人重返家园，发现桌子被劈开了，行李箱衬里被割破了，易于脱手的金银细软被人卷走了。当卡罗来纳州水稻种植园主查尔斯·马尼戈特的奴隶佩吉听说有士兵在本地驻扎，为补偿自己，她给她的小屋弄来了一张“漂亮的桃木床架和床垫”，给女儿弄了“一些粉色丝带”。马尼戈特带着一名前监工试图要回那张床，但佩吉堵在门口威胁说，如果他仍打算偷她的“财产”，她就要报告联邦军官。在某些情况下，前奴隶们甚至拒绝按照南方邦联当局的指示销毁财产，理由是这些东西现在归他们了。当种植园主逃离卡罗来纳的低地时，杰斐逊·戴维斯下令烧毁所有的棉花。威尔·卡佩斯是个识字的奴隶，一直在读当地的报纸。“我们为什么要烧掉棉花呢？他不解地问，“这让我们去哪儿弄钱买衣服、鞋子和盐呢？”当白人弃此地而逃后，获得自由的男男女女日夜守着棉花，妇女们负责望风，男人们则准备警报一响就随时保卫棉花。[①]

女奴们与丈夫并肩在田里长时间劳作，这从来就不符合南方家庭生活的理想。即便如此，当佩吉这样的女性突然撕掉屈从的旧面具，维护自己的权利时，白人还是震惊不已。同样，当往日颇受信任的工头带领成群的奴隶投奔联邦阵营时，种植园主也特别心烦意乱；当受宠的家仆撂下家务回家团圆时，白人妇女们也颇感震惊。战前，种植

---

① Litwack, *Been in the Storm So Long*, 142 - 143; Leslie A. Schwalm, “Sweet Dreams of Freedom: Freedwomen's Reconstruction of Life and Labor in Lowcountry South Carolina,” *Journal of Women's History* 9(1997): 9; Laura M. Towne, *Letters and Diary of Laura M. Towne, Written from the Sea Islands of South Carolina* (Cambridge, 1912), 85.

园主的妻子们常常吹嘘自己宠坏了家里的佣人，但随着自由的到来，谁被宠坏了的问题就一览无遗了。一位年轻女子发现自己不会梳头，而另一位前女主人因为晚上没人给她洗脚而哭了起来。白人曾相信他们的佣人会竭力为他们的利益服务，但是考虑到大宅子里的奴隶最容易获得信息，而且在任何庄园里都是少数有文化的黑人之一，所以当军队到达时他们是最先离开的这种事，只有他们的主人才会惊讶。甚至在部队到达路易斯安那州的一个种植园之前，奴隶们就已经向监工索要工资了。当监工按雇主的命令拒绝支付时，奴隶们在庄园里竖起了绞架，想“绞死主人，获得自由”。精明的监工赶紧一分不少地付了钱，逃离了种植园。①

奴隶们几乎从摇篮里就学会了在白人面前如何言行。明智的父母忠告他们的孩子对主人要有礼貌，因为顺从的举止在奴隶社会中是一项宝贵的生存技能。但是，黑人军队的出现抹去了卑躬屈膝的伪装，甚至连孩子们也很少能抗拒对他们新生活的吹嘘。一天早晨，一个萨凡纳妇女被一个黑人女孩的歌声吵醒，恼怒不已，这个女孩“在我的窗子底下开心地跳来跳去，拉高了嗓门唱‘所有叛军都走了——现在谢尔曼来了’”。神经紧张的白人把新近显露出来的胆大妄为视作奴性骚动的证据，就像前几年，举止显得像有能力的成年人的那些骄傲的奴隶常常被当作潜在的阴谋家而受到惩罚。新奥尔良的白人居民茱莉亚·勒格兰德害怕获得自由的奴隶计划在 1863 年 1 月 1 日起义。他们不清楚为什么新获自由的黑人会觉得有必要参与暴乱，但勒格兰

① Schwalm, “Sweet Dreams of Freedom,” 26; Sarah Parker Remond, *The Negroes & Anglo-Africans as Freedmen and Soldiers* (London, 1864), 25; George C. Rable, *Civil Wars: Women and the Crisis of Southern Nationalism* (Urbana, IL, 1989), 255; Ira Berlin, *Generations of Captivity: A History of African-American Slaves* (New York, 2004), 258 – 259.

德和她的朋友们用斧头把自己武装了起来，还打算用“一小瓶某种烈酒”“弄瞎入侵者的双眼”。白人所说的“革命”，实际上是以军事形式体现的集体抵抗，比如，27 名肯塔基州的奴隶推选伊利亚·马尔斯做他们的队长，然后大步走到路易斯维尔的联邦征兵办公室，报名参军。对前奴隶主来说，即使无意中听到奴隶们高谈自由也是一种反叛。当一名黑人士兵看到他的前主人被俘时，笑道：“老实点，白人，底下的人现在翻身了。”①

种植园主说服自己相信他们的奴隶不仅忠于他们，而且忠于南方邦联，而当他们意识到自己受到了多大的误导或者有多自欺欺人的时候，他们气急败坏。在冲突开始的几个月里，卡罗来纳的作家玛丽·博伊金·切斯纳特想知道，如果奴隶制真像共和党人所说的那样“令人不快”，那奴隶为何没有“全部越过边界，奔向在那里等着张开双臂欢迎他们的人”？战争结束时，奴隶就这么做了，切斯纳特亲眼见证了她的仆人摘掉了她所谓的“黑色面具”。她的朋友、南方邦联的第一夫人瓦丽娜·豪厄尔·戴维斯 1864 年也走脱了好几个佣人。詹姆斯·丹尼森和他在戴维斯家做女佣的妻子贝齐，抢了被戴维斯拖欠的 80 元邦联美元，资助这些人逃跑。管家亨利则某天晚上在宅子的地下室放了一把火之后跑了。就在奴隶制行将土崩瓦解时，一个愤怒的奴隶主还威胁要“教训”他的劳力不得“违抗”他的命令，否则把“他们卖得一个不剩”，搞得好像奴隶买卖还存在一样。北卡罗来纳州的一位奴隶主凯瑟琳·埃德蒙斯顿失去了心爱的女仆，此人曾在她长期患病期间照顾过她，后来女仆“趁夜悄无声息地离开了”，她想不

① *Memphis Daily Avalanche*, January 31, 1867; Litwack, *Been in the Storm So Long*, 48; Francis Thomas Howard, *In and Out of the Lines: An Accurate Account of Incidents During the Occupation of Georgia by Federal Troops in 1864 – 65* (New York, 1905), 204.

通为什么一个女仆宁愿要自由也不要陪伴她。一些昔日的奴隶主赌咒发誓说，没了这些不忠的仆人，他们会过得更好。“我损失了16个黑鬼，”查尔斯顿的一个奴隶主说，“但我不介意，因为他们一向令人讨厌。”①

随着军队的推进，一些奴隶主试图带着他们的奴隶逃跑。在战争的最后时刻，名词“难民（refugee）”变成了一个新的动词——“逃难中（refugeeing）”。一位佛罗里达州的种植园主把手下的劳力赶过一条河，赶进一片沼泽地，并警告他们，“如果有谁敢掉头逃跑，我就枪毙谁”。密西西比州州长约翰·J. 佩特斯和道格拉斯一样明白，每一个逃到联邦边界的奴隶都是“这个国家失去的劳力”，他敦促州政府采取行动，授权邦联军队以“公共利益”的名义重新安置奴隶。南卡罗来纳州甚至通过一项立法，授权军官重新安置奴隶时可以无视奴隶主的抗议。在那些试图强迫奴隶和自己一起离开的奴隶主中，有约瑟夫·戴维斯，他和时任南方邦联总统的弟弟共同拥有维克斯堡下面的两个种植园，人称戴维斯转弯（Davis Bend）。杰斐逊·戴维斯在里士满收到电报，获悉他的奴隶“处于不听话的状态”。当奴隶们被要求准备好离开那条河时，一位委派来回话的奴隶告知约瑟夫，“无论如何他们都不同意离开这个地方”。跟其他地方的情况一样，随着北方的炮艇靠近，所有人家都悄然消失了，而“他们的离开”，约瑟夫告诉他兄弟，“都是突然的，而且是在夜里”。不过，能供死不悔改的邦联分子藏身的地方越来越少了。②

---

① Davis, *Look Away*, 146 - 147; Martha Hodes, *White Women, Black Men: Illicit Sex in the Nineteenth-Century South* (New Haven, 1997), 100; Joan E. Cashin, *First Lady of the Confederacy: Varina Davis's Civil War* (Cambridge, 2006), 143; Sidney Andrews, *The South Since the War* (Boston, 1866), 65; Genovese, *Roll, Jordan, Roll*, 98 - 99.

② *New Orleans Tribune*, July 22, 1865; McCurry, *Confederate Reckoning*, 298 - 99, 255 - 256.

当绝望的奴隶主们撤退到日益缩小的内陆地区时，自我解放的黑人涌向城市中心。种植园的工匠一向是那种为了自由的土地而奔波的奴隶，他们认为自己凭技术可以在北方城镇挣到体面的工资。如今铁匠、木匠和机修工仍留在南方，去了亚特兰大和萨凡纳。威廉斯堡的侍者贝弗利·塔克与弗吉尼亚州某个显贵同名同姓，他逃到华盛顿，在加入步兵团之前，干了一阵自己的老本行。塔克干活的地方又来了些女裁缝和洗衣女工，这是一个新情况，因为战前很少有女性会冒险逃跑。人口大量涌入城市也扭转了战前城区非裔美国人数量下降的趋势，这也为1865年后的黑人激进主义奠定了基础。1850年，亚特兰大只有20%的黑人，到1870年，这个数字翻了一番多，达到了46%，此时蒙哥马利的黑人人口则从25%上升到49%。1862年4月，新奥尔良被美国陆军占领，路易斯安那州和密西西比州的难民特别喜欢这个城市。几十年来，这座城市一直是混血自由人的家园。就在战争爆发前，路易斯安那州的一个奴隶向一个旅行者吐露自己“宁愿住在新奥尔良”，也不愿住在他见过的其他地方，因为那里“更开心”，有“更多人可以来往”。甚而早在李投降之前，41岁的圣詹姆斯教区居民路易斯·查尔斯·鲁达内兹就开始出版《新奥尔良论坛报》，作为该地区第一份黑人拥有的报纸，它注定要成为南方黑人共和主义的喉舌。①

即使是在联邦军队控制下的城市，黑人移民发现南方的城里生活充其量也是朝不保夕的。波士顿和费城从未有过丰富的食物或适度的

① Litwack, *Been in the Storm So Long*, 312 – 313; Beverly Tucker, Company Descriptive Book, May 1863, in Compiled Military Service Records of Volunteer Union Soldiers, 1st Colored Infantry, Reel 15, NA; Howard N. Rabinowitz, *Race Relations in the Urban South, 1865 – 1890* (New York, 1978), 18 – 19; William P. Connor, "Reconstruction Rebels: The *New Orleans Tribune* in Post-War Louisiana," *Louisiana History* 21 (1980): 159 – 160.

卫生设施，南方城市的扩张如此迅速，以至于近期从农村来的人无法找到体面的住房或工作。在有驻军的地方，黑人妇女获得了厨师和洗衣工的工作，维克斯堡和纳齐兹的军官们很快为这支非正式的后勤部队建造了简陋的营房。偶尔有些家庭会在安全无虞的帐篷城市里重新开始以前的生活。只要“在［丈夫］当兵期间为他洗衣服”，伊丽莎白·凯恩就可以和她的配偶“住在帐篷里”。然而，大多数城区的条件如此之差，以至于纳什维尔的《田纳西有色人》（*Colored Tennessee*）的编辑敦促那些刚到城里的人“回到能雇体力劳动者干活的乡下去”。在华盛顿，一个救济协会报告说，黑人的“贫困和苦难”比当年首都还是个奴隶城市时的情况还要糟糕。弗吉尼亚州门罗堡附近的难民越来越多，以至于约翰·A. 迪克斯将军鼓动马萨诸塞州州长安德鲁为2000名妇女和儿童提供庇护。尽管这个海湾州历来反对奴隶制，安德鲁也因支持黑人军团而名声在外，但这位州长认为，联邦政府更明智的做法是帮助南方黑人，而不是把他们当作“乞丐和受难者运到一个陌生的气候恶劣的地方”，就连马萨诸塞州本地人也这样想。[①]

对于那些抛下亲人，或在附近种植园有“外国”配偶和亲属的人来说，自由不仅意味着潜在的困难，还意味着那些仍然为奴的人的恐惧。一些难民成为军人主要是为了返回农村，找回家人。妇女们接近军官是希望打听到前线转移或者南方邦联将黑人社区迁往内地安置失

---

① Gerald David Jaynes, *Branches Without Roots: Genesis of the Black Working Class in the American South, 1862 - 1882* (New York, 1986), 64; Hannah Rosen, *Terror in the Heart of Freedom: Citizenship, Sexual Violence, and the Meaning of Race in the Post emancipation South* (Chapel Hill, 2008), 50; Noralee Frankel, *Freedom's Women: Black Women and Families in Civil War Mississippi* (Bloomington, IN, 1999), 32 - 33; Carol Faulkner, *Women's Radical Reconstruction: The Freedmen's Aid Movement* (Philadelphia, 2003), 118; Janette Thomas Greenwood, *First Fruits of Freedom: The Migration of Former Slaves and Their Search for Equality in Worcester, Massachusetts, 1862 - 1900* (Chapel Hill, 2010), 54.

败的消息。有个人走了200多英里，来到门罗堡的大门口。别人问他为何把妻儿留在南方邦联那边时，这位不知名的自由民说，他打算“赚点小钱”后，“再回去”找他的配偶。1865年初，列兵卡文·史密斯擅自离开连队去寻找他的家属，这在黑人士兵中并不罕见。比起结束战争，他更在乎他的家庭，军事法庭判史密斯“6个月的苦役，其中3个月得戴着坠有铁球的脚镣”[①]。

少数不习惯田间劳作的非裔美国妇女发现没有丈夫在，生活尤其艰难。维多利亚·兰德尔·劳森在密西西比州的一个小镇上做家仆。但当大部分农场劳力都跑去参军后，她的主人把锄头塞到了她手里，而“那时候，我除了出去砍玉米和摘棉花，其它什么也不会”。在战争的最后几个月，还有许多家仆讲述了类似的经历，有人回忆说，在密西西比州雅典附近的一个种植园里，“妇女和男孩必须完成当年的收成”。一些主人还想报复那些留下来的人。密苏里州表面上是一个忠于联邦的蓄奴州，却为邦联输送了4万名士兵，该州南部的小农场和小种植园的主人不仅赶家奴下地劳作，还在日落后继续虐待他们，蓄意报复。一个女奴的生活变得如此悲惨，于是她写信给当兵的丈夫，求他回来。“自你走后，除了麻烦，我一无所有，”她叹了口气，“他们因为你逃走了就虐待我”，“还把我打得死去活来”。即便这样恳求，还是鲜有逃跑的人回来，因为他们知道结束家庭困境的最快方法就是在战场上做完自己该做的。然而，一些有胆量的士兵却想方设法把衣服和物资偷运给处于前线的家乡人。约翰·弗利上校抱怨他黑人军团里的人经常偷“衣服给家人穿用”，在战斗结束后不久，一名政

---

① Reid, *Freedom for Themselves*, 215 – 216; Testimony by the Superintendent of Contrabands, May 9, 1863, in Berlin, ed., *Freedom: Series 1*, 1: 88; Trial of Private Calvin Smith, January 20, 1865, in Compiled Military Service Records of Volunteer Union Soldiers, 41st U. S. Colored Infantry, Record Group 94, NA.

府监察员报告说："发现很多［黑］人或多或少都穿着半吊子的美国陆军制服。"①

士兵们意识到战争即将结束，也意识到参军带来的不仅是自由，还有公民权利，为此，他们敦促家人坚守阵地。马里兰州逃出来的约翰·波士顿写信告诉妻子，他已签下文书加入一个纽约团，在邻近的弗吉尼亚州作战。波士顿说，"今天，我要感谢上帝，我是个自由人了"，希望他妻子和儿子干活的白人东家"会继续善待你们"。他想让他妻子明白，他打仗不仅是为了不再受"对奴隶的鞭笞"，也是为了让这个国家"都沐浴在自由之中"。康涅狄格州一名士兵的信表露了对战争含义的类似理解。同在弗吉尼亚州作战的列兵梅诺梅尼·迈米提醒妻子，如果"南方邦联打赢了，那你可能从此跟一切自由都无缘了"。迈米知道自己参军给家里惹了新的麻烦。至于奴隶主，他发誓，"是我的敌人，是我军旗的敌人，也是我出生地飘扬的旗帜的敌人"。为一个曾蔑视黑人公民的国家而战，非裔美国士兵可以由此建立一种新秩序，"无论黑人还是白人，星条旗将成为所有人自由的象征"②。

太多的逃亡妇女带着她们的丈夫来到这里，迫使联邦政府改变其对黑人家庭的政策。军队继续雇用一些妻子当厨师或洗衣工，但在1862年末，甚至在尤利西斯·S. 格兰特在维克斯堡的胜利将密西西比河沿岸黑人难民的涓涓细流变成洪水之前，他就任命俄亥俄州的随军牧师小约翰·伊顿将难民组织起来送到河边废弃种植园的难民营

① Kevin R. Hardwick, "'Your Old Father Abe Lincoln is Dead and Damned': Black Soldiers and the Memphis Race Riot of 1866," *Journal of Social History* 27 (1993): 113; Frankel, *Freedom's Women*, 22–23; David Goldfield, *America Aflame: How the Civil War Created a Nation* (New York, 2011), 282.

② John Boston to Elizabeth Boston, January 12, 1862, in Berlin, ed., *Freedom: Series 1*, 1:357; Meunomennie L. Maimi to T. A. Maimi, March 1863, in Ripley, ed., *Black Abolitionist Papers*, 5:189–190.

里。伊顿是奴隶这种禁运品的管理者，他要向总统汇报自己在处理数万名前奴隶的情况。谢尔曼赞同这项政策，更多是出于军事上的实际考虑，而非出于人道主义考虑。他认为，如果黑人士兵担心仍然为奴的妻子，他们就会没心思打仗。但是，假如有方法让逃亡者的“家庭去到一个安全的地方”，然后以体面的薪水“给他提供养家糊口的手段”，那么以前的奴隶“就会弃他们的主人而去，战争的起因也就没了”。维克斯堡陷落后不久，副官洛伦佐·托马斯就正式确立了这项政策。他在第 45 号特别命令中指示，所有在联邦边界内寻求庇护的“黑人后裔的儿童和妇女”都应“被建议留在他们以前干活的种植园里”。黑人家庭“将得到政府的保护”，那些被解放的奴隶“因年老而失去正常工作和生活的能力，［或］健康欠佳者”也将得到“应有的照顾”。托马斯向战争部长解释说，他的命令也是为了缓解密西西比河沿岸的联邦军营的过度拥挤和患病问题。在这项命令和战地指挥官的其他命令中没有说明的是，随着和平的到来，谁将拥有那些被遗弃的庄园。①

难民营从未被设计成永久性的，正如自由民局局长奥利弗·O. 霍华德将军所坚持的，他的部门希望“尽快清除所有的难民营、殖民地或家园”，尤其是在那些不受《解放黑人奴隶宣言》约束因而不属于该局管辖的地方。然而，正是那些最先被联邦政府控制的地区

---

① Geoffrey Perret, *Lincoln's War: The Untold Story of America's Greatest President as Commander in Chief* (New York, 2004), 298; Jim Downs, *Sick from Freedom: African American Illness and Suffering During the Civil War and Reconstruction* (New York, 2012), 46 – 47; Ulysses S. Grant to Abraham Lincoln, June 11, 1863, in Lincoln Papers, LC; Schwalm, *Emancipation's Diaspora*, 60 – 61; William T. Sherman to Lorenzo Thomas, June 26, 1864, in *Sherman's Civil War: Selected Correspondence of William T. Sherman, 1860 – 1865*, ed. Brooks Simpson (Chapel Hill, 1999), 657 – 58; Lorenzo Thomas, Special Order No. 45, August 13, 1863, in Berlin, ed., *Freedom: Series 1*, 3:719 – 720.

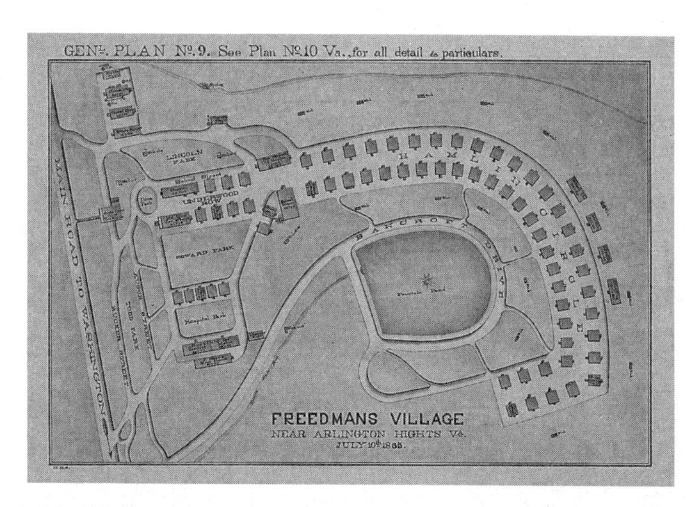

自由民村建于 1863 年 5 月，是为逃跑奴隶和黑人难民建的营地，位于被没收的玛丽·科斯提斯的庄园（南方邦联将军罗伯特·李的妻子）的阿灵顿种植园。自由民村是战争期间建立的众多“禁运品营地”之一，住了 1100 名非裔美国人，他们每周支付 1 至 3 美元的房租。此地以其壮观的首府景色和波托马克河景观吸引了开发商的注意。联邦政府不顾居民反对，支付给居民 7.5 万美元购买土地，于 1900 年拆除了这个村庄。（国家公园管理局提供照片）

出现了最多的移民。弗吉尼亚州门罗堡附近和卡罗来纳州海岸沿线的难民营里被解放的人开始“清理他们的小块土地”，一位自由民局官员报告说，这是“在准备建他们的简陋住所”。黑人男女在杰斐逊·戴维斯和最近去世的约翰·泰勒曾拥有的庄园里建营地、耕种，后者早年离开种植园去了南方邦联的国会任职。波托马克分布着许多村庄，其中最大的定居点在玛丽·科斯提斯·李的阿灵顿庄园。这个营地很快就被称为“自由民村”，它有近 50 栋建筑，在大宅子后面整齐地排成半圆形。政府以未缴纳联邦税为由，没收了这个种植园，早在 1864 年就开始将前面 200 英亩的土地用作联邦公墓。自由民局管理着这个村庄，认为这是迈向自给自足的中间环节；黑人妇女和她们的家人在难民营短暂居住并与当兵的丈夫团聚后，预计将搬到河对岸的华盛顿，为新一波获得自由的人腾出地方。村子里有一家医院、一座穷人之家、一所学校、一个礼拜堂，还有各种各样的手工作坊，昔日奴隶可以在那里练习技能或学习“针线和缝纫机的使用”。和其他大庄园的情况一样，主人不在时帮忙打理庄园的那些老黑人留下来帮助新来者，并在机构面前充当庄园的发言人。其中一位“老族长”经营阿灵顿庄园的一部分已有50年之久，说起前主人时讲了些好话；但是，就像田纳西州的威廉·约翰逊一样，他希望记者们明白他更喜欢自由。[①]

营地里的居民很早就明白就连那些看上去友好、对自由民局某些官员的傲慢态度很敏感的白人也是不可信的，因而更愿意在黑人监督下劳动。特别是那些仍在他们已经无偿干活数年甚至几十年的地里劳作的，希望这些土地中的一小部分能归他们的自由民男女。太多的白人士兵和白人工作人员只是希望管理有效率的营地，他们很少隐瞒这样一个事实：他们的主要任务是在李战败后返回家乡，而不是充当土地改革的倡导者。罗伯特·克伦威尔是个出生在弗吉尼亚州的自由人，战前曾在威斯康星州行医，他在新奥尔良与难民一起工作时，发现他们对难民营制度的抱怨几乎跟对前主人的抱怨一样多。自由民局每天只提供两顿饭，其中一顿是11点的简薄早餐。“这个时间点对孩子和老人来说太晚了，”克伦威尔怒气冲冲地说，“我的同胞希望**他们当中有一个黑人**，一个心里装着自己**族群**利益的人。”他补充道，他只是管理这座城市的医院的人。克伦威尔定居在新奥尔良，在和平时

① Reidy, “Coming from the Shadow of the Past,” 404, 411; Steven Hahn, *A Nation Under Our Feet: Black Political Struggles in the Rural South from Slavery to the Great Migration* (Cambridge, 2003), 82; Oliver O. Howard, General Order, December 4, 1865, in Register of Letters Received by the Commissioners, Freedmen's Bureau Papers, Reel 23, NA.

期开始从政。在路易斯安那州，他帮共和党在自由民中发展党员，后来他在投票权和没收土地的问题上公开挑战联邦主义者出身的州长。1868年，克伦威尔参加路易斯安那州制宪会议后，向西前往得克萨斯州。1880年，他在那里被私刑处死。①

这些难民营也吸引了难民北上，开启了一场黑人离开南方的移民潮，此事历经数年，改变并丰富了美国的社会构成。其中一个营地建在辛辛那提的一家旧医院里，吸引了从海湾漂过来的非裔美国人，而不是来自附近肯塔基州的非裔美国人。据W. F. 纳尔逊牧师报告，到1864年春天，"来自路易斯安那州的900多个［黑人］"住在他的营地里，数量一天天"稳步上升"。其中大多数是妇女，她们的丈夫参军了。黑人妇女从乡下逃到有16万人口的辛辛那提市，为挣工资而从事体力劳动，通常做家仆、厨师或洗衣工。虽然他们依旧被束缚在奴隶制度下做过的同样的卑贱工作中，但他们现在这样做是为了得到报酬。他们"干活像土耳其人一样拼命"，这令一位白人士兵惊叹不已，他出生在一个自由出卖劳力的社会，这让他很难体会昔日作为个人财产的奴隶挣到哪怕微薄工资时的惊喜之情。尽管如此，自由民局的一些工作人员还是被他们管理的人激怒了，因为后者执意要按自己的想法行事。当黑人妇女向白人官员打听为军队干活的薪水、营地学校和医院的质量，以及她们与自己丈夫的关系等问题时，白人官员原以为她们定会表达感激之情，结果却大出所料。②

---

① R. I. Cromwell to B. F. Flanders, November 17, 1864, in Berlin, ed., *Freedom: Series I*, 3:558–559; *Morning Oregonian* (Portland, February 28, 1866; Eric Foner, ed., *Freedom's Lawmakers: A Directory of Black Officeholders During Reconstruction*, 2nd ed. (Baton Rouge, 1996), 53–54.

② W. F. Nelson to Oliver O. Howard, April 9, 1864, and November 22, 1864, in Register of Letters Received by the Commissioners, Freedmen's Bureau Papers, Reel 23, NA; Saville, *Work of Reconstruction*, 37–38; Schwalm, "Sweet Dreams of Freedom," 14.

军队急于让年轻士兵安心并向南方挺进，即便他们的亲戚已逃往北方，于是开始向“有色人种士兵的家属”发放证明，这些文件给予黑人家庭“保护和福利”，以缓解难民的“难处”。为了确保军队能照顾自己的配偶，士兵们花心思与北方军队的牧师建立长期稳定的关系。“我丈夫和我一起生活了15年，”一位有好几个子女的母亲宣布，“现在我们想再结一回婚。”在内战前的日子里，奴隶主通常希望他们的奴隶结婚，哪怕仅仅因为稳定的关系有利于他们控制不好管的奴隶，并诞育后代继续为他们提供无偿劳动。但是，南方没有一个州在法律上承认奴隶的婚姻，这种婚姻会赋予作为个人动产的奴隶太多的权利，并使奴隶主不能随意卖掉奴隶。与同龄的大多数女奴一样，米尔德丽德·格雷夫斯获准举行一个非正式的简短仪式，在仪式上，她穿了一件她的白人女主人送给她的破衣服。但格雷夫斯明白，在奴隶制下，合法关系是不被承认的，所以她希望举行一场“有牧师在场的真正意义上的婚礼”。仪式由军队里的牧师主持，最好是黑人牧师，这意味着旧的关系被打破，黑人男女间建立了一种新的永久纽带。“自由民及他们的妻子对婚姻法普遍满意。”一名官员说。对于即将奔赴前线的士兵来说，再办一次结婚仪式并在证书上留下自己的记号意味着这些男人将来如果回不来，他们的妻子就可以依法提出索赔，这也使曾归其他成年人所有的他们的孩子成为合法子女。对于那些在丈夫参军时留在废弃的种植园的妇女来说，有证书意味着她们有权分得自己耕种多年的土地，现在有传言称，这些土地将在战争结束时被分割。[①]

① *New Orleans Tribune*, January 7, 1865; Litwack, *Been in the Storm So Long*, 240; Amy Dru Stanley, *From Bondage to Contract: Wage Labor, Marriage, and the Market in the Age of Slave Emancipation* (Cambridge, 1998), 44.

当边境上的蓄奴州步履蹒跚地走向解放，或者南方邦联的部分州重建时，白人立法者努力将家庭关系问题写入法典。肯塔基州、马里兰州和路易斯安那州要求黑人夫妇向县政府办事员提交文件即可。田纳西州和西弗吉尼亚州——后者创建于1861年，当时弗吉尼亚州西部各县投票决定继续效忠合众国——选择承认所有先前存在的“习俗婚姻”（customary marriages）都是合法的，而密苏里州要求人们在法官或牧师面前重新结婚。让情况复杂化的是，许多男女自由民因被买卖而被迫与配偶分离，虽然有些人已找到新伴侣，但如果可能的话，许多人还是宁愿与原配团聚。因此，当各州试图像密西西比州将要做的那样，通过立法澄清问题，即宣布“凡未结婚但目前同居如夫妻者，在法律上，应视为已婚”，不少昔日的奴隶选择违逆白人立法者，以自己的方式重组家庭。①

自由民局的许多官员来自上层阶级、北方家庭，可能会像南方的立法者一样高人一等，就好像必须催促男女自由民去正式确立梦寐以求的关系。路易斯安那州的一位工作人员杞人忧天地担心奴隶解放会导致道德沦丧，于是起草了一份冗长的通告，阐明婚姻的“最基本规则”。男孩得满14岁才能结婚，女孩至少要12岁。他觉得还有几点是他有责任补充的：“兄弟姐妹之间禁止结婚”，“父母和孩子之间，[以及] 叔叔和侄女之间也不例外。”由于许多被解放的年老奴隶的前配偶仍生活在南方某地，自由民局因此承认了“依法获准”离婚——这种情况在白人中并不常见，因为离婚对他们来说既麻烦又昂贵。但是，黑人“妇女在前一段婚姻解除10个月后才有权再婚”。另一位驻

① Catherine Clinton, “Reconstructing Freedwomen,” in Clinton and Silber, eds., *Divided Houses: Gender and the Civil War* (New York, 1992), 307; Frankel, *Freedom's Women*, 82.

弗吉尼亚州的好心的工作人员认为，坚决要求昔日主人对“所有由有色人种妇女生育的私生子”负责才是公平的，因为战前立法者已经要求白人父亲对他们与未婚白人妇女所生的孩子负责。但在大多数情况下，由于合众国任何一个地区的黑人从未充分利用过白人议员和奴隶主制定的法律，现在很少有人愿意接受他们的规则和标准。①

对于那些找寻失散亲人的自由民来说，团聚的激动时刻很难得，总是令人心潮澎湃。自 1790 年代以来，切萨皮克地区因向下南方的新开垦土地出口年轻的奴隶而臭名昭著，奴隶贩子倒是严格记录了他们的盈亏，但没有一家公司或一个州记录下这些奴隶的名字，他们就这样被铐在一起从南方送到新奥尔良的牲口栏里。在已被北方军队占领的城市，黑人在黑人经营的报纸上登了无数广告，希望能找到失去亲人的消息。《新奥尔良论坛报》和《黑人共和党人》（*Black Republican*）都推出了冗长的“信息征集”栏目。南卡罗来纳的内森·马洛尼“在谢尔曼的部队路过时”参了军，他要找他住在附近种植园里的妻子伊芙。罗伯特·韦斯特希望能找到他的妻子、两个已婚姐妹和两个兄弟，其中一个姓威廉姆斯。在新奥尔良，自由民局保存了“种植园里所有有色人种的所在位置”和“常见人名”的清单，以帮助黑人部队士兵寻找亲人。对于少数幸运的人来说，找回被卖的配偶既兴奋又心碎，哪怕只是因为他们意识到逝去的时光。贝蒂和本·多德森曾请求主人把他们一起卖掉，但没有成功。20 年后，当本在一个难民营里看到贝蒂时，他几乎不知道是该拥抱他的妻子，还是退后一步，看看到底是不是她。“我终于找到你了，”他喊道，“我找啊

① *New Orleans Tribune*, August 31, 1866, October 2, 1866; John Kimball to A. E. Hines, January 4, 1867, in Records of the Assistant Commissioner for the District of Columbia, Freedmen's Bureau Papers, Reel 3, NA.

找，直到找到你为止。只要你活着，我就一定要找到你。”在另一些案例中，团聚的家庭对亲人在这段时间里衰老或受到虐待的严重程度感到震惊，少数人则表示，分隔多年，伴侣已变得见面不识。①

政府人员要是能屈尊体谅一下，自然会很清楚家庭的重要性，尤其是他们自己也离家这么远。尤尼斯·克纳普是一名北方教师，和托马斯·温特沃思·希金森一起来到卡罗来纳州海岸，一个男孩找到克纳普，想跟她学写字，好和自己在佛罗里达的母亲联系。克纳普很惊讶，因为她看到过这个男孩和一个年长的妇女在一起，但男孩解释说那个女人是他“父亲的妻子”。他曾和父母一起住在佛罗里达，但在 1855 年前后“白人将他的父母分开了”。她高兴地说：“感谢上帝，祂现在所结合在一起的没人能拆散了。”在华盛顿办公室里，霍华德将军指示军队雇用的“所有有色人种牧师”收集离散家庭的信息。一旦收集到了，自由民局就会让政府出钱在南方各地运送难民。虽然工作量巨大，但其中一个典型的事例是霍华德下令为住在弗吉尼亚州戈登斯维尔的一家黑人购买交通工具，助他们前往发现他们父亲踪迹的马里兰州安纳波利斯。②

当核心家庭无法重建时，许多获得自由的人转而寄希望于找到更广义的亲属。由于人口的跨州贩卖，黑人社区长期以来依靠的是拼凑出的家庭，即年老的奴隶往往在一家的一个或两个大人被卖掉后收养他们的孩子。这种亲属关系的安排曾经是战前黑人社区的生存机制，随着自由的到来，这种大家庭成为减少他们对自己并不完全信任的机

① Litwack, *Been in the Storm So Long*, 229; New Orleans *Black Republican*, April 29, 1865; *New Orleans Tribune*, January 7, 1865, and August 31, 1866.

② *Flake's Bulletin* (Galveston, TX), March 6, 1869; Oliver O. Howard to R. G. Rutherford, February 18, 1867, in Records of the Assistant Commissioner for the District of Columbia, Freedmen's Bureau Papers, Reel 3, NA; Oliver O. Howard, Order, February 7, 1867, Ibid.

构的依赖的一种手段，并成为对抗昔日主人敌意的堡垒。在一场可怕的国内冲突之后，寻找远亲就像寻找失散多年的配偶一样困难。A. M. 哈格尔昔日的奴隶大卫·威廉姆斯在查尔斯顿的布尔街租了一栋房子，离丹马克·维齐住过的地方只有几个街区。他妻子去世了，但他有一个女儿和一个妹妹住在博福特，而他的兄弟本杰明“早就被卖掉了”。战争结束时，安·杰克逊和玛格丽特·哈勒都来到了曼哈顿。哈勒出生在马里兰州东海岸，她的母亲在她年幼时就被“卖了”，她唯一的姐姐安吉利娜“随后也被卖掉了”。哈勒是一名旅馆清洁工，这活薪水很低，所以找到姐姐并重建家庭关系对她的生存至关重要，对杰克逊而言大家庭也一样重要，来自萨凡纳的她“从未见过自己的父母”。她唯一的兄弟叫查尔斯，已经去世，她是“由她的女主人”抚养长大的。①

许多黑人士兵在费城或纽约退伍，而一些奴隶只是向北游荡，希望能将昔日的生活抛诸脑后。出生于华盛顿的约翰·亨利·尼尔发现，在他曼哈顿新家的基础上重建大家庭几乎是不可能的。他希望父亲还活着，但他很难确定，因为父亲“在他小时候就被卖了”。他的继父和两个继兄弟也都葬在华盛顿。在纽约做信差的约翰·沃克·拉特利奇出生在南卡罗来纳州，他的父亲死在那里，他的母亲则被卖到了佐治亚州，哥哥博伊西他怀疑已经“阵亡了”。浅肤色的路易莎·艾米丽·特拉斯蒂与旁人情况不一样，她小时候就和教母一起搬到了曼哈顿。路易莎小时候她的母亲就在新奥尔良去世了，她只知道父亲是个“白人（不知道是谁）”。她相信自己在路易斯安那州还有兄弟

① Hahn, *A Nation Under Our Feet*, 168–169; David Williams, July 19, 1866, in Register of Signatures in Branches of the Freedman's Savings and Trust Company, Reel 21, NA; Ann Jackson, February 2, 1871, Ibid., Reel 17; Margaret Haler, February 6, 1871, Ibid., Reel 17.

姐妹，而且母亲那边还有姨妈和舅舅，但她自己有6个孩子，就像除了最有钱的美国人之外的所有人一样，她也需要大家庭的帮助。[①]

重建破碎的奴隶家庭往往变得很复杂，因为黑人士兵的配偶属于另外的主人，这意味着他们的孩子也归这个主人所有。奴隶制使黑人男性失去了养家糊口的传统地位（因此赋予黑人女性在家庭中一定程度的平等地位），以至于在没有白人介入的情况下，男女双方都无力抚养子女。然而，自由民局正式承认男性为黑人家庭的户主，甚至公开赞同那种在同类型的种植园劳动中给女性开的报酬低于男性的劳动合同。然而，有些家庭因人口买卖而被拆散、现在决定维持现状，但在这些家庭所在地，自由民局的工作人员拒绝让黑人父亲获得州法院赋予白人父亲的权利。特别是当妇女能够养活自己和子女时，自由民局往往站在母亲一边。伊莱扎·班杨“自己出钱抚养儿子，而且一直把他带在身边”，因此，当儿子的父亲要求获得监护权时，局里的工作人员念在班杨没有前夫或前主人的经济支持仍能过活的能力，做出了对她有利的裁决。[②]

更常见的是黑人父母所面临的麻烦：他们试图从昔日主人或从忠于奴隶制地区的奴隶主手中夺回自己的孩子。一些种植园主认为自己抚养了这些儿童，但孩子们还没长到最年富力强可以回报他们的阶段，因而黑人家庭应对他们进行赔偿；南方的学徒法通常是支持这种要求的。自由民局的工作人员“频繁地接到控诉”，控诉者是无法获得“孩子监护权”的黑人父母。在密西西比州的一个案子中，一个叫

---

① John Henry Neal, November 9, 1870, in Register of Signatures in Branches of the Freedman's Savings and Trust Company, Reel 17, NA; James Walker Rutledge, November 10, 1870, Ibid., Reel 17; Louisa Emily Trusty, November 13, 1870, Ibid., Reel 17.

② Eric Foner, *Reconstruction: America's Unfinished Revolution, 1863 - 1877* (New York, 1988), 87; Frankel, *Freedom's Women*, 136.

诺兰的自由民去接他的妻子和四个孩子，但遭到他们的前主人拒绝，说“他们是他抚养的，因而属于他”。使事情变得更复杂的是，这些人没有结婚证、出生证明或州法院要求的证明亲子关系的其他文件。一些种植园主很有把握法律是站在自己这边的，进而向自由民局投诉，以为白人当局会插手。A. L. 拉扎尔向冷漠的阿尔文·C. 吉勒姆将军抱怨说，给他当学徒的“两个有色人种男孩”跟着“他的一些敌人”跑了。收获时节来临，拉扎尔让吉勒姆“给我下个命令，我马上就把他们抓回来，因为现在正是我的庄稼忙着收割的时候”。一个打算移民的奴隶主绑架了“3 名有色人种儿童”后坐船去了古巴，在那里，奴隶制仍然是合法的。①

见识过南方邦联军队的枪口后，休假的黑人士兵无法忍受白人掌控、虐待他们的孩子。肯塔基州的一名士兵回家后发现，他的孩子“在他参加联邦军队期间跟着昔日主人当学徒了”。在大多数情况下，武装的退伍军人和自由民局的工作人员占了上风。在多达 4000 名儿童在白人雇主那里当学徒的马里兰州，数十名家长将昔日的主人告上法庭；在巴尔的摩，日益激进的法官休·邦德越来越受黑人群众的喜爱，他一贯反对白人奴隶主，因谴责政府向自愿参军的年轻奴隶主发放奖金而闻名。当一个丈夫去路易斯安那州一个已落入联邦军队手中的种植园寻找妻儿时，种植园的新管理人骂他是个“该死的无赖”，并拒绝释放他的妻儿。次日，这位昔日的奴隶带着自由民局的一位工

---

① Litwack, *Been in the Storm So Long*, 191; *Flake's Bulletin* (Galveston, TX), March 30, 1866; Alvan C. Gillem to Oliver O. Howard, January 20, 1867, in Register of Letters Received by the Commissioners, Freedmen's Bureau Papers, Reel 43, NA; Charles Riggs to Oliver O. Howard, January 28, 1867, Ibid., Reel 43; A. L. Lazar to Alvan C. Gillem, May 1, 1868, Ibid., Reel 24. 直到 1867 年 12 月 21 日，工作人员 H. Metcalf 在密西西比州的报告里指出：“如果没有军队保障这项命令的执行，就不可能让每个孩子回到母亲身边。”参见他那天写给 Colonel Webster 的信，Reel 43，Ibid。

作人员来到种植园，再次要求“释放黑人的妻子和孩子”。监工又拒绝了，于是这名工作人员和这个丈夫干脆把他的家人召来，径自离开了。如果说这名工作人员有信心能赢得华府的支持，那是因为霍华德将军不断地签署能让孩子与父母团聚的命令。当克拉拉·詹姆斯·刘易斯向警察局打听她在里士满的孩子的下落时，霍华德不仅指示要“采取措施找到孩子”，还出资3美元“为她支付从里士满到华盛顿的车费”。①

当北方联邦军队的随军牧师使家庭团圆，并让未经法律许可的婚姻合法化时，前奴隶们不得不接下一项生下来就是自由身的美国人所不知道的任务。他们必须找个姓氏。尽管奴隶们过去常用主人家的姓，但很少有主人愿意给他们视为动产的奴隶应有的姓氏尊严。在注重亲族意识的南方，家庭关系能给人带来尊重和社会地位，而对于身穿蓝色制服的黑人来说，姓氏就像他们的肩章一样，意味着男子气概。对黑人父亲而言，采用姓氏意味着在一个以母亲的法律地位来界定黑人儿童地位的社会中对父系权威的接受。一位前奴隶坚持认为，采用姓氏是“摆脱奴隶制”的一种方式。在做选择时，一小部分人干脆用主人的姓，要么是为了纪念祖先的出生地，要么是为了让亲人在战争结束时能找到他们。大卫是南卡罗来纳州的逃奴，1862年春被

---

① Alvan C. Gillem to Oliver O. Howard, February 15, 1867, in Register of Letters Received by the Commissioners, Freedmen's Bureau Papers, Reel 43, NA; *Cincinnati Daily Gazette*, June 1, 1867; Joseph Browne, "'To Bring Out the Intellect of the Race': An African American Freedmen's Bureau Agent in Maryland," *Maryland Historical Magazine*, 104(2009): 388; George H. Hanks to Nathaniel P. Banks, April 8, 1863, in Berlin, ed., *Freedom: Series 1*, 3: 434 – 435; Richard Paul Fuke, "Hugh Lennox Bond and Radical Republican Ideology," *Journal of Southern History* (hereafter *JSH*) 45 (1979): 574; E. M. Gregory to Oliver O. Howard, December 31, 1866, in Register of Letters Received by the Commissioners, Freedmen's Bureau Papers, Reel 43, NA; Oliver O. Howard to O. S. Wall, February 13, 1867, in Records of the Assistant Commissioner for the District of Columbia, Freedmen's Bureau Papers, Reel 3, NA.

大卫·亨特少将解放。在加入第33步兵团后，他取名大卫·布雷克，因为他曾是沃尔特·布雷克的财产。[1]

更多的被解放奴隶选择尽可能与自己的前主人保持语言学上的距离。采用主人的姓氏也暗示了一种不存在的血缘关系；如果一个大庄园的数百名获得自由的奴隶使用同一个名字，这可能意味着他们既不承认也不渴望家庭纽带。然而，在南方的老区，如弗吉尼亚州，非裔美国人经常与他们的父母及祖父母在同一块土地上劳作。种植园在法律上属于大房子里的白人家庭，但它也可能是数百名已故奴隶的埋骨之所。有些人的姓氏是独有的，但也将他们与过去的家族渊源联系在了一起。肯塔基一位黑人是杰西·辛克莱的前奴隶，以辛克莱·丘比特的名字参军。乔治·奥古斯都变成了列兵奥古斯都·布朗。使事情变得复杂的是，许多连队的工作人员以前都是奴隶，不识字。伦本·巴罗的奴隶卢卡斯让征兵人员把他的名字记为卢卡斯·巴罗，但征兵人员误拼成了“邦德”，于是他就“用这个名字参军了”。然而，这对卢卡斯来说不算大事，战争结束时，他又改名为卢卡斯·克里奇。[2]

虽被剥夺了战前的阶级地位的一贯标志，受奴役的工匠们反而宁愿以自己的手艺而不是有形的财富或雅致的住宅为荣。结果，一些人

---

① Charles Joyner, *Down By the Riverside: A South Carolina Slave Community* (Urbana, IL, 1984), 221; Allen C. Guelzo, *Lincoln's Emancipation Proclamation: The End of Slavery in America* (New York, 2004), 216; David Blake, May 11, 1862, in Company Descriptive Book, Compiled Military Service Records of Volunteer Union Soldiers, U. S. Colored Troops, 33rd Infantry, Record Group 94, NA.

② John B. Boles, *Black Southerners, 1619－1869* (Lexington, 1983), 43; Litwack, *Been in the Storm So Long*, 249; Sinclair Cupit, March 16, 1866, Register of Signatures in Branches of the Freedman's Savings and Trust Company, Reel 4, NA; George Augustus, October 1863, Company Descriptive Book, in Compiled Military Service Records of Volunteer Union Soldiers, 1st Colored Infantry, Record Group 94, NA; Richard Reid, "USCT Veterans in Post-Civil War North Carolina," in John David Smith, ed., *Black Soldiers in Blue: African American Troops in the Civil War Era* (Chapel Hill, 2001), 397－398.

采用了他们被冠以的“头衔”，即用来识别他们所在的行业的名称为姓，就像早期社会中从各种形式的奴役中解放出来的人那样。巴伯、库珀、史密斯、卡朋特和泰勒[1]都使得军事报告或结婚证锦上添花。另一些人取了有爱国意味的名字，虽然叫杰斐逊和杰克逊的并不少见，但奴隶们更喜欢取与反奴隶制斗争有关的名字。汉娜是南卡罗来纳州的黛安·梅西的女儿，父亲身份不详，后来她改名汉娜·格兰特。纽约是国务卿威廉·亨利·苏厄德的故乡，也是自由民威廉·亨利·巴拉格的新家所在。塞缪尔·西蒙斯也住在曼哈顿，和成千上万人一样，他给儿子起名亚伯拉罕。少数前奴隶选择的名字可以追溯到他们的过去，并将他们的生活与被卖到殖民地的非洲人联系起来。查尔斯顿的罗伯特·穆斯塔法已经60多岁了，在1807年联邦政府禁止买进人口前，他已经被卖到了这个城市。[2]

许多退伍军人通过家庭姓氏来表明自己的新身份，并以此表明自己是一家之长，因为自由使他们能够履行维多利亚时代的照顾家人的责任。安德鲁·杰克逊·弗里（Free）出生于南卡罗来纳州，是个退伍军人，其父自称安德鲁·奥尔德里奇，名带有爱国意味，而姓是对自由的宣告。还有个老兵是一个叫艾伦的奴隶的儿子，自称为弗里曼·皮尤。另有一些人，比如约翰·弗里曼（Freeman），更喜欢用这个称谓作为姓，他很自信地告诉一名中尉这个名字“非常适合我”。但约翰的妻子不太确定自己是否想用“弗里曼太太”这种男性化的称呼，因为她刚获得自由，如今发现自己又被冠以男性化的姓。但军官

---

① 即 Barber, Cooper, Smith, Carpenter, Taylor, 这五种姓的意思分别是理发师、箍桶匠、铁匠、木匠、裁缝。——译者

② Berlin, *Generations of Captivity*, 260 - 261; Hannah Grant, October 18, 1869, in Register of Signatures in Branches of the Freedman's Savings and Trust Company, Reel 21, NA; Robert Mustafa Sr., October 7, 1869, Ibid.; Charles Francis Barager, November 9, 1870, Ibid.; Samuel Simmons, June 7, 1871, Ibid.

还是吩咐约翰“给你的妻子取同样的名字”，也用在他“所有的孩子身上”。当约翰的妻子第一次听到别人这么叫她时，她几乎不知道“该怎么办”。在婚姻关系外，“弗里曼太太”形同不存在，以至于那名中尉军官从不费心打听她的名。①

就在约翰·弗里曼和汉娜·格兰特的自信之举表明奴隶制及为保护奴隶制而建立的南方邦联几乎奄奄一息之时，里士满的官员们为挽救两者，进行了最后一次非同寻常的尝试。随着南方士兵在战场倒下或退出战斗，开始四散回家时，南方邦联最高司令部开始考虑使用黑人部队。田纳西州陆军的帕特里克·克莱伯恩将军是第一个起草详细计划，用奴隶打仗的人。他在 1864 年 1 月 2 日的提议中讨论了 1571 年的勒班陀海战中使用苦役奴隶的问题，爱尔兰出生的克莱伯恩认为，邦联军队可以效仿此举，在为奴的士兵投入战斗时还他们自由。戴维斯搁置克莱伯恩的计划达 11 个月，转而支持了一项新的法律草案，即在战争期间征召所有 17 岁至 50 岁之间的白人男性入伍。戴维斯担心，不管南方对兵员的需求多么急迫，就算讨论解放奴隶也会损害他们的“权利”，而他们正是为了这权利才脱离联邦的。但最终，在没有其他选择的情况下，11 月 7 日，戴维斯在南方邦联国会的发言中赞同了该计划的一个变体。他敦促南方政府购买 4 万名年轻男性，这些人将在战争胜利后获得自由。由于他的《宪法》明令禁止一切反奴隶制的立法，所以只有从奴隶主手中买来的奴隶才会被解放，其目的是安抚他的批评者可能会有的任何法律顾虑。戴维斯承认，在

① Andrew Jackson Free, April 4, 1867, in Register of Signatures in Branches of the Freedman's Savings and Trust Company, Reel 21, NA; Freeman Pew, June 2, 1866, Ibid.; Jim Cullen, "Gender and African American Men," in Clinton and Silber, eds., *Divided Houses*, 90; Stanley, *From Bondage to Contract*, 38 - 39; Elizabeth Regosin, *Freedom's Promise: Ex-Slave Families and Citizenship in the Age of Emancipation* (Charlottesville, 2002), 56.

对南方理念的“彻底修改”中，如果已经到了要么武装奴隶要么接受失败的时刻，“那么我们的决定会是什么似乎也就毫无疑问了”①。

戴维斯的计划还得到了罗伯特·李的支持，李推断既然成千上万的非裔美国人已经在为林肯政府而战，那么南方邦联也可以采取类似的政策，并“获得我们事业所带来的所有益处”。但这项政策的倡导者从未暗示过是反奴隶制情绪激发了这一变化。如果政府只解放年轻的奴隶，“[南方的]独立[将会]有保障”，约翰·H. 斯特林费罗如此劝告总统，而“只有白人才可拥有任何和所有的政治权利”，因此可以继续“制定法律来控制自由的黑人，他们没有土地，必须为土地所有者劳作”。南卡罗来纳州的塞缪尔·麦高文将军对此表示同意。他那些身为种植园主的同僚可能会支持有限的解放，“但有个条件，那就是我们今后将成为这个国家的政治领袖”。与联邦政府不同的是，南方邦联对未来士兵的妻子、孩子和父母的命运只字不提，而戴维斯希望解放足够多的年轻奴隶来拯救他的国家，同时保留一些不自由的劳动力，并对少数将获得自由的奴隶继续拥有民事权。②

种植园主的反应很不讲理，甚至比戴维斯担心的更甚。3 年前，主张脱离联邦的人说得很直白。南方的种植园主为维护和扩大奴隶制而接受了脱离联邦的方案，但现在，总统以拯救政府的名义要求他们放弃副总统亚历山大·斯蒂芬斯曾称为“基石”的东西。敏锐的评论

---

① Craig L. Symonds, *Stonewall of the West: Patrick Cleburne and the Civil War* (Lexington, 1998), 195; Boles, *Black Southerners*, 196 - 197; Robinson, *Bitter Fruits of Bondage*, 278 - 279; William C. Davis, *Jefferson Davis: The Man and His Hour* (New York, 1991), 557, 597.

② McCurry, *Confederate Reckoning*, 338, 342; J. H. Stringfellow to Jefferson Davis, February 8, 1865, in Berlin, ed., *Freedom: Series II*, 292; Bruce Levine, *The Fall of the House of Dixie: How the Civil War Remade the American South* (New York, 2013), 256; Bruce Levine, *Confederate Emancipation: Southern Plans to Free and Arm Slaves During the Civil War* (New York, 2007), 158.

家们嘲笑说，一旦成千上万的黑人青年接受训练并武装起来，继续奴役他们的亲人就几乎不可能了。《查尔斯顿水星报》是该地区长期以来最拥护奴隶制的刊物，也是1860年倡导建立南方“奴隶共和国”的刊物，其言辞最为尖刻。“非洲人是劣等种族，”编辑老罗伯特·巴恩威尔·瑞德固执地说，“但是，如果南方邦联的奴隶制对我们当中的黑人来说不是最好的制度——如果他们更适合自由和获得解放，即便是将此作为对他们服务的报答——那么迄今为止把他们当作奴隶的理由就是错误的、没有根据的。”佐治亚州的豪厄尔·科布是南方邦联的一名官员，也是创建这个新国家的1861年蒙哥马利大会的代表之一，他以几乎相同的措辞谴责了这项提案。“你把他们培养成士兵的那一天，就是革命结束的开端。如果奴隶能成为好兵的话，”他坦言，“那我们关于奴隶制的整个理论就是错误的——但他们成不了好兵。”①

就在科布说这番话的那天，在北方联邦军队服役的逾10万名黑人士兵证明他错了。《新奥尔良论坛报》的编辑路易斯·查尔斯·鲁达内兹指出：“现在有将近150个团的黑人，但现在叛军领导人对有色人种部队用的是北方的论点。”鲁达内兹估计戴维斯的计划不太可能获得通过。即便如此，他还是认为谢尔曼不仅应该招募更多的黑人士兵，还应该在那些仍然受奴役的人中间发动“奴隶起义”，迅速结束战斗。鲁达内兹明白，那些仍被奴役的人只需等待时机。北卡罗来纳州的凯瑟琳·埃德蒙斯顿一时疏忽大意，当着几个佣人的面讨论了戴维斯的计划，而后发现她的奴隶们有了自己的想法。第二天早上，

① Anne Sarah Rubin, *A Shattered Nation: The Rise and Fall of the Confederacy, 1861 - 1868* (Chapel Hill, 2005), 106 - 107; *Charleston Mercury*, November 12, 1864; James L. Roark, *Masters Without Slaves: Southern Planters in the Civil War and Reconstruction* (New York, 1977), 102 - 103.

她的整个种植园就找不到人影了。日记作家玛丽·切斯纳特没那么天真。就在一年前，种植园的黑人驾车人还向她的丈夫保证他们愿意为她效劳。"现在他们冷冷地说，如果他们不得不为自由而战，他们就不想要自由了。"切斯纳特明白这是为什么，"这意味着他们非常肯定自己最终会得到自由。"①

要求富有的白人放弃他们的新国家最具决定性意义的这一特征实在太过分了。经过一场激烈的辩论，南方邦联的国会投票同意武装一批选定的奴隶，但不解放他们。戴维斯明白这一立场的荒谬，1865年3月23日，他以第14号令推翻了这一立法，授予一切新兵"自由民的权利"。少校J. W. 佩格拉姆和托马斯·P. 特纳奉命组建一支黑人连队，他们在里士满的报纸上登了通知，敦促那些"自愿把儿子和兄弟、金钱和财产"捐给南方邦联的奴隶主现在也捐出他们的奴隶。那位编辑瑞德继续争辩说，现在还没到采取这种孤注一掷的措施的时候。他写道，"就是因为**奴隶制**受到侵犯"，南卡罗来纳州才脱离联邦，**"我们不想要没了奴隶制的邦联政府"**。具有讽刺意味的是：克莱伯恩将军上年11月阵亡，没能活着看到自己的提议得到支持。但这项提议无人响应，17天后，罗伯特·李投降了。②

当里士满的陷落已成定局时，戴维斯和他的内阁沿着最后一条安全的铁路线向南逃去。城里的黑人清楚地听到了恐慌的声音。年轻的奴隶米蒂记得大炮"轰鸣，好像到处都是"。米蒂的父亲欢呼起来，他将用"弗里曼"做自己的姓。"这是胜利！"他不停地喊道，"这是

---

① *New Orleans Tribune*, January 14, 1865, and April 6, 1865; Emory Thomas, *The Confederate Nation, 1861 - 1865* (New York, 1979), 290 - 293; Genovese, *Roll, Jordan, Roll,* 129 - 130.

② Boles, *Black Southerners*, 197; General Orders, No. 14, March 23, 1865, and *Richmond Dispatch*, March 21, 1865, both in Durden, ed., *Grey and the Black*, 268 - 271; *Charleston Mercury*, January 13, 1865.

自由。现在我们自由了！”里士满曾是向下南方转卖奴隶的主要中心，28 名居民四处吆喝自己是“拍卖师”，是“收佣金的代理”，还有一些像路易斯·休斯这样的黑人在等待出售。但是，由于南方邦联的地盘不断缩小，“市场一片萧条”，休斯仍被关在围栏里，听着附近的枪声。17 岁的自由人理查德·弗雷斯特爬上了国会大厦，升起了美国国旗。作为一个曾替立法机关跑腿的男孩，浅肤色的弗雷斯特在南方脱离联邦后藏起了这面 25 英尺的国旗，他希望日益逼近的军队能看到这面旧旗。巧的是，第一批来的士兵是马萨诸塞州第 5 军团的 E 连和 H 连的黑人骑兵，美国有色人种部队第 36 军团也紧随其后。成千上万的非裔美国人涌上街头。男人们挥舞着帽子，女人们高呼：“你们终于来了，荣耀啊，哈利路亚！”①

当冲突从战场转移到国会和州议会时，黑人活动人士明白还有硬仗在前头，因而愈加努力地敦促白人共和党人接受黑人政治和社会平等。1864 年 11 月，当林肯穿过波托马克河造访自由民村时，索杰纳·特鲁斯排在其他黑人妇女后面，等着与总统交谈。他们俩讨论了废除奴隶制的问题，林肯给这位注重精神生活的前奴隶看了巴尔的摩黑人送给他的一本华丽而昂贵的《圣经》（价值 580.75 美元）。林肯催促她再去探望他，特鲁斯答应了；她若有所思地说：“毕竟有上帝的恩典，他将再当 4 年总统。”让·巴蒂斯特·鲁达内兹是那位出版人的哥哥，他率领的黑人代表团从新奥尔良抵达华盛顿，以鼓励林肯公开支持黑人投票权。非裔美国人参加了 1865 年的总统就职庆祝游

① Ward, *The Slaves' War*, 242 - 243; Rembert W. Patrick, *The Fall of Richmond* (Baton Rouge, 1960), 68; Noah Andre Trudeau, "Proven Themselves in Every Respect to Be Men: Black Cavalry in the Civil War," in Smith, ed., *Black Soldiers in Blue*, 299; Nelson Lankford, *Richmond Burning: The Last Days of the Confederate Capital* (New York, 2002), 129 - 131; Ernest B. Furgurson, *Ashes of Glory: Richmond at War* (New York, 1996), 337.

行，这是美国历史上第一次，当晚，弗雷德里克·道格拉斯出席了白宫招待会。这位废奴主义者注意到，总统用“在场所有人都能听到”的音量大声宣布他的“朋友道格拉斯”的到来，并期待他的客人对就职演说发表看法。“在这个国家里，我最重视你的意见。”林肯又补充了一句，虽是恭维话，却非不实之词，因为道格拉斯以其口才闻名。按照后来的标准，这样的客套话是微不足道的，但对那个时代而言几乎是革命性的，预示着美国的未来会更好。相比之下，当安德鲁·约翰逊在人群中瞥见道格拉斯时，道格拉斯看到了这位新任副总统脸上瞬间闪过的“强烈蔑视和厌恶”，这样的表情就不太吉利了。①

4月10日上午，首都开始了庆祝活动。战争部长埃德温·斯坦顿下令500门大炮齐发，轰鸣声震碎了华盛顿的窗户。在自由民村，黑人聚集在玛丽·科斯提斯·李家门前的草坪上，高唱《禧年》(*The Year of Jubilee*)。第二天晚上，林肯在白宫的胜利庆祝会上发表讲话，不仅透露了关于公民选举权的思考的进展，而且表示愿意与国会中的激进批评者和解。在烛光的照耀下，林肯向聚集在下面的人群宣读了他准备好的讲稿，他为路易斯安那州新的联合政府辩护，但也向听众保证，他不认为重建工作完全是由行政部门承担的。他从一开始就“清楚地声明”，他1863年12月的提案只是“一项重建计划”(就像原话说的)，是“可能被接受”的众多方案之一。此外，只有立法机构有权决定“何时或是否应该允许来自［南方］州的议员获得国会席位”。林肯重复了之前只在私人信件中说过的话，承认他也对路易斯安那州不给黑人投票权的决定感到不满。“我本人更希望现在就

① Margaret Washington, *Sojourner Truth's America* (Urbana, IL, 2009), 314 - 315; William C. Harris, *With Charity for All: Lincoln and the Restoration of the Union* (Lexington, 1997), 183; Frederick Douglass, *Life and Times of Frederick Douglass* (New York, 1962 ed.), 289 - 290.

把它授予那些非常聪明的人，以及那些为我们的事业参军的人"。尽管总统也承诺重新考虑他对路易斯安那州政权的支持，但编辑路易斯·查尔斯·鲁达内兹称这次演讲"既有好的一面，也有不好的一面"。最近被提拔到最高法院的萨尔蒙·蔡斯私下里敦促林肯进一步支持所有"效忠他的有色人种"获得投票权。不过，4 月 11 日的演讲竟成了总统的最后一次公开讲话。①

全国各地的美国人都在努力适应这个陌生的新世界。佐治亚州西南部和得克萨斯州部分地区的黑人还不知道他们自由了，而且有不少远离北方联邦边界的奴隶主相信奴隶制仍有可能得到拯救。5 月 4 日，在李将军投降将近一个月后，佐治亚州劳伦斯维尔的一名妇女用 50 块金元买了一名女奴。"看起来温柔亲切，也很友好，"这位妇女说，"如果她一直跟着我，我就对她尽责。"在里士满，一个种植园定了和战前截然相反的规矩，黑人士兵要求白人出示通行证。当这位白人老妇怒气冲冲地说他"和老林肯一样没教养"时，士兵"咒骂"了她，喊道："你不能再像以前一样为所欲为了。你不知道吗?"正如马里兰州白人苏珊·沃菲尔德在日记里坦承的那样，"乡村生活已不是奴隶制时那种宁静的日子了。解放奴隶运动让所有黑人和白人都疯了"，"世界天翻地覆"。②

在那些试图与迅速变化的种族潮流进行谈判的人中，有田纳西州

---

① Donald, *Lincoln*, 584 - 585; Brooks D. Simpson, *The Reconstruction Presidents* (Lawrence, KS, 1998), 43; Ronald C. White Jr., *A. Lincoln: A Biography* (New York, 2009), 671; *New Orleans Tribune*, April 16, 1865; Salmon P. Chase to Abraham Lincoln, April 12, 1865, in Lincoln Papers, LC.

② *New Orleans Tribune*, July 22, 1865; Marilyn Mayer Culpeper, *Trials and Triumphs: The Women of the American Civil War* (East Lansing, MI, 1991), 385 note; Patrick, *Fall of Richmond*, 124 - 125; Susan Warfield Diary, August 1, 1875, in Warfield Papers, Maryland Historical Society.

的帕特里克·H. 安德森上校和他逃到俄亥俄州的前奴隶乔尔敦。40岁的乔尔敦以前是马车夫和管家，他认为上校是个善良的主人，所以自由后，他用了安德森的姓。他的前主人不知怎地找到了他，写信让他回到田纳西州，承诺给他体面的工资和自由。至于自由，乔尔敦·安德森说，他“1864年已经从宪兵司令那里拿到了解放证书”，所以“在这方面不会有任何所得”。乔尔敦还希望上校能把薪水算得再精确一点，他的妻子阿曼达则对田纳西州的儿童教育质量提出了疑问。为了看到对方的善意姿态，乔尔敦·安德森建议他的前主人先寄来他的欠薪。“我忠实地为你服务了32年，曼迪[①]也为你服务了20年，”安德森算了笔账，“我每月25美元，曼迪每周2美元”，加上利息，减去“我们穿衣和看医生的3次费用，再加上给曼迪拔牙的费用，我们的收入应该是11680美元”。如果上校能把工资寄来，他和他的妻子——“这里的人叫她安德森太太”——会“勾销旧账，既往不咎”。不管怎样，乔尔敦·安德森最后说，他请上校“向乔治·卡特问好，并感谢其在你向我开枪时从你手上拿走了枪”。[②]

然而，当林肯总统遇刺的消息传开，这种兴高采烈很快就消失了。在福特剧院的耶稣受难日悲剧发生后的一个阴雨绵绵的早晨，黑人聚集在白宫外哀悼这位赫然陨落的总统。海军部长吉迪恩·威尔斯挤过数百名新获自由的奴隶到达现场，这群人“正为他们的损失而哭泣、哀号”。退伍军人约翰·尤班克斯和威廉·拉蒂莫尔像其他黑人

---

① 阿曼达的昵称。——译者

② Jourdon Anderson to P. H. Anderson, August 7, 1865, in *The Freedmen's Book*, ed. Lydia Maria Child (Boston, 1865), 265 - 267. 根据1870年和1880年的联邦人口普查记录，乔尔敦·安德森及其妻子阿曼达分别生于1825年和1829年，当时住在俄亥俄州。他们的前主人帕特里克·H. 安德森是威尔逊县的一名商人兼农场主，共有32名奴隶。参见 Montgomery County, Ohio, 1870 federal census, p. 44, and Wilson County, Tennessee, 1860 federal census, p. 133, NA。

士兵一样，“在枪上挂了花环”并在“手臂上缠了黑色的带子”。驻扎在查尔斯顿的德拉尼少校发表了一封致非裔美国人的公开信，促请他们为“美国自由之父”的纪念碑捐款。在纽约州罗切斯特，道格拉斯和其他活动人士齐聚市政厅，并应邀讲几句话。“什么是和平的美梦?”他不禁问道，“什么是对未来的憧憬?”道格拉斯在这座城市发表过许多演讲，但这是他和整个国家第一次“共同经历一场可怕的灾难”，他认为，对“我们国家和政府”犯下这一“罪行”“使我们不仅是同胞，更成了亲人”。①

可惜，一大份遗产的分割往往会让最亲密的亲人陷入激烈的争吵，就连华盛顿的共和党人也不确定重建工作的下一步该如何。尽管美国国会在 1865 年 1 月 31 日通过了《宪法》第十三修正案，永远禁止奴隶制，但它尚未得到各州的批准。国会也没有通过一项全面的重建法案，华盛顿的所有人都不确定新总统当时在重大问题上的立场。一些白人进步人士和黑人活动家希望将战时在废弃土地上进行的零星试验转变为永久性的联邦政策，这实际上也是所有被解放的人的共同目标。在一个以农业为主的社会，土地所有权是衡量一个人价值的最真切的标准。正如一位被解放的自由民所解释的，“如果你没有足够的土地供自己死后长眠，那么自由又有什么用呢？不如一直做奴隶算了”。对美国黑人来说，土地所有权赋予了他们真正的自由。它使非裔美国人摆脱了旧主人的统治，成为一个独立的民族，并有权将个人所得传给下一代。这样的梦想并不幼稚。超过 14 万南方黑人在联邦军队服役，大多数人都希望用他们的薪水购买土地。仅在南卡罗来

① Ward, *The Slaves' War*, 250 - 251; Martin R. Delany to black Americans, April 20, 1865, in *A Grand Army of Black Men: Letters from African-American Soldiers in the Union Army 1861 - 1865*, ed. Edwin S. Redkey (Cambridge, 1992), 221 - 222; Douglass, *Life and Times*, 294 - 295.

纳，就已经有4万名获得解放的人被安置在40万英亩的荒地上，这不是由微不足道的联邦官僚决定的，而是战争部长斯坦顿和谢尔曼将军的命令。对于一个疲惫不堪的国家来说，重建之战才刚刚开始，这也将是一场因一个信奉种族主义的人意外成为总统而变得复杂的斗争。①

---

① Boles, *Black Southerners*, 202 - 203; Goldfield, *America Aflame*, 411; David Brion Davis, *Inhuman Bondage: The Rise and Fall of Slavery in the New World* (New York, 2006), 322, 认为约翰逊“肯定是我们最糟的总统之一”，但对“反事实”的结论表示怀疑，即如果林肯在世，重建将会相对简单，因为“北方情况与过去不同了，而南方白人不再坚持白人至上的观点”。尽管南方白人中确有不少人努力维护战前的世界，但这只占小部分。多数白人要么不情愿地承认获胜的北方可以提任何要求，要么觉得遭到种植园主阶层的背叛，进而拥护共和党的一些改革。这里提出的论点是：约翰逊背离了林肯后来的政策，让声音大、意志坚定的少数人重新掌权，而新总统约翰逊浪费了一个小小的政治机会。

第三章 “土地现在都归北方佬”

自由民局

1812年，突尼斯·坎贝尔出生在新泽西州的米德尔布鲁克，是一位受人尊敬的铁匠的10个孩子中的老八，就在8年前，该州成为北方最后一个通过逐步解放奴隶法案的州。在这种情况下，只有异常聪明的孩子才能脱颖而出，而突尼斯就是。他5岁时，一个白人邻居提出资助他去长岛的一所圣公会学校上学。坎贝尔在这所学校度过了接下来的13年，尽管他是其中唯一的黑人孩子，但他记得“校长和助理们都对他很好”。他在1877年的自传中并没有提到其他学生对他的态度，这也许暗示了他们并不那么欢迎他。不管怎样，坎贝尔在学校成绩优异，学会了与白人平等相处而不是自视低人一等，这表明即使在北方，他的背景也几乎是独一无二的，与南方自由人截然不同，更不用说前奴隶了。[①]

他的圣公会导师希望培养他去利比里亚当牧师，利比里亚是美国为获得自由的奴隶设立的准殖民地，得到了詹姆斯·门罗总统和约翰·昆西·亚当斯总统政府的支持。而他却回到了新泽西，成立了一个“反殖民协会”，并发誓“在每个奴隶都自由之前”绝不离开自己的国家。1849 年，他在曼哈顿的一次集会上优雅地发表了反对移民的讲话，就像 1853 年在罗切斯特会议上那样，他说："至于美国殖民协会，我们并不赞同，因为我们早就决定在美国的土地上扎根了。"但是反殖民演说不能拿来付账单，因此，不知疲倦的坎贝尔也在学校教书，做非裔卫理公会（AME）的牧师、酒店招待，并在 1848 年出版了《酒店招待、领班和管家指南》，一本大量再版的酒店管理手册。南方脱离联邦时，坎贝尔还是纽约一家面包店的合伙人。②

战争部终于开始允许黑人入伍后，坎贝尔向妻子和 3 个孩子道别，报名参军。50 岁的坎贝尔依然健硕，奉命为鲁弗斯·萨克斯顿将军工作，协助在卡罗来纳州海岸重新安置获得自由的人。坎贝尔带着自己的 3000 美元动身前往海岛，"组织文官政府，改善南方的有色人口的处境"，并"指导和提升有色人种的素质"。1865 年 3 月 3 日，国会成立自由民局后，坎贝尔得到任命，负责监督佐治亚州的奥萨博、特拉华、科隆、萨佩罗和圣凯瑟琳斯这 5 个岛的土地征用和重新安置工作。③

由于华盛顿的重建进程尚未确定，坎贝尔秉持"秩序是天字第一号法则"的信念，为圣凯瑟琳斯岛大约 600 名居民设计了一个新政府。该体系的特点是有一个 8 人组成的参议院和 20 人组成的众议院，还有一个最高法院，坎贝尔自任总督。坎贝尔了解到岛上居民要保护

---

① Tunis Campbell, *Sufferings of the Rev. T. G. Campbell and His Family, in Georgia* (Washington, 1877), 1; Russell Duncan, *Freedom's Shore: Tunis Campbell and the Georgia Freedman* (Athens, GA, 1986), 13.

② Campbell, *Sufferings*, 1; Duncan, *Freedom's Shore*, 14 – 15; Eric Foner, ed., *Freedom's Lawmakers: A Directory of Black Officeholders During Reconstruction*, 2nd ed. (Baton Rouge, 1996), 38. 坎贝尔的指南迟至 1973 年还重版过，书名为 *Never Let People Be Kept Waiting: A Textbook on Hotel Management*。

③ Duncan, *Freedom's Shore*, 16 – 17; *Daily Macon Telegraph*, June 6, 1866; William S. McFeely, *Sapelo's People: A Long Walk into Freedom* (New York, 1994), 83.

自己和新财产不受昔日白人主人的侵犯，于是组织了一支 275 人的民兵队伍，其中许多人以前是军人。坎贝尔的所作所为显然超出了萨克斯顿和自由民局的指示。但作为一个拥有足够财产能在纽约投票的人，他认为自己有义务教自由民了解民主政体的基本原则。梅肯的一位编辑谴责他是“我们当中的杨百翰[1]，坚持建立自己的小政府”，尽管这位民主党出版人承认，“四肢健全的自由人”能够胜任这项任务。然而，佐治亚州白人最不喜欢的是，坎贝尔支持这些前奴隶作为受过教育的农民憧憬美好的未来。到战争结束时，他已要求自由民局给他寄去了 98 本入门读物、40 本拼写课本，一堆衣服、空白结婚证和犁。[2]

当安德鲁·约翰逊总统转而站在圣凯瑟琳斯和萨佩罗的前奴隶主一边这一点越来越明显之后，坎贝尔在 1866 年 12 月被迫辞去了自由民局的职位。他没有回纽约的家，而是用自己的 1000 美元积蓄从一个缺钱的种植园主手中买下了达里安附近的贝尔维尔种植园。作为一名牧师，坎贝尔宣扬他的人民的事业的正确性；作为一名治安法官，体重 160 磅、身高 6 英尺的坎贝尔强力推行它。白人抱怨他的法庭“破坏了这块地方的劳动效率，开创了恐怖统治”，但被解放的人“大批”离开田地，去参加他的听证会和政治集会。当自由民局一名新［白人］工作人员到来时，他发现黑人在咨询坎贝尔之前都拒签劳动合同，而且无视工作人员的禁令，停下了“捕鱼、狩猎等工作以及无人指导的工作”，因为坎贝尔鼓励他们按照自己认为合适的而不是前主人或政府官员所希望的方式养家糊口。和共和国其他地方的情况一

[1] 美国宗教领袖，摩门教第二任主席，对美国西部的发展产生了重大影响的殖民者。——译者

[2] Duncan, *Freedom's Shore*, 22 - 23; *Daily Macon Telegraph*, June 6, 1866.

突尼斯·坎贝尔生于新泽西州，排行第八，父母都是自由人，有 10 个孩子。和许多黑人活动家一样，坎贝尔不得不既从事改革活动又赚取可靠的收入。在反对奴隶制、努力为黑人孩子开办体面的学校的同时，他也在曼哈顿和波士顿当酒店招待。1848 年，他出了一本管理一流宾馆的手册——《酒店招待、领班和管家指南》。(此图为《指南》的封面) 虽然此书主要是为管理酒店出谋划策，但它同时也要求管理者承认劳动的尊严，付工人工资维生，并敦促工人自学、守时和讲卫生。1973 年，此书以《永远别让人久等：酒店管理的教科书》之名再版。(照片由霍华德大学莫兰-斯普林加恩图书馆提供)

样，保守的白人进行了反击，他们烧毁坎贝尔的房子，甚至试图毒死他。坎贝尔毫不气馁，他参加了该州的制宪会议，并当选为州参议院议员，在那里他倡导种族融合的陪审团、整合公共设施、教育公平、选举公平，最重要的是，允许佐治亚州自由民保留没收来的财产。坎贝尔的斗争在南方一次次重演，但直到他 1876 年因监禁一名白人而被判跟一帮人锁在同一根铁链上一起服劳役时，这场围绕南方土地的新战争还没有明确的解决方案。①

把自由民安置在他们作为奴隶劳作过的同一个种植园里的政策，既不是某个人想出来的，也不是在某个地区形成的。几乎从到达卡罗来纳低地区的第一刻起，萨克斯顿就开始实行这项政策，将其作为解决难民问题的常识性方案，本杰明·巴特勒将军在 1862 年新奥尔良被占领后不久，就制订了一个租赁废弃庄园的计划。那年 2 月，威廉·谢尔曼将军在南卡罗来纳州的希尔顿黑德镇撰文，气急败坏地指出“在这个问题上缺乏适当的立法”，他认为军队有责任帮助“黑人在不忠于国家的监护人缺席和抛弃他们的情况下撑起自己、管理自己”。谢尔曼估计，此时，至少有 9000 名卡罗来纳黑人在北方联邦政府管辖下。他对洛伦佐·托马斯将军强调“必须避免让黑人挨饿”。几乎与此同时，驻扎在附近罗亚尔港的一名财政部员工通知部长萨尔蒙·P. 蔡斯，这些前奴隶希望“留在他们长大的种植园里，只要能得到一些劳动报酬”。昆西·亚当斯·吉尔莫尔将军继续执行这一政策，按他的命令，托马斯·温特沃思·希金森上校将自己麾下的黑人士兵家属安置在海岛上废弃的种植园。托马斯在维克斯堡陷落后以第 45 号特别命令正式确立了这一战略，而早在此之前，三个州的高级

---

① Allison Dorsey, "'The Great Cry of Our People is Land!': Black Settlement and Community Development on Ossabaw Island, Georgia, 1865 - 1900," in *African American Life in the Georgia Lowcountry: The Atlantic World and the Gullah Geechee*, ed. Philip D. Morgan (Athens, GA, 2010), 240; Duncan, *Freedom's Shore*, 68; Steven Hahn, *A Nation Under Our Feet: Black Political Struggles in the Rural South from Slavery to the Great Migration* (Cambridge, 2003), 241; Paul A. Cimbala, "The Freedmen's Bureau, the Freedmen, and Sherman's Grant in Reconstruction Georgia, 1865 - 1867," *JSH* 55(1989): 621.

官员便已采取措施将自由民提升为经济独立的公民。[①]

1862年7月17日颁布的《第二没收法》尽管主要是为了解放已知叛军所拥有的男女奴隶，以打击南方邦联的事业，但它也允许根据联邦税法没收所有的“财产”，包括“不动产”。使这项立法的解放目标变得复杂的是要求在联邦法院获得新的所有权的那个条款，以及所有没收所得的收益用于继续作战而不是偿还贫困黑人的欠薪的那个条件。但国会里火冒三丈的辩论表明，反对没收的保守派批评人士担心没收会以这种方式结束。来自印第安纳州的民主党人约翰·劳警告议院，该法案可能导致“11个州和600万人的全部财产”被没收。共和党人塞迪厄斯·史蒂文斯在一次演讲中驳斥了这一说法，为土地再分配的革命性潜力进行辩护。他怒气冲冲地说：“我要在我们军队前进的过程中夺取他们的每一寸土地和每一块钱财产。”为了偿还迅速增长的国债，史蒂文斯提议将没收的地产卖给退伍军人。“把带武器的士兵派到那里去，占领叛徒的产业，建立一片自由的人自由生活的土地。”也许史蒂文斯的话一开始并没有给旁听席上的黑人带来多少安慰，但是不出几个月，很多人就会成为士兵。[②]

黑人自治最成功的例子之一，也是华盛顿方面讨论最多的例子之一。当约瑟夫·戴维斯从他和他担任南方邦联总统的兄弟拥有的密西西比种植园疾驰而去时，奴隶们砸开了大宅的门，分光了衣服和家

---

① Claude F. Oubre, *Forty Acres and a Mule: The Freedmen's Bureau and Black Land Ownership* (Baton Rouge, 1978), 11; William T. Sherman, General Order No. 9, February 6, 1862, in Berlin, ed., *Freedom: Series I*, 3: 153-154; William H. Reynolds to Salmon P. Chase, January 1, 1863, Ibid., 121-122; Keith P. Wilson, *Campfires of Freedom: The Camp Life of Black Soldiers During the Civil War* (Kent, 2002), 192-193.

② Michael Les Benedict, *The Impeachment and Trial of Andrew Johnson* (New York, 1973), 36-37; *Congressional Globe*, 37th Cong., 2nd Sess., 271; Philip Shaw Paludan, *The Presidency of Abraham Lincoln* (Lexington, 1994), 145.

具。尤利西斯·S. 格兰特将军主张把这个大庄园变成“黑人天堂”，并把这项任务交给了牧师小约翰·伊顿。伊顿和费城贵格会的一群人一起筹集了1万美元，用于购买工具、骡子和口粮。被解放的黑人负责偿还这笔投资。在庄园昔日的黑人驾车人本杰明·蒙哥马利的领导下，工人们打造出了黑人创业的典范，收获了2000包棉花，利润16万美元。一位随军牧师向林肯保证，在“戴维斯转弯”和附近已故的约翰·A. 奎特曼的种植园里，黑人“付钱购买了他们的杜松子酒屋、机器，并为他们自己和他们的老师建了舒适的木屋”，“用作教堂和学校”及医院，还有一间医务室，年老体衰者和年幼的孤儿把它布置成了一个家。黑人妇女在园里耕种，将收获的农产品卖给往来汽船上的人。若是持怀疑态度的温和派人士需要证据证明一旦有激励措施并有机会购买土地，昔日的奴隶就会长时间工作，那么戴维斯转弯的成功就给出了他们所需的证据，正如它证明自由民也能成为优秀的党员。1867年，本杰明的儿子桑顿·蒙哥马利成了该州第一位黑人邮政局长。①

作为对北方那些批评解放和土地侵占的人士的让步，《第二没收法》和《初步解放黑人奴隶宣言》分别规定了60天和100天的窗口期，在此期间，悔过的南方邦联奴隶主可以投降并保留他们的奴隶财产。正如共和党人完全预料到的那样，当前者于1863年1月1日生效时，联邦税务专员开始拍卖没收的南卡罗来纳州房产。在有些情况下，黑人家庭已经存了足够的现金来对付白人投机者。在前47次拍

---

① Eric Foner, *Reconstruction: America's Unfinished Revolution, 1863 - 1877* (New York, 1988), 59; William C. Davis, *Jefferson Davis: The Man and His Hour* (New York, 1991), 410; (authorunknown), *The Results of Emancipation in the United States of America* (New York, 1867), 25; Janet Hermann, *The Pursuit of a Dream* (New York, 1981), 44 - 46; J. E. Thomas to Abraham Lincoln, January 1, 1865, in Lincoln Papers, LC.

卖中，非裔美国人6次把他们的收入集中起来，出价超过白人，以大约每英亩1美元的价格获得了2600英亩土地。更常见的是，自由民个人购买牲畜和扣押的设备。一名男子买下了前主人的马，笑着说这匹马现在不得不"叫他主人"。萨克斯顿向战争部长埃德温·斯坦顿抱怨说，法律"没有为黑人准备的条款，黑人多年来一直被当作种植园的活牲口之一"。有几个自由民写信给总统，说一个投机商答应把他们劳作过的土地以每英亩1美元的价格卖给他们，当林肯没有立即回复时，他们就警告投资者"这片土地是他们的，他们会开枪打死第一个到这里来撵他们的人"。事实上，林肯也希望把"土地的权益"给昔日的奴隶。与蔡斯商量之后，总统在1863年12月发布命令，允许21岁以上的单身男性挑选并拥有20英亩土地，家庭则可以要求多达40英亩土地，黑人士兵的妻子在丈夫不在身边的情况下也可以得到40英亩。因此，40英亩的提法最初来自总统的笔下，而不是战场上的军官。土地价格定在每英亩1.25美元，其中40%应在向税务专员申明所有权时支付。这意味着黑人家庭只要花20美元，就可以获得一块土地；当国会在1864年将黑人士兵的工资定为与白人士兵同样的每月16美元时，这一数额也就并非遥不可及了。正如林肯在黑人选举权问题上观点不断演变，他12月的法令显示出一个越来越灵活的政治家愿意在新的突发事件面前重新考虑以前的立场。①

---

① Joel Williamson, *After Slavery: The Negro in South Carolina During Reconstruction, 1861 - 1877* (Chapel Hill, 1965), 56 - 57; "The Freedmen at Port Royal," *North American Review* 208(1865): 24; Oliver Frayseé, *Lincoln, Land and Labor, 1809 - 1860* (Urbana, IL, 1994), 182 - 183; Rufus Saxton to Edwin M. Stanton, December 7, 1862, in Berlin, ed., *Freedom: Series I*, 3: 220 - 221; John H. Major to Abraham Lincoln, March 1, 1864, Ibid., 297 - 298; Laura M. Towne, *Letters and Diary of Laura M. Towne, Written from the Sea Islands of South Carolina* (Cambridge, 1912), 9; Edward S. Philbrick to Albert G. Browne, March 25, 1864, in Lincoln Papers, LC.

蔡斯准备做得更多。这位财政部长辩称，根据1863年3月的《掠夺和被弃物权法案》(*Captured and Abandoned Property Act*)，他已经拥有将土地租给前奴隶的权力。斯坦顿的战争部要求购买大型地产的投资者每年向他们的工人支付一次或两次工资，但蔡斯却游说要求按周或月支付薪水。他还主张将种植园分割成20到80英亩不等的小地块，因为自由民负担得起这些地块的竞价。蔡斯特别愿意听取该领域社会活动人士的建议。比如教育家、全国自由民救济协会(National Freedman's Relief Association)的联合创始人曼斯菲尔德·弗伦奇从博福特发来建议，黑人应只被允许“**按税率购买每个种植园**”。“没有人比黑人自己更需要、更配拥有这些土地。”弗伦奇补充说。正如政治上野心勃勃的蔡斯所理解的那样，黑人经济独立不仅是为了建立一个自由雇佣劳工的资本主义南方，一个建立在个体工业尊严基础上的充满活力的广阔的社会，而且也是为了一个充满活力的共和党在该地区站稳脚跟。[①]

为了更好地协调日益扩大的军事行动，1865年1月初，斯坦顿南下，在萨凡纳与谢尔曼会面。虽然战斗已近尾声，谢尔曼的军队还是在2万名解放的奴隶的陪同下抵达海岸。斯坦顿“完全同意”年轻的黑人男子“应该应征入伍”或受雇于军需官。正如谢尔曼后来解释的那样，国务卿还想会见“大量老黑人，大部分是传教士”，在1月12日与将军和一位叫加里森·弗雷泽的黑人牧师的会晤中，斯坦顿做了大量谈话笔记。弗雷泽坚称：“我们能照顾自己的最好办法就是拥有土地，并自己出力耕种。”俄亥俄州出生的斯坦顿对这个低地区域并不熟，但他对种植园农业的了解足以让他明白，为南方创造财富

---

① Paludan, *Presidency of Lincoln*, 263; *Congressional Globe*, 38th Cong., 2nd Sess., 94; Mansfield French to Salmon P. Chase, January 6, 1863, in Lincoln Papers, LC.

的黑人工人不太可能是无所事事或无能之人。经过长时间的会谈，斯坦顿“对黑人能在我们的一点帮助下，利用海岛上废弃的种植园来养活自己感到满意”。斯坦顿责成将军“制订一个统一而切实可行的计划”。当晚谢尔曼就照办了，在斯坦顿回到首都之前，他重读了这份提议，并提出了一些修改意见。①

三天后的1月15日，谢尔曼发布了第15号战地特令（Special Field Order）。此令在卡罗来纳州和佐治亚州海岸划出40万英亩的狭长地带，供黑人难民使用。根据其总司令1862年12月的指示，谢尔曼建议将这块土地按每份40英亩分块；自由民也可以使用精疲力尽的军用骡子。谢尔曼是个渴望迅速结束这场冲突的斗士，与其说他对彻底改革感兴趣，不如说他想摆脱那些阻碍他竞选的妇女和儿童，但4万名黑人争先恐后地拿他的提议为己所用。将军承认，他的法令无权转让土地的实际所有权，而是只给要求权利者耕种土地并从自己的劳动中获益的“所有权”。但是，正如几天后谢尔曼向斯坦顿解释的那样，这些问题的解决取决于国会和总统而不是军方。所有和谢尔曼谈过话的当地白人都“认识到了奴隶制作为一种制度已不复存在的事实，剩下的唯一问题是黑人应该如何自处”。②

事实上，国会从上一年的会议开始就一直在讨论这样的立法，就

---

① Washington *Daily National Intelligencer*, February 5, 1866; *Lowell Daily Citizen and News*, February 5, 1866; Philadelphia *Daily Age*, February 7, 1866; Mitchell Snay, *Fenians, Freedmen, and Southern Whites: Race and Nationality in the Era of Reconstruction* (Baton Rouge, 2007), 90.

② Eric Foner, *The Fiery Trial: Abraham Lincoln and American Slavery* (New York, 2010), 320 - 321; David Goldfield, *America Aflame: How the Civil War Created a Nation* (New York, 2011), 411; Philadelphia *Daily Age*, February 7, 1866; *Morning Oregonian* (Portland, OR), February 28, 1866; William T. Sherman to Edwin M. Stanton, January 19, 1865, in *Sherman's Civil War: Selected Correspondence of William T. Sherman, 1860 - 1865*, ed. Brooks Simpson (Chapel Hill, 1999), 801 - 802; Cimbala, "The Freedmen's Bureau, Freedmen and Sherman's Grant," 599.

在 1865 年 3 月 3 日午夜之前，华盛顿的共和党人通过制定法律，成立“难民、自由民和被弃土地管理局”，以此将谢尔曼的命令合法化，而该局不久就被称为自由民局，隶属于战争部。该局的任务是向贫困的南方人提供食物、衣服和医疗用品，并将获得自由的人安置在被弃的庄园里。到此时为止，联邦政府控制的土地超过 85 万英亩。除了谢尔曼第 45 号战地特令中所述的 40 万英亩土地外，自由民局还在田纳西州得到 6.5 万英亩土地，在路易斯安那州得到 6 万英亩土地，其中包括前总统扎卡里·泰勒在南方邦联的儿子拥有的种植园。此法案的主要起草人、马萨诸塞州共和党人托马斯·艾略特在阅读了美国自由民调查委员会（American Freedmen's Inquiry Commission）的报告，尤其是谢尔曼的命令之后，括出了这项法律的框架，它规定“每一个男性公民，无论是难民还是自由人”都可以租 40 英亩的被弃土地 3 年，然后从联邦政府那里购买这块土地“所能转让的所有权”。自由民局由 1 名专员和 10 名助理管理，他们都是总统根据战争部的建议任命的。林肯选择了奥利弗·霍华德将军为负责人，此人在战斗中失去了一只手臂，但因倡导北方秉持仁慈而被称为“基督将军”，林肯又任命鲁弗斯·萨克斯顿做他的助手。萨克斯顿认为，白人种植园主因叛国而丧失了土地所有权，而忠诚的黑人和非裔美国士兵“及他们的祖先［已经］无偿付出了 200 年的辛劳”。①

---

① Philip Dray, *Capitol Men: The Epic Story of Reconstruction Through the Lives of the First Black Congressmen* (New York, 2010), 51; Foner, *Reconstruction*, 158 - 59; Kenneth M. Stampp, *The Era of Reconstruction, 1865 -1877* (New York, 1966), 131 - 132; William S. McFeely, *Yankee Stepfather: General O. O. Howard and the Freedmen* (New Haven, 1968), 23; Annette Gordon-Reed, *Andrew Johnson* (New York, 2011), 115; Willie Lee Rose, *Rehearsal for Reconstruction: The Port Royal Experiment* (New York, 1964), 337 - 338. LaWanda Cox, "The Promise of Land for the Freedmen," *Mississippi Valley Historical Review* 45(1958):413 - 440 之中保留了法案形成的完整记录，并强调最终法案和谢尔曼的战地特令之间的联系。

对于南方黑人及其共和党盟友来说，这是一个充满希望的开端。该法案——以及它据以成形的北方中产阶级政客的意识形态——包含几个不完善之处。由于联邦法院尚未在崩溃的邦联中发挥作用，军队占领的大部分土地在法律上被归为“没收”或“被弃”，而不是归政府所有。支持该法案的人假设，在和平的条件下，当黑人租下他们的小地块时财政部人员和税务专员就有闲暇提起正式的没收程序，而3年后，联邦政府将正当地获得这些不动产，自由民也有足够的时间来支付首付。但是法律并没有对那些搬到南方城镇的难民做出规定，而且很明显，把土地交给那些做奴隶时耕种过它的黑人老兵意味着黑人妇女被排除在外。110人自称“戴维斯转弯有色种植园主”向国会请愿，要求有权留下这些土地，其中只有两人是女性。在北方，士兵的遗孀和富裕的妇女拥有农场并非闻所未闻，但显然共和党人一想到黑人自耕农，就本能地想到了**男性**。①

尽管自由民局的工作人员是北方官员，但该局及其白人工作人员队伍中充满了中产阶级对慈善和依赖的担忧。即使专员们有反奴隶制的背景，未表现出明显的种族敌意，但他们摆出了一副家长式态度来对待干活的穷人以及新近解放的人自立自强的责任。正如马萨诸塞州参议员亨利·威尔逊在萨姆特堡光复仪式上告诫的那样，“记住，要勤劳。自由并不意味着不工作”。虽然黑人渴望土地，但自由民局里的一些工作人员却乐于让前奴隶们签订有偿劳动合同。在黑人经营的《新奥尔良论坛报》上刊登的一则广告中，该局向自由民保证，他们可以“为自己喜欢的人工作”，但也建议，一旦签订

---

① Benedict, *Impeachment and Trial of Johnson*, 38; D. Richards to Lyman Trumbull, June 7, 1866, in Trumbull Papers, LC; Noralee Frankel, *Freedom's Women: Black Women and Families in Civil War Mississippi* (Bloomington, IN, 1999), 53.

了年度合同，任何一方都不能无故解约。少数黑人工作人员，如马丁·R. 德拉尼少校和弗吉尼亚州出生的律师兼军队征兵员约翰·默瑟·兰斯顿，明白昔日奴隶所拥有的机会有限，他们大多目不识丁，居住在偏远的农村地区。霍华德将军可能以为自己颁布的自由雇佣劳工法令带来了解放，但辛辛那提《有色公民报》（*Cincinnati's Colored Citizen*）谴责其中的工资标准是“农奴制”仍然存在于南方的证据。对于这种看着像是不知好歹的情况，白人工作人员感到震惊。有人愤怒地说：“一个能参加劳作的人，无权向政府或慈善机构求助。”①

黑人退伍军人都记得几十年无偿劳动的经历，根本不需要提醒他们努力工作的重要性。他们也不相信，给他们机会在出生的地方攒钱买一小块地是政府大发善心。正如新奥尔良的编辑路易斯·查尔斯·鲁达内兹所言，白人“不再需要主人的身份”，但他们仍要“做资本家”。一段时间以来，黑人一直要求建立一个全国性的贷款机构，从而“对奴隶制的残余予以致命打击”。在华盛顿，废奴主义者、随军牧师约翰·W. 阿尔沃德拿着鲁弗斯·萨克斯顿将军和纳撒尼尔·P. 班克斯将军的介绍信，为开办一系列“黑人储蓄银行”进行游说。这个想法引起了那些希望把自由民塑造成中产阶级公民的国会议员的共鸣，

---

① Amy Dru Stanley, *From Bondage to Contract: Wage Labor, Marriage, and the Market in the Age of Slave Emancipation* (Cambridge, 1998), 123; Henry Wilson, Speech of April 1865, in Child, ed., *Freedmen's Book*, 260; Oubre, *Forty Acres and a Mule*, 14－15; Foner, *Reconstruction*, 143; *New Orleans Tribune*, March 1, 1863. 一些历史学家强调白人工作人员发动的“反依赖之战”，特别针对黑人女性。尤请参见 Mary J. Farmer, "'Because They Are Women': Gender and the Virginia Freedmen's Bureau's War on Dependency," in Cimbala and Miller, eds., *Freedmen's Bureau*, 162－163, 176－177, and Laura F. Edwards, *Scarlett Doesn't Live Here Anymore: Southern Women in the Civil War Era* (Urbana, IL, 2000), 137。虽然这是真的，但是批评“女性游手好闲”的话很少从黑人工作人员那里听到，而且大多数工作人员，不分种族都支持黑人争取自己的土地。这是本章的重点。

随着成千上万的南方士兵和退伍军人开始在一个没几家银行的地区领薪水，对安全的存款场所的需求日渐显现。1865年3月3日，就在自由民局成立前几个小时，国会特许成立了“自由民储蓄与信托公司”。林肯在签署法案时说：“这家银行正是自由民所需要的。”董事会由阿尔沃德主持，成员包括霍华德、金融家亨利·库克和纽约实业家兼慈善家彼得·库珀。①

六周后，林肯去世了，新总统是一个强调州权的民主党人，他和他的田纳西州白人选民抱有相同的种族立场，一个劲地诋毁黑人是永远不配成为美国公民的低等人。假如安德鲁·约翰逊愿意在战争中途放弃他的奴隶的话，他就不会到1862年还向戴维森县的选民保证他“相信奴隶就应该是他们的附属品，并且至死坚信这一点”。可悲的是，由于国会从4月到11月休会，约翰逊在林肯遇刺后的几个月里都只能靠自己。5月29日，约翰逊在未征询两院主要成员意见的情况下发布了两份公告。第一份承认了新成立的弗吉尼亚州政府，第二份为北卡罗来纳州任命了一位临时州长，约翰逊授权此人举行新的选举，并对除了拥有价值2万美元或以上的应税财产的人之外的所有叛乱分子予以特赦。这两份公告都未提及黑人的投票权或自由民的公民权利，这位从未被他的种植园奴隶同胞接受过的前裁缝承诺，对南方最富有的人的宽宏大量将“慷慨地推及”那些愿意亲自来申请的人，也就是那些愿意卑躬屈膝的人。尽管约翰逊也暗示要把土地还给它们的前主人，但大多数民主党人都明白，重建工作远未结束。一位北卡

① *New Orleans Tribune*, March 1, 1865; Dray, *Capitol Men*, 258 - 259; Carl R. Osthaus, *Freedmen, Philanthropy, and Fraud: A History of the Freedman's Savings Bank* (Urbana, IL, 1976), 1 - 2; William S. McFeely, *Frederick Douglass* (New York, 1991), 281.

罗来纳州的白人烦躁地表示：“我们的战争才刚刚开始。”①

约翰逊没有理由挑起这场战争，这不仅是因为全国的共和党人和非裔美国人不愿放弃他们来之不易的政治成果。除了最顽固的南方邦联分子外，其他南方人都明白他们的实力已被彻底摧毁，都准备接受胜利的北方认为理应开出的任何条件。约翰逊在田纳西州的支持者是农民和工匠——就像查尔斯顿某机修工所写的那样——是那种认为“这里的土地应该被合众国没收”的勤劳的劳动者。就连那些从未支持过约翰逊的种植园主——正如一位女主人告诫丈夫的那样——也不得不学着在“新秩序”下生活。弗吉尼亚人乔治·芒福德想知道“北方佬是否会允许我们拥有任何权利或财产”。在南方邦联民族主义初露端倪时，由于一系列不公平的法律草案和越来越多的没收性税收政策，南方自由民日益反对戴维斯政府。正如一位南方人在冲突**进行之中**时所说，这场战争是一场“阶级之战——是种植园主对南北方的人民，**尤其是南方人民**的战争”。另一位心灰意冷的老兵发现“北方佬不是他的敌人”，“当他们在我们附近扎营时还主动给我们吃的”。共和党的土地改革和公共教育政策很少得到雇私人教师的富有种植园主的支持，而这些政策可以使贫穷的白人家庭和黑人家庭受益。“有色人比富人对我们的帮助大，”老兵说，“富人不关心穷人。你们［北方人］有免费的学校［但］我们没有。”对于那些疲惫不堪、流离失所的农民来说，他们不仅有失败的情绪，更有愤怒。“我们当中有成千上万没有原则的白人，”南卡罗来纳州的本杰明·F. 佩里忧心忡忡，“他们将把自己的命运与黑人的连在一起。”从种植园主发动的战争中

---

① Andrew Johnson, Speech of March 22, 1862, in Graf, ed., *Papers of Johnson*, 5:230－231; Hans L. Trefousse, *Andrew Johnson: A Biography* (New York, 1989), 45, 89, 226－227; Hahn, *A Nation Under Our Feet*, 130.

幸存下来的普通退伍军人“很容易被说服，以为土地在所有公民中平等分配才是正确和恰当的”。①

即使华盛顿官方在休会，有影响力的共和党人仍在密切关注事态。现年 75 岁、健康状况越来越差的塞迪厄斯·史蒂文斯在宾夕法尼亚州发表了一系列演讲，旨在提醒总统和那些因他的两份公告而胆子壮起来的种植园主，只有改变“整个南方社会的结构”才能证明 50 多万士兵死得其所。在一次旨在引起美国各地处于困境中的中产阶级共鸣的呼吁中，史蒂文斯好奇地发问，只要居住在“贵族宫殿”里的少数“富翁”还统治着一个被其嘲笑为“低等白垃圾”的民众，那么“共和制度、自由学校和自由教会”如何存在下去？他坚持认为，激发出土地改革要求的不是复仇，而是教会种植园主的儿子“进作坊或下地耕田”的民主美德。史蒂文斯在兰开斯特发表讲话时，主张夺取不在约翰逊特赦之列的种植园主的财产。他估计这类人数量大约有 7 万，土地有 3.94 亿英亩。如果这些土地以每英亩至少 10 美元的价格拍卖，联邦财政收入将增加 35.4 亿美元，可以偿还国家的战争债务，并养活忠诚的黑人和所有肤色的退伍军人。史蒂文斯的计算是错的，因为他把战败的南方邦联的黑人人口定为 600 万，多出了近 200 万，但他所估计的南方白人拥有十分之九的土地这一点并不会受此影响。虽然正义要求“穷人、无知者和被胁迫者应得到宽恕”，但由于奴隶主

① Elizabeth D. Leonard, *Lincoln's Avengers: Justice, Revenge, and Reunion After the Civil War* (New York, 2004), 182 - 183; James L. Roark, *Masters Without Slaves: Southern Planters in the Civil War and Reconstruction* (New York, 1977), 182 - 183; James M. Morrison to Thaddeus Stevens, January 16, 1866, in *The Papers of Thaddeus Stevens*, ed. Beverly Wilson Palmer (Pittsburgh, 1998), 2:63; Thomas Chapman, *False Reconstruction; Or, The Slavery That Is Not Abolished* (Saxonville, 1876), 15; *Charleston Advocate*, May 11, 1867; John M. Forbes to Charles Sumner, December 27, 1862, copy in Lincoln Papers, LC; *Albany Journal*, March 29, 1866.

已脱离联邦，“邪恶的敌人必须为这场非正义的战争付出代价”。①

其他进步人士也表示同意。自称新英格兰“激进分子”的贾斯汀·D. 富尔顿牧师向他的信众保证，“如果《没收法》得到实施将会拯救我们。”富尔顿警告说，如果战前的大片庄园仍然掌握在其前主人手中，种植园主也将继续“垄断劳动力，黑人和穷苦白人的状况不会比以前好多少”。对财产神圣不可侵犯的信仰，是共和党自由雇佣劳动思想的一个关键因素，但并不排除以经济效率的名义进行再分配。另一位共和党人坚持认为，“这片土地属于国家的生产力”，而在南方，生产力就是“劳动者”。就连班克斯将军也承认，自由民局对自由民进行雇佣劳工的强调只是权宜之计。他在1864年写道，真正的“问题应该是”，“以何种方式在多快的时间内他们能变成这片土地的所有者?”保守的南方白人担心班克斯的希望会变成现实。“如果激进的政党获胜，”路易斯安那州的查尔斯·德莱里预言，“将下令没收白人的土地，而［黑人］将成为这片土地的主人。”②

结果，总统5月的公告让自由民局的工作人员大吃一惊。尽管约翰逊的系列命令没有明确要恢复叛军的财产，但它们表明，约翰逊认为战争结束时要迅速恢复到战前的状态。然而，成立仅两个月，该机构就取得了巨大进展。在佛罗里达州圣奥古斯丁附近，一名工作人员告诉萨克斯顿：“自由民为了自己的利益，已经耕种了98英亩的公共

① Thaddeus Stevens, Speech of September 6, 1865, in Palmer, ed., *Papers of Stevens*, 2: 22–23; Trefousse, *Stevens*, 168, 172; Thaddeus Stevens, *Reconstruction Speech of the Hon. Thaddeus Stevens* (Lancaster, PA, 1865), 5.

② Justin D. Fulton, *Radicalism: A Sermon Preached in Tremont Temple, on Fast-Day* (Boston, 1865), 37; (author unknown), *Nationality Vs. Sectionalism: An Appeal to the Laboring Men of the South* (Washington, 1868), 5; Nathaniel P. Banks, *Emancipated Labor in Louisiana* (Boston, 1864), 3; Charles Delery, *Black Ghost of Radicalism in the United States* (New Orleans, 1868), 27–28.

土地”，其中大约一半是通过税务出售（tax sales）购买的，“有 4 名教师和大约 150 名儿童”住在这里。迫于总司令的命令，霍华德 7 月 28 日发布了第 13 号通告，规定了将土地归还原主的程序。然而，他选择把约翰逊的公告解释为对已经由自由民耕种的地产的豁免。霍华德还采取行动，将所有没收来的土地纳入自己的管辖，并写信给富有同情心的战争部长斯坦顿，称 3 月 3 日的法案实际上已经授予自由民局管辖权。将军还指出，他们把那些 40 英亩的地块转让给前奴隶的努力符合法律的明确授权，他以婉言拒绝的口吻补充道，该法律已由林肯签署，不会被未来的总统令废除。霍华德认为，只有那些未被税务专员出售或由谢尔曼保留的土地，才有可能归还，而且只有在土地所有者宣誓效忠并获得总统赦免后才行。①

巨大的让步却未能取悦新总统。8 月 16 日，约翰逊发出了一项直接命令，撤销了霍华德的第 13 号通告，并含蓄地否定了国会的一项法案，由此走出了最终被弹劾的第一步。他坚称，只要获得赦免并缴税，所有南方白人都可以收回他们的财产。没过一个月，由南方 9 个州的白人政客组成的一个代表团拜访了约翰逊，当时约翰逊平均每天要发 100 份赦令。他们对约翰逊“维护南方在联邦中的权利”的决心表示“真诚的尊重”，却枉顾了数百万南方黑人和白人反对约翰逊政策的事实。在南卡罗来纳州，愤怒的萨克斯顿对总统的偏见大发雷霆。“一个公正的政府怎能赶走这些在它最黑暗的日子里对它的事业忠心耿耿的人？”②

---

① J. M. Brinckerhoff to Rufus Saxton, August 3, 1865, in Records of the Assistant Commissioner for the State of South Carolina, Freedmen's Bureau Papers, Reel 19, NA; McFeely, *YankeeStepfather*, 96, 104 – 105; Oubre, *Forty Acres and a Mule*, 40 – 41; Rose, *Rehearsal for Reconstruction*, 351 – 352.

② Oubre, *Forty Acres and a Mule*, 24 – 25; Leonard, *Lincoln's Avengers*, 184; McFeely, *YankeeStepfather*, 126 – 127, 134 – 135.

于是，斗争从国家的首都转移到农村，至少在一段时间里是这样。对于南方黑人而言，正如冲突期间许多逃亡者向官员解释的那样，他们对自己劳作的土地的要求并不是把自己从劳动中解放出来，而是要求行使几十年无偿劳动带给他们的一项基本权利。由于北方的自由雇佣劳动思想是建立在劳动人民从劳动成果中获益的权利基础上的，自由民想要获得土地作为回报的愿望更能引起共和党中产阶级选民而不是华盛顿较富有的领导层的共鸣。如果像萨克斯顿这样的一局之长在执行约翰逊的保守政策时都拖拖拉拉，那么像德拉尼这样的黑人工作人员就绝对不会执行这些政策了。7月23日，南卡罗来纳圣赫勒拿岛上的500名被解放的人挤进岛上的黑人教堂，听这位少校的演讲。伴着越来越多的人齐声说出“是的”“是的”“是的”，德拉尼提醒听众，南方白人的兴旺归功于黑人的无偿劳动，一如这个国家的军事胜利归功于黑人士兵。“现在军队中有20万我们的人，他们勤于训练，擅长作战，”他喊道，“我告诉你们，奴隶制不会再回到你们和他们身边了。”德拉尼向群众保证，萨克斯顿站在他们一边，“这件事［会］得到解决”，这样一来自由民就可以“种植和经营自己的农场了”。他还提醒听众，土地改革问题“就掌握在你们手中”。①

白人种植园主，或者说1865年末他们阶级剩下的人，对此有不同的看法，认为即便国会和法律不支持他们，总统也是站在他们这边的。南卡罗来纳州出生的自由人、美国传教士协会（American Missionary Association）的教师弗朗西斯·卡多佐说：“如果要说这个州的前奴隶主最不喜欢什么，那就是看到他们以前的奴隶成为土地的

① Eric Foner, *Nothing But Freedom: Emancipation and Its Legacy* (Baton Rouge, 1983), 55 - 56; Leon Litwack, *Been in the Storm So Long: The Aftermath of Slavery* (New York, 1979), 388 - 389; Martin Delany, Speech of July 23, 1865, in Ripley, ed., *Black Abolitionist Papers*, 5:350 - 351.

主人，并因此自立了。”刘易斯·道格拉斯在马里兰州旅行时也发表了类似的观点。“白人似乎在联合起来阻止黑人购买土地，”他提醒父亲，“白人自己不用也不卖给黑人的大片树林闲置着，且正在荒废。”许多种植园主因战争而破产，其中一些人试图通过出售小地块来保住自己的部分财产。但正如一位亚拉巴马州人所坦承的：“反对黑人拥有土地的情绪是如此强烈，以至于把小地块卖给黑人的人会招来实实在在的人身危险。”对于南方黑人来说，除了林肯已经离世的事实外，他们对华盛顿的事务知之甚少，南方邦联输了争取独立的斗争，这一事实本身就意味着非裔美国人已经赢了。南卡罗来纳州基斯菲尔德种植园的主人、南方邦联的一位寡妇不能到场，便指示她昔日的监工去收回种植园的所有权，自由民和黑人老兵把他赶走了，150 名非裔美国人继续在种植园生活和耕种。正如一位前奴隶对他年老的女主人所解释的那样，“现在所有的土地都属于北方佬，他们要把它分给有色人了。”①

在南卡罗来纳和佐治亚州的低地区，土地之争尤为激烈和痛苦，部分原因是谢尔曼拨出了大量土地，也因为黑人占大多数的人口已享有很大的劳动自主权太久了。在战争期间，税务专员曾将小地块拍卖给黑人老兵，为大家所信赖的德拉尼等自由民局官员敦促他们坚守到底。尽管一些历史学家自恃比目不识丁的自由民看得远，认为这些人愚蠢地相信土地再分配会继续甚至扩大范围，但在他们看来，这是一场自由民正在获胜的战争。在南卡罗来纳州乔治敦附近，威廉·布尔

① Michael W. Fitzgerald, *The Union League Movement in the Deep South: Politics and Agricultural Change During Reconstruction* (Baton Rouge, 1989), 139 – 140; Snay, *Fenians, Freedmen, and Southern Whites*, 97; Lewis Douglass to Frederick Douglass, June 9, 1865, in Douglass Collection, Howard University; Leslie A. Schwalm, "Sweet Dreams of Freedom: Freedwomen's Reconstruction of Life and Labor in Lowcountry South Carolina," *Journal of Women's History* 9(1997): 15; Rembert W. Patrick, *The Fall of Richmond* (Baton Rouge, 1960), 125.

发现他以前的奴隶已经从他们的小屋搬到了他的豪宅。在被斥离后，他们放火把他的豪宅夷为平地才回到了自己的小屋和田地。在南卡罗来纳州的科莱顿县，卡罗来纳的黑人殴打驾车人，吓跑前主人，并发誓再也不让白人进种植园大门。前奴隶不仅是为了保住自己的土地而战。在南卡罗来纳州乔治敦县的弗伦菲尔德种植园，70 名黑人把原来的稻田分成几条，家家户户在上面种植了谷物。据一名官员观察，那里的人“除了耕种自己的小块地外，什么都不愿意做”。自由民局的工作人员报告说，在许多海岛上，比如突尼斯·坎贝尔管理的岛，“自由民成立了文官政府，制定了宪章和法律管理内部事务，建起了学校和教堂”。由于不愿意等待一个重建的州或远在天边的总统来恢复秩序，沿海地区的黑人明智地开始进行自我管理。[①]

“如果我们不能待在从小长大的地方，不能拥有我们出生的房子，”一个卡罗来纳人对一个北方旅行者说，“那么给我们自由又有什么用呢?”有段时间，虽然安德鲁·约翰逊愤怒地退回老路，联邦政策看起来却是在催生一个黑人地主阶层的诞生。政治上精明的退伍老兵认为，不仅他们战前的劳动使一个个奴隶主致富，而且这些为奴的美国人集体造就了这个国家。“那些北方大城市难道不是靠我们种的棉花、糖和大米养活起来的吗?”一个自由民问。自 1789 年以来，奴隶制和人口贩卖一直受宪法的保护，并得到一系列联邦法律的支持，因此，自由民认为华盛顿政府有责任把土地还给那些——就像有人说的——“让这些土地变成今天这样”的人。因此，前奴隶不愿接受昔日主人的要求，也不愿忍受提出购买被弃土地的北方投资者。据记者报道，4 名宾夕法尼亚州商人造访南卡罗来纳州圣约翰岛时，遭到黑

① Foner, *Nothing But Freedom*, 82 - 83; Reid, *Freedom for Themselves*, 278; Saville, *Work of Reconstruction*, 16 - 17; *Boston Journal*, January 29, 1866.

人自耕农的攻击，“侥幸逃过一劫”。另一批投资者抵达埃迪斯托岛，遇到一名叫埃利亚斯·詹金斯的黑人士兵，他警告他们，自由民局工作人员已答应他的人“永远不会被赶出海岸”。他还提醒商人们，国会已经通过一项法案，“把土地给［自由民］三年”，并建议这些人“最好回查尔斯顿去工作”，因为这个岛“已经是他们的了”。①

当自由民清点自己的汗水为他人带来的成就时，一些人愿意接受对庄园的公平分配。在田纳西州，昔日的驾车人西德尼宣布自己是地产的“共同继承人”；惊讶的前主人抱怨说，西德尼把自己的家人搬进了“我家的房间”。西德尼“对自己的权利”如此肯定，因而挖开了苹果园的一块地，并在他声称属于他的那一边栽上了树。一位弗吉尼亚黑人告诉他的前主人，他“干完了农场的所有活，理应得到农场的一部分”。惊愕的主人没有意识到，这个自由民认为这是一个更为合理的分割方案，因为其中一部分留给了原来的主人。在南卡罗来纳的瓦卡莫河沿岸，一个地主回家后发现60个黑人一边耕种土地，一边“声称有权留在这里”，而这60人中的大部分原本是他的财产。在向他们解释了《自由民局法》后，他们发誓只“在自己认为合适的时候，在不受工作人员或任何白人监督的情况下以自己的方式劳作，并坚持租地，凭自己的良心来确定付给我们的金额”。对于那些惯于发号施令并且若有人不遵就挥下鞭子的南方邦联人来说，认为创造了该地区财富的人现在应从中受益的想法是令人费解的，也是要引发巨变的。在获悉总统无视《自由民局法》后，一群自由民回应道：“我们犯了美国哪条法?”他们请愿称，在“当牛做马苦了几乎一辈子”后，“这是我们的

① Martin Abbott, "Free Land, Free Labor, and the Freedmen's Bureau," *Agricultural History* 30(1956):152; Edwards, *Scarlett Doesn't Live Here Anymore*, 132; Concord *New-Hampshire Patriot*, February 28, 1866; *Cincinnati Daily Enquirer*, February 16, 1866.

家，是我们把这些土地变成了现在的样子”。当他们的主人离家去与共和国作战时，“我们是唯一真正忠于这片土地并拥有这片土地的人”。[①]

对部分土地的这种权利感可以追溯到南北战争前，尽管南方白人很少承认这一点，那时主人允许奴隶，尤其是女奴，在他们的小屋附近保留一个小园子。在这些小地块上，黑人妇女为自己的家人种些额外的食物，把种出的多余蔬菜拿到附近市场上出售。主人允许了这种做法，哪怕仅仅是因为这降低了他们为劳力提供食物的成本。某种程度上，战后要求得到整个种植园的部分土地只是这些旧特权的扩大，因此，黑人妇女与其丈夫一样，也倾向于要求得到自己应得的那份。战争期间，当北方联邦士兵在卡罗来纳海岸登陆时，一名军官发现“每个女人都会偷偷藏几把从地里回来时摘的棉花，这是一件很普遍的事”。自由民局的工作人员报告说，虽然黑人老兵对他们的前主人“相当有礼貌”，但他们的妻子，“尤其是那些上了年纪的”会用“带有威胁性的语言”谩骂冒犯他们的白人。路易莎·斯迈思抱怨说，在她的卡罗来纳种植园里干活的女奴“恶毒，坏心眼，爱惹事”。战争期间，这些女奴开始卖土豆，如今她们声称土豆是“属于她们的——这是她们的劳动成果，斯迈思先生无论如何都与它们无关”。路易莎谴责她们这种说法既“愚蠢”又“荒唐”，但这些女奴坚持自己的立场，扬言要毁掉堆成山的土豆，不让前主人从她们的辛勤劳动中获利。[②]

---

① Foner, *Reconstruction*, 105; Schwalm, "Sweet Dreams of Freedom," 20; Freedmen of Edisto Island to Oliver O. Howard, October 28, 1865, in Register of Letters Received by the Commissioners, Freedmen's Bureau Papers, Reel 23, NA.

② Eugene D. Genovese, *Roll, Jordan, Roll: The World the Slaves Made* (New York, 1974), 313; Julie Saville, *The Work of Reconstruction: From Slave to Wage Laborer in South Carolina 1860 - 1870* (Cambridge, 1994), 68 - 69; Schwalm, "Sweet Dreams of Freedom," 24; Louisa Rebecca Hayne McCord, Recollections, South Caroliniana Library, Columbia.

为拿回旧南方失去的一切，白人有时会诉诸几十年前常见的暴行。具有讽刺意味的是，把庄园分割成彼此相隔遥远的地块的一个缺点是，黑人的人身安全因此变差了。战前，奴隶们住在庄园里安排好的各个区域，那里的小木屋通常整齐地排成排，相互挨着。当被解放的人瓜分种植园时，他们把家分散在大片庄园里，独门独户使他们更容易受到零星暴力的伤害。在亚拉巴马州莫比尔市附近，奥斯卡·埃文斯在一个星期天早上被他的雇主丹尼斯·摩西杀害，当时，雇主试图叫他起床干活。埃文斯拒绝在传统的奴隶休息日起床，摩西就拔枪射杀了他。在路易斯安那州的乡村，前邦联军在深夜袭击了偏远的小屋。路易斯·查尔斯·鲁达内兹作证说："离开这些县去参军的有色人种现在无法回去看望家人，除非甘冒被折返的叛军和游击队枪杀的危险"。在该州的其他地方，一小股全副武装的白人杀害了"4名退伍的有色士兵"。由于久经沙场的老兵最有可能坚持要求分得一份土地，游击队便盯上了黑人士兵，希望消灭"北方联邦军人"和潜在的激进分子。[①]

到了年底，局势已经紧张到黑人开始在闲暇时间进行军事操练。在驻扎着马萨诸塞州第54和第35军团的南卡罗来纳巴恩韦尔区，"40名男女和儿童"会在每天日落时分集结。"有些人扛着棍棒，有些人扛着枪托，有些人拿着枪管，有些人带着枪，还有些人两手空空，"白人军官拉尔夫·伊利报告说，"他们不停地正向行进、反向行进、立定，又以直线和曲线行进了将近一小时。"参过军的会教其他人，要么是为了预防日益严重的白人暴力，要么是为了1866年的曙

① Michael W. Fitzgerald, *Splendid Failure: Postwar Reconstruction in the American South* (Chicago, 2008), 62; *Memphis Daily Avalanche*, February 3, 1866; *New Orleans Tribune*, November 21, 1865.

光做准备，当时有传言称，联邦政府计划将之前的租赁协议正式变更为实实在在的土地所有权。“黑人中传得沸沸扬扬，说圣诞节前后会发生一些非常重要的事，”卡尔·舒尔茨将军提醒约翰逊总统，“他们中的许多人坚信政府会把前主人的土地分给他们。”神经紧张的白人称之为“圣诞造反”，但对前奴隶来说，这只是战后第一年的第一天，因此也是种族关系的新开端。随着12月25日的临近，双方都变得坚决起来。种植园主杰克·拉西特因总统的宽大处理而有了底气，通知手下的劳力“所有黑人都被命令回到他们的前主人身边”。他的前奴隶杰克拒绝这样做，拉西特就“朝他开了三枪，造成其重伤”。在里士满，黑人士兵和“白人军警”发生了枪战，士兵们小胜警察，伤了两人，但并不致命。前南卡罗来纳州州长本杰明·佩里不无担心地说：“事实上，被解放的奴隶比夺走我们土地的塞迪厄斯·史蒂文斯更危险。”①

不安的种植园主将骚乱归咎于“有色人种军队和白人废奴主义者的煽动”。南卡罗来纳州圣约翰伯克利教区的桑福德·巴伯撰文抱怨说，黑人士兵向自由民保证“包括土地在内的全国所有财产都是他们的，而且很快就要分给他们了”。他的一些前奴隶还提醒他：“白人只要动它就是对他们权利的侵犯——有些人因此宣布他们的目的是抵制以武力对农作物进行分割。”由于联邦军队没收了巴伯的武器，他担心，他唯一“抵御个人暴力的武器就是自己的餐具”。奴隶主长期以

① Carl Schurz to Andrew Johnson, August 13, 1865, in *Advice After Appomattox: Letters to Andrew Johnson, 1865 - 1866*, eds. Brooks D. Simpson and Leroy P. Graf (Knoxville, 1987), 94 - 95; Saville, *The Work of Reconstruction*, 145 - 146; Janette Thomas Greenwood, *First Fruits of Freedom: The Migration of Former Slaves and Their Search for Equality in Worcester, Massachusetts, 1862 - 1900* (Chapel Hill, 2010), 84; *New Orleans Tribune*, September 30, 1865; Benjamin F. Perry to F. Marion Nye, May 25, 1867, in Perry Papers, Wilson Library, University of North Carolina.

来都认为，他们的劳力做出的任何胸有成竹的行为，或者从劳力那里发现的任何北方来的反奴隶制书籍或小册子，都是黑人挑衅的证据，而奴隶的全面解放才短短 8 个月几乎不足以改变白人几十年的猜疑。然而，许多州官员报告称非裔美国人“无法无天、蛮横无理”。前州长约翰·L. 曼宁有 25 个奴隶逃进了联邦军队，他提醒佩里注意曼彻斯特镇附近“自由民造反的危险”，并补充道，他几乎可以肯定“那个不幸的阶级绝不会消停”。①

对圣诞节造反的恐惧不仅限于卡罗来纳海岸。佩里州长在 11 月 29 日卸任前，收到了大量关于这个问题的信件，无一不在指责“有色人种军队和白人废奴主义者的煽动”；而整个南方的各当局都听到了类似的警告。密西西比州一位惊慌失措的种植园主敦促州长将白人武装起来，压制“明年 1 月 1 日起土地将被分割”这一沸沸扬扬的说法。在佛罗里达州，州长威廉·马文也认为，该州的“每个人”都担心“黑鬼会把我们扫地出门”。正如佩里和约翰逊的通讯员所揭示的那样，南方白人把非裔美国人对土地再分配的深信归因于“（自由民局）工作人员的多管闲事”和“黑人军团”的存在，就像他们之前指责北方废奴主义者煽动了南北战争前的奴隶起义一样。当然，南方的黑人几乎不需要外人告诉他们他们想要什么，但前奴隶主怀疑自由民局的工作人员和黑人士兵在鼓动自由民绝不放弃自己的立场，却是说

① Sanford W. Barber to Benjamin F. Perry, July 10, 1865, in Perry Papers, Alabama Department of Archives and History; John L. Manning to Benjamin F. Perry, November 27, 1865, Ibid.; John L. Manning, Sumter District, 1850 federal census, slave schedule, NA; Dan T. Carter 的“The Anatomy of Fear: The Christmas Day Insurrection Scare of 1865,” *JSH* 42(1976):345 – 364，他受 Richard C. Wade 关于南方无端恐惧的理论的影响，将白人对黑人可能实施暴力的恐惧描述为“集体歇斯底里”。尽管他收集了大量证据，表明 1865 年末白人的担忧是基于之前对奴隶起义的担忧，但他没有讨论自由民局北方工作人员的证词，即黑人退伍军人正准备战斗，以保住当局承诺他们的土地。

对了。一位白人编辑指责自由民局“某些”人执意“扰乱社会安定”，说他们一口咬定“前白人奴隶主的土地应分给黑人，‘咸鱼’应该翻身了。”[①]

路易斯安那州各当局如此紧张，以至于爱德华·R. 坎比将军走出了非常规且致命的一步：解除了即将集结的黑人士兵的武装。在华盛顿，约翰逊政府敦促霍华德“谴责”潜在的黑人暴力，令《新奥尔良论坛报》感到反感的是，霍华德“弱到难当大任”。圣诞节和新年过去了，没有发生大乱，但也不缺流血事件。在弗吉尼亚州朴茨茅斯镇，“许多白人男孩和有色人之间”爆发了街头冲突，一名白人男子和一名黑人男子丧生。就在华盛顿南面波托马克河对面的亚历山德里亚市，暴乱始于圣诞节清晨，白人和黑人狂欢者“全副武装”地从酒馆里跌跌撞撞地走出来。4 名白人被杀，其中一人在试图进入教堂大厅的全黑人派对时头部中弹。一点钟时，现场混战，温菲尔德·斯科特·汉考克将军出动了三个团来镇压。两个种族的近百名暴徒被捕，人太多了，该镇不得不将他们羁押在富兰克林-阿姆菲尔德公司于1830 年代建造的旧奴隶窝棚里。[②]

在南方其他地区，3 名白人警察圣诞节当天在新奥尔良遭遇了大

---

① Thomas Wagstaff, “Call Your Old Master—Master: Southern Political Leaders and Black Labor During Presidential Reconstruction,” *Labor History* 10 (1969): 341; Dan T. Carter, *When the War Was Over: The Failure of Self-Reconstruction in the South, 1865 - 1867* (Baton Rouge, 1985), 196 - 197; Harvey Watterson to Andrew Johnson, October 14, 1865, in Simpson, ed., *Advice After Appomattox*, 164 - 165; *Memphis Daily Avalanche*, January 13, 1866. 认为黑人士兵散布谣言的不只南方白人。Ulysses S. Grant 在一次秋季的东南之行后，也批评自由民局北方工作人员和“美国有色人种部队”告诉自由民“主人的遗产理应归他所有”。参见 Hahn, *A Nation Under Our Feet*, 133, 135。

② *New Orleans Tribune*, December 27, 1865; *Memphis Daily Avalanche*, January 1, 1865; *New-Hampshire Sentinel* (Keene, NH), January 4, 1866; *Dallas Herald*, January 13, 1866.

批武装黑人后“受了重伤”。在田纳西州克拉克斯维尔，“一些喝醉了的黑人士兵”和同样醉醺醺的白人发生斗殴。为解决争端，一名白人警察想拿棍棒打一名黑人士兵，后者则用刺刀还击。“臭名昭著的前［南方邦联］游击队员”尼克·卡尼随后向士兵开枪，士兵又向人群开枪，没打中卡尼，但打伤了两名白人。北卡罗来纳的威尔明顿也发生了类似的骚乱，白人警察试图以“酒后扰乱秩序”为由逮捕一群黑人水手，水手拔枪，开了十几枪，伤了警察。查尔斯顿发生了一场“严重的骚乱”，当时，来自美国有色人种部队第 33 军团的黑人士兵不付入场费就想闯入舞会。遭到拒绝后，他们“带着左轮手枪”返回，和在亚历山德里亚一样，待到出动更多的士兵驱散人群后一切才重归平静。尽管在战前各港口，士兵、水手和市民之间的斗殴并不少见，但黑人老兵如此迅速地诉诸武器，反映出了他们捍卫大大小小的权利的新决心。①

“圣诞节来了，过完了”，鲁达内兹说，没有发生“惊天革命”。没有劳力武装起来“杀死种植园主”。定居路易斯安那州的美国有色人种部队第 74 军团的前上尉平克尼·B. S. 平奇巴克也同意这一点。“神志正常的人谁不害怕造反，除非那些疯狂的军人想重现昔日景象［还］无视所有的公民权利。”但 1866 年的头几天确实标志着自由民局政策的重大变化，不管美国黑人是否意识到了这一点。眼见华盛顿的共和党人仍希望与意外上台的总统保持友好关系，霍华德将军明白，有意义的土地改革的机会正在溜走。随着又一个种植季节的到来，越来越多的黑人士兵回归平民生活，自由民局的官员越来越把自

① Philadelphia *Daily Age*, January 1, 1866; Washington *Daily National Intelligencer*, January 1, 1866; *Memphis Daily Avalanche*, January 1, 1865; *Albany Journal*, January 5, 1866.

己视为被赦免的地主和获得自由的奴隶之间的调解人。因为担心新一轮的土地争夺只会导致大范围的饥荒，工作人员不情愿地敦促自由民签订劳动合同。局里一些官员认为**所有的**劳力都是懒散的，因而对他们认为的幻想经济独立的天真黑人几乎没有耐心。但思想更进步的工作人员和局里的黑人官员都反对前南方邦联分子，支持层出不穷的土地分割的诉求。在这个国家的首都，鲜有共和党人公开谴责约翰逊无视《自由民局法》，然而在地头，工作人员心照不宣地支持那些聚集在亚拉巴马州格林斯博罗，呼喊着“要么给地要么流血”的自由民；他们还帮助卡罗来纳的黑人起草请愿书，要求华盛顿兑现过去“政府在土地问题上对我们的承诺”。①

自由民局官员警告种植园主，不付给工人合理的工资（地区性工资标准向来由该局制定）会受到没收土地的惩罚，无疑，他们视自己为社会改革的倡导者。一些前奴隶也这么认为。“有一次马萨·查理没法开口讲话，”萨莉·福特惊叹道，“因为上尉叫他闭嘴，而他是会说话的。”萨克斯顿将军报告说，南卡罗来纳的自由民准备跟“他们肯定能拿到工资的地方”签合同，但他指出，他们明显缺乏“对前主人的信心”，加之他们希望获得自己的土地，这使他们迟迟没有签合同。其他黑人反对自由民局强调按年签的合同，认为这是联邦政府对种植园主的要求做的让步，与以前的劳资关系惊人的相似。鲁达内兹控诉说，北方各州的农业合同期限较短，自由州的工人可以辞职去找新工作。为什么南方白人“需要把劳动者绑在种植园上”？就连自由

① *New Orleans Tribune*, December 27, 1865; Cimbala, “The Freedmen's Bureau, Freedmen and Sherman's Grant,” 613; P. B. S. Pinchback, Speech, Montgomery, Alabama, 1865, in P. B. S. Pinchback Papers, Moorland-Springarn Research Center, Howard University; Scott French and Carol Sheriff, *A People at War: Civilians and Soldiers in America's Civil War*, 298; Foner, *Reconstruction*, 116.

民局的工作人员塞缪尔·托马斯也指出，该局还试图帮助那些在战争中生活被毁的白人自耕农，然而这些“无家可归、四处流浪、无所事事的白人”没有被建议签订为期 12 个月的合同或离开城市去农村。强调种族有别的年度合同，使自由民局平等对待地主和劳力的承诺成了谎言。[①]

尽管有一系列自由民局设立的法庭来协助合同谈判和裁决，但事实证明，在曾经生产主要出口作物的大型种植区之外达成公平协议的过程要更容易。密西西比州的工作人员报告说，1866 年的棉花作物不及战前收成的一半。在得克萨斯州西部，小“农场主和自由民”签订了“双方都满意的下一年”合同。但在布拉索斯河和科罗拉多河沿岸老的糖、棉庄园里，非裔美国人要么想拥有自己的农场，要么拒绝签署冗长的协议，因此埃德加·格雷戈里将军造访了该地区，希望说服他们“签下次年的劳动合同”。在卡罗来纳的低地，只有那些尚未获得土地的自由民才愿意把自己租给附近的种植园当劳力，而劳动力的匮乏遭致一名编辑的谴责，称这种合同“过于自由”。[②]

并非所有的困难都是因前奴隶不愿签下限制其自主权和流动性的长期协议而造成的。联邦官员很快发现，白人希望自由民局能就合同进行谈判，有效地恢复他们战前的权威。在亚拉巴马州，种植园主承认，第十三修正案在去年 12 月获得批准，奴隶制成了“一纸空文”。但一个白人代表团游说自由民局推动劳力合同的签订，将“他们昔日的奴隶”箍在一个不确定的“年数”里。种植园主还希望迫使黑人劳力加入战前的那种出工队，并在合同中对迟到或不服从的现象写明予

① *Boston Daily Journal*, January 29, 1866; Foner, *Reconstruction*, 166; Litwack, *Been in the Storm So Long*, 183.

② Macon *Daily Telegraph*, June 6, 1866; Philadelphia *Daily Age*, January 1, 1866.

以扣发工资的处罚。维克斯堡的一位种植园主告诉一名工作人员，尽管他愿意付工人工资，但也“绝对有必要对他们采取某种形式的惩罚”。到1866年时，自由民局官员报告说，他们发现被解放的人还住在他们以前的棚屋里，每天早上都被监工挥着鞭子赶去劳动。南卡罗来纳的一位妇女透露，她现在给她的黑人驾车人起了个外号叫“队长”，这是为了适应时代的变化，但除此之外，她希望黑人还是按战前的惯例干活。由于种植园主们意识到自由民局的一些白人工作人员也跟他们一样怀疑黑人懒惰，所以他们指望这些工作人员去协商那些恢复种植园主权力的合同。卡罗来纳的一位编辑坚信：“这一点关系到整个问题的解决，而一旦这事定了，整个国家的存亡也就定了。”①

即使非裔美国人不情不愿地签了合同，他们对雇主的期望也大不相同。在《新奥尔良论坛报》上，鲁达内兹提出了一个利润分配的计划，即黑人先拿到适量的工资来度日，而后再获得种植园最终利润的三分之一。这位编辑认为，这样安排的好处是能激励黑人勤奋劳动，也能让他们攒下日后成为地主所需的资金。在受过教育的退伍军人和自由民局工作人员的帮助下，其他人很快就熟悉了谈判的语言。路易斯安那州的维吉尔·洛伊德被10名自由民选为他们利益的代表，他抱怨说，雇主恐吓他们签署第二份“替代合同”以“剥削［他们］的劳动”，这“严重侵犯了这些自由民的权利”。妇女特别青睐短期就业，相比农业劳动，它更容易在家政服务领域找到。在某种程度上，对临时工作的渴望源于这样一个事实：家务劳动使一些黑人妇女想起

① *New Orleans Tribune*, August 16, 1865; Jacqueline Jones, *Soldiers of Light and Love: Northern Teachers and Georgia Blacks, 1865 - 1873* (Chapel Hill, 1980), 56 - 57; Gavin Wright, *Old South, New South: Revolutions in the Southern Economy Since the Civil War* (New York, 1986), 84 - 85; Litwack, *Been in the Storm So Long*, 366 - 367.

了她们受奴役的日子。但在一个普遍贫困的时期，在一个缺乏硬通货的地区，被解放的人小心翼翼地关注着经济的好转。虽然一位沮丧的自由民局工作人员抱怨黑人女性拒绝“为她们的劳动定一个合理的价格，而且［一直］对自己的工资感到不满”，但她们只是在证明雇佣劳动所具有的自由流动的优点，而这正是共和党人所推崇的。[①]

鉴于白人的主张和黑人的愿望之间的巨大鸿沟，农村发生一场关于工资的新争端也就不足为奇了。在靠近城市的地区，自由民利用劳动力短缺的机会讨价还价，既要抬高工资，又要缩短雇佣期。在肯塔基州列克星敦附近，工作人员报告称黑人男性拒绝“从事**每次**超过一周或一个月的工作”。整个南方的种植园主在串通一气之后背信弃义，仅提供“每月 15 美元和口粮”，但路易斯安那州特雷伯恩教区的劳力罢了工，非要拿到 45 美元。在得克萨斯州，“数千人”拒绝签约，除非他们得到“三分之一的收成”；遭拒后，他们宁愿不工作，也不愿意把家搬到最近的城镇。在黑人聚居的地区，劳工团结更容易维持。自由民局的黑人员工支持劳工的诉求，使得其工资仍然远高于地主希望支付的水平。在佐治亚州海岸，一位共和党编辑热情地说，突尼斯·坎贝尔为黑人难民找到了如此多的体面工作，以至于他“无法满足在他办公室里提出的对［雇佣］劳工的需求”。“如果局里的人不能扭转一位千里之外的总统所推行的反动政策，他们至少可以把工资标准定得高到足以让他的选民维生。”有地主抱怨“这些**蠢货**提供的高薪让他们趾高气扬”，南卡罗来纳一位稻米种植园主补充说，他地里的黑人“对要将其解雇的威胁嗤之以鼻，说因为只要他们高兴，就有

---

① Connor, “Reconstruction Rebels,” 173; Stanley, *From Bondage to Contract*, 42 - 43; Barbara Jeanne Fields, *Slavery and Freedom on the Middle Ground: Maryland During the Nineteenth Century* (New Haven, 1985), 162 - 163.

很多地方可以去、很多事可以做”。①

昔日的奴隶也会因种植园的日常事务，特别是人事管理与种植园主起冲突。种植园主企图重新雇佣战前的监工来恢复秩序，遭到黑人抵制。路易斯安那州一位妇女雇佣了她以前的监工，希望能让她的劳力“规规矩矩”地干活，但劳力料到了监工来的日子。当监工骑马去他的小屋时，劳力围住了他的马。一人“抓住缰绳，告诉他不要踏进那所房子，那块地方是他们的，［该死的］白人不应该住在里面”。监工叫嚷着说他是来管事的，但被解放的劳力们“告诉他，他们不想再听他说一个字”，如果他再来，他们会在他家周围“放枪”。黑人妇女视家为自己的领地，因而当监工搜查她们的小屋，试图收回雇主的财产时，她们尤其恼火。一个叫黑泽尔的监工打算这么做时，黑人妇女拿起了“伐木斧、短斧、锄头和木棍”，威胁要杀了他。黑泽尔带着庄园主的儿子杀回来，妇女们向他们扔下雨点般的石头和砖块，闻讯而来的苏基和贝基则用棍棒打他们。庄园主的儿子要求观战的黑人男子制止“这些发疯的女人”，但其中一人的丈夫草草地答道，双方“在这里根本没有任何瓜葛——现在他们自由了，没有哪个白人可以控制他们”。②

导致南方日益混乱的因素之一是驻扎在前邦联的士兵人数迅速减少。尽管在战后几年里，无数傲慢无礼的占领者形象经常出现在通俗

---

① John C. Rodrigue, “The Freedmen's Bureau and Wage Labor in the Louisiana Sugar Region,” in Cimbala and Miller, eds., *Freedmen's Bureau*, 211; Roark, *Masters Without Slaves*, 136 - 137; *Loyal Georgian* (Augusta, GA), February 3, 1866; Gerald David Jaynes, *Branches Without Roots: Genesis of the Black Working Class in the American South, 1862 - 1882* (New York, 1986), 221; *New-York Tribune*, January 14, 1867.

② Schwalm, “Sweet Dreams of Freedom,” 16, 25; Fannie to Dearest Ma, January 12, 1864, in Berlin, ed., *Freedom: Series I*, 3:490.

文学（最终也出现在电影）里，但1865年后，政府迅速开展退伍工作，到1866年的头几个月，只剩下部队的框架。白人农场小伙吵着要回家，黑人军团要么被解散，要么要奉命到西部去应付印第安人的威胁。在李将军投降后的一年内，亚拉巴马州只剩下两个黑人军团，佐治亚州、南卡罗来纳州和佛罗里达州则各有一个。兵团驻扎在城市地区，很少在农村巡逻。然而，在城镇，鲜有士兵对顽固不化的南方邦联分子有足够的耐心。在维克斯堡，约翰·科米克试图从玛丽·米勒手中购买一小块土地，后者是个被解放的自由民，丈夫是军人。科米克抱怨米勒要价太高，而且“无礼、固执、不讲理”。科米克以为当地自由民局的工作人员会站在白人同胞一边，就提出申诉，结果发现工作人员把文件直接交给了米勒，米勒大骂科米克是个“流氓恶棍”。面对一个黑人妇女用这种方式跟他说话，科米克怒从心头起，打了她一下，结果发现自己竟因殴打而被捕。密西西比州雅祖市也发生过类似的事，前主人与前奴隶之间的争执，以这位年轻黑人男子向种植园主扔斧头告终。当种植园主向自由民局投诉时，男青年说“前主人这辈子啥事都不干，就知道打我，踢我，把我打翻在地”，工作人员在听了这一面之词后给了男青年一个“口头告诫”就了事了。①

农村则完全不同，那里工资和合同的矛盾常常演变成暴力冲突。在密西西比州，阿莫斯·多尔西拒绝与他的前雇主及前主人签第二份合同，后者就在他“试图逃跑”时开枪打了他，就好像多尔西是个逃跑的奴隶。在加勒廷附近，种植园主约翰·雷诺兹违反协议，没有给

① Mary J. Farmer-Kaiser, *Freedwomen and the Freedmen's Bureau: Race, Gender, and Public Policy in the Age of Emancipation* (New York, 2010), 20 - 21; Osthaus, *Freedmen, Philanthropy, and Fraud*, 33 - 34; Franklin, *Reconstruction*, 36; John M. Cormick to Alvan C. Gillem, April 15, 1868, in Records of the Assistant Commissioner for the State of Mississippi, Freedmen's Bureau Papers, Reel 24, NA; Sidney Andrews, *The South Since the War* (Boston, 1866), 26.

他的劳力三分之一的棉花收成，而是自己留下了“所有的棉花和棉籽”。当两个自由民抢了他们应得的那部分，并宣布不再为雷诺兹工作时，他让人以盗窃罪逮捕了他们。由于无法缴纳保释金，两人在“为吃饭发愁”。得克萨斯州塞甘市的自由民局工作人员报告称，一个上了年纪的自由民病得摘不动棉花，被人用一条系着2英寸铁扣的皮带打了一顿。这名工作人员作证说，亨利·琼斯为7美元提起诉讼后被雇主谋杀，另一个叫奥利弗的黑人在向自由民局举报雇主虐待后被枪杀。哈加尔·巴恩韦尔与雇主签了一份在田里干活的合同后，拒绝听雇主的吩咐去厨房干活。庄园主曾赌咒说庄稼没有收成就杀了她，然后真的拔出手枪，将巴恩韦尔拖到一个棚子里，绑了个结结实实，让她连脚趾都几乎碰不到地面。[①]

认为第十三修正案标志着种族关系发生了根本性变化的想法，慢慢印入一些邦联分子的心中。另一个关于“某些财产”划分的分歧导致密西西比州的J. F. 福特“绞死了一个黑人”。在该州其他地方，地主艾萨克·史密斯雇用萨姆和吉姆·尼尔种了50英亩的玉米与棉花，并劈开栏杆搭了一道篱笆。3个月后，史密斯命令他们去种其他的地。遭到拒绝后，这个白人“开始打吉姆”，萨姆则拿起一根大木桩抵挡。白人警察逮捕了这两名黑人，并以殴打罪起诉他们；吉姆因受到攻击，在县监狱被关了60天，萨姆在州监狱蹲了一年。反动的白人甚至攻击接受新秩序的白人。在田纳西州，30名武装“游击队员”袭击了一个叫兰森姆的种植园主，后者“把自己的一部分土地租给

---

① Alvan C. Gillem to Oliver O. Howard, February 15, 1867, in Records of the Assistant Commissioner for the State of Mississippi, Freedmen's Bureau Papers, Reel 43, NA; D. W. McRae to Alvan C. Gillem, February 28, 1868, Ibid., Reel 24; Barry A. Crouch, "A Spirit of Lawlessness: White Violence, Texas Blacks, 1865 - 1868," *Journal of Social History* 18 (Winter 1984): 223; Schwalm, "Sweet Dreams of Freedom," 19.

了黑人，因此招来了记恨”。纳什维尔的指挥官向该县派了一个连，但在此之前，叛军已“把黑人赶出了该县”。如果像兰森姆这样的地主表明了战后建立一个新社会的可能性，那么游击队的存在就是在无情地提醒人们，安德鲁·约翰逊推行的无回报和解计划是多么愚蠢。①

由于无法遏制暴力浪潮，自由民局的一些官员反而试图帮助被解放者北迁，以远离危险。得益于1862年的《宅地法》（*Homestead Act*），成千上万的白人农民和移民在战争的最后几个月向西迁徙，近2000名黑人男女在艾奥瓦州找到了工作，他们种田、打散工、做佣人和洗衣工。自由民丽贝卡·拉克斯挣的钱足够买一张去得梅因的票了，于是她和其他黑人一起租了间房。她后来写道，“我们一起料理家务”，每天早上出门干这一天的活。华盛顿的自由民局工作人员发现，来自弗吉尼亚州的难民拒绝“前往南方任何一个州”，无论那里的工资多么诱人。获得自由的人们希望得到体面的“待遇，孩子能上学受教育”，尽管华盛顿和北方大多数城市都找不到太多这样的机会，但暴力事件相对少的状况还是吸引了成千上万的前奴隶投奔北方。索杰纳·特鲁斯在《罗切斯特快讯》（*Rochester Express*）上发了很多就业需求，收到了许多回复，都是要找黑人女孩“去帮忙照顾白人小孩”。霍华德将军抱怨说，工作人员约瑟芬·S. 格里芬这位加里森派废奴主义者急于让黑人离开南方，于是“没有事先为黑人解决居住问题”就直接把他们赶上了火车。然而，就连霍华德也偶尔会签署命令，“让获得自由的人去芝加哥”，并指示自由民局为“他们的

① C. R. Williams to S. C. Greene, June 23, 1868, in Records of the Assistant Commissioner for the State of Mississippi, Freedmen's Bureau Papers, Reel 24, NA; M. Sathrop to S. C. Greene, May 26, 1868, Ibid., Reel 24; *New-Hampshire Sentinel* (Keene, NH), March 15, 1866.

交通费”买单。与因为战争而获得自由的数百万奴隶相比，北迁的移民规模很小，但它延续了一个始于战争期间并在本世纪末加速的进程。①

由于在一线工作的自由民局工作人员既不能推翻约翰逊的政策，也无法放弃改善自由民生活的行动，所以他们经常发现自己两头不讨好——种植园主恨他们，选民不信任他们。正如一位造访该地区的人所观察到的那样，地主们“非常愿意让自由民局惩罚他们桀骜不驯的劳力，但又绝不愿意将他们和以前的奴隶归为一类”。另一位旅行者向毫不意外的国务卿威廉·H. 苏厄德保证：“南方［白］人非常反对这些自由民局的做法。”但是，当自由民局工作人员照例把黑人逐出总统下令许给他们的地方时，像理查德·帕克这样的自由民把这些工作人员视为靠不住的人。“我们既不关心总统，也不在意自由民局，”帕克对纳什维尔的一名记者说，“我们这么长时间以来已经受够了；现在轮到白人了。”帕克指出，白人已把南部印第安人赶到了西部的俄克拉何马州，所以他认为政府应该“赶走”战败的南方邦联人。尽管强制种植园主移民不在华盛顿任何人的政治议程上，但帕克想知道为什么总统的政策是建立在安抚那些要脱离合众国的奴隶主的基础上的，他这么想没错。正如查尔斯·惠特尔西上校从南方发回的报告所说，“自由民局作为联邦**统治**的代表是遭人恨的，作为联邦**权力**的代表却是受尊敬的。”要是约翰逊选择和他的前任一样，利用政

---

① Leslie A. Schwalm, *Emancipation's Diaspora: Race and Reconstruction in the Upper Midwest* (Chapel Hill, 2009), 138 - 139; Carol Faulkner, *Women's Radical Reconstruction: The Freedmen's Aid Movement* (Philadelphia, 2003), 84, 122; Unsigned letter, January 24, 1867, Records of the Assistant Commissioner for the District of Columbia, Freedmen's Bureau Papers, Reel 3, NA; Order of Oliver O. Howard, January 19, 1867, Ibid., Reel 3; Oliver O. Howard to J. E. Guitterlin, February 19, 1867, Ibid., Reel 3.

府的权威迎来新的自由，那么工具就在他手上。①

由于急着在和平时期实现他们在战争中未能实现的目标，前南方邦联分子一直抨击自由民局。过去，弗吉尼亚州的民主党人愿意花联邦政府的钱抓捕和遣返逃跑的奴隶；现在，他们指责自由民局每年花1200万美元只为取悦“仇恨南方的人、黑人狂热分子和贪婪的冒险家”。北卡罗来纳州的立法机构甚至承诺通过一项“自由民权利法案”，前提是该州“能从自由民局的运作中脱身”，尽管非裔美国人中没什么人相信联邦政府会“阻止黑人在该州获得公民权利”。佐治亚州的联邦主义者尝试了一种不同的策略，鼓励他们更好斗的邻居停止攻击黑人。“只要证明黑人的各项权利都是安全的，”梅肯《每日电讯报》的社论说，“我们很快就能摆脱这个机构。”南方白人把各种各样的弊病都归咎于自由民局，以至于当一名黑人演员在肯塔基州欧文斯博罗登台演出时，两个年轻人厌恶地离开了剧院，并抱怨说“黑人和白人同台，都是欧文斯博罗设立的自由民局搞出来的事”。然而，这种蔑视并不仅限于南方的种植园主。詹姆斯·戈登·贝内特的《纽约先驱报》是民主党的坚定支持者，报纸谴责该机构无视白人的贫困，一味帮助“人高马大的黑人”。贝内特写道，霍华德将军维持着“自由民局的存在，以帮助那些大块头的胖黑鬼”和他们“油腻腻的婆娘和小黑孩”。为什么不建一个妇女局呢，他想不通吗？②

---

① Charles Stearns, *The Black Man of the South and the Rebels* (Boston, 1872), 109; Litwack, *Been in the Storm So Long*, 406; Jaynes, *Branches Without Roots*, 73; Memorandum of Charles Whittlesey, November 1865, in Register of Letters Received by the Commissioners, Freedmen's Bureau Papers, Reel 23, NA; William R. Nevins to William H. Seward, April 10, 1866, in William H. Seward Papers, University of Rochester (hereafter UR).

② *New-Hampshire Patriot* (Concord, NH), March 4, 1868; LaWanda Cox and John H. Cox, *Politics, Principle, and Prejudice, 1865–1866: Dilemma of Reconstruction America* (New York, 1963), 92–93; *Albany Journal*, March 12, 1866; Macon （转下页）

批评人士指出自由民局的高成本固然没错，但在一场血腥的内战之后，接受救济的人数是惊人的。到 1865 年 8 月，该局每天要向 148120 人——包括黑人和白人——提供定量口粮。随着不计其数的南方邦联伤兵返回家园，医疗用品的价格几乎和口粮的一样高。许多申请援助的黑人都是联邦士兵的遗孀。莫汀·拉姆塞尔太太是士兵的妻子，也是三个孩子的母亲，作为一个靠“给人洗衣”勉强维生的“受尊敬的有色妇女”，她请求援助。根据霍华德的报告，该局在第一整年的运作中，向南方各地分发了 1300 万份定量口粮，其中 400 万份给了贫困的白人。正如工作人员 C. E. 利平科特向当时被派驻亚拉巴马州的共和党参议员莱曼·特朗布尔保证的那样，“政府慈善机构扶助的白人远多于黑人”。他非常肯定地表示，来要食物的非裔美国人中，很少有“身体健全的黑人”，但“工作人员**每天**要花五六个小时来审查大批白人的申请”。霍华德认为，由于州里各当局很少帮助自由民，他的局别无选择，只能帮助黑人。当被问及弗吉尼亚州斯塔福德县的穷人监管人是否会帮助前奴隶时，该县的头厉声回答：“我宁愿先**下地狱**，也不会给他们**一点好处**。”由于民主党人批评自由民局的救济只是以普遍的贫困作为替代解决方案，共和党人便认为自己有理由继续为该机构提供资金。[1]

（接上页）*Daily Telegraph*, April 9, 1866; *Cincinnati Daily Gazette*, June 1, 1867. 历史学家估计，联邦政府在 1854 年花了 4 万美元让 Anthony Burns 变回奴籍。参见 Gordon S. Barker, *Imperfect Revolution: Anthony Burns and the Landscape of Race in Antebellum America* (Kent, 2011)。

① Mary Farmer-Kaiser, "'With a Weight of Circumstances like Millstones About Their Necks': Freedwomen, Federal Relief, and the Benevolent Guardianship of the Freedmen's Bureau," *Virginia Magazine of History and Biography* 115(2007): 417, 421; C. E. Lippincott to Lyman Trumbull, January 25, 1866, in Lyman Trumbull Papers, LC. 在州一级，白人拒绝帮助自由黑人的现象非常普遍。蒙哥马利的一份报纸强调，州政府“代表的是贫困的白人”。参见 Howard N. Rabinowitz, *Race Relations in the Urban South, 1865–1890* (New York, 1978), 129。

首都的共和党人对自由民局的成功信心满满，希望延续其运营，扩大其权力。1866年1月1日，霍华德宣布，自由民局在弗吉尼亚州有92752英亩被弃和被没收的地在耕种；在马里兰州农场工作的前奴隶储存了1200蒲式耳的玉米，并在6个谷仓里装满了烟草。霍华德和萨克斯顿急于确认谢尔曼的土地的所有权，或者至少是自由民手中土地的所有权。特朗布尔开始起草一项新法案，主要是仿照之前的法案，并与悬而未决的民权立法（个中纷争将在第六章讨论）相关联。该法案依据军饷名单，额外拨款594450元给自由民局（因为该机构从没有单独的预算）。林肯之前签署的法律在1866年继续有效，使税务专员有权将“不超过40英亩”的土地租给“忠诚的难民和自由民”，租期“三年，年租金不超过1860年土地价值的6%”。租赁者可以在“上述期限结束时，或在此期间的任何时候”购买他们的地。特朗布尔呼吁总统讨论该法案的条款，并高兴地发现约翰逊没有表示反对。工作人员劳拉·汤恩和科妮莉亚·汉考克也代表卡罗来纳的自由民前往华盛顿，与约翰逊和战争部长斯坦顿进行了交谈。“我知道他们的立场，”汉考克叹道，“总统有权，但没有意愿为有色人种做事。斯坦顿有意愿，但无权。”[1]

当该法案提交辩论时，民主党人对自由民局抛出了他们先前的所有反对意见。印第安纳州的托马斯·A. 亨德里克斯谴责该局“显然是个违宪的机构”，并补充说，虽然它在战时可能是必要的，但现在已演变成联邦政府对州事务的“干预工具”。另一些人则认为这“对黑人而言也是糟糕的政策”，理由却相当含糊，称因为自由民局对

---

① *Flake's Bulletin* (Galveston, TX), February 7, 1866; Philadelphia *Daily Age*, January 1, 1866; Rose, *Rehearsal for Reconstruction*, 356 – 357; *Albany Journal*, January 5, 1866; Du Bois, *Black Reconstruction*, 227.

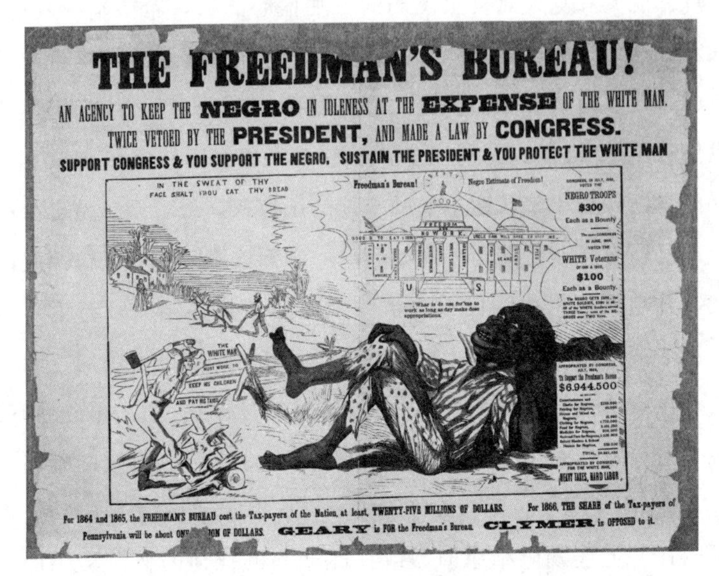

该联邦机构的正式名称是“难民、自由民和被弃土地管理局”，但通常被称为“自由民局”，它是 1865 年初由亚伯拉罕·林肯总统发起的，旨在帮助前奴隶过渡到自由阶段。正如这张 1866 年宾夕法尼亚州州长候选人希斯特·克莱默的海报所显示的那样，全国各地的保守派民主党人指责该局让自由民无所事事，同时强迫辛勤工作的白人为该机构买单。尽管克莱默在选举中一派种族主义意味，但最终输给了少将约翰·盖里。（国会图书馆供图）

“全国如此广的范围”拥有管辖权，其权威导致了数不清的“串通和麻烦”。共和党人以来自现场的证词进行回应，间接表达了数百万非裔美国人的愿望和希望。佛蒙特州的贾斯汀·史密斯·莫里尔是共和党的创始人之一，也是公共教育的倡导者，他向哥伦比亚特区的全国自由民救济协会递交了一份备忘录，要求“授权战争部长将属于政府的、公共服务不需要的建筑划归自由民局管辖”。萨姆纳提交了一份请愿书，它来自“密西西比州有色公民，他们于 1865 年 11 月 22 日在该州维克斯堡集会，祈祷自己能受到所有自由之人应有的权利的保护并且自由民局能更有效地运作”。虽然民主党指责白人暴行的故事多属编造，目的是证明联邦政府的干预是正当的，但进步的共和党人还是在南方暴力事件上做足了文章，甚至说动了党内最温和的成员。最后，每个共和党人都投了赞成票。①

尽管鲜有共和党人认为约翰逊会支持自由民局的更宏大目标，但华盛顿几乎所有的人都希望总统继续其前任的政策，签署该法案。除了特朗布尔之外，缅因州的温和派共和党人威廉·P. 费森登和艾奥瓦州的詹姆斯·W. 格莱姆斯也面见了约翰逊，并在会面后确信约翰逊会予以支持。林肯只写过两条常规的否决意见，他以搁置否决②的形式拒绝了韦德-戴维斯法案。共和党众议员谢尔比·卡洛姆也认为："当时否决这种事几乎闻所未闻。”尽管约翰逊作为林肯的竞选搭档登上了权力宝座，但他仍然是民主党人。除了厌恶民权外，他开始相信自己的未来掌握在民主党手中，或至少在民主党和温和派共和党的联合政府手中。在关于该法案的辩论中，有民主党人提醒道："空谈毫无意义，除非付诸行动。”对于约翰逊这样一位曾经雄心勃勃的政客而言，最糟糕的情况是他因签了这项法案而疏远了民主党人，只能眼睁睁地看着共和党人在三年之后提名了另一个人。③

---

① *Congressional Globe*, 39th Cong., 1st Sess., 102, 143; Macon *Daily Telegraph*, January 27, 1866, March 4, 1866.

② 美国总统阻止新法律实施的一种方法，即不予签字并将其保留至国会休会后。——译者

③ *Morning Oregonian* (Portland, OR), February 28, 1866; Foner, *Reconstruction*, 247; David Donald, *The Politics of Reconstruction, 1863 - 1867* (Cambridge, 1965), 24 - 25. 1868 年，共和党人可能会把约翰逊从总统候选人名单上除名。现在看，这一想法会让人难以置信，因为今天的政党不会放弃自己在名单上的候选人。1852 年，辉格党决定不再支持米勒德·菲尔莫尔。菲尔莫尔和约翰逊一样都是在其前任去世后成为总统，但和田纳西州民主党人约翰逊不同的是，菲尔莫尔是辉格党的正式成员。1860 年，没有一位民主党人认真考虑过提名年老且不受欢迎的詹姆斯·布坎南，一些进步的共和党人甚至考虑过在 1864 年找候选人来接替林肯。

2月19日，约翰逊退回该法案，并附了一份措辞尖锐、充满挑衅的否决意见。这份意见是与多位顾问，主要是海军部长吉迪恩·威尔斯和威廉·H. 苏厄德协商后起草的，其中苏厄德从1850年代初的进步立场中稳步后撤，令党内领导人感到困惑和震惊。这份意见的一开头就保证约翰逊也“同样有极其强烈的愿望，要去确保自由民充分享受他们的自由和财产”。但是，由于1865年3月3日的法案仍然有效，他认为没有理由扩大自由民局的权力，尤其是在战争已经结束的情况下。在内阁的讨论中，苏厄德曾主张传达一个信息，希望能在一项更温和的法案上达成妥协。然而，约翰逊的立场是，联邦政府对昔日南方邦联的任何控制都标志着华盛顿的权力违宪扩张。总统还提出反对意见，认为在11个州仍被排除在国会代表席位之外的情况下，一个更高效的自由民局只会激起南方白人的敌对，然而在他的冗长讲话中却没有任何迹象表明南方各州重新加入联邦会改变他对该法案合法性的看法。对于沮丧的共和党人来说，最难以置信的是总统坚持认为自由民局是没有必要的，因为获得解放的人可以充分照顾自己，而且认为州法院能给予美国黑人足够的保护。总统的这两点认识显然与南方黑人提交给国会的备忘录和请愿书相矛盾。[①]

民主党人对这一信息大加赞赏。有编辑欢呼：“这是白人的伟大胜利。”南方某报以前对田纳西州的联邦主义者怀有敌意，现在却认

① Andrew Johnson, Freedmen's Bureau Veto Message, February 19, 1866, in Bergeron, ed., *Papers of Johnson*, 10: 120 - 127; Brooks D. Simpson, *The Reconstruction Presidents* (Lawrence, KS, 1998), 94 - 95; Albert E. Castel, *The Presidency of Andrew Johnson* (Lawrence, KS, 1979), 66 - 67; Bowen, *Johnson and the Negro*, 136 - 137. John H. Cox and LaWanda Cox, "Andrew Johnson and His Ghost Writers: An Analysis of the Freedmen's Bureau and Civil Rights Veto Messages," *Mississippi Valley Historical Review* 48(1961): 460 - 479 深入且可信地分析了约翰逊的顾问在起草意见时发挥的角色。也可参见 John Niven, *Gideon Welles: Lincoln's Secretary of the Navy* (New York, 1973), 523 - 524。

为他们“在黑人问题上完全正确”。特朗布尔试图激起参议院采取行动，让他们有史以来首次推翻否决权，但是30票对18票，未能实现必要的三分之二多数，有10名仍然希望与约翰逊共事的温和派共和党人抛开了党派界线。5月29日，急于达成妥协的众议院共和党人打造出了法案的第二个版本，他们认为该版本解决了总统的一些顾虑;6月26日，参议院同意了该法案。约翰逊决心结束他所认为的联邦对南方种族关系的干预，就在7月16日否决了这一法案。如果说约翰逊早些时候的言论让参议院多数派失望的话，那么他的再次否决只会招来蔑视。当天下午，愤怒的参议院以33票对12票的表决结果推翻了这一决定，只有3名温和派共和党人投票支持总统。尽管总统对1866年《民权法案》的否决几乎同一时间也遭到了历史性的谴责，但约翰逊执意继续，他对邦联人员进行大规模赦免，还推翻税务出售的做法。到1866年春，他已将414652英亩的土地归还了种植园主，包括先前交给自由民的15000英亩。约翰逊还试图通过用对社会改革不太感兴趣的保守派民主党军人取代战场上的共和党军官来使法律失效。霍华德抱怨道，总统“让我手下所有的军官都退伍了”，“正在采取的措施无疑是要彻底破坏重建”。即使遭到总统的否决，国会共和党人还是通过了立法，对此，约翰逊的反应是利用宪法赋予的统帅权力，拒绝执行联邦法律，从而使其无效。霍华德表示抗议，称“这样一来，约翰逊在各个方面都击败了国会”。“当国会通过重建南方的法案时，总统却一再暴露法案中的缺陷和漏洞。”①

为了让这项法律失效得更彻底，约翰逊决定叫萨克斯顿走人。

① Trefousse, *Johnson*, 243, 253; David O. Stewart, *Impeached: The Trial of President Andrew Johnson and the Fight for Lincoln's Legacy* (New York, 2010), 51; Castel, *Presidency of Andrew Johnson*, 68, 75; Benedict, *Impeachment and Trial of Johnson*, 42 - 43, 90.

1866年1月1日，总统解雇了萨克斯顿，称自己再也无法忍受下属的阻挠。约翰逊选了来自缅因州的保守派民主党人大卫·蒂尔森将军接替他。在内战期间，林肯撤换了一些将军，但都是出于能力而不是政治的考虑。蒂尔森立即拜访了谢尔曼的保留地，惊讶地发现在突尼斯·坎贝尔控制的岛上，自由民“全副武装”，仍然拒绝“让任何白人登陆”。蒂尔森解雇了坎贝尔，并命令他离岛。坎贝尔说：“之前谦卑、表示悔改的南方叛军，如今却坚持要求所有有色人种男女都签署［劳力］合同；一旦遭拒，他们就会拦截殴打劳力，并扬言北方佬一离开本州，就把劳力们抓回去。”坎贝尔没有返回北方，而是搬到了大陆，协助他人成立了致力于黑人教育的游说组织——佐治亚州教育协会，并买了一个名为贝尔维尔的庄园，着手准备竞选州参议员。①

约翰逊对联邦特许经营的自由民储蓄信托公司没什么敌意，尽管对它的使命也并不热心。与自由民局一样，银行体系的设计初衷是鼓励勤奋节俭，将自由民从慈善施舍和贫困折磨中解放出来。它与自由民局一样，也是军方的一个分支，由联邦政府特许经营，却不归财政部管辖。马萨诸塞州参议员亨利·威尔逊吹嘘说，储户的钱“放在那里就像放在美国财政部一样安全”，而且由于这个机构与自由民局是在3月的同一天创建的，不识字的投资者相信它是政府机构这一点是可以理解的。它的主要分支机构，由主管阿尔沃德经营，坐落在宾夕法尼亚大道和麦迪逊广场的拐角处；其内部优雅地放着黑色胡桃木和大理石的柜台，旨在体现美国黑人的新繁荣和新能力。弗雷德里克·道格拉斯惊奇地发现，他无法在经过的时候不看一眼“宽敞的窗户，

---

① Duncan, *Freedom's Shore*, 30 - 31; Tunis Campbell, *Sufferings of the Rev. T. G. Campbell and His Family, in Georgia* (Washington, 1877), 8; Ann Short Chirhart, *Torches of Light: Georgia Teachers and the Coming of the Modern South* (Athens, GA, 2005), 146 - 147; Foner, ed., *Freedom'sLawmakers*.

一排排穿着优雅、有绅士风度的有色人种职员，他们的笔夹在耳后，胸前扣眼上别着花束”。这家银行在南方、曼哈顿和费城设有分行。尽管其董事和大多数托管人都是白人，但每个分行都雇佣了黑人职员，以吸引黑人退伍军人和自由民。大多数投资者的开户资金都不到 50 美元，父母为孩子开的户只有几美分。①

位于华盛顿麦迪逊广场 710 号的自由民储蓄银行，象征着战后非裔美国人的经济发展潜力。尽管其不像许多黑人认为的是自由民局的一部分，这家银行还是在 1865 年获得国会特许成立，旨在帮助黑人退伍军人、移民和白人工人阶级有自己的储蓄并为社区组织提供资金。（国会图书馆提供照片）

① Osthaus, *Freedmen, Philanthropy, and Fraud*, 10; Frederick Douglass, *Life and Times of Frederick Douglass* (New York, 1962 ed.), 400 - 401; Marion B. Lucas, *History of Blacks in Kentucky: From Slavery to Segregation, 1760 -1891* (Lexington, 2001), 282 - 283; Foner, *Reconstruction*, 531 - 532.

为了表明自己对该银行事业的支持，史密森尼学会的馆长所罗门·布朗于1865年8月底开设了一个账户。更典型的例子是存款人爱德华·金，他以前是弗吉尼亚州劳顿县附近的威廉·拉塞尔家的奴隶。金是美国有色人种部队第23军团的退伍军人，1864年夏在弗吉尼亚州彼得堡城外的战斗中失去了一条腿。他存下的军饷有60美元。凯瑟琳·史密斯存入了300英镑，她曾是马里兰州的奴隶，也是在彼得堡阵亡的纳撒尼尔·史密斯的遗孀。有时，整个团退伍时都会在华盛顿分行开户。列兵莫里斯·巴伯和下士门罗·塔伯克当年都是从肯塔基州逃出来的，他们带着第114军团的22名战友进了银行的大门。①

在位于州街9号的查尔斯顿分行，那年12月的早晨，来排队的第一个投资者是渔民乔治·霍姆斯，他用“他的记号”签约开户。阿尔沃德在巡视南方各分支机构时发现，数百名自由民从账户提款购买小农场，一般每英亩10美元。他还补充道，15名勤劳的前奴隶“把他们收成得来的钱凑在一起，买下了一整个700英亩的海岛种植园”。查尔斯顿家庭协会开了一个账户，以帮助“[其]成员购买宅地”，出生在巴伐利亚的联邦士兵约翰·库克就是从中获得帮助的。德拉尼少校成了第7638号存款人。对银行的信心和对美好未来的憧憬，表面看来掩盖了德拉尼那年夏天在锡安山教堂谈及的一些旧创伤。参与出卖丹马克·维齐的混血自由民之子威廉·B. 彭泽尔，为自己的两个幼子开了账户，小罗伯特·维齐也这么做了。36岁的承包商马尔科姆·M. 布朗也开了账户，他是莫里斯·布朗牧师之子，后者因涉嫌

① Solomon Brown, August 31, 1865, in Register of Signatures in Branches of the Freedman's Savings and Trust Company, Reel 4, NA; Catherine Smith, October 18, 1867, Ibid., Reel 4; Edward King, September 5, 1867, Ibid., Reel 4; 114th USCT, October 12 to November 1, 1865, Ibid., Reel 4.

同谋罪而在1822年底被流放到费城。把钱托付给银行的，还有侍者查尔斯·奈斯比特，他父亲当年决定不与老朋友维齐一起参加革命；还有苏珊·德雷顿，其父因参与一场阴谋而被流放国外。①

费城分行从未吸引来多少投资者，或许是因为那里的一个蓬勃发展的自由民黑人社区已为金融偿付能力构建了必要的基础。宾夕法尼亚州的大部分账户都有黑人慈善组织，比如“塞迪厄斯·史蒂文斯小屋”或“理查德·艾伦的独立儿女”的捐款。曼哈顿分行位于雪松街87号的美国外汇银行大楼内，吸引了大批黑人储户，尤其是那些最近从南方被安置过来的获得自由的人。但该分行也有大量工人阶级和白人移民在此开设账户。这些人和黑人投资者一样，认为自由民银行是保住他们微薄收入的最安全的地方。出生在利物浦的安妮·路易莎·布罗德福特在横渡大西洋的过程中失去了一个哥哥，她和8岁的克里斯托弗·布拉德利都在此开了账户，后者去年才从爱尔兰来到这里。来自英国哈德斯菲尔德的约瑟夫·泰勒和妻子艾拉合开了一个账户。由于银行必须为缺乏身份证明的储户留有记录，职员们草草记下了他的特征。泰勒，曾经是个工厂工人，“失去了右手的所有手指”。②

---

① *Charleston Advocate*, May 11, 1867; John. W. Alvord, *Letters from the South, Relating to the Condition of the Freedmen* (Washington, 1870), 9; George S. Holmes, December 19, 1865, in Register of Signatures in Branches of the Freedman's Savings and Trust Company, Reel 21, NA; Martin R. Delany, November 28, 1871, Ibid., Reel 23; John Cook, July 25, 1871, Ibid., Reel 23; Robert A. Vesey, August 30, 1871, Ibid., Reel 23; William B. Penceel, June 10, 1869, Ibid., Reel 21; Charleston Home Association, September 28, 1869, Ibid., Reel 21; Malcolm M. Brown, no date, Ibid., Reel 23; Charles Nesbitt, July 19, 1869, Ibid., Reel 21.

② dependent Sons and Daughters of Richard Allen, January 25, 1871, in Register of Signatures in Branches of the Freedman's Savings and Trust Company, Reel 19, NA; Thaddeus Stevens Lodge No 24, Ibid., Reel 19; Annie Louisa Broadfoot, November 5, 1870, Ibid., Reel 17; Christopher Bradley, November 4, 1870, Ibid., Reel 17; Joseph Taylor, March 31, 1871, Ibid.

到1873年末，该行已拥有34家分行，储户达61131人，存款额总计3299201美元。但该行的创立者约翰·W. 阿尔沃德曾经是个牧师、废奴主义者，并非金融资本家出身，他的机构没法开出“标准银行工作人员”所期望的近300美元月薪。阿尔沃德转而依赖黑人柜员，每月付给他们60美元至125美元的工资，这些人大多当过兵或在自由民局工作过；他们也没有什么金融业经验。由于不幸地受到了董事会成员、华盛顿第一国民银行行长亨利·库克的影响，该行发放了许多高风险贷款，其中一笔贷给了亨利兄弟的公司——杰·库克公司，另一笔贷给了亨利自己的银行，第三笔贷给了美国联合太平洋铁路公司。1874年，随着一场严重的经济萧条的爆发，董事会新成员约翰·默瑟·兰斯顿决定，年迈的阿尔沃德必须下台。董事会撤下了一位没有商业头脑的白人废奴主义者后，犯了一个错误，换上了一位金融经验有限的黑人废奴主义者。然而，最有可能的是，弗雷德里克·道格拉斯在拯救该机构方面无能为力，尤其是考虑到经济危机的全球性。上任仅两个月，道格拉斯就承认他在银行“处境艰难”。无奈之下，他把自己的1万美元借给了银行，但在1874年7月1日，他和其他董事一起投票决定关闭银行。无论是道格拉斯还是工人阶级的储户——其中只有3000人的账户额超过200美元——从此再没见过自己的钱。①

到此时，多亏约翰逊总统下决心削减战争年代的收益，这些储户中的大多数都不再指望自己成为有地的农民，都愿意领工资干活。越来越多年轻、强壮的自由民，尤其是那些自身技能允许他们在难得的

---

① Osthaus, *Freedmen, Philanthropy, and Fraud*, 25, 183; Dray, *Capitol Men*, 260 - 261; (authorunknown), *The Results of Emancipation in the United States of America*, 34; McFeely, *Yankee Stepfather*, 323; McFeely, *Douglass*, 282 - 286; Frederick Douglass to Nathan Sprague, May 30, 1874, in Douglass Papers, LC.

工余时间里雇佣劳动力的人，选择了佃农协议，这种做法是对勤奋和专业知识的报偿，能让黑人获得比他们领的标准工资更高的收入。对于那些喜欢在自己的土地上工作的黑人来说，佃农制是最好的选择。他们把种植园的部分土地当作自家的来劳作，自己掌握工作日程，安排家庭事务。他们的孩子有时间上学，他们的妻子也和为奴时不一样了，除了播种和收割的农忙时节，大部分时间都不用去田里了。主要因为这个原因，大多数地主都讨厌佃农制。“当黑鬼成为种植园的合伙人时，雇主们就等于是在拿智慧倒贴无知，埋没判断力便宜了虚荣心，为尊重种族和肤色而放弃自尊。”南卡罗来纳州前众议员 D. 怀亚特·艾肯抱怨道。有人表示赞成，说对于这些固执地坚持要做“自己时代的主人”的劳力，“工资是唯一能有效掌控他们的制度”。然而，一些有远见的地主意识到，这一安排将劳工激励引入了体制，而在战前几年它是不存在的，那时候只有监工的鞭子。北卡罗来纳一位种植园主雇了一些自由民，并“卖给部分人一些马和骡子”。到了春天，这个庄园成了“他所见过的最美最繁忙的农场”。白人邻居来他家警告他，说：“任何黑鬼都不应有自己的马骑。”这位种植园主没有退缩，而是去找了离他最近的联邦官员，后者给了他“想要多少就有多少”的旧枪供他自卫。这位上校“是个好人，是个绅士，就算他是北方佬”，这个种植园主若有所思地说。[1]

同历史上其他最重大的问题一样，土地改革的相对成败没有一个确切的基准来衡量。虽然总统执迷不悟的政策阻碍了黑人中产阶级的出现，也因此阻碍了南方邦联地区的繁荣，但大量获得自由的人还是

---

① Roger L. Ransom and Richard Sutch, *One Kind of Freedom: The Economic Consequences of Emancipation* (Cambridge, 2001), 95, 98; Foner, *Reconstruction*, 405; John B. Boles, *Black Southerners, 1619 – 1869* (Lexington, 1983), 208 – 209; Albion W. Tourgée, *A Fool's Errand, By One of the Fools* (New York, 1879), 91.

在战后几年里发达了起来。在自由民银行倒闭之前，有一对兄弟攒钱买了佐治亚州 1500 英亩的棉花地，另一个叫彼得·沃克的黑人也得到同样数量的土地。曾在查尔斯顿的非裔卫理圣公会教堂的重新落成典礼上发言的国会议员，绰号“该隐老爹”的理查德·凯恩，在南卡罗来纳买了 2000 英亩土地，将其更名为林肯维尔，并分割成小地块转售给他的黑人选民。在南方脱离联邦期间，几乎没有哪个南方黑人拥有土地，但到了 1880 年，20%的黑人农业人士拥有自己土地的契约。到 1920 年，这个比例上升到 25%，而与此同时，拥有南方土地的白人比例从 80%下降到 60%。其中一个黑人地主是佐治亚州议员威廉·A. 戈尔丁，他曾是种植园主查尔斯·科尔科克·琼斯的奴隶。到自由民局上班后，他攒够了钱，买下了前主人的部分地产。1874 年初，当琼斯的儿子拜访身为议员的戈尔丁时，戈尔丁彬彬有礼地把自己的农场指给他看。“啊，先生，”戈尔丁说，“从你和你父亲住在这里到现在，发生了很大的变化。几乎所有的大种植园都被土地的主人分割成小块——主人不再耕种，也不再用栅栏将土地围起来——并且**卖给**有色人士。”梅肯的一位编辑哀叹道，曾经的“高贵宅邸”现在“被无知的［前］奴隶占据”，但对戈尔丁以及勤劳的自由民而言，重建绝不是失败的。①

---

① Alvord, *Letters from the South*, 19; Dray, *Capitol Men*, 369 – 370; Sharon Ann Holt, *Making Freedom Pay: North Carolina Freedpeople Working for Themselves, 1865 – 1900* (Athens, GA, 2000), 54; McPherson, *Lincoln and the Second American Revolution*, 18 – 19; Macon *Daily Telegraph*, February 10, 1874.

第四章　“主赐给我们书和教师”

传教士与社区的形成

休·伦诺克斯·邦德 1828 年出生在巴尔的摩的一个富裕家庭，从小就推崇以温和适度的方式处理问题。20 岁时，他从纽约城市大学毕业，回到马里兰州，在一家老牌律所学习法律。邦德是典型的来自切萨皮克的富有白人，他被辉格党吸引，因为辉格党代表的是清醒、商业头脑及对国家财力的坚定的组织管理。辉格党垮台后，邦德跟随他的朋友、国会议员亨利·温特·戴维斯加入了短命的“美国党”。4 年后，他认为林肯过于激进，便把选票投给了约翰·贝尔和立宪联邦党人（Constitutional Unionists）。正如邦德在 1856 年所指出的，除了“一个联邦民主党人和一个共和党煽动家”之外，总还有第三种选择。邦德的稳健和法律能力为他赢得了巴尔的摩刑事法庭的职位，他在这个职位上一直工作到 1867 年。①

战争改变了许多白人男女，也改变了邦德的一切。作为一名虔诚的卫理公会教徒，这位法官从不同情奴隶制，但他对该州大多数民主党官僚所表现出的亲南方邦联的同情感到愤怒。他宣布自己是共和党人。邦德抗议联邦政府向那些把自家奴隶送去参军的白人奴隶主发放奖金的政策，并以自己的司法职位将当学徒的黑人孩子送回其父母身边，他还捍卫禁止奴隶制的 1864 年州宪法，解放了 8 万多名马里兰州黑人。最重要的是，邦德法官非常重视读写能力教育，因而加入了他所在城市的有色人种道德和教育改善协会，并为 1865 年开始出现的自由民学校背书。日益激进的邦德公开哀叹马里兰州来的“每一个”想接受高等教育的“卫理公会有色教徒”都不得不依赖北方的慈善事业，这使得他在卫理公会圈子里不受欢迎。他抱怨道：“马里兰州没有哪个卫理公会为其有色教徒的教育贡献过一分钱。”邦德的努力，为他在波士顿福音派和改革家之中赢得了“有色人士的有见地的朋友”的声誉。但对他来说，没有什么荣誉比一次偶然听到的谈话更有意义了，在那次谈话中，一位前奴隶告诉一个黑人女孩，他打算去一所自由民局开办的夜校上学。“你知道的，”这位昔日的奴隶坚定地说，“我们所要做的就是白天努力工作，晚上好好学习。”②

虽然邦德是个书生，但他自己并不相信教育。作为一名进步的共和党人，这位法官认为知识与公民身份密不可分；作为一名上层社会的道德家，他希望教育能够治愈作为劳工阶级的自由民身上的“堕落”和“邪恶”。作为许多富裕白人的典型代表，邦德还认为学

---

① Richard Paul Fuke, "Hugh Lennox Bond and Radical Republican Ideology," *Journal of Southern History* (hereafter *JSH*) 45 (1979): 571; Jean Baker, *The Politics of Continuity: Maryland Political Parties from 1858 to 1870* (Baltimore, 1973), 183; Hugh L. Bond to Henry Winter Davis, February 4, 1856, in Bond-McCulloch Family Papers, Maryland Historical Society.

② Charles Lane, *The Day Freedom Died: The Colfax Massacre, the Supreme Court, and the Betrayal of Reconstruction* (New York, 2008), 116; Hugh L. Bond to Boston Ministerial Education, November 10, 1866, in Bond-McCulloch Family Papers, Maryland Historical Society; Charles Lowe to Hugh L. Bond, February 15, 1866, Ibid.; Charles E. Adams to Hugh L. Bond, April 26, 1866, Ibid.

校不仅对黑人的经济发展意义重大，而且对全州的繁荣也至关重要。“受过教育的劳工，”他对巴尔的摩的商人说，“比没有受过教育的劳工产出多”，因此，不管保守的白人对黑人识字有何疑虑，为了“州的利益，所有的劳动者都应该受教育”。他的密友亨利·温特·戴维斯于1863年成为国会议员，却在1865年英年早逝。但是，多亏了亨利的堂兄大卫·戴维斯，即林肯1860年的竞选负责人、如今的最高法院助理法官，邦德在巴尔的摩和华盛顿都保持着良好的政界交情。他经常与自由民局的奥利弗·O. 霍华德通信、提出疑问、给出建议，并与这位将军的兄弟、自由民局助理局长查尔斯·H. 霍华德一起在1867年夏天巡视了马里兰州南部的自由民学校。令随行的《巴尔的摩太阳报》记者惊讶的是，邦德在伦纳德敦和波特烟草公司的演讲受到了黑人和白人的一致欢迎，“一切都进行得很愉快”。①

因为邦德有理由担心自由民局的学校遭到安德鲁·约翰逊总统的否决后将难以为继，所以他支持由政府出资的综合性公立学校。这为他招来了民主党人的敌意，民主党人已经对这位法官颇多怨言，说他在听审黑人家庭与前主人之间的纠纷时，从来不忘为前者找说辞。1866年末，支持总统政策的马里兰州州长托马斯·斯万敦促州议会弹劾这位法官。虽然弹劾搁置了，但愤怒的白人发了恐吓信。“小心点儿，你这黑了心的讨好黑鬼的狗娘养的，”有人写道，“你为什么不离开马里兰呢；那不是你待的地方。我们是这里的白人。滚到马萨诸塞去当个黑鬼吧。我们都恨你，你去死吧。”邦德平静地把信归档，对他的上帝和他所在州的黑人都站在他这一边感到满足。“他们说约

① Fuke, “Hugh Lennox Bond,” 580; *New-Orleans Times*, September 10, 1866; *Baltimore Sun*, September 6, 1867.

翰逊总统不敢去巴尔的摩，”一名波士顿记者调侃道，“怕你把他关起来。”①

邦德的敌人这样做只会成功地把邦德推到更激进的境地。1866年秋天，他在巴尔的摩的前街剧院发表演讲，与首席大法官萨尔蒙·P. 蔡斯、霍华德将军和亨利·沃德·比彻牧师等共和党名人同台。他注意到大厅后面挂着一面横幅，骂他“是个黑鬼崇拜者”——邦德在讲话中肯定对横幅上的措辞进行了净化——对此他回敬道，他不会理会“任何在上帝的土地上践踏同胞的人”。而后，他猛烈抨击那些“对黑人教育只字未提”的部长们。他想知道，为什么他的州要坚决剥夺黑人受教育的权利？作为一名法官，“除了监狱，18岁以下犯了错误的有色人士他没地方可送”。他向听众保证，在“每个黑人都获得上学的权利”之前，他不会罢休。民主党人对此嗤之以鼻，但到了11月尤利西斯·格兰特将军访问这座城市，由邦德法官接待时，邦德的斗争更具政治色彩，此时他领导着该州的“普选党”（universal suffrage party）。3年后，格兰特在其总统任上提拔邦德去第四联邦巡回法院任职。参议院的共和党人通过了这一任命，邦德继续践行自己的改革决定，直到1893年去世。②

尽管如今已被遗忘，但邦德是成千上万的白人活动家和进步福音派的典型代表，是内战及其直接后果让他们变得激进。在往日的学术界及流行的神话中，这些被骂自私和虚伪的北方投机政客（carpetbagger）与黑人牧师和退伍军人并肩工作，修建教堂和学校。

---

① *Albany Journal*, November 9, 1866; Curtis to Hugh L. Bond, November 1866, in Bond-McCulloch Family Papers, Maryland Historical Society; Thomas Russell to Hugh L. Bond, November 8, 1866, Ibid.

② *Baltimore Sun*, October 12, 1866; *Boston Daily Journal*, November 14, 1866.

他们中的年轻男女相信上帝会眷顾他们的事业，欣然接受低薪，无私地牺牲自己的健康，甘冒生命危险，为的是让刚获得自由的美国人过上更好的生活。在他们看来，决心建立或在某种情况下重建在奴隶制时期被忽视或被战争摧毁的社区和机构的黑人，建起了乡村的庇护所和学校，又在被无数次纵火之后将它们重建一新。刚获得自由的人们原本希望把辛苦挣来的钱存起来为自己买个农场，如今却捐出来买书和长椅。这些男男女女的付出——还有邦德法官的源源不断的开明决定——提醒人们，重建时代既未得出确切结论，也不算未能实现其所有目标。在阿波马托克斯受降不到两年，霍华德报告说，自由民局管理着 1207 所南方学校，雇了 1430 名教师，为 77998 名学生授课。到 1869 年，这一数字翻了一番，达到 3000 所学校和 15 万名学生。一名工作人员发现，单单是得克萨斯州，“散布在全州的许多偏远地区的小学校都主要由黑人授课”。尽管这些数字让人印象深刻，却不包括那些在附近教堂上非正式夜校的成年人，也不包括每晚跟着孩子学习基本识字能力的成年人。这位工作人员作证说：“据估计，一年之内，得克萨斯州至少有一万名黑人，无论老少，已经学会了拼写和阅读。”①

对于分散在南方各地的自由民局工作人员、波士顿的年轻教师甚至休·L. 邦德这样的现有公务员而言，协助形成黑人社区的任务是

① David Goldfield, *America Aflame: How the Civil War Created a Nation* (New York, 2011), 412; *Flake's Bulletin* (Galveston, TX), May 23, 1867. 北方投机政客是贪婪的恶棍，决心“摧毁南方（白）人的精神以使其接受北方标准”，这种形象出现在 Walter Kennedy 和 James Kennedy 带有现代种族主义的新邦联派作品中，如 *The South Was Right!* (Gretna, 1994), 20, and Thomas DiLorenzo, *The Real Lincoln: A New Look at Abraham Lincoln, His Agenda, and an Unnecessary War* (Seattle, 2002), 7. 他们认为重建的目的是“掠夺”该地区。彻底揭穿这一观点的作品是 Richard N. Current, *Those Terrible Carpetbaggers: A Reinterpretation* (New York, 1988)。

艰巨的。刚获自由的黑人在乡间四处打听战前被卖掉的亲人的下落。正如一位诺福克妇女向一位年轻教师解释的那样，她深爱的姑姑“被卖掉了，就像被风吹走被水冲走一样”。这场战争解放了大约400万受奴役的美国人，但在此过程中，血腥的战斗也埋葬了数千黑人士兵，让他们的妻子沦为寡妇，孩子成为孤儿，推动人口向华盛顿和几乎所有其他南方城市迁移，也将难民及农村的幸存者驱赶到北方城市。黑人教堂和兄弟会在纽约和费城长期存在，但它们微薄的资源不足以接纳不断涌来的南方移民潮。巴尔的摩已经支援了几个非裔卫理公会教会、寄宿处和非裔美国人辩论社团，但即便如此，黑人领袖仍在努力筹集必要的1.6万美元，用于建立道格拉斯研究所（Douglass Institute)，一个以马里兰州前奴隶的名字命名的社区中心，位于东列克星敦街11号。事实证明，下南方的城市更敌视那些支持黑人社区的机构，1822年查尔斯顿的非裔卫理公会教堂被夷为平地之后，黑人教堂历经曲折，艰难地生存了下来。不过，就连南卡罗来纳的港口也因为这场战争而得到了发展。当许多黑人逃往北方时，在印第安纳波利斯长大的加拿大黑人老兵威廉·霍德却在这座部分被烧毁的城市里看到了机会。他在教堂街开了一家餐馆，把妻子从南方带来共同生活。①

对于在南方各州长大的黑人难民来说，适应曼哈顿的生活意味着要学会如何在一个拥有近100万人口、无序蔓延、熙熙攘攘的海港生存。26岁的玛莎·奥古斯塔·威尔逊来自马里兰州东岸。她的哥哥

① Joseph Browne, "'To Bring Out the Intellect of the Race': An African American Freedmen's Bureau Agent in Maryland," *Maryland Historical Magazine*, 104(2009): 380-381; Cynthia Everett to Dear Brother and Sister, Christmas 1869, in Everett Papers, Newberry Library, Chicago; William A. Hord, January 15, 1872, in Register of Signatures in Branches of the Freedman's Savings and Trust Company, Reel 23, NA.

留在了马里兰州，那里安葬着她的另一个手足。像许多黑人和移民妇女一样，她在洗衣店当“洗衣熨烫工”。同样出生在马里兰州的夏洛特·安·克拉克失去了丈夫和母亲，搬到纽约也抹不去她为奴的印记。一位银行出纳说，克拉克的头发“有一侧被削掉了”，她的“上唇有一道伤疤”。在华盛顿出生和长大的斯蒂芬·格林找到了一份搬运工的工作，但除此以外，他独自一人生活在这城市，离不开教堂和黑人寄宿处提供的援助。格林的父亲若非是搬到里士满，就是被卖到那里的。他母亲早在12年前就去世了，那时他才13岁；他的一个姐姐留在了华盛顿，一个哥哥去世了。①

这些来自南方邦联的移民并非个例。战争结束时只有12岁的戴维斯·劳斯刚刚失去了兄弟；他的父亲，一个自由身的黑人水手，“在儿子6个月大时死在了海上”。亚历山大·布里奇福德也刚从弗吉尼亚来，“刚投降”那会儿他父亲就死了。布里奇福德也许希望找份工作，然后把留在彼得斯堡的母亲也带到北方。从亚历山德里亚搬来的查尔斯·星期五·罗伯森找了份服务员的工作，他的父母则留在弗吉尼亚州，那里埋葬着他的三个兄弟姐妹。出生于里士满的科尼利厄斯·弗莱彻也是一名服务员。他的父亲菲尔“在他小时候就被卖了”，尽管他的母亲还活着，但她去密西西比找她的丈夫去了。“格斯弟弟死了。”自由民银行的一名职员这样写道。②

对于移民和大部分留在南方的黑人来说，宗教是最直接的慰藉。

---

① Martha Augusta Washington, November 7, 1870, in Register of Signatures in Branches of the Freedman's Savings and Trust Company, Reel 17, NA; Charlotte Ann Clarke, April 4, 1871, Ibid., Reel 17; Stephen Green, November 5, 1870, Ibid., Reel 17.

② Davis Laws, November 5, 1870, in Register of Signatures in Branches of the Freedman's Savings and Trust Company, Reel 17, NA; Alexander Bridgeford, February 24, 1871, Ibid., Reel 17; Charles Friday Roberson, October 25, 1870, Ibid., Reel 17; Cornelius Fletcher, November 2, 1870, Ibid., Reel 17.

费城的黑人教堂集会可以追溯到1790年代，曼哈顿则紧随其后。但是南方的白人认为非裔卫理公会教堂是黑人反抗的中心；它们经常遭到当局的突袭和关闭，能幸存下来的教堂大多是位于上南方（upper South）城市地区的。在南方农村，信奉基督教的非裔美国人倾向于卫理公会或浸信会，这让黑人有必要灵活地践行自己祖先的传统，同时也接受他们所在地区占主导的信仰。纳什维尔的第一座有色人种基督教教堂已有40年历史；它由自由人管理，是展示黑人能力的典范。随着这座城市在战争期间的发展，教会也在不断壮大，到1866年，会众已超过300人。1865年12月，在里士满，黑人纷纷支持有色人种浸信会第五教堂的设立，但在整个冲突期间，浸信会会众一直在不同地点秘密集会。正如里士满的故事所暗示的，只有在联邦政府占领后，前南方邦联的黑人会众才敢公开露面。随萨克斯顿的部队而来的教师注意到，涌向罗亚尔港的黑人很快盖起了用于公共服务的建筑。有人说，“执事和传教士”长期以来都被奴隶社群所认可，但直到现在才可以自由地召集他们的信众，“一周三个晚上，周日再来三次”。①

与其教区居民一样，这些教堂大多最初也比较寒酸。里士满的有色人种浸信会第五教堂被安置在一个改造过的马厩里，也许正恰当。亚特兰大的有色人种浸信会第一教堂是一节火车车厢，是由25名会众在1868年创建的。在乡村，灌木丛和大一些的奴隶小屋都可以用作小教堂。路易斯安那州一间供两家人居住的农舍，后来一半用作教堂，一半为牧师的住处。“当你进去的时候，”一位教友回忆道，“你

① “The Freedmen at Port Royal,” *North American Review* 208(1865):9; Steven Hahn, *A Nation Under Our Feet: Black Political Struggles in the Rural South from Slavery to the Great Migration* (Cambridge, 2003), 45; Howard N. Rabinowitz, *Race Relations in the Urban South, 1865 - 1890* (New York, 1978), 198 - 199.

可以选择——是去拜访住家，还是上教堂。缅因州出生的阿戴尔伯特·艾姆斯是位少将，作为一名共和党活动人士留在了密西西比州，他说他去的教堂“只建了一半”。没有窗户，屋顶那么简陋，以至于人“能透过缝隙看到星星闪耀”。但是，对于刚获得解放、迫切希望把支离破碎的社区重建起来的人来说，首先想要一个能集会、祈祷和开展活动的地方。用于购买食物、书籍和农场的首付款优先花在了建造更完备的教堂上。艾姆斯遇到的那些刚获自由的人祈祷、唱歌，“可能比坐在天鹅绒坐垫上开会的那一刻更享受”。[①]

至少在城市地区，教堂迅速发展，也最繁荣。待在改装过的车厢里 14 年后，有色人种浸信会第一教堂的 1500 名成员筹集了 3.5 万美元，建起了一座漂亮的木建筑。在佐治亚州哥伦布市，一个新的非裔卫理公会教堂只用了 4 年，其会众人数就“增加到了需要再建一座新教堂的程度”。据梅肯一家报纸报道，教堂长老打算把附近的戒酒会堂买下来。卡尔霍恩街上的查尔斯顿教堂当年由罗伯特·维齐设计，是一座简朴的松木建筑，很快就被发现小得无法容纳会众。在“该隐老爹”和来自艾迪斯托岛的目不识丁的农民摩西·布朗的带领下，会众在莫里斯街买下了一座残破的路德教会建筑，作为第二个大本营，这座建筑以几十年前流亡费城的牧师莫里斯·布朗的名字命名。1872 年，一座更大的建筑取代了卡尔霍恩街教堂。一旦有了人数规模仅次于费城原教堂的第二大非裔卫理公会教堂，这座城市繁荣的战后黑人社区自己迅速重建起来；到了 1880 年代初，查尔

① Claude H. Nolen, *African American Southerners in Slavery, Civil War, and Reconstruction* (Jefferson, 2001), 174; Rabinowitz, *Race Relations in the Urban South*, 204; Leon Litwack, *Been in the Storm So Long: The Aftermath of Slavery* (New York, 1979), 468; Nicholas Lemann, *Redemption: The Last Battle of the Civil War* (New York, 2006), 56 - 57.

斯顿的非裔卫理公会会众多达5000人。正如一位记者所观察到的，南方黑人对教堂的贡献远远超过白人“按其财产和收入比例看应做的贡献”。[①]

流落在北方的南方移民尤其需要精神上的滋养。曼哈顿的黑人社区撑起了非裔卫理圣公会锡安教堂、圣菲利普教堂和有色人种长老会第一教堂。约翰·约翰逊是一个弗吉尼亚州的黑人，他的母亲“在战争期间死于阿尔伯马尔县”。约翰逊在希洛长老会教堂找到一份做牧师的工作。跟随第54军团的退伍军人返回马萨诸塞州的黑人难民，在波士顿和伍斯特的黑人教堂找到了慰藉。特别是在较不成熟的教会中，获得解放的妇女在维持羽翼未丰的教会方面发挥了关键作用。战争结束一年后，艾奥瓦州达文波特的黑人妇女组成了一个非裔卫理公会缝纫小组，筹集了64美元建了一个新的庇护所。奥斯卡卢萨的女教友募集了177美元为新的庇护所添置了家具，得梅因的妇女举办了黑人解放日[②]的筹款晚宴。获得解放的妇女一向习惯辛苦劳作（如果指的是她们通常为他人忙碌的话），她们花了大量的时间替自己的会众做事，因为她们明白，她们不是在建造礼拜堂，而是在积累重要的社区资源。[③]

---

① Rabinowitz, *Race Relations in the Urban South*, 204 - 5; *Georgia Weekly Telegraph* (Macon, GA), August 6, 1869; Powers, *Black Charlestonians*, 206; Moses Brown, May 25, 1871, in Register of Signatures in Branches of the Freedman's Savings and Trust Company, Reel 17, NA. 布朗在文件上“画了押”而不是签了名。

② 又名六月节。——译者

③ Carla L. Peterson, *Black Gotham: A Family History of African Americans in Nineteenth Century New York City* (New Haven, 2011), 65; Janette Thomas Greenwood, *First Fruits of Freedom: The Migration of Former Slaves and Their Search for Equality in Worcester, Massachusetts, 1862 - 1900* (Chapel Hill, 2010), 142; Leslie A. Schwalm, *Emancipation's Diaspora: Race and Reconstruction in the Upper Midwest* (Chapel Hill, 2009), 146 - 147; John J. Johnson, October 27, 1870, in Register of Signatures in Branches of the Freedman's Savings and Trust Company, Reel 17, NA.

在战后共和国的某些地方，白人基督徒确实欢迎这些看得见的黑人自治的象征。由于独立的黑人教会经常性地受到战前当局的骚扰——1822年到1834年间查尔斯顿的黑人教会被明令禁止——大多数南方黑人以前都去过白人管理的教堂。然而，所有以白人为主的教会都摆出了令人厌恶的用来隔离不同种族的长椅，70年前，正是这种长椅将黑人赶出了费城的教堂。1865年夏天，第54军团的列兵本杰明·邦德造访查尔斯顿的卫理公会第一教堂时，发现黑人信徒的座位是“另辟的”，认为做这种安排的人“不配称为基督徒”。在理解黑人的灵性时，即使是来自北方教堂的白人福音派教徒也会显得迟钝。劳拉·汤恩是自由民局的工作人员，也是学校教师，随联邦军队抵达海岛[①]时，她惊讶地看到了一群祈祷的黑人，他们就是她口中不屑的“一帮搞旧偶像崇拜的残余”。卡罗来纳刚获自由的黑人并没有正襟危坐，安静地听长老会的布道，而是围成一圈一边祈祷、叫喊，一边走着，“脚踩得整个地板”都在晃。“我从未见过如此野蛮的行径。”她在日记中坦陈。当然，昔日的奴隶能忍受好心的波士顿改革者的屈尊俯就的目光。更严重的问题是南方白人牧师的反对，他们不想他们的信众——及其捐款——跑到独立的黑人教会去。由于黑人的捐款在战前帮助过白人控制的教堂，许多获得自由的黑人决心取走他们提供给这些教堂的部分财产，就像他们没收前主人的财产一样。“我们要宣布所有这些财产都是我们的，”佐治亚州一个自由民1866年说，“我们有权与任何基督教团体结为兄弟，只要它的教义与同情心跟我们一致。”白人教堂是“叛乱”机构，是“民主”的会众群体，是“旧奴

① Sea Islands，佐治亚州中南部和佛罗里达州北部海面上的群岛。——译者

隶制下的教堂”，鲜有黑人愿意和他们扯上关系。①

黑人教堂一旦建立，就像北方的黑人教会那样履行着同样的职能，即便有白人牧师拒绝在那里履行天职。获得解放的人想与黑人牧师建立长期的关系，通常也想在黑人会众面前表现出这一点。正如一位自由民局官员在1865年所汇报的那样，他管辖范围内的非裔美国人“都有意在教堂结婚，而且更喜欢由福音派牧师来宣布他们的结合”。黑人希望他们的结合能像自己当年在主人家里看到的那样庄严，因此愿意把结婚地点定在一座建筑里，不管它有多小或者多凑合。从州的角度看，获得解放的人是想要一个证书来证明他们婚姻的合法，以此避免再次被奴役和买卖，但从他们的上帝的角度看，他们是在请求一个非裔美国人的教堂的准许。海岛的自由民局官员注意到，即使是大型种植园里的新人，在更宽敞的房子盖起来之前也选在小木屋里举行婚礼。②

与白人教堂相比，各地的黑人教堂还扮演着各种非传统角色。至少在最初，这些获得自由的人因为贫困很少能负担得起建造并捐助教堂及学校的费用，他们经常让一座建筑发挥两个作用。单在梅肯一地，第二浸信会、第一浸信会和有色人种长老会的教堂就每天开课，通常上午8点开始。一些信众筹款资助过学校和教师，但战争刚结

---

① Benjamin M. Bond to unknown, July 22, 1865, in *A Grand Army of Black Men: Letters from African-American Soldiers in the Union Army 1861 - 1865*, ed. Edwin S. Redkey (Cambridge, 1992), 183 - 184; Laura M. Towne, *Letters and Diary of Laura M. Towne, Written from the Sea Islands of South Carolina* (Cambridge, 1912), 20; Peter Kolchin, *First Freedom: The Responses of Alabama's Blacks to Emancipation and Reconstruction* (Greenwood, 1972), 112 - 113; Edmund L. Drago, *Black Politicians and Reconstruction in Georgia: A Splendid Failure* (Baton Rouge, 1982), 18 - 19.

② Noralee Frankel, *Freedom's Women: Black Women and Families in Civil War Mississippi* (Bloomington, IN, 1999), 84 - 85; "The Freedmen at Port Royal," *North American Review* 208(1856): 25.

束，大多数教会就资助开办了夜校，并在周日下午开设基础识字课程。当全家人都在为一小块土地的首付而干活存钱时，鲜有家庭会把孩子送去自由民局办的全日制学校。某次造访南方时，阿尔沃德发现“供被解放的奴隶上的主日学校已在整个南方遍地开花；所有这些学校都提供初级教育，而且还惠及数千名无法在工作日上学的人”。传教士萨拉·简·福斯特也注意到了同样的情况。很少有南方黑人看过《圣经》以外的书，虽然每个黑人家长都希望自己的孩子能受到像样的教育，但对大多数人来说，“主日学校是他们唯一的读书机会”。①

如果说黑人战后教会模糊了神学和教育之间的界限，那么他们在政治领域的介入就更加明显了。那些在战前为奴的牧师都记得公共服务方面的艰难，对他们而言，仅捍卫自己认为的礼拜权这一举动就是一种政治行为。在美国的下南方，教友们明白，他们要继续存在，就得在华盛顿有有影响力的关系和朋友。正如佛罗里达州非裔卫理公会的牧师查尔斯·H. 皮尔斯后来向国会某委员会所解释的那样，他认为宗教和政府“不可能”分开。“在这个国家，一个人如果不关心他的人民的政治利益，那他就无法尽到他作为牧师的全部职责。”在一个 19 世纪里不允许自由民从事那些标志其地位的工作的地区，牧师作为受人尊敬的社区领袖，被要求阅读劳动合同，解读报纸上的新闻，帮助那些不识字的教区居民理解法律文件。难怪随着非裔美国

---

① Joel Williamson, *After Slavery: The Negro in South Carolina During Reconstruction, 1861 - 1877* (Chapel Hill, 1965), 204; Vernon Burton, "Race and Reconstruction: Edgefield County, South Carolina," *Journal of Social History* 12(1978): 33; *Georgia Weekly Telegraph* (Macon, GA), June 18, 1866; John C. Rodrigue, "Black Agency After Slavery," in *Reconstructions: New Perspectives on Postbellum America*, ed. Thomas J. Brown (New York, 2006), 57; Sally G. McMillen, *To Raise Up the South: Sunday Schools in Black and White Churches, 1865 - 1915* (Baton Rouge, 2001), 18 - 19.

人赢得选举权，他们往往推举牧师去担任要职。在重建期间，至少有243名黑人牧师担任公职，人数超过黑人士兵，这使得牧师在战后公务员的职业背景中排名首位。（然而，由于许多牧师在战争期间服务于北方联邦，所以与这一时期担任公职的130名黑人退伍军人有相当大的重叠。）其中大多数是浸信会牧师，非裔卫理公会牧师居第二位。皮尔斯牧师也在此列。皮尔斯出生在马里兰州的一个奴隶家庭，1850年代被授予牧师职位，后以传教士身份移居佛罗里达，1868年被选入州制宪会议。在接下来的6年里，他作为他所在选区的代表进入佛罗里达州参议院。他始终相信自己一生的工作就是在各方面帮助他的教众，他还担任教育主管，并帮助布朗神学院筹集资金。①

这种灵性上的激情、教育进步和政治抱负的融合，引起了前邦联分子的愤怒。如果说南方白人是勉强接受独立的黑人教会的，那么随着牧师和教众把教堂变成学校，并投身土地和投票权的斗争中时，这种接受就减退了。在马里兰州的安妮阿伦德尔县，白人将一座黑人卫理公会教堂付之一炬，一名前邦联分子坚称：“没有别的原因，就是冲着主日学校的授课来的。”暴徒还烧毁了附近的蒙哥马利、肯特和萨默塞特等县的教堂，因为它们开办了夜校。阿肯色州的自由民威廉·马莱特写信给国会议员塞迪厄斯·史蒂文斯，希望对方“能做些什么”防止“叛乱者”进一步实施暴力。他报告说，他们“烧毁了一座精美的非裔教堂，这让其损失了大约5000美元”，并把“24名黑

① Eric Foner, *Reconstruction: America's Unfinished Revolution, 1863 - 1877* (New York, 1988), 93; Hahn, *A Nation Under Our Feet*, 233; Thomas Holt, *Black over White: Negro Political Leadership in South Carolina During Reconstruction* (Urbana, IL, 1977), 90 - 91; Eric Foner, ed., *Freedom's Lawmakers: A Directory of Black Officeholders During Reconstruction*, 2nd ed. (Baton Rouge, 1996), xx - xxi, 168.

人男女和儿童”吊在“小屋周围的树上”。[1]

对于一个正在走向自由的民族来说，没什么比基础教育更重要的了。就像土地改革一样，这也是一个既关乎南方的种族又关乎阶级的问题，意味着如果华盛顿的共和党人进行恰当的宣传，公共教育就有可能吸引大量的南方自耕农。自由民自然会抱怨他们的前主人当年想方设法阻止他们获得信息。“白人从来没有帮过我们黑人中的哪一个学读书写字，”南卡罗来纳州的西尔维娅·坎农回忆道，“如果他们碰巧看见我们的孩子有本书的话，搞不好会杀了我们。”南方各州也不希望为获得自由的黑人提供教育，因为他们中的许多人与奴隶群体存在血缘关系，可能会教他们的表亲和侄子读书。即使在田纳西州，1860 年在公立学校就读的 16 万名学生中，只有 152 人是非裔美国人。然而，对于中产阶级和工人阶级的白人儿童来说，情况也好不到哪里去。种植园主则倾向于请私人教师来教自己的子女。与北方相比，南方普遍贫穷，也缺乏资助公共教育体系所需的计税基数。在南方邦联，只有得克萨斯州和路易斯安那州有获得税收支持的公立学校。地区性的怀疑也在对教育改革不利；在 1850 年代，公民团体通过了一系列决议，敦促学校“不得雇佣非南方出生的教师”。结果，南方大多数州的成年白人男性的文盲率接近 20%，在新英格兰却几乎无人知晓这些。[2]

---

① Barbara Jeanne Fields, *Slavery and Freedom on the Middle Ground: Maryland During the Nineteenth Century* (New Haven, 1985), 144 – 145; William Mallet to Thaddeus Stevens, May 28, 1866, in *Papers of Stevens*, 2:152.

② Robert C. Morris, *Reading, 'Riting, and Reconstruction: The Education of Freedmen in the South, 1861 – 1870* (Chicago, 1981), 67; interview with Sylvia Cannon, August 4, 1937, in George Rawick, ed., *American Slave: South Carolina Narratives* (Westport, 1972), 192; Richard L. Hume and Jerry B. Gough, *Blacks, Carpetbaggers, and Scalawags: The Constitutional Conventions of Radical Reconstruction* (Baton Rouge, 2008), 250; Michael W. Fitzgerald, *Splendid Failure: Postwar Reconstruction in the American South* (Chicago, 2008), 151; Rabinowitz, *Race Relations in the Urban South*, 152.

在新英格兰以外的地区，黑人投票权落实在了对公共教育的切实要求上，那里的黑人儿童面临各种各样的阻碍。在密歇根州，州立法机关要求在学校实行种族隔离，但到1860年，底特律黑人社区的发展意味着该市为黑人设立的专门学校不仅不足，而且里面全是白人教师。最后，随着战争的结束，越来越多的黑人向北迁移，州议会开始讨论种族融合的好处，并聘请了首位黑人教师——出生于弗吉尼亚州的芬妮·理查兹。宾夕法尼亚州要求黑人学生数超过20人的地区建独立的黑人学校，在有这些学校的地方，黑人儿童被剥夺了进入更严格的白人学校的权利。1842年，纽约州建立了一系列由纳税人资助的学校，但在产业性贫困加剧和移民不断增加的情况下，该州只能努力维持着教学质量。即使在因狂热的奋兴主义而被改革家追捧为“炽燃地区”(Burned-Over District)的纽约州北部，也只有雪城和罗切斯特建有种族融合的学校，而后者一直拖到1857年才有。就连林肯的伊利诺伊州，正如社会活动家约瑟夫·斯坦利所哀叹的，大多数黑人青年也被种族主义剥夺了受教育的机会，直到1865年，“我们的有色儿童中，只有不到100人上过公立学校”。①

在美国南方，就像黑人教堂的重建一样，学校也随着联邦军队的到来而建立起来。北方教师最初是随军团坐船南下，目的地是新奥尔良或攻下的沿海地区。本杰明·巴特勒在弗吉尼亚州开始解放奴隶后不久，白人教育工作者就在诺福克的门罗堡附近，甚至在蓄奴总统约

① John B. Reid, "'A Career to Build, a People to Serve, a Purpose to Accomplish': Race, Class, Gender, and Detroit's First Black Women Teachers, 1865 - 1916," *Michigan Historical Review* 18(1992):11 - 12; Ira V. Brown, "Pennsylvania and the Rights of the Negro, 1865 - 1887," *Pennsylvania History* 28(1961):46; James C. Mohr, *Radical Republicans and Reform in New York* (Ithaca, 1973), 186 - 187; Philip S. Foner and George E. Walker, eds., *Proceedings of the Black National and State Conventions, 1865 - 1900* (Philadelphia, 1986), 211.

翰·泰勒的种植园附近为学校举行了落成典礼。在罗亚尔港，教师们将奴隶小屋改造成只有一间教室的校舍。杰斐逊·戴维斯位于“戴维斯转弯”的豪宅得到了很好的利用，里面住了3名教师和200名儿童。一些白人士兵在还是平民时当过教师，正如马萨诸塞州的牧师贺拉斯·詹姆斯所说，这些人“所来自的地区，免费学校在那里是这个国家文明不可或缺且非常强大的组成部分，我们自然希望在这里建立类似的机构”。詹姆斯发现许多以前的教师，特别是那些最虔诚的宗教人士，愿意每天晚上去教课，“这样他们就可以研读各自的《圣经》，自己去领悟神的旨意”。谢尔曼刚离开萨凡纳，该市的黑人神职人员就成立了萨凡纳教育协会。实际上，在查尔斯顿沦陷的那一刻，该协会就聘请了15名教师，买下了一些废弃的建筑作为学校，其中包括位于查尔默斯街的该市奴隶市场。冲突前曾秘密授课的路易斯·B. 图默成了新体系的“校长老师”。①

来到行将崩溃的南方邦联的第一批教师并没有领到政府的薪水。大部分酬劳是由美国传教士协会提供的，这是一个20年前在奥尔巴尼成立的福音派废奴主义者组织。该协会向传教士——其中大多是年轻的新教妇女——支付费用，并为南方儿童和黑人士兵购买一般书籍和《圣经》。“任何教会，只要支付大约200美元，”该组织在一本广为流传的小册子中宣称，“就可以选择自己的传教士或教师，由该协会派人，并直接向所在教会汇报工作。”雪城的克洛伊·梅里克就是

① *Freedmen: The American Missionary Association* (Boston, 1864), 2; Walter B. Edgar, *South Carolina: A History* (Columbia, SC, 1998), 366; Philip Dray, *Capitol Men: The Epic Story of Reconstruction Through the Lives of the First Black Congressmen* (New York, 2010), 6; Henry Rowntree to Esteemed Friends, April 14, 1864, in Berlin, ed., *Freedom: Series I*, 3: 822; Janet Hermann, *The Pursuit of a Dream* (New York, 1981), 56; Greenwood, *First Fruits of Freedom*, 40; Drago, *Black Politicians and Reconstruction*, 27; Jones, *Soldiers of Light and Love*, 73.

其中的典型代表，她南下到圣奥古斯丁和费尔南迪纳办了学校。毕业于曼荷莲女子神学院，后来成为弗雷德里克·道格拉斯之妻的海伦·皮茨，在弗吉尼亚州的诺福克任教。其他传教士也大量抵达，以至于在 1865 年 5 月 1 日，即李将军投降不到一个月的时候，美国传教士协会和少数黑人牧师就在前南方邦联首府里士满开始给 1000 多名黑人儿童授课。尽管他们的活动经常是由军方协调，但他们的薪水靠的是私人慈善事业。随着国家恢复和平，州和地方政府恢复到足以建立税收支持体系的程度，协会的理事们希望教师能去这些学校找工作。[1]

1865 年春，国会成立了自由民局，负责接管和协调各种传教活动。一些改革者认为这项任务非常艰巨，只有有内阁级职位的人才能胜任。“建一个新的执行机构吧，”威廉·波特牧师表示，“再任命一名新的内阁官员，负责照顾、保护和教育这 400 万刚获自由的人。”虽然国会没能把自由民局提升到进入总统顾问圈的级别，而且该机构仍由军方资助，但霍华德将军有权选任一名自由民学校的督学。他选了随军牧师约翰·W. 阿尔沃德，此人后来当上了自由民银行行长。到了 7 月，阿尔沃德和他的助理专员们向南方各州分别派出了一名工作人员，担任地区监督员。1866 年 7 月，共和党人不顾约翰逊的否决，通过了自由民局第二项议案，拨款 52.1 万美元用于来年的教育活动和工资，这样一来，该局就可以开始负责支付传教士教师的工资了。该局的许多工作人员都有宗教背景，他们与年轻的福音派女性有

① *Freedmen: The American Missionary Association*, 1; *Minutes of the Convention of Freedmen's Commissions, Held at Indianapolis* (Cincinnati, 1864), 25; Foner, *Reconstruction*, 97; Current, *Those Terrible Carpetbaggers*, 26 - 27; Ronald Butchart, *Schooling the Freed People: Teaching, Learning, and the Struggle for Black Freedom, 1861 - 1876* (Chapel Hill, 2010), 96.

着共同的愿景，这些女性试图让非裔美国人铭记：在后奴隶制时代，她们既是公民，又是自由的雇佣劳动者。一位纽约传教士主张，教师要“为了国家对他们施教，因为劳动者的生产力和价值与他的智力成正比”。[①]

对于新近获得解放的成年人来说，对基础教育的要求源于实用主义。随着南方各地继续争夺土地，黑人需要识字来理解契约，阅读劳动合同。自由民局的工作人员阿尔文·吉勒姆注意到，那些渴望“成为自力更生的农民”的人，只会签署条款中包含“能让他们获得教育方面有利条件的规定”的合同。一部分新近获得解放的查尔斯顿人明白，该州剥夺黑人受教育的机会和该州将黑人视为无财产的动产的决心之间，存在着历史性的联系。1865 年初，黑人聚集在该市的锡安山教堂起草了一份决议，谴责他们“过去被迫处于无知和潦倒的境地”，并要求新的立法不仅要建公立学校，而且要“让黑人儿童的上学常态化”。在邻近的佐治亚州，突尼斯·坎贝尔也有类似的想法，其主张将免费的和打破种族隔离的学校作为迈向黑人的蓬勃发展和拥有土地所有权的第一步。[②]

与识字几乎同样密切相关的是政治权利，这些权利关系到争夺土地的斗争。黑人退伍军人坚称他们赢得了选举权，就连那些年纪大到不能服兵役的非裔美国人也把选举权视为土地改革的关键，把识字能

---

① Marjorie H. Parker, "Some Educational Activities in the Freedmen's Bureau," *Journal of Negro Education* 23(1954): 10 – 11; Morris, *Reading, 'Riting, and Reconstruction*, 32 – 33; Span, *From Cotton Field to School house*, 50 – 51; Browne, "'To Bring Out the Intellect,'" 374 – 375.

② Peggy Lamson, *The Glorious Failure: Black Congressman Robert Brown Elliott and the Reconstruction in South Carolina* (New York, 1973), 56; Russell Duncan, *Freedom's Shore: Tunis Campbell and the Georgia Freedman* (Athens, GA, 1986), 48 – 49; Alvan C. Gillem to Oliver O. Howard, January 20, 1867, in Register of Letters Received by the Commissioners, Freedmen's Bureau Papers, Reel 43, NA.

力视为选出能为他们利益着想的人的保证。在佛罗里达州的教师哈丽特·格里利报告说：“他们说他们想了解自己，想知道自己投进票箱的纸上写着怎样的名字。”前种植园主嘲笑黑人对受教育的渴望之情，嘲笑他们对共和党的盲目依恋，这是因为他们担心一个受过教育、政治精明的黑人社群可能会利用这种力量获得自己的农场。目不识丁的自由民对世界大事知之甚少，但他们明白这样一个事实：“许多保守派人士希望把他们再次降格为某种形式的奴隶”，就像田纳西州一名共和党人所解释的那样。几十年来，民主党的种植园主政客们忽视了他们选民的教育需求，这使得共和党人可以把自己定位为所有“劳动者”的代言人，无论其肤色如何。《哥伦比亚日报联盟》（*Columbia Daily Union*）在社论中写道：“本州的贫困白人、劳动阶级，对孩子的教育没有其他希望，只希望共和党继续取得成功。”①

改革者希望重建后的各州能很快有用纳税人的钱开办的公立学校，而像科妮莉亚·汉考克这样的北方的自由民局官员认为，将大型种植园分割成“兴旺的小农场”，可以为立法者提供这样做的财政基础。然而，黑人家长对州当局信心不足，认为没有理由干等。弗吉尼亚州的一个女自由民很肯定地告诉来自纽约州雷姆森的教师辛西娅·埃弗雷特：“我自己没有受过任何教育，但我希望我的孩子能上学。”在美国南方的北部地区，有更大更成熟的自由黑人社区，非裔美国人集中他们仅有的一点资源在那里建起了学校。马里兰州一位自由民局工作人员报告说，农场黑人帮工发现“收支平衡”很难，但在子女入学方面，他们拿出了“他们所有能拿出的钱，从 50 美元到 150 美元

---

① Kenneth M. Stampp, *The Era of Reconstruction, 1865 - 1877* (New York, 1966), 165 - 166; Michael Perman, *The Road to Redemption: Southern Politics, 1869 - 1879* (Chapel Hill, 1984), 105; Laura Wakefield, "'Set a Light in a Dark Place': Teachers of Freedmen in Florida, 1864 - 1874," *Florida Historical Quarterly* 81(2003): 406.

不等”。在小石城，另一位工作人员惊奇地发现，到1865年末，黑人家长筹得的钱足以建起“阿肯色州第一批免费学校——不管是供白人还是黑人上的”。近300名成年的非裔美国人挤进里士满的一所小学校，他们中的许多人因为“地方不够”而坐到了草坪上，并起誓每人至少捐出60美分为自由民局的学校“提供燃料”。在他们获得自由的第一个夏天，莫比尔和蒙哥马利的家长们“捐了4000美元用于教育”。①

各地的黑人群体都强调合作。查尔斯顿的自由民买了一些书，成立了历史图书馆协会（Historical Library Association）——一个“让有色人种进步的图书馆”。圣安东尼奥市的前奴隶每人给了当地自由民局的工作人员“50美分到1美元”，用于购买两座校舍。1865年10月，黑人牧师威廉·希勒里宣布，由于无力供暖，他不得不关闭美国传教士协会赞助的学校。听到这消息，各家的父亲和儿子纷纷出门砍柴，运到弗吉尼亚州的校舍；女孩们带来了大块的“长叶松”——一种富含树脂的木材——供照明。在佐治亚州，自由民局的工作人员目睹“白发老人”在孩子们“结束了一天的学习之后”来到课堂，每人都带着蜡烛，照亮了棚屋，而且还付了1美分当作学费。正如南卡罗来纳州的州督学向霍华德解释的那样，“没有哪个地方的这样一所学校不是黑人在出钱出力”。这位教育家对此颇为惊讶。“我们刚从一场

① Carol Faulkner, *Women's Radical Reconstruction: The Freedmen's Aid Movement* (Philadelphia, 2003), 111; Cynthia Everett to My Darling, February 26, 1870, in Everett Papers, Newberry Library, Chicago; "Freedmen at Port Royal," *North American Review* 208(1865): 4; Richard Paul Fuke, "The Freedmen's Bureau, Education, and the Black Community in Post-Emancipation Maryland," in *The Freedmen's Bureau and Reconstruction*, eds. Paul A. Cimbala and Randall M. Miller (New York, 1999), 294; Christopher M. Span, *From Cotton Field to School house: African American Education in Mississippi, 1862 - 1875* (Chapel Hill, 2009), 28 - 29; *Boston Daily Advertiser*, December 10, 1866; *New-York Tribune*, February 3, 1866.

可怕的战争中走出来——还没有公开宣告和平，南方几乎还没有开始重建”，然而一个“长期饱受奴隶制蹂躏”的民族正在把小屋改造成学校。“还有谁能对教育表现出如此大的热情呢?”①

1866年初阿尔沃德访问南方时，他估计“这些穷人中有50万人正在学习拼写，或者阅读高级读物”和《圣经》。毫无疑问，自由民局的工作人员和虔诚的教师是以真正的信徒的视角来看待这些努力的，这样的人很少向华盛顿的上级做负面的汇报。相反，他们中有足够多的人反复谈论自由民读书的“渴望”，以支持这样一种说法，即“整个种族都想上学；没有人老或小到不去上学”。在诺福克教书时，辛西娅·埃弗雷特写信给她的家人，信中提及那些“吃过奴隶生活之苦”，即使辛苦劳作了一天也要“认认真真报名上夜校”的成年人。波士顿的一位记者发现，跟战前时代的农村里那些识字的人会教别人识字一样，在南方城市里，白天上课的孩子会在晚上教他们的父母识字。“谢天谢地，我现在有书了，”一个黑人学生动情地说，“上帝给我们送来了书和老师。我们必须毫不犹豫地继续用功，好好学习。”②

如果说黑人学生对于跟着北方女教师学习的前景表现得很高兴的话，那么一些现代学者对于他们这样一个群体就没那么高的热情了。这些出身中产阶级、信奉福音派的教育者在他们最近获得解放的学生

① Holt, *Making Freedom Pay*, 114; *New-York Tribune*, January 26, 1871; San Antonio *Express*, August 24, 1867; Historical Library Association, November 3, 1869, in Register of Signatures in Branches of the Freedman's Savings and Trust Company, Reel 21, NA; Harriet Beecher Stowe, "The Education of Freedmen," *North American Review* 128(1879):615.

② Span, *From Cotton Field to School house*, 30 – 31; Kolchin, *First Freedom*, 84 – 85; Little Rock *Morning Republican*, April 16, 1870; Cynthia Everett to Dear Brother, Christmas 1869, in Everett Papers, Newberry Library, Chicago; *Boston Daily Journal*, August 13, 1867; John W. Alvord, *Semi-Annual School Reports* (Washington, 1869), 8; Litwack, *Been in the Storm So Long*, 485.

面前，一向表现出施恩于人和居高临下的态度。他们祈祷教育能促进种族的提升，但比起成为一个更虔诚的基督徒、更合格的人，教育对前奴隶经济上的帮助更大。教师很少提倡社会平等，部分原因是在他们所在的北方社区，他们很少与移民或贫困的劳工打交道。与许多北方士兵不同，他们没有表现出种族仇恨，但这并不意味着他们对种族本身没有敏锐的意识，而且他们还经常以傲慢的方式表达这种意识。正如辛西娅·埃弗雷特在纽约的一位朋友所写："让那些小黑人听话、爱上学，是件好事。"埃弗雷特自己也从查尔斯顿报告说，她"不得不鸡一叫就起床，好让自己能足够清醒地去对付那些迟钝的非洲人"。即使在南卡罗来纳任教两年之后，劳拉·M. 汤恩还是庆幸自己能与两位非裔美国教师共进晚餐。"实际上，我都忘记这些人是黑人了，"她在日记中坦言，"只有当我远远地看见他们，无法认出他们的容貌时，我才想起这一点。"汤恩还自鸣得意地说，"晚餐时的谈话自然流畅地进行着，就好像我们都是北方白人一样"，但这样一句不经意的话暗示着她的同伴们都太在意她是白人了。①

虽然汤恩的同伴偶尔会觉得她令人讨厌，高人一等，但他们肯定也会发现她和她那些白人朋友都很敬业，性格开朗，虔诚，而且在必要的时候都很勇敢。俄亥俄州出生的阿尔比恩·图尔盖是一名士兵，也是一名激进的律师，战后定居在北卡罗来纳州，他与一些传教士都有些墨守成规，然而他贴切地描述了在格林斯博罗教书的 7 位女性，称她们为"心地纯洁的北方女孩"，坚信"她们在事奉上帝"。这些教

---

① 虽然 Sandra E. Small 在 The Yankee Schoolmarm in Freedmen's Schools: An Analysis of Attitudes, *JSH* (1970):392 一文里赞赏这些教师，但学者强调他们的资产阶级态度；Mary Evans to Cynthia Everett, April 6, 1870, in Everett Papers, Newberry Library, Chicago; Cynthia Everett to Dear Sister, April 12, 1870, Ibid.; Towne, *Letters and Diary*, 146。

1865 年以前，南方没有一个州有国家出资的全民公共教育体系，甚至对白人儿童也是如此。尽管自由民和黑人活动人士要求对从投票权到土地再分配等进行一系列的改革，但他们的首要要求始终是为孩子提供体面的学校。这些新兴学校，部分由美国传教士协会、联邦政府（通过自由民局）和黑人家长资助，使北方妇女有了改造南方的机会。尽管依然存在普遍的贫困和劳动力的要求，重建初期的入学率在 79% 到 82% 之间。（由绍姆伯格黑人文化研究中心供图）

师无论哪一年都不到 1300 人，远不及她们的学生以及充满敌意的南方白人的人数，她们放弃了北方的舒适生活，希望能极大地改变南方的教育面貌。就像许多白人士兵一样，这些女性——以及像波士顿的奥斯汀·洛夫这样的少数男性——在与白人的敌意以及与自己在维多利亚时代社会中应有地位的传统态度作斗争时，慢慢地摆脱了固有的种族偏见，有时甚至摆脱了对家庭生活的旧观念。就像已故的罗伯特·古尔德·肖上校在描述自己领导的一个黑人军团时，曾笑着提到一个令人讨厌的带有种族意味的绰号一样，埃弗雷特也试图减轻前邦联分子给她贴标签让她感到的刺痛。她自豪地向哥哥宣布，她和查尔斯顿的其他教育工作者都是“黑人教师”。①

这些女性大多是反奴隶制活动家之女，其中一些年长的在 1850 年代还曾是活跃分子。她们受过良好的教育，很多人曾就读于俄亥俄州的欧柏林学院，那是第一座有非裔美国女性毕业的学校。来自纽约州中部的萨利·霍利便是个典型的例子，她的父亲迈伦是美国反奴隶制协会的官员，活跃于自由党中。尽管哥哥恳求她不要上那所“黑人学校”，但她还是去欧柏林学院注册了，在那里她成功地提名了一名黑人学生担任学院女子文学社的主席。随着重建的开始，霍利在弗吉尼亚州的洛兹堡开办了一所学校，在那里她一直待到 1893 年去世。在弗吉尼亚，她结识了约翰·布莱文斯，后者曾因帮助一名逃奴而在弗吉尼亚监狱服刑 16 年，直到里士满陷落后才获释。尽管已经 60 岁了，布莱文斯仍留在里士满教书。然而，教师们虽然有这段反奴隶制的工作经历，却很少对南方白人表现出敌意；虽然充满了人道主义本能和宗教热情，却很少诉诸愤怒。亚特兰大斯托尔斯学校的一位老师甚至教学生为过去赎罪。尽管作为女性，她不能投票，她为以前支持过民主党感到“无比愧疚”，每天都“请求上帝宽恕［她］，因为她一直对那些让这些人沦为奴隶的人怀有同情，哪怕

---

① Cynthia Everett to Robbie Everett, December 30, 1870, in Everett Papers, Newberry Library, Chicago; Albion W. Tourgée, *A Fool's Errand, By One of the Fools* (New York, 1879), 104; Robert C. Morris, "Educational Reconstruction," in *The Facts of Reconstruction: Essays in Honor of John Hope Franklin*, eds. Eric Anderson and Alfred A. Moss Jr. (Baton Rouge, 1991) 145; Austin Love, March 20, 1871, in Register of Signatures in Branches of the Freedman's Savings and Trust Company, Reel 23, NA; Butchart, *Schooling the Freed People*, 80–81; *Cincinnati Daily Gazette*, September 30, 1869; Cynthia Everett to Robbie Everett, December 30, 1870, in Everett Papers, Newberry Library, Chicago. 正如 Fulton 牧师所说，“激进主义的源头在福音书”。参见其著作 *Radicalism: A Sermon Preached in Tremont Temple, on Fast-Day* (Boston, 1865), 42。

只是一丁点儿”。①

教师们需要他们所能鼓舞起的每一丝的奉献精神。为了给学校筹集资金和建造简陋的校舍，黑人家长长时间辛勤劳作，但自由民局的钱是用来支付工资和行政费用而不是花在建筑物上的，教师们也很少认为这些房子会有助于教学。在亚拉巴马州，自由民局的教育主管报告说，亨茨维尔的“校舍状况很糟”，而且太小了，“学生一半上午上课，一半下午上课”。在萨凡纳附近的野犄角种植园教书的埃丝特·道格拉斯也面临着同样的问题。道格拉斯把“大房子”里最大的一间改造成了她的学校，但即便如此，学校里还是经常“挤满了95名各种年龄段的学生；由于缺少座位，几十个人蜷在一个角落里”。在孟菲斯，自由民建了一座长100英尺、宽40英尺的校舍，但它得容纳500名学生。安妮·威尔金斯的学校位于佐治亚州的达里安，由美国传教士协会出资，受突尼斯·坎贝尔和自由民局的保护，每周五晚上，安妮倒在床上时都筋疲力尽。她白天教80个学生，晚上教学生的父母，然后每个星期天要教全年龄段的黑人。②

教师们忍受这样的工作环境，肯定不是为了经济上的回报。美国传教士协会建议，根据经验和性别，每月工资定为15至25美元，这

① Carol Lasser, "Enacting Emancipation: African American Women Abolitionists at Oberlin College and the Quest for Empowerment, Equality, and Respectability," in *Women's Rights and Transatlantic Antislavery in the Era of Emancipation*, eds. Kathryn Kish Sklar and James B. Stewart (New Haven, 2007), 327; Morris, *Reading, ' Riting, and Reconstruction*, 70 - 71; Howard N. Rabinowitz, "'Half a Loaf': The Shift from White to Black Teachers in the Negro Schools of the Urban South 1865 - 1890," *JSH*40(1974): 568.

② R. D. Harper to O. L. Shepherd, May 9, 1868, in Records of the Assistant Commissioner for the State of Alabama, Freedmen's Bureau Papers, Reel 14, NA; Jones, *Soldiers of Light and Love*, 121; *New-Hampshire Sentinel* (Keene, NH), May 31, 1866; Duncan, *Freedom's Shore*, 63.

个工资标准得到了财政拮据的自由民局的官员批准。要是他们留在北方工作，这些教师，女的每月可以挣 50 美元，男的每月可以挣 60 美元。该协会确实“每年支付一次旅费”，但是期望那些为其工作的人能“节省开支，在舒适的情况下尽可能经济”。尽管有这些难以适应的困难，埃弗雷特还是向家人保证，她的工作从其他方面得到了丰厚的回报。在休斯顿附近教书的尤尼斯·克纳普，也从这份工作中获得满足感。尽管她的小校舍很难容纳她招的 90 名学生，但她告诉记者，学生的父母“竭尽全力为孩子们买书”。克纳普曾在北方任教多年，“但从未见过哪所学校像眼前的这样有趣”。①

这些女性的父母都是废奴主义者，她们从小就阅读批评南方民风的反奴隶制小册子，她们对学生的文化水平和临时校舍一样不尽人意并不感到惊讶。一位新英格兰人坦言：“作为传教士到缅甸去传教，不像在佐治亚州教有色儿童那样需要那么多勇气。”A. C. 艾德勒在南卡罗来纳州的布莱克斯托克办了一所学校，他发现美国传教士协会提供的基础课本远远超出了学生的能力，所以他“广泛使用《圣经》”代替“学校读本作为教科书”，因为那些故事孩子们更熟一些。辛西娅·埃弗雷特的第一份工作是在诺福克，她班上的 11 个男孩中，只有 3 个能认出屈指可数的几个字。没有学生清楚联邦政府是如何运作的，但他们知道格兰特将军是谁。当问及“是谁解放了他们”时，“满屋子都举起了黑乎乎的手”，当这个年轻的福音派教徒问学生“有多少人爱他”时，学生们欢呼雀跃地喊出林肯的名字。“一双双认真

① *New-Hampshire Sentinel* (Keene, NH), January 4, 1866; (author unknown), *The Results of Emancipation in the United States of America*, 29; Cynthia Everett to Dear Sister, April 12, 1870, in Everett Papers, Newberry Library, Chicago; *Flake's Bulletin* (Galveston, TX), March 6, 1869.

的大眼睛闪闪发光。”①

埃弗雷特的学生的热情和他们对共和国的热爱，与她在课堂外遇到的白人的痛苦不相上下。一小部分前邦联分子要么出于自己的宗教信仰，要么出于实际考虑，对黑人儿童的教育予以了支持。梅肯的一家报纸对詹姆斯·史密斯赞誉有加，这位南方福音派牧师从自由民局获得了教职，任命他的理由是让“本地人”管理学校，比“从众所周知的敌视南方的地区引进教师”要好。自由民局的工作人员阿尔文·吉勒姆和约翰·默瑟·兰斯顿报告称，密西西比州一些商人承认，如果“废除奴隶制是一件板上钉钉的事，那么自由民就应该得到受教育的机会”。但这些不同意见之所以见诸报端，恰恰因为它们是非典型的。尽管“对获得解放的奴隶存在偏见及反对他们受教育的声音”，但自由民局取得的进步令亚拉巴马州教育主管 R. D. 哈珀惊叹不已。莫比尔的一名教育工作者指出，当地白人“对黑人想提高自己的智识水平感到不快，但更不高兴的是任何白人被发现有悖常理地鼓励黑人这些不正当的愿望”。在他们每天离开教室的那一刻，北方来的教师们都面临着那些认为黑人的劣势是情有可原的甚而注定要受人奴役的人的一再批评。“我向你保证，”某白人妇女对一位老师厉声说，“你不妨教你的马或骡子读书，跟教这些黑鬼读书其实是一样的。他们根本学不会。”南方邦联领导层也明白，招募黑人士兵的可能性销蚀了他们精心构建的拥护奴隶制思想，受过教育的黑人可能被证明和白人一样聪明的观点动摇了长期以来的想当然。“乡下的黑鬼就像猴子，”

---

① A. C. Elder to unknown, September 25, 1869, in Records of the Assistant Commissioner for the State of South Carolina, Freedmen's Bureau Papers, Reel 19, NA; *Boston Daily Advertiser*, November 5, 1866; Cynthia Everett to Jennie Everett, November 22, 1869, in Everett Papers, Newberry Library, Chicago.

那个白人妇女接着说，“你没法**教会**他们下雨的时候要进屋。”①

南方白人与女教师打交道时，往往使出社会排挤这招，希望让这些年轻女性不好受，就此知难而退。“这些教师几乎成了大家避之不及的人。”自由民局工作人员 H. H. 摩尔感叹道。哈丽特·格里利写道，女教师走在街上或购物时当众受人侮辱，被人骂“见鬼去吧”，她们看着当地人在她们面前“绕道而行，因为我们与有色人种打交道”。住房一直是个问题。单身教师很少愿意和黑人家庭住在一起，因为黑人家庭几乎腾不出多余的空间，而那些迫切需要外快的白人妇女也拒绝把房间租给北方妇女。当纽约州萨拉托加的玛丽亚·沃特伯里在田纳西州找到工作时，她和另外三名年轻教师被寄宿公寓拒之门外，而那里明明空着。“不，你不能进屋，”女房东吼道，“**黑鬼的老师**，让他们住在家里会让我们脸上无光。”在塔拉哈西，获得自由的人租了“一间过去南方叛军的小卖部”，破墙开窗，装了炉子，供教师们栖身。然而，白人“1000 个里面找不出一个”会凭借“道德上的勇气忍受邻居的谩骂”，自由民局的一位工作人员叹道。一位“可敬的南方女士”真的鼓起勇气这么做了，却发现自己被人避之不及。她的老朋友拒绝和她说话，一个男人在街上朝她吐口水，“原因很简单，她把房子的一部分租给了女教师”。随后这个不知名的女士卖掉了房子，搬到北方去了。②

---

① Macon *Daily Telegraph*, March 15, 1867; *New-York Tribune*, August 9, 1867; Litwack, *Been in the Storm So Long*, 486; Jacob R. Shepherd to Andrew Johnson, October 14, 1865, in Register of Letters Received by the Commissioners, Freedmen's Bureau Papers, Reel 43, NA; Alvan Gillem to Oliver O. Howard, January 20, 1867, Ibid., Reel 43; R. D. Harper to Edwin Beecher, October 19, 1868, in Records of the Assistant Commissioner for the State of South Carolina, Freedmen's Bureau Papers, Reel 14, NA.

② Charles Stearns, *The Black Man of the South and the Rebels* (Boston, 1872), 132; Maria Waterbury, *Seven Years Among the Freedmen* (Chicago, 1890), 14; *New-York Tribune*, February 3, 1866, May 15, 1866; John B. Myers, "The Education of Alabama Freedmen During Presidential Reconstruction, 1865 – 1867," *Journal of Negro Education* 40(1971):169; Wakefield, "Set a Light in a Dark Place," 409.

男教师面临的情况要糟糕得多。来自南方各地的报告称，受雇于自由民局学校的男性不断遭到袭击。《新奥尔良论坛报》的编辑路易斯·查尔斯·鲁达内兹指责道：“当教师到路易斯安那州的某个村庄为有色儿童开办学校时，会被赶出来，不是挨几下打，而是会被捅伤或杀害。”得克萨斯州的黑人共和党人抱怨称，在很多情况下，“教师会受到攻击，建筑物会遭到破坏”。购买了马里兰州的许多地块建学校的黑人工作人员约翰·亨利·巴特勒向上级抱怨，他“经常受到拘禁、枪击或其他暴力手段的威胁”。在密西西比州的格拉纳达，25岁的自由民局工作人员J. B. 布兰丁中尉在傍晚外出散步时头部中了三枪。第二天早上，“公民委员会的某人”找到奄奄一息的布兰丁中尉，警告他“教师们必须离开，如果他自己不离开，下一个死的就是他”。孟菲斯的一位编辑抗议道：“对于这些叛乱分子决心恢复旧日那一套的事实，约翰逊总统打算视而不见吗？”①

白宫保持沉默，但在当地，黑人活动人士和白人教育工作者加倍卖力。许多学生想在突尼斯·坎贝尔管理的佐治亚州诸岛上上学，他就拿出自己的积蓄，加上自由民局提供的资金，让儿子T. G. 坎贝尔从曼哈顿运来了课本。他告诉萨克斯顿将军：“我们现在不能再招学生了，因为我们没有书给他们。”辛西娅·埃弗雷特催她的家人寄衣服和钱去查尔斯顿的学校。她的学生希尔达“本周因为鞋子和衣服太不像样”而待在家里，“还有四五个男生（也）衣衫褴褛”。学生亨丽埃塔·伯特利特付不起学校每年一美元的学费，而且“已经两周没去上学”，因为她“去乡下”找工作了。尽管有这些阻碍，与埃弗雷特

① Browne, "'To Bring Out the Intellect,'" 377, 383; *San Antonio Express*, May 22, 1869; *New-York Tribune*, May 15, 1866; John Russell Bartlett, *Memoirs of Rhode Island Officers Who Were Engaged in the Service of Their Country* (Providence, 1867), 437; *New Orleans Tribune*, August 31, 1866.

一起任教的保罗·米绍愉快地报告说，他的学生“终于在修辞方面有所提高”。1865 年，他的一些年纪较大的学生不仅掌握了简单的数学，还“学完了几何学的第三册”。他的学生中最聪明的 4 个年轻人还在希腊语和拉丁语方面“进步神速”。这门高级课程激怒了查尔斯顿的一个白人，他指责“小小的**黑种人**”正准备上“大学，而我们可怜的白人孩子却在无知中一天天长大”。①

勇敢的埃弗雷特没有坐等学生上门，而是主动去寻找那些最需要上学的人。查尔斯顿雄伟的城堡般的贫民习艺所，是非裔美国人的教养所，坐落在正常时期用于拘押白人的市监狱旁边。埃弗雷特参观了这个习艺所，一个曾禁闭和审讯过丹马克·维齐手下的地方，她在此找到了因流浪行乞而被捕的“一长溜男孩”。“他们什么也没学过，也无事可做，”她对姐姐抱怨道，“他们中的一些人能阅读，却没有什么可读的。”看到这个国家在她死气沉沉的家乡纽约州雷姆森之外的地方是这番景象，埃弗雷特明白了贫困和犯罪之间的关系。典狱长被她的要求吓了一跳，但在参观了她日常授课的教室后，同意她为被监禁的儿童建一所学校。在难得的休息时间里，埃弗雷特辅导了 35 名不满 18 岁的囚犯。她告诉自己的家人：“我们正努力建一所与以往不同的学校，它将是个更好的地方，可以收容许多像这些因流浪行乞而被收监的人。”②

---

① Duncan, *Freedom's Shore*, 25; Cynthia Everett to Sarah Everett, December 4, 1869, in Everett Papers, Newberry Library, Chicago; Henrietta Burtlett to Cynthia Everett, April 11, 1870, Ibid.; Paul Mishow to Cynthia Everett, February 13, 1871, Ibid.; Walter J. Fraser, *Charleston! Charleston! The History of a Southern City* (Columbia, SC, 1990), 274.

② Cynthia Everett to Jennie Everett, December 3, 1870, in Everett Papers, Newberry Library, Chicago; John L. Dart to Cynthia Everett, August 14, 1870, Ibid.; Cynthia Everett to Mary Everett, no date, Ibid. 1886 年的地震破坏了查尔斯顿的习艺所的稳定性，市监狱里的塔也一样，最终完全倒塌。

北方女教师不仅教识字和数学。作为一名福音派教徒，埃弗雷特认为自己的使命是在提升学生道德的同时传授基本技能，而以《圣经》为教学内容的教育工作者希望“激励学生做正确的事，为学习而学习”。涌入自由民局学校的黑人学生并未要求上行为举止方面的课，但老师们虔诚的情感不可避免地渗进了自由民局学校教室的各个角落。在一个乡村学校的校长很少不鞭笞学生的世纪里，新英格兰自由民援助协会警告其传教士，“强烈反对体罚”。正如劳拉·汤恩所指出的，基督徒教师不应“教任何能引起对低级动机的诉求的课程”。尤其是考虑到许多孩子在为奴时受过虐待，老师们对此特别敏感。“如果我不得不用［鞭子］，”萨拉·威廉姆斯坦言，“我知道我会和学生哭得一样厉害。”可以信任的白人，即便有，学生也很少遇上，所以学生亦以同样的方式回应。“有时候我感到很沮丧，”有学生对埃弗雷特说，“但最好的办法就是今天尽量做到最好。”当埃弗雷特因健康原因返回北方时，她以前的学生写信向她保证，说他们正在学习“主日学校的课程，并［正试着］弄懂它们”。学生 A. G. 汤森德相信埃弗雷特“爱这里所有像基督那样生活的人”。①

鉴于教师和学生如此投入，加上自由民局的经费逐年增加，一线工作人员报告说，识字率有了惊人的提高。在内战结束后的第一个秋天，北卡罗来纳州的督学 F. A. 菲斯克统计了一下，发现该州新建了63所学校，聘用了85名教师。到1866年春天，随着播种时节的到来，学生们纷纷离开教室，老师们也回北方消夏，驻扎在前邦联各地的工作人员提交的报告上也给出了类似的数字。阿尔沃德一路巡视，

① Butchart, *Schooling the Freed People*, 134 - 135; Cornelius to Cynthia Everett, February 22, 1870, in Everett Papers, Newberry Library, Chicago; Elizabeth Gregorie to Cynthia Everett, February 7, 1871, Ibid.; A. G. Townshend to Cynthia Everett, May 25, 1871, Ibid.

所得的数据是南方 15 个州和哥伦比亚特区共有 975 所学校、1405 名教师和 90778 名学生。阿尔沃德的数据不包括那些在没有自由民局援助的情况下由自由民建起的小学校，阿尔沃德告诉记者，算上这个的话，“可能会再增加四分之一”。《华盛顿重建派》(*Washington's Reconstructionist*)杂志的共和党人编辑简·格雷·斯威瑟姆指出，考虑到之前缺乏覆盖全州的教育体系、黑人工人阶级既贫困又缺乏教育、当地白人的激烈对抗，这些成就尤其令人动容。美国传教士协会仅在弗吉尼亚的谢南多厄河谷就招收了 1800 名学生，“最大的麻烦是在列克星敦，”斯威瑟姆报告称，“在那里，[罗伯特·E.] 李先生的[华盛顿] 学院的学生和民众联合起来表示反对。”①

华盛顿的共和党人自然对自由民局学校的成功感到高兴，他们在 1866 年末重新召开国会会议时，增加了该局的教育预算。但是一如既往，获得自由的黑人做出了超乎自己所得的贡献。随军牧师本杰明·F. 伦道夫曾在查尔斯顿非裔卫理公会教堂的重新落成仪式上带领大家做过祈祷，此时成了南卡罗来纳州的助理督学，并在卡姆登、哥伦比亚、达林顿、切劳和马里恩开办了新学校。仅在肯塔基州，自由民就为子女的教育捐了 1101 美元，慈善协会也捐了 725 美元。从全国来讲，自由民局在 1867 年的头 6 个月花了 220834 美元，南方黑人筹集了 7332 美元，在没有联邦政府支持的情况下建造了 391 所校舍。自由民局又提供了 428 所学校。据美国传教士协会的工作人员统计，该组织资助的教师达 506 人。在休·邦德的马里兰州，黑人在当

---

① F. A. Fiske to Oliver O. Howard, November 28, 1865, in Register of Letters Received by the Commissioners, Freedmen's Bureau Papers, Reel 23, NA; *Lowell Daily Citizen and News,* October 8, 1866; Washington *Reconstructionist*, March 24, 1866; *Flake's Bulletin* (Galveston, TX), February 14, 1866; Macon *Daily Telegraph*, June 18, 1866.

年的头3个月又建了13所学校，新招了1431名学生，使该州入学的黑人儿童达5606人。包括夜校、主日学校和行业学校在内，霍华德将军统计，到1867年春末有130735名学生入学。可惜，只有1348名学生是白人；即使那一年南方大多数州还没有覆盖全州的教育体系，大多数白人家长宁愿让孩子成文盲，也不愿让他们和黑人孩子一起接受教育。①

那时，起初对北方妇女的社会排斥和对白人校长的围殴，已升级为一场实施纵火和谋杀的如火如荼的运动。种种原因让暴力事件的数量增加。在阿波马托克斯受降两年后，少数反动白人已意识到，他们所做的一切都不会激怒约翰逊总统。与此同时，黑人教师开始取代那些认为工作太过操劳或像辛西娅·埃弗雷特和海伦·皮茨这样最终患上低地疾病的白人教师。尽管非裔美国人只占北方人口的2%，但到1867年底，他们填补了自由民局33%的教学职位，这一数字将在两年内增加到53%。一些教师来自欧柏林学院。更多的教师来自费城和曼哈顿的非裔卫理公会会众，他们相信自己的“虔诚且受过教育的有色人种”同胞不像白人教师那样容易沦为“油嘴滑舌的奴隶主的花言巧语”的受害者。还有一些人是浅肤色的非裔美国自由人，战前在查尔斯顿和新奥尔良受过中等教育。到1867年4月，佐治亚州的144名教师中有45名是黑人；两个月后，肯塔基州的自由民局工作人员

① *Cincinnati Daily Gazette*, June 1, 1867, September 26, 1867; *Daily Columbus Enquirer*, April 21, 1867; *Charleston Advocate*, May 11, 1867; Edward Coke Billings, *Struggle Between the Civilization of Slavery and That of Freedom, Recently and Now Going on in Louisiana* (Northampton, 1873), 25; E. M. Gregory to A. P. Ketcham, April 11, 1867, in Register of Letters Received by the Commissioners, Freedmen's Bureau Papers, Reel 43, NA; *Flake's Bulletin* (Galveston, TX), November 2, 1867; *New-Hampshire Sentinel* (Keene, NH), October 3, 1867; Martin Abbott, "The Freedmen's Bureau and Negro Schooling in South Carolina," *SCHM* 57(1956): 72; *Columbus Daily Enquirer*, April 21, 1867.

发现黑人教师有 79 人，白人教育工作者却只有 21 人。1870 年，当埃弗雷特陪一位白人朋友去诺福克某主日学校时，她发现“除了詹克斯小姐之外，其他所有官员和教师都是有色人士”。[1]

虽然大多数黑人教师的教学经验不如他们的白人前辈，但那些非裔美国人家长更喜欢自己人当教师。在战前的几十年里，愿意偷偷辅导同伴的勇敢者寥寥无几，这些人是奴隶群体中的另类人，通常是因为职业而需要会一点读写的工匠和手工业者。得克萨斯一位上了年纪的前奴隶解释说，那些年老的、靠自己总结出人生教训的前奴隶，最“倾向于不信任”白人教师。白人男教师也比女教师更倾向于与学生保持社会距离；纳什维尔的老师禁止学生在公共场合与他们打招呼，这引起了家长们的愤慨。大多数黑人教师是男性，主要是因为这一点，南方白人讨厌他们的程度甚于对任何肤色的女教师的讨厌，认为他们突显了非裔美国人的成就，成了危险的榜样。如果说许多人，比如佐治亚州的查尔斯·托马斯，赞成白人女教师在道德提升方面那种有代表性的说教，以及鼓励学生“成为勤勉、礼貌、诚实和守法的楷模”，那么他们在社区的知名度让很多人进入了政界。在这一时期的黑人公职人员中，教师达 176 人，他们的职业排名仅次于黑人牧师，但略高于士兵。[2]

共和国各地都很罕见种族融合的学校，在这个问题上紧张局势也

---

① Morris, "Educational Reconstruction," 152; Rabinowitz, "Half a Loaf," 566; Butchart, *Schooling the Freed People*, 19; *Daily Columbus Enquirer*, April 21, 1867; *Cincinnati Daily Gazette*, June 1, 1867, Cynthia Everett to Jennie Everett, January 1, 1870, in Everett Papers, Newberry Library, Chicago.

② Morris, *Reading, 'riting, and Reconstruction,* 90 - 91; Nolen, *African American Southerners*, 170; Thomas L. Webber, *Deep Like the Rivers: Education in the Slave Quarter Community, 1831 - 1865* (New York, 1978), 248 - 249; Rabinowitz, "Half a Loaf," 578; "Father" Hill to Blanche K. Bruce, May 22, 1880, in Bruce Papers, Howard University; Foner, ed., *Freedom's Lawmakers*, xxi.

升级了。自由民局本身在这件事上就闪烁其词，令人抓狂。霍华德认为南方的孩子应该一起学习，但他非常务实，没有要求建立种族融合的学校。大多数慈善团体提倡学校不分阶级和肤色，但正如许多教师发现的那样，白人家长坚决拒绝把孩子送进公立学校。少数送孩子去的家长面临着被有钱的邻居排斥的风险，就像那些把房子租给女教师的穷房东一样。当一个农场主的妻子被问及为什么明知没有州政府提供的其他入学选择，也执意让女儿从南卡罗来纳一所自由民局学校退学时，她坦言：“我自己无所谓，但年轻人嘲笑我丈夫。他们说他把孩子送进了‘黑鬼学校’，一定是穷困潦倒了。”在该地区的历史上，一小波有权势的地主拿种族当武器，分化有着相似利益和需求的劳动人民，这种情况已经不是第一次了。①

如果华盛顿方面——从白宫到自由民局——的主要声音，在这个问题上表现得更坚定些，那些迫切需要体面学校的南方白人或许会有勇气直言不讳。具有讽刺意味的是，由于南方的黑人和白人在生活地点与工作地点之间的距离比北方人的小，一些人祈祷联邦政策或许能鼓励黑人和白人克服几个世纪以来基于种族的敌意。欧姆·兰霍恩向昔日的奴隶、如今冉冉升起的政治新星布兰奇·K. 布鲁斯保证：“我曾经是个奴隶主，有个奶妈，小时候我爱她胜过爱我的生母。”这位土生土长的弗吉尼亚人接着说，“我非常想赔一笔钱”，而且“在认真研究我们南方的问题后，我得出一个结论，那就是种族混合的学校是解决现有问题的良方”。纽约的玛丽亚·沃特伯里在一位受人尊敬的医生牵着“两个衣着考究、长相漂亮的白人小孩”来到她的自由民局学校时，认识到这个问题有多不合理。当惊慌失措的沃特伯里解释说

---

① Williamson, *After Slavery*, 216－217; William Lee Trenholm, *Local Reform in South Carolina* (Charleston, 1872), 8; Morris, "Educational Reconstruction," 157.

她的学校是“有色人士学校”时，医生答道，其中一个女孩是他已故妻子的孩子。另一个，他面无表情地说，是他管家的女儿，他的管家是个“和大多数白人一样白，[但] 有非洲血统”的女人。沃特伯里收下了这两个女孩。她叹道：“有时我们不知道这些说不清道不明的偏见对谁的影响最大，是医生的家人还是黑人学校的老师。”①

一旦南方各州开始重建，国家出资的体系就开始取代自由民局学校，这个问题就再也无法回避了。民主党人认识到他们的自耕农选民想要的是无所不包的公立学校体系，他们建议黑人和白人孩子可以上同一所学校，但在不同的教室上课。保守的阿肯色州人坚称，在同一间教室接受教育，创造出了“白人和黑人之间不加区别的社会交往”。黑人和共和党活动家，包括那些年轻时就读于全白人学校的北方人，都在推动种族融合的学校的建立。他们声称种族隔离的学校有悖于战争带来的社会进步，而黑人学校得到的资助将远远少于白人学校这一点，没有几个人怀疑。在南卡罗来纳，昔日的轮船引航员罗伯特·斯莫斯正在成为这个低地州共和党的主要代言人，他呼吁为该州所有居民提供免费、种族融合的义务教育，并开办新的州立大学。斯莫斯对自己没受过什么教育这件事很介怀，每天晚上都刻苦学习，并坚决要求所有的孩子都应该“每年至少上 6 个月的课，不遵守者要受到惩罚”。前奴隶约翰·A. 切斯纳特希望这两个种族的孩子都能在未来的学校就读，但他补充说：“如果白人当中存在敌意，不愿意送孩子入学，那就是他们的错了，不是我们的。”②

---

① Om Langhorne to Blanche K. Bruce, December 16, 1879, in Bruce Papers, Howard University; Waterbury, *Seven Years Among the Freedmen*, 123.

② William C. Harris, *Day of the Carpetbagger: Republican Reconstruction in Mississippi* (Baton Rouge, 1979), 150; Franklin, *Reconstruction*, 110 – 111; Alfred H. Kelly, “Congressional Controversy over School Segregation,” *American Historical Review* (hereafter *AHR*) 64(1959):540; Dray, *Capitol Men*, 46 – 47.

随着共和党人和黑人改革者继续把重建视为一场全国性的征战，南方的进步不可避免地对北方和西部产生了影响。纽约的共和党人认为是时候对他们的教学计划进行彻底审查了，于是他们试图对杂乱无章的州体系进行集中管理，而参加反奴隶制运动的黑人士兵和退伍军人要求开设种族融合的学院，就连保守的民主党人也让步了。1867年4月16日，鲁本·芬顿州长签署的法案得到了两党的广泛支持。加州的斗争虽然耗时更多，但黑人孩子人数少这一点帮了当地进步人士的忙。一位州立法委员在演讲时指出："说944名有色儿童和白人学生一起入学，会毁了我们的学校，这似乎太荒谬了。"他补充道，这个国家在短短几年内取得的巨大进步提醒我们，即使是1860年最乐观的废奴主义者也会嘲笑黑人很快将成为该州选民的观点，而"5年后，你会惊讶于自己当时的偏见之深，以至于无法看清自己在教育方面远远落后于时代"。加州1874年这么做了，俄亥俄州1887年也照做了。[①]

各地的保守派都反对新的由税收支撑的体系所要求的更高成本。改革派回应说，体面的学校和老师不可能是免费的。卡罗来纳州有钱的种植园主抛出了一种论点，想考验这种讽刺会持续多久，他们假装替白人自耕农说话，坚称农民们负担不起为让自己的子女受教育所必需的轻赋税，即便这些税收是用来支付他们的子女教育的。在路易斯安那州，混血的自由人长期以来一直在缴纳房产税，这种税都用在了白人孩子身上，黑人共和党人反驳道，是时候让"叛乱者"为大家的公立学校做贡献了，并嘲笑中产阶级父母明明可以"大大方方地让自

① Mohr, *Radical Republicans and Reform in New York*, 197; San Francisco *Elevator*, February 28, 1874; Nancy Bertaux and Michael Washington, "The 'Colored Schools' of Cincinnati and African American Community in Nineteenth-Century Cincinnati, 1849 – 1890," *Journal of Negro Education* 74(2005), 45.

己的孩子去公立学校上学，哪怕是和黑人孩子一起”，却出于担心而把子女送去了昂贵的私立学校。获得自由的人已经在为自由民局学校捐款，工作人员算了算，如果所有公民都为公立机构缴税的话，他们只需多交一点点。查尔斯顿的工作人员 T.J. 麦基估计，“至少有30%的白人不会读或写”，然而“每年都有足够多的资金用于修建纪念碑，在南方邦联阵亡将士的坟上撒玫瑰花”，而这些钱原本可以用作公立学校的资金。①

对于那些战前在自己所在的州供职的白人政客来说，为一个在他们眼中低人一等的种族提供公共教育的想法几乎是不可理解的。阿尔沃德在一次南方之行中，被一位前路易斯安那州议员拦住，此人对课间休息时出现的黑人孩子感到好奇。“什么！”他喊道，“黑鬼的”学校？他高举双手，怒视阿尔沃德，说：“我一生中见过许多荒谬的事，但没见过**如此荒谬至极的**。”保守的民主党人不愿接受一个奇怪的新秩序已成现实的事，坚持认为战后的改革是带有实验性的好奇，很快就会消失。“对黑人来说，锄地、犁地、纺纱和缝纫比学习乘法表和字母表更有必要。”《里士满快报》（*Richmond Dispatch*）的社论这样写道。该报推测，弗吉尼亚黑人“最终会意识到这一点，哪怕北方佬有再多的‘意志坚强的女性’也没用”。对于身为非裔美国人的家长而言，子女的教育标志着他们向衣食无忧和政治意识迈出了关键一步，正如佛蒙特州一位记者感叹，而旧种植园主阶级的残余却想“让

---

① T. J. Mackey to Oliver O. Howard, May 17, 1867, in Register of Letters Received by the Commissioners, Freedmen's Bureau Papers, Reel 43, NA; Bradford Lecly to James Gillette, June 13, 1868, in Records of the Assistant Commissioner for the State of Alabama, Freedmen's Bureau Papers, Reel 14, NA; Edward F. Sweat, "Establishment of South Carolina Schools," *Phylon* 22(1961): 163; *New Orleans Tribune*, October 29, 1867.

黑人继续无知下去，好尽可能地把他们保持在为奴时的老样子”。[①]

至少在最初，北方的福音派还是对工作的正义性信心满满的，认为逻辑和理性可能会让他们战胜持怀疑态度的南方白人。美国传教士协会试图通过舆论施压，他们在态度友好的联邦主义报纸上发表文章，谴责那些搞“社会排斥、经常性围攻教师的彬彬有礼的白人不仅懦弱而且卑鄙”。佐治亚州自由民局的督学 G. L. 埃伯哈特发表了一系列公开信，“驳斥了国内某些拥护奴隶制、仇视黑人的报纸散布的关于南方有色人种学校女教师的不实之词”。但是，当黑人教师开始取代北方女教师，当种族融合的斗争进入立法院时，即使是埃伯哈特这样经历过枪林弹雨的老兵，也对眼前不断升级的暴力毫无准备。[②]

埃伯哈特的话敌不过南方的火把。很显然，黑人教育工作者已准备有必要的话就亲自去教育改革事业中竞选公职，南方各地白人对此的反应跟 1822 年的查尔斯顿人一样，后者当年夷平了市里的非裔卫理公会教堂。特别是在农村地区，那里驻军少，联邦部队巡逻也不频繁，一座座学校顷刻间化为灰烬。1866 年，不到 3 个月的时间里，北卡罗来纳人就放火烧毁了 4 所学校；第二年又有 2 所被焚毁，一所在格林县，一所在查塔姆。类似的报告从该地区各处涌入华盛顿。密西西比州的一名自由民局工作人员写道，许多“校舍，包括用作校舍的教堂”被烧毁。另一位驻密西西比州的自由民局工作人员阿尔文·吉勒姆证实，他所在地区发生的纵火事件摧毁了一栋“能够容纳 400 名学生”的新建筑。他还补充道，其损失“不可能轻易被高估”。得

---

① Alvord, *Semi-Annual School Reports*, 6; Rabinowitz, *Race Relations in the Urban South*, 153; *Vermont Journal* (Windsor, VT), June 2, 1866.

② Chicago *Inter-Ocean*, December 4, 1877; *New-York Tribune*, July 7, 1866.

克萨斯州的共和党人抱怨“校舍被烧毁的速度几乎快赶上修建的速度了”，托马斯·斯韦恩将军告诉他的上级，“莫比尔的白人强烈反对招收有色人士的学校。他们烧毁了两座这类建筑，其中一座是长老会教堂”。亚拉巴马州被烧毁的学校数量多到使阿尔沃德不禁对进驻南方的联邦士兵人数下降感到发愁，并怀疑“未来一段时间内，只有动用军事力量才能阻止各种形式的暴力频发”。①

纵火者几乎每晚都袭击自由民局学校，而南方的民主党要人则通过一系列越来越煽动性的演讲为这些夜间袭击打掩护。政客们认为，这些“麻烦”的根源在于北方的煽动者让南方的自由民脑子里充满了平等的愿景，还支持黑人活动家对土地和政治权利的要求。一位民主党人怒气冲冲地说，“学东西学了点皮毛是件危险的事，这话正好可以用来说”非裔美国人。由于“他们当中受过教育的人是群体中最危险的阶层”，纵火者只是在对那些“以恶意和破坏性影响来危害他们种族未来”的人先发制人。在战前的几十年里，南方的政治家经常声称北方的废奴主义者激发了像丹马克·维齐、耐特·特纳这样识字的黑人的反抗行为，这些行为反过来又被用来证明白人的报复是有道理的。随着1860年代结束，这些人在战后的说辞几乎没有改变。来自诺福克的辛西娅·埃弗雷特对市议会中“一个叛乱分子的巨大影响”提出了强烈不满。自由民局职员埃德温·L. 道斯警告霍华德，在哥伦比亚，虽然州里颁布了新宪法，但县里的“学校事务专员是民主党

① Michael Goldhaber, “A Mission Unfilled: Freedmen's Education in North Carolina, 1865–1870,” *JNH* 77(1992): 200; Alvan C. Gillem to Oliver O. Howard, February 18, 1867, in Register of Letters Received by the Commissioners, Freedmen's Bureau Papers, Reel 43, NA; Thayer Swayne to Jacob R. Shipherd, September 30, 1865, Ibid., Reel 23; Myers, “Education of Alabama Freedmen,” 170; Chicago *Inter-Ocean*, December 4, 1877; Little Rock *Morning Republican*, April 16, 1870.

人，他强烈反对有色儿童接受教育”。[①]

至少有段时间，活动家们是有法律和军队撑腰的，而南方黑人则如查尔斯顿出生的自由人弗朗西斯·卡多佐所说，“决心不像战前那样温顺地低头”。在弗吉尼亚州，黑人向州政府请愿，要求得到安全保障。“我们要求的不过是教育和依法保护，”他们说，“有了我们的努力和北方的善举，那些在李将军投降前大字不识的黑人学生”将继续努力改善他们的生活。甚至白人儿童也觉察到了黑人的这种新决心。1866年，当一所自由民局学校在佛罗里达的马里安纳开学时，白人学生聚在那里往学校投掷石块并冷嘲热讽。也许就像他们的父亲在军队里学到的那样，黑人孩子开始列队进入学校。当白人再次嘲笑这些获得自由的孩子时，他们用一连串的石块回击，随后冲向这群年轻的暴徒。“两边都有人一身瘀伤，”一个黑人学生吹嘘道，“但这给白种小子上了一课，以后离有色人远点。”[②]

对于那些希望突出其重建计划之成功的共和党人来说，全国在公共教育方面取得的惊人成就是无可争议的证据。虽然白人普遍怀有敌意，全州性的基础薄弱或根本不存在，但私人慈善事业和公共支出的结合，在短短几年里的成就堪称奇迹。（尽管约翰逊总统反对设立自由民局，但1865年至1870年间国会的教育拨款总计达到5262511美元。）他们的努力加上华盛顿当局、黑人家长、教会女校以及如今已被遗忘的社区活动家（如休·L. 邦德法官）的协调，使得那些受州

---

① Lemann, *Redemption*, 98; Cynthia Everett to Anna Everett, January 30, 1870, in Everett Papers, Newberry Library, Chicago; Edwin L. Dawes to Oliver O. Howard, July 21, 1869, in Records of the Assistant Commissioner for the State of Alabama, Freedmen's Bureau Papers, Reel 19, NA.

② Nashville *Colored Tennessean*, March 24, 1866; Joe M. Richardson, "Francis L. Cardozo," *Journal of Negro Education* 48(1979):77; Goldfield, *America Aflame*, 411-412.

法律和习俗桎梏而无知的孩子变成了受过教育的年轻公民。到1869年深秋，在自由民学校注册的256354名学生中，有192327人在4年前还是奴隶。有时，由于在长期目标上存在分歧，再加上种族隔离、地区分隔以及阶级差别的阻碍，这些教育工作者、退伍军人、自由民局工作人员及被解放的奴隶，得和吝啬的立法者、敌对的种植园主、无法无天的纵火者和一个高高在上的冷漠的行政长官展开斗争，希望把战后岁月变成国家渐进式改革的时代。如果说北方女教师常常在自己学生及其父母面前摆出一副降尊纡贵高人一等的态度，那她们也的确是离开自己的家和安全的社区去完成一项由他们的父兄在战场上开始的工作，当她们看着获得解放的人“在没有自由民局的帮助而且未必能立即招到教师的情况下，建起校舍时”，她们的傲慢就消失了。当疲惫不堪、经常生病的白人传教士返回北方时，他们的职位由黑人教师填补，后者受教育的学校包括像1867年在南方邦联前首都里士满为黑人建的师范学校。[①]

渐进式改革很少有长盛不衰的，种族融合学校将沦为1890年代南方的《吉姆克劳法》和北方社区事实上的地理隔离的受害者。北卡罗来纳的一项研究显示，迟至1918年，尚有7%的黑人学生在木屋校舍学习，而白人学生只有1%。即便如此，识字（不会轻易丢掉的技能）率的惊人增长，再次表明重建时代并没有在1877年戛然而止，或者说表明有关这场运动失败的笼统指控必须排除多个类别的改革。在南北开战的那一年，至少90%的美国黑人是文盲。不出20年，这个数字下降了20%，到世纪末，下降到50%。尽管种族融合学校遭

① *Baltimore Sun*, October 15, 1867; *Lowell Daily Citizen and News*, November 11, 1869; Alvord, *Semi-Annual School Reports*, 3 - 4; Du Bois, *Black Reconstruction*, 648 - 649; Philadelphia *Public Ledger*, November 21, 1868.

到强烈反对，共和党统治使得南卡罗来纳的学生人数增加了4倍。与现代标准相比，这些成就似乎微不足道。但缺憾是农村的贫困和种族主义造成的；1880年，全国有34%的黑人儿童就读于公立学校，白人儿童达62%，如果放在一起来看，前者就相形见绌了，这个数字自1860年以来只增加了2%。换句话说，在阿波马托克斯受降之后的35年里，黑人的识字率提高了4倍，这是19世纪的后奴隶制社会谁也没见过的胜利。南北的黑人家长聚在一起建学校、聘教师，也在大会上要求政治权利，因为他们明白这两者永远是联系在一起的。①

① Holt, *Making Freedom Pay*, 122; Fitzgerald, *Splendid Failure*, 152; McPherson, *Lincoln and the Second American Revolution*, 16－17一书中正确地将这一战役描述为“具有革命性意义的胜利”。

第五章　“我们将铭记朋友，不忘敌人”

《黑人法典》与黑人大会

“周二在费城射杀有色人士似乎已成常态。”这是华盛顿一份受人尊敬的反奴隶制报纸《新国家时代》（*New National Era*）在 1871 年 10 月 10 日一期上发出的指责，该报当时归弗雷德里克·道格拉斯所有，由其子查尔斯和刘易斯共同编辑。“与南方的情况一样，北方的民主党人也会以谋杀和恐吓来对付那些反对该党领导人所坚持和支持的恶行及叛国行径的选民。”这篇社论还附了一篇关于“刺杀［奥克塔维厄斯·］卡托”的文章，31 岁的卡托是位教育工作者、激进的共和党人，也是民权活动家，选举日那天，他在回家路上背部中枪。[①]

奥克塔维厄斯 1839 年出生在查尔斯顿，母亲萨拉·凯恩是黑人自由人。他 5 岁时，他的父亲威廉·T. 卡托接受了巴尔的摩一个长老会小教堂的牧师职位，便带着他北上去了马里兰州。在此之前，他的父亲曾做过奴隶和水车工。没过几个月，他们又搬了一次家，这次搬到了费城，卡托牧师在那里的非洲长老会教堂布道。这位具有政治觉悟的牧师对他的会众和儿子讲授了一个人将自己的灵性应用于世俗世界的重要性。"每个人，或多或少，都在人生这台戏里扮演着某种角色，"牧师说，"作为个体，我们必须向前，为推动我们进一步获得利益贡献自己的力量。"这个男孩将父亲的布道牢记在心。他先后就读于沃克斯小学和伦巴第文法学校，这两所实行种族隔离的学校都位于这座别称为"友爱之城"的中心地带。他的个人能力使他被艾伦敦学院录取，该校位于宾夕法尼亚艾伦敦，招收的全是白人；虽然他是学校里唯一的黑人学生，但他的入学开启了学校的种族融合进程。第二年，即1854年，他回到费城，就读位于班布里奇街的该市有色青年学院，因为它承诺开设希腊语、拉丁语和几何学方面的课程。1858年，卡托从该学院毕业，后来去华盛顿跟随一名私人教师继续学习古典文学。战争前夕，他回到宾夕法尼亚州，开始在有色青年学院教授英语语法和数学。②

1863年夏，当罗伯特·李率领他的南方邦联军队进入宾夕法尼亚州，时任州长安德鲁·柯廷号召招募新兵来击退入侵者，卡托便鼓励他周围几乎所有的年轻人加入了一个黑人连队。当他们到达哈里斯堡时，达里乌斯·寇奇将军拒绝接纳他们，理由是国会要求士兵至少已入伍三年，哪怕是紧急情况下征召的民兵也不例外。消息传到华盛顿时，战争部长埃德温·M. 斯坦顿发电报推翻了寇奇的决定，指示他"征募任何可用的志愿者，**不分肤色**"。此时，卡托已经把他召集的新兵送回了费城。在那里，他们获邀参加了由共和党国会议员威廉·D. 凯利和黑人活动家大卫·E. 吉普森在富兰克林大厅组织的大

---

① 1871年10月22日，*Weekly Louisianian* 上转载了《新国家时代》上的文章。一年后，即1870年9月1日，弗雷德里克·道格拉斯购下了该报50%的股份。参见 William S. McFeely, *Frederick Douglass* (New York, 1991), 273。

② Harry C. Silcox, "Nineteenth Century Philadelphia Black Militant: Octavius V. Catto," *Pennsylvania History* 44(1977):53–57.

规模抗议集会。虽然教学仍然是他的主职，但卡托最终被任命为宾夕法尼亚州国民警卫队第5旅的少校和督察。就像许多黑人青年的经历一样，他的戎马生涯，加上亚伯拉罕·林肯总统日益进步的立场，使他获得了共和党的支持。1864年10月，他前往雪城参加全国有色人种代表大会，并赞成同为代表的弗雷德里克·道格拉斯的观点，即黑人发言人必须敦促该党接受“全体美国人民都拥有选举权”这件事。战争结束之时，卡托在费城独立大厅前发表讲话，向有色人种部队第24团的幸存人员献上了一面仪式用的国旗。“让战时的士兵成为和平时代的公民吧。”他大喊道。①

在阿波马托克斯受降后的几个月里，卡托将这一原则付诸实践。他加入了宾夕法尼亚州平权联盟，即全国黑人大会运动的一个州级辅助组织，投身于他所信奉的社会平等、教育提升及社群融合等基督教原则。这意味着他要加入为公共交通方面的种族融合而开展的斗争，这些斗争已然在全国其他城市爆发。1865年5月17日下午，他登上松树街的一辆公共马车，无视驾车人的要求，拒不离开这个全是白人乘客的交通工具。由于宾夕法尼亚州的一名法官最近曾对一名拒载黑人乘客的赶车人处以罚款，这位驾车人认为明智的做法就是干脆卸下车驾，让车停在街上。卡托就在车里安静地坐着，此举在后来被视为和平静坐的一个先例。一位记者注意到，第二天早上，“这位有色人士周围聚集了不少同情他的民众”，当那位驾车人回来取车时，惊讶

---

① Silcox, "Nineteenth Century Philadelphia Black Militant," 59 - 61; Frederick M. Binder, "Pennsylvania Negro Regiments in the Civil War," *JNH* 37(1952):386 - 387; Daniel R. Biddle and Murray Dubin, *Tasting Freedom: Octavius Catto and the Battle for Equality in Civil War America* (Philadelphia, 2010), 321.

地发现车上坐满了黑人，等着他拉他们去上班。[1]

在和平抗议的同时，费城黑人还游说州和联邦政府解决这个问题。卡托被全国平权联盟任命为一个三人委员会的成员，然后会见了一干州众议员和富有同情心的国会议员，特别是凯利和塞迪厄斯·史蒂文斯。该委员会不愿干等他们的白人共和党盟友来解决这一问题，就起草了一份法案样本，将禁止他人乘用公共交通工具的行为定为一项罪行，最高可处以 500 美元的罚款和 90 天的监禁。一名残疾的黑人退伍军人在州立法机构作证说自己被一辆汽车拒载后“被迫艰难地步行”，随后，温和派与进步的共和党人联手，在 1867 年 3 月 22 日强行对该州的有轨街车实行种族融合式运营。3 天后，当一名驾车人拒绝让卡托的未婚妻卡洛琳·勒康特入座，还大喊“我们不允许黑人坐车”时，两人找来一位友善的治安官逮捕了售票员，并罚了他 100 美元。[2]

卡托拒绝向人们的偏见让步，还就《宪法》第十四修正案进行巡回宣讲（该修正案保证了美国黑人获得基于德雷德·斯科特案的裁决而被剥夺的公民权），结果为自己招来了愤怒的来信和死亡威胁。当巡回演讲的卡托来到弗吉尼亚州时，他向警察寻求保护，结果警察叫他买把手枪“保护自己”。1871 年的选举日那天，这位前少校真的这样做了，因为此前他在前往投票站的路上遇到了武装暴徒。武器对他

① Hugh Davis, *“We Will Be Satisfied with Nothing Less”: The African American Struggle for Equal Rights in the North During Reconstruction* (Ithaca, NY, 2011), 27; *New York Times*, May 18, 1865.

② Silcox, “Nineteenth Century Philadelphia Black Militant,” 65 – 66; Ira V. Brown, “Pennsylvania and the Rights of the Negro, 1865 – 1887,” *Pennsylvania History* 28 (1961): 48; Carol Faulkner, *Lucretia Mott's Heresy: Abolition and Women's Rights in Nineteenth-Century America* (Philadelphia, 2011), 192 – 193; Foner, “Discrimination on Philadelphia Streetcars,” 281; Biddle and Dubin, *Tasting Freedom*, 340.

没什么用。在投好票回家的路上，白人民主党人弗兰克·凯利近距离向卡托的后背开了3枪。卡托奄奄一息地躺着时，一辆满载黑人和白人的街车就停在他身边。两个月后的12月16日，他的父亲也去世了，据称是心脏病发作。①

那个星期五，黑白肤色的共和党人聚在一起悼念这位年轻的活动家，并"要求采取最有力的措施将罪犯绳之以法"。对于那些认为南北战争不只是为了政治派系再度团结的人来说，他的死标志着"在因忠于自由原则而遭暗杀的烈士名单上又多了一位"。有色青年学院的学生和第5旅全旅都参加了他的葬礼，长长的队伍在街上行进，人人都绑着丝带，后来W. E. B. 杜波依斯将其称为"为美国黑人举行的最令人难忘的［葬礼］"。②

卡托太过短暂的一生提醒我们，重建之战是全国性的。在整个南方，获得解放的人在统称为《黑人法典》的战后法律背景下开展了土地和基本民权方面的斗争，《黑人法典》是由前南方邦联分子的州立法机构通过的，这些人意识到随着林肯的去世，自己在白宫又有了一个盟友，因此希望阻挠过去两年取得的社会进步。在北方，退伍军人和活动家有时在进步的共和党人的帮助下鼓动温和派接受一大串的改革。非裔美国人在一系列州和全国性的会议上要求有轨街车打破种族限制、赋予公民权利，并让越来越多的人拥有投票权。除了少数所谓的激进共和党人外，黑人活动家纷纷游说州立法委员、国会议员、参议员甚至总统，希望他们通过建立一个更民主的共和国来报答退伍军人的牺牲。许多像卡托一样的人死于这场战争。在宾夕法尼亚和纽

---

① New Orleans *Weekly Louisianian*, November 9, 1871; Biddle and Dubin, *Tasting Freedom*, 428 - 429.

② New Orleans *Weekly Louisianian*, October 22, 1871, and October 29, 1871; W. E. B. Du Bois, *The Philadelphia Negro* (Philadelphia, 1899), 40.

约，奴隶制可能早在几十年前就已被根除，但一位黑人编辑写道，在费城和曼哈顿“种姓的阴魂”依然不散，“从不让有色人士乘车到枪杀卡托少校，仅一步之遥”。①

在进入全白人的艾伦教学院之前，奥克塔维厄斯·卡托就读于实行种族隔离的学校。他敦促对公共交通和公立学校实行种族融合，并在全国各地聘用黑人教育工作者。“任由一种盲目无知的偏见至今仍无视父母的选择和有色人种纳税者的意愿，”他对一位听众说，“甚而指派那些以其才智和名气来看并不能获得也无法保住自己职位的白人担任黑人儿童的教师，至少是不公正的。”（国会图书馆供图）

民权活动家和进步的共和党人都有一堆工作等着他们去做。像弗兰克·凯利——一个出身工人阶级的民主党密探——这样的杀人犯，是看社会地位和政治地位远高于他们的人的眼色行事的。这种做派始于总统。在 1865 年 5 月 29 日的公告中，约翰逊总统为弗吉尼亚州任

① New Orleans *Weekly Louisianian*, November 9, 1871.

命了州长——联邦主义者弗朗西斯·哈里森·皮尔庞特。在接下来的几个星期里，他为其他六个邦联州发布了类似的公告；约翰逊还承认了林肯早些时候在路易斯安那州和阿肯色州建立的恢复期政府，以及他自己在担任军事长官期间为田纳西州建立的政府。至于南卡罗来纳州的临时州长，约翰逊选择的是本杰明·F. 佩里。和皮尔庞特一样，佩里也是一名联邦主义者，虽然他反对分裂很大程度上是因为他认为内战可能危及奴隶制，而且内战期间他曾代表自己所在的州任职于南方邦联的众议院。佩里这个1850年时拥有20名奴隶的小种植园主，期待着联邦政府能给出强硬的说法，他既对这一任命感到高兴，同时又对总统不愿从华盛顿发出指示感到惊讶。约翰逊只是敦促佩里"偶尔写信给他"，随时向他通报新州长"在该州重建方面的进展"。①

总统愿意立即将政治权力交还给有影响力的南方白人以及曾经的邦联官员，这表明过去4年他对战争的最初态度几乎没有改变。和1861年的大多数民主党人一样，约翰逊认为这场冲突是政客之间的党派斗争，只是白人之间的口角。作为一个坚定的联邦主义者，也是一个拥奴主义者，他选的路把他带到了华盛顿，而情况与之非常相似的佩里为自己在邦联统治下的里士满赢得了一席之地。约翰逊推断，实战既已结束，邦联军也已投降，各地区便可以恢复原来的状态了。既然奴隶制必须消亡北方才能获胜，那么他就"支持解放［黑人］"，

---

① Elizabeth D. Leonard, *Lincoln's Avengers: Justice, Revenge, and Reunion After the Civil War* (New York, 2004), 179 – 180; Stephen Budiansky, *The Bloody Shirt: Terror After Appomattox* (New York, 2008), 21 – 22; Philip Dray, *Capitol Men: The Epic Story of Reconstruction Through the Lives of the First Black Congressmen* (New York, 2010), 24 – 25; Goose Creek Parish, South Carolina, 1850 federal census, slave schedules, page 48, NA. 在一封公开信中，佩里宣称南方邦联"不能原谅的罪行"就是遵循"《独立宣言》定下的神圣原则"，"和平地脱离了联邦"。这番言论引起了北方的不满。详见 *Is the South Ready for Restoration?*, 1866, 7, 作者与出版信息不详。

这是 1864 年约翰逊在纳什维尔对听众说的。然而，在同一场演讲中，他也重申了自己的信念：“这是一个白人的政府。”虽然这位胸无点墨的裁缝从未享受过那些被他斥为“贵族”的种植园主的友谊，但他和他们战后对民权的看法却是一样的。印第安纳州国会议员乔治·W. 朱利安说，约翰逊一贯“被认为憎恨黑人”，和那些“他与之划清界线的南方叛乱分子”不相上下。如果说这位新总统对奴隶制漠不关心，那么他在谁掌控重建的问题上就是独断专行的。和林肯一样，约翰逊认为，由于脱离联邦是违宪的，各州之间并没有发生真正的分离——叛乱仅仅是个体行为。因此，作为最高统帅，只有他才有权让南方人重返政治舞台。他认为，国会议员在这个过程中没有任何作用。①

获得约翰逊任命的人表示同意。皮尔庞特州长反对脱离联邦，但与佩里不同，他仍然忠于联邦政府，并帮助弗吉尼亚州西部各县成为西弗吉尼亚州。也许是由于他在州府是个局外人，抵达里士满后，他立即咨询了两名前南方邦联的州长，并对弗吉尼亚黑人要求保护他们免受暴力和报复的呼吁不予理睬。正如一位政治家对记者所言，越来越多的人意识到约翰逊计划让他们“无可争议地管理自己的事务”，他的州长们便有恃无恐地赶紧向高兴的种植园主和沮丧的共和党人解释这个时代并没有什么不同。总统选任的佛罗里达州临时州长威廉·马文提醒黑人退伍军人，这场冲突是“白人的战争”，并警告那些被解放的人“不要以为你和白人一样自由就和他们是平等的，因为你不

① Annette Gordon-Reed, *Andrew Johnson* (New York, 2011), 110; Kenneth M. Stampp, *The Era of Reconstruction, 1865 – 1877* (New York, 1966), 56 – 57; LaWanda Cox and John H. Cox, *Politics, Principle, and Prejudice,* 1865 – 1866*: Dilemma of Reconstruction America* (New York, 1969), 152 – 153; Du Bois, *Black Reconstruction*, 244 – 245.

是白人”。佩里州长表示同意，他说“非洲人在任何时代都是野蛮人或奴隶”，“上帝造黑人时，让他们在外形、肤色和智力上都不如白人，没有任何法律或文化能使他们与白人平起平坐”。昔日的奴隶主为他们意想不到的好运感到高兴，而沮丧的联邦主义者认为他们的建议被皮尔庞特和佩里忽视了。“那些黑鬼太讨厌了。”某个乡下种植园主的女儿劳拉·巴托尔夫得意地说。[①]

“我们可怜的被屠戮的人民想要和平。”卡罗来纳一个白人说，然而除了最坚定的效忠南方邦联的人之外，所有人都认为总统的政策既不明智，也无必要。甚至一些种植园主也担心，约翰逊笨拙的绥靖政策只会激怒华盛顿有影响力的共和党人。大多数中产阶级白人，尤其是那些还记得过去两年冲突中的艰辛的城市居民，在北方来的人看来既“不堪重负又顺从”。很少人愿意公开谈论政治，很多人诅咒 1860 年 12 月开始推动分裂的杰斐逊·戴维斯和 169 名南卡罗来纳州的种植园主。一位记者注意到，尽管少数南方编辑坚持“极端保守的（民主党的）铜头蛇[②]立场”，但“大多数编辑”的观点是“谨慎的”，而且“他们对讨论政治话题的克制比一栏栏最大胆的长篇大论更加意味深长”。白人劳动阶级尤其反对种植园主，在土地改革问题上也是。查尔斯顿的一群“技工和工人”在发誓他们“毫不同情黑人，也不想提高黑人的地位”之后，转而支持黑人解放，理由是解放“使劳动受到尊重”。一位白人工匠说，战前，他们必须与“富人家技术熟练的

---

① Thomas Wagstaff, “Call Your Old Master—Master: Southern Political Leaders and Black Labor During Presidential Reconstruction,” *Labor History* 10(1969):323; Harris, *With Charity for All*, 270; Eric Foner, *Reconstruction: America's Unfinished Revolution, 1863-1877* (New York, 1988), 189-190; Martha Hodes, *White Women, Black Men: Illicit Sex in the Nineteenth-Century South* (New Haven, 1997), 156; Budiansky, *Bloody Shirt*, 21-22.

② Copperhead，形容南北战争时同情南方的北方人。——译者

奴隶”竞争，而“这些富人自己不是技工或工人，通常是承包商”。克服几个世纪以来南方阶级内部的仇恨不是件易事，但记者、旅行者和该地区自由民局的工作人员报告说，许多人准备以个人生存和南方繁荣的名义接受一个新秩序。约翰逊的军事秘书回忆说，这个国家“本来有机会在李将军投降时定出我们自己的条件”。参议员查尔斯·萨姆纳也同意这点，他说：“我们的总统放弃了一个前所未有的大好机会。”①

过去支持林肯的人相信约翰逊对南方地主的不信任跟他们表达出的不信任一样明显，因此对总统的180度大转弯迷惑不解。伊利诺伊州一位选民向参议员莱曼·特朗布尔抱怨道：“我担心南方邦联证明他们忠诚的速度赶不上约翰逊总统重建南方的速度。”共和党人为在他们看来被白白浪费掉的英勇感到愤怒，如果这么多士兵的牺牲仅仅意味着种植园主失去了争取独立的机会，那么这种损失是不值得的。“这个国家的人民痛恨奴隶制和叛乱，”特朗布尔的另一个选民抗议道，“在我们饱受苦难之后还向它们之中的任何一个做出让步的行政当局很快就会发现，很少有穷人会尊敬他们。”南方的联邦主义者，其中大多是前辉格党人，在战时冒了很大的风险谴责戴维斯，他们尤其感到痛苦。查尔斯·帕尔默从家乡弗吉尼亚报告说“里士满的北方联邦公民就此不复存在了”，“约翰逊总统的全面赦免”令他们意志消沉，垂头丧气。那些在1861年谴责南方脱离联邦的人准备公开拥护共和党，以换取这个饱受战火蹂躏的州获得经济和政治上的重建，如

① George C. Rable, *But There Was No Peace: The Role of Violence in the Politics of Reconstruction* (Athens, GA, 1984), 4 - 5; *Salt Lake City Telegraph*, March 6, 1866; Wagstaff, "Call Your Old Master—Master," 336; Carter, *When the War Was Over*, 261; Brooks D. Simpson, *The Reconstruction Presidents* (Lawrence, KS, 1998), 80 - 81.

今他们认为白宫没有人为他们说话了。帕尔默提醒国务卿威廉·H. 苏厄德："我相信弗吉尼亚人和南方邦联各州对国家的不忠，不亚于当他们被成功和暴政蒙蔽时对杰斐逊·戴维斯和罗伯特·李的忠诚。"①

由于国会要到12月4日才重开，共和党要人除了私下敦促总统谨慎行事外，什么也做不了。评论家很快将这一时期称为"总统重建期"，因为都是约翰逊的政策和否决说了算，这种光景一直持续到"国会议事"或"共和国重建"时代开启，即第40届国会成立之后。然而，这关键的几个月或许应被更恰当地称为"邦联重建"，因为总统的计划让名誉扫地的种植园主和公开表明身份的分裂主义者暂时重掌大权。那些相信自己的参军经历和坚定不移的忠诚能为自己在此过程中获得一个角色的南方黑人被总统吓呆了，他们本指望总统会兑现其前任的承诺。然而，进入和平的头几个月里，黑人经营的报纸在南方遍地开花，非裔美国人编辑用笔进行了反击。对于那些认为黑人"在知道怎么使用自己的自由前不应拥有自由"的政治家，奥古斯塔的《美国有色人报》(*Colored American*)回应道，如果有谁必须"在奴隶制下变得明智和善良才能等来自由"，那么南方的任何人都不应被允许自由。赞同这一点的《华盛顿重建派》编辑表示："人民的声音应该是'忠诚的白人和黑人将治理这些州'，重建过程中，南方叛乱

① John Gardiner致Lyman Trumbull的信，1866年1月26日，现存于国会图书馆的Trumbull档案中；Samuel Parks致Lyman Trumbull的信，1866年1月30日，现存地同上；Charles Palmer致William H. Seward的信，1866年2月9日，现存于罗切斯特大学的Seward档案中。帕尔默是1860年立宪联邦党候选人John Bell的支持者之一，他对当年春天南方各州脱离联邦的行为感到非常惋惜。他父亲威廉·帕尔默生于宾夕法尼亚州，当年住在南方邦联首府里士满，是一名"农业技师"。详见1860年人口普查数据第112页中关于弗吉尼亚州里士满第二区的记录，出版信息不详。

者必须往后站。”①

如果约翰逊希望他的临时州长和那些他所赦免的邦联分子能用克制来回报他的宽容，他一定会失望的。尽管他曾呼吁重返联邦的各州能否认脱离过联邦并批准《宪法》第十三修正案，但得克萨斯和密西西比断然拒绝了后一要求。“我不愿意相信那些对奴隶制一无所知的人有能力为本州的自由民制定一套法典。”一位发言人怒气冲冲地说。在焦急的约翰逊给佩里发电报表示抗议后，有权起草新宪法的南卡罗来纳人承认他们的奴隶获得了解放，但不过是由于“美国政府采取的行动”。即便此时有 8 名代表投票赞成保留奴隶制，大会仍决定废止而不是推翻 1860 年通过的脱离联邦法。不过，佐治亚州在 1865 年 12 月 6 日批准了第十三修正案，12 天后苏厄德便向国会宣布，有 27 个州已批准该修正案，达到所需比例；佐治亚州随即就财产损失提出“索赔”。难怪这一过程这么麻烦。震惊的联邦主义者报告说，入选州议会的人绝大多数是战前的精英。在得克萨斯州，一位白人共和党人告诉苏厄德，“十分之九”的代表是“赞成脱离联邦的人和作最后一搏的人”。又补充道，那些支持共和党的人“一旦军队撤走，就没法在这里安生过活”。C. E. 利平科特在密西西比州发文表示赞同：“撤走在南方的驻军，黑人就会遭遇一切暴行。”5 年后的 1870 年 2 月 17 日，得克萨斯批准了已经生效的修正案；密西西比州的立法者则拖到一个多世纪后的 1995 年 3 月 16 日才批准。②

---

① John Hope Franklin 在 *Reconstruction After the Civil War* 中首次提出“Confederate Reconstruction”一词，此书出版于 1961 年（详见第 44—45 页）。亦可参见 Augusta *Colored American*, January 6, 1866; Washington *Reconstructionist*, March 24, 1866。

② Michael Vorenberg, *Final Freedom: The Civil War, the Abolition of Slavery, and the Thirteenth Amendment* (Cambridge, 2001), 228; Barry Crouch, “To Enslave the Rising Generation,” in *The Freemen's Bureau and Reconstruction*, eds. Paul A. Cimbala and Randall M. Miller (New York, 1999), 262; Walter B. Edgar, *South Carolina*: （转下页）

当时由白人选民选出的立法者和国会代表对总统来说可能更是一场灾难。弗吉尼亚州的联邦主义者仍然希望白宫能领导和给予指导，他们呼吁约翰逊“就我们的正确行动方针提出意见和建议”，但是没有得到任何回应。那年 12 月当选的国会议员中，有不少曾在南方邦联服役，其中 4 人是将军，5 人是上校，6 人是内阁官员，9 人是国会议员；有几个人还没有得到约翰逊的赦免。南方邦联的副总统亚历山大·H. 斯蒂芬斯是佐治亚州的参议员人选之一。民主党人认为，南方邦联要员的入选表明南方白人已接受战败的事实，但共和党人并不这么看。马萨诸塞州的一位编辑也表示反对，称种植园主计划将“叛乱分子或同情叛乱分子的人安置在我们的政治控制集团内”，从而恢复他们原来的地位。对于允许斯蒂芬斯坐在特朗布尔和萨姆纳旁边，有人愤怒地指出，这“等于把政治权力交给那些阴谋颠覆国家的人”。共和党多数派表示抵制，说林肯已同意让他们来决定“何时或者是否应该接纳来自［南方］各州的议员进入国会”，并拒绝接受他们的资质证明。总统表示抗议，指出这些议员被排除在外是不合规定的，但记者报道称，当“南方叛乱者在没有投票资格的情况下［赢得］选举”时，在约翰逊所在的田纳西州却有“300 名北方联邦的选民”无权投票。①

（接上页）*A History*（Columbia, SC, 1998）, 383；Sidney Andrews, *The South Since the War*（Boston, 1866）, 285；D. J. Baldwin 致 William H. Seward 的信，1866 年 1 月 25 日，现存于罗切斯特大学的 Seward 档案中；C. E. Lippincott 致 Lyman Trumbull 的信，1865 年 8 月 29 日，现存于国会图书馆的 Trumbull 档案中。直到 2013 年 2 月 7 日，美国国家档案馆才收到密西西比州批准的通知，此前并没有官方批准。

① Hans L. Trefousse, *Andrew Johnson: A Biography*（New York, 1989）, 230；*New-York Tribune*, March 22, 1866；Michael W. Fitzgerald, *Splendid Failure: Postwar Reconstruction in the American South*（Chicago, 2008）, 34－35；Simpson, *Reconstruction Presidents*, 82－83；W. W. Holden, *Union Meeting in Raleigh*（Raleigh, 1866）, 11；*Hartford Daily Courant*, March 29, 1866；*Springfield Republican*（Springfield, MA）, April 21, 1866.

对约翰逊的批评者来说，比南方不愿批准第十三修正案或恢复邦联领导人的国家要职更离谱、更危险的是1865年末和1866年初通过的州法律，它们被批评者统称为《黑人法典》。实际上，自南方邦联进入尾声开始，种植园主就一直在呼吁建立一个新的法律体系，用佩里州长的一位选民的话说，就是以此重建“劳动阶级的恰如其分的从属地位”，并对“一个陶醉于所谓自由的种族的野蛮激情”加以控制。就算南方一些州拒绝批准第十三修正案，它们也明白，最终会有足够多的州会批准永久废除奴隶制。1866年初，得克萨斯州州长詹姆斯·W. 斯洛克莫顿焦躁不安地说：“我敢肯定，我们连争取逐步解放都不会被允许。但我相信我们将会被采取强制劳动制度。”州长说得对。是年2月，在气急败坏地承认奴隶制已被“武力”“终止”后，州立法者一致投票否决了授予“黑人财产权和人身权，［以及］起诉权和被起诉权”的若干条例。但在一项名为《自由民法案（黑人在法庭上的权利）》的法令中，该州允许自由民“在与其无利害关系的案件中提供证据”。得克萨斯州的立法者还规定，对“不服从雇主的合理命令、玩忽职守、擅自离家、放肆无礼、对雇主咒骂或使用不雅言语”的行为罚款1美元。①

每个州议会都通过了自己的法典，但这些立法者中的许多人与其他州的立法者相识多年，因此有了大量创造性的借鉴。由于每一项法案的形成都是基于相同的立法议程——决心不让获得自由的人拥有土地，从而迫使他们以低薪劳工的身份重返种植园——所以议员们从邻州的法典中摘取句子甚至整段文字，也是可想而知的。就像得克萨斯

---

① Sandford W. Barber致Benjamin F. Perry的信，1865年7月10日，现存于Alabama Department of Archives and History的Perry相关资料中；Barry Crouch, “‘All the Vile Passions’: The Texas Black Code of 1866,” *Southwestern Historical Quarterly* 97 (1993): 21, 24; *New York Herald*, March 15, 1866。

州的法典一样，密西西比州的法规被冠上了一个听上去颇有改革意味的称谓：赋予自由民公民权利的法案。但这种把戏骗不了人。一位黑人编辑指责道："立法机关的精神——以及全州白人的意图——就是强烈反对允许黑人拥有财产。"密西西比州的法律允许自由民"起诉和被起诉"，甚至"获得个人财产"，但议员们告诫说，该法的任何条款"都不应被解释为允许任何自由人、获得自由的黑人或黑白混血儿租赁或出租任何土地"。毫不奇怪，密西西比州的黑人退伍军人认为"重建工作在这个州是最难的"。该法典的标题虽然虚情假意，但所谓的约翰逊政府显然有意设计一种法律体系，使黑人在其中依然处于半奴役状态，无法获得土地，并沦落至从属的经济和社会地位。然而在毫无悔意的邦联分子看来，罚款和短期监禁的威胁是不够的。"我了解黑鬼，"密西西比州的一位种植园主解释说，他认为经济处罚不足以控制他手下的劳工，"如果你容我给他们上指铐，或者只给他们粗茶淡饭维生，那才行。"①

与拒绝授予黑人财产权密切相关的是对年度劳动合同的要求。温和的北方共和党人可能不大赞成大规模的土地改革，但作为自由雇佣劳动力的倡导者，他们支持获得自由的人在该地区自由流动的权利，支持他们有权迁入城市甚至为改善财政状况而离开南方。南方地主的愿望正好相反。南卡罗来纳州和密西西比州都制定了严格的"流浪"法，要求成年黑人在来年"1 月的第二个周一"前提供书面的就业证明。在这 12 个月内违反合同并弃种植园而去的劳工不仅被没收了所

① Christopher Waldrep, *Roots of Disorder: Race and Criminal Justice in the American South, 1817 - 1880* (Urbana, 1998), 106; Carter, *When the War Was Over*, 219; Augusta *Colored American*, January 6, 1866; J. W. C. Pennington 致 *Weekly Anglo-African* 的信，1865 年 11 月 29 日，参见 *The Black Abolitionist Papers, Vol. V: The United States, 1859 to 1865*, eds. C. Peter Ripley and Michael Hembree (Chapel Hill, 1992), 5:394 - 395。

有工资，还会被“逮捕”并送回其合法雇主那里。为这些“逃跑者”提供就业机会的白人农民会面临高达500美元的罚款。得克萨斯州要求地方治安官将“贫困和流浪的未成年人”带到州法院，然后可能会根据战前的学徒法将他们变成契约学徒。驻扎在密西西比州梅里迪安的一名士兵提醒他的上级，“在流浪法的幌子下”，立法者提议“恢复奴隶制的所有做法，只是不叫这个名字而已”，维克斯堡的黑人早在1865年6月就聚众抗议对他们的“实实在在的再奴役”。密西西比州立法者毫不手软，他们设计了长长的名单，列出了根据其法规将逮捕的人：“流氓和流浪汉、无所事事者及闲游浪荡者、乞丐、杂耍人、从事非法游戏或勾当者”。一番考虑之后，议员们将“占卜者”和“普通铁路工人”也列进了名单。①

“新宪法没有回避任何问题。”定居在密西西比的军人、共和党人阿尔伯特·T. 摩根说。由于战前几年拒绝赋予奴隶婚姻合法地位，如今，立法者加快脚步将黑人的两性关系写入法典并予以界定。非裔美国人欢迎这一举措，尽管大多数《黑人法典》中并没有明文规定以立法干预他们的私生活。“婚约是我们所有权利的基础，”一名黑人下士说，“现在我们有了它，［并］将作为一个民族站立起来。”但在奴隶制和整个战争期间，一些男女奴隶发现自己与之一起生活的伴侣并不是自己所选，或者是在配偶被卖掉后与附近的陌生人住在一起。密

① Amy Dru Stanley, *From Bondage to Contract: Wage Labor, Marriage, and the Market in the Age of Slave Emancipation* (Cambridge, 1998), 126; C. E. Lippincott 致 Lyman Trumbull 的信，1865年8月29日，现存于国会图书馆的 Trumbull 档案中；（作者不详的）*The Results of Emancipation in the United States of America* (New York, 1867), 10; Eric Foner, *Nothing ButFreedom: Emancipation and Its Legacy* (Baton Rouge, 1983), 49 - 50; Michael W. Fitzgerald, *The Union League Movement in the Deep South: Politics and Agricultural Change During Reconstruction* (Baton Rouge, 1989), 29 - 30; Crouch, "To Enslave the Rising Generation," 275。

西西比州规定，所有“未结婚，但如今住在一起”的黑人“在法律意义上都是已婚的”。跻身州议会的种植园主提议以罚款来“惩治通奸和纳妾行为”，鉴于女黑奴的主人对她们长期以来的性侵传统，她们肯定认为这一法令特别令人恼火。南方法规大多模仿北方法规而定，也禁止跨肤色通婚。当阿隆·格林和朱莉娅·阿特金森违反亚拉巴马州的禁令举行婚礼时，双双遭到逮捕，身为白人的阿特金森被判两年监禁。①

南方任何州的立法者都不愿意被解放的奴隶在美国其他方面享有基本的公民权利。退伍军人兼律师阿尔比昂·图尔盖抱怨道，“约翰逊任期内”通过的大多数法典都“不让有色人士出庭指证白人”，这是对过去几十年做法的沿用，即禁止奴隶出庭指证白人。实际上，每个种植园都再次自成一个司法体系。正如一位种植园主吹嘘的那样，每个土地所有者都是“有权判刑和施以惩罚的法官”。由于这些法典总是适用于所有“非洲血统”的人，所以生下来时是自由人的有色人士在战前享有的为数不多的特权实际上被抹去了。包括退伍军人在内的黑人，被禁止无证持有枪支。立法者坚持认为，不对白人表现出适当的尊重就构成了扰乱治安罪。“叫个黑鬼到**我的**办公室来，”有人冷笑道，“不脱帽行礼，就让他吃一棍子。”②

就连肯塔基州，一个仍然忠于北方联邦的蓄奴州——尽管它为南方邦联事业提供了大量人马，包括美国前副总统约翰·C. 布雷金里

---

① Morgan, *Yazoo*, 205; Laura F. Edwards, *Scarlett Doesn't Live Here Anymore: Southern Women in the Civil War Era* (Urbana, IL, 2000), 127; Hodes, *White Women, Black Men*, 149.

② Wagstaff, "Call Your Old Master—Master," 337; Albion W. Tourgée, *A Fool's Errand, By One of the Fools* (New York, 1879), 119; Christopher M. Span, *From Cotton Field to School house: African American Education in Mississippi, 1862 - 1875* (Chapel Hill, 2009), 93 - 94; Nashville *Colored Tennessean*, March 31, 1866.

奇——也通过了一个类似的法案，“把该州的黑人置于无形的奴隶制下”。北方的共和党人曾在1850年代惊恐地看着自己的国家在民主党总统的领导下在民权问题上开倒车，对他们而言，现在，另一位民主党人入主白宫后，历史似乎又在重演。颇具影响力的《纽约论坛报》编辑贺拉斯·格里利感叹道：“战争期间，叛军曾多次试图占领肯塔基州，但都失败了，肯塔基州亟待重建。”黑人编辑比北方的共和党人记者更不信任南方白人，他们明白他们所看到的是以其他方式继续的内战。“叛乱没有停止，只是换了武器，”辛辛那提《有色公民报》的编辑声称，“叛乱者过去追随李将军的武装，现在跟随约翰逊总统的诡计和欺诈。”其实，约翰逊并没有因为推翻了谢尔曼的命令以及自由民局在土地改革方面的早期努力而反对这些法典，而是认为这些法典没必要。他认为，那些“没有自己土地”的自由民“将继续为有土地的人干活”。但对黑人评论家来说，这些法典是他的一系列行为造成的，有人坚持认为，如果南方邦联“过去的总部设在里士满，那么如今则是在白宫安营扎寨”。①

鉴于总统的完全放任，他的州长和他们的议会显然做得过火了。陷入困境的卡罗来纳联邦主义者A. S. 华莱士实际上对该州的所作所为表示欢迎（他曾斥责这些做法是在为“替荒唐的立法树碑”），因为他预计这些做法一旦过分将最终颠覆种植园主对权力的垄断。等前州长佩里（曾召集委员会起草法典）和前南方邦联参议员本杰明·L. 奥尔（他在1865年11月下旬接替佩里的职位并签署法案使之成为法律）意识到了政治损害的严重性，一切为时已晚。在自己位于查

① *New-York Tribune*, February 21, 1866; "Kentucky blacks" to Andrew Johnson, June 1865, in Berlin, ed., *Freedom, Series I*, 1: 624 - 625; Wagstaff, "Call Your Old Master—Master," 325; Cincinnati *Colored Citizen*, May 19, 1866.

尔斯顿的西特多军校的办公室里，丹尼尔·E. 西克尔斯将军利用其作为南卡罗来纳州军事指挥官的权力宣布该法典“无效”。西克尔斯在葛底斯堡战役中失去了一条腿，他对南方邦联的挑衅没有耐心。他下令：“所有的法律［应该］适用于所有的居民。”在华盛顿，共和党人开始讨论有史以来第一个《民权法案》的必要性，以挽回约翰逊造成的所有损失。①

虽然白人共和党人的立法支持至关重要，但黑人编辑在形塑一个集体应对措施方面尤为重要，这个集体应对既是针对《黑人法典》的，又是回应约翰逊宣称是他在独自控制州的重建进程这番话的。非裔美国记者率先提出了许多后来被华盛顿政客乃至最进步的白人共和党人所采用的论点，白人共和党人这么做是不得已要对自己所在选区较温和的白人选民做个交代。辛辛那提的《有色公民报》编辑认为：“没有一个州是宪法和国家意义上的**共和制**，否则其人民的公民权利或政治权利应是不分种族或血统的。”由于《宪法》第四条“保证每个州”都是共和政体，黑人编辑声称歧视性法规违反了人民民主的基本原则，并因此要求联邦政府做出回应，这套理论在参众两院越来越多被提及。奥古斯塔的《忠诚的佐治亚人》(*Loyal Georgian*) 的出版商嘲讽他所在州的法典假装自己在通过“教授自由民劳动的技艺来促进自由民的福祉”。“前奴隶们已然受了一辈子磨难，还需要什么进一

---

① Edward Coke Billings, *Struggle Between the Civilization of Slavery and That of Freedom, Recently and Now Going on in Louisiana* (Northampton, 1873), 8; A. S. Wallace 致 William H. Seward 的信件, 1866 年 5 月 5 日，现存于国会图书馆的 Seward 档案中；Thomas Holt, *Black over White: Negro Political Leadership in South Carolina During Reconstruction* (Urbana, IL, 1977), 23; Hyman Rubin, *South Carolina Scalawags* (Columbia, SC, 2006), 6; Thomas Keneally, *American Scoundrel: The Life of the Notorious Civil War General Dan Sickles* (New York, 2003), 321。

步的‘培训’呢?”他冷冷地问。①

非裔美国人不满足于仅在黑人媒体上推进他们的事业，进而向友好的共和党人发去大量信件，谴责这些法典和约翰逊任命的人。一位受过教育的自由黑人提醒萨姆纳：“在大多数地方，自由民的境况比奴隶还糟，因为他们要面对前主人的残暴和报复，昔日的个人利益对前主人已失去了约束性。”密西西比州的维克斯堡和田纳西州的纳齐兹的黑人起草了请愿书，表达对其所在州法典的不满，并坚称唯一能帮到他们的就是投票权。虽然萨姆纳尚未赞成给黑人选举权，但他在参议院宣读这些人的恳求信之举，令许多共和党同僚大吃一惊。在战前的几十年里，州法院、特别法庭和南北的白人暴徒对试图维护自己权利的少数自由黑人迅速采取了行动，因此，非裔美国人的活动仅限于俄亥俄州、纽约州和新英格兰的一些地区；但即使在那里，他们也遭到了歧视和人身攻击。长期受压迫的南方自由黑人终于发声，并拿笔讨伐，激怒了那些还没习惯这种不恭顺行为的白人保守派。“黑人现在在他们白人盟友的帮助和支持下，正制造**第二次叛乱**，”一位民主党人告诉约翰逊，“这场叛乱不想让人民和平安宁、国家统一。”前奴隶和“黑人士兵”并没有保持“安静、规规矩矩”，而是决心“为投票权罢工，维护他们的平等”。②

一些前奴隶认为他们的事业没有希望了，觉得不再抵抗是最明智的。《亚拉巴马法典》(*Alabama Code*)颁布后，获得自由的威廉·华纳无意中听到一些黑人哀叹“民主党人成功了，我们又要沦为奴隶

① Cincinnati *Colored Citizen*, May 19, 1866; Augusta *Loyal Georgian*, February 17, 1866.

② David Donald, *Charles Sumner and the Rights of Man* (New York, 1970), 241; Span, *Cotton Field to School house*, 98 - 99; James Embry 致 Andrew Johnson 的信, 1866 年 2 月 9 日, 参见 Bergeron, ed., *Papers of Johnson*, 10:62 - 63。

了”。一些人想离开南方去利比里亚，那里是美国殖民协会和联邦政府为获得自由的奴隶建立的家园。这个 1847 年宣布独立的西非国家，从未对在美国出生的黑人有过多大吸引力。在战争期间，移民率从 1860 年的 316 人下降到 1864 年的 23 人。但是随着法典的颁布，621 名移民对他们的国家失去了所有的希望，上路了。A. W. 鲍尔斯曾是有色人种部队第 35 军团的列兵，他写信给美国殖民协会在华盛顿的办公室，说他准备带领 200 名获得自由的人离开北卡罗来纳州。另一批非裔美国人考虑与彼得·芒廷一起移民，此人也是有色人种部队第 35 军团的退伍军人。然而，自从 1830 年代安德鲁·杰克逊总统终止向该协会提供联邦拨款以来，它已经资不抵债，战争结束的那一年，民间捐款仅有 23633 美元，几乎不足以安置成千上万名士气低落的南方黑人。[①]

许多有办法移民的非裔美国人转而向西推进，而在阿波马托克斯受降之后仍留在军中的大批黑人发现自己就驻扎在这些领地上。威廉·F. 布莱恩写信提醒布兰奇·K. 布鲁斯，说他自 1865 年以来一直居住在华盛顿领地[②]，并获得 160 英亩的“宅基地”，“［他］所享有的特权也由该领地的法律推延到其他有色人士身上”。华盛顿·查维斯报告说，“有色人士”在堪萨斯“受到如此优待”，这样一来“两年内南方一个黑人也不会剩下”。查维斯笑言，黑人从前南方邦联出

---

① William Warner testimony, in *Testimony Taken By the Joint Select Committee to Inquire into the Conditions of Affairs in the Late Insurrectionary States: Alabama* (Washington, D. C. , 1872), 1: 357; P. J. Staudenraus, *The African Colonization Movement, 1816 - 1865* (New York, 1961), 248 - 249, 251; Reid, “USCT Veterans in Post-Civil War North Carolina,” 403;志愿联邦军兵役汇编记录中美国有色人种部队第 35 军团的记录，Peter Mountain，连队记录册，1863 年 5 月，第 77 卷，出版信息不详。

② Washington Territory，美国历史上合并建制的领土之一，其存在始于 1853 年 3 月 2 日，1889 年 11 月 11 日以华盛顿州的身份加入联邦。——译者

逃，会让“昔日的叛乱分子很不高兴”。然而，往西移民几乎和去遥远的利比里亚重新开始生活一样费钱又危险。尽管根据1862年的《宅地法》，这些地区的土地是免费的，但很少有黑人家庭拿得出钱去西部。索杰纳·特鲁斯一如她在战争期间那样，继续帮助那些获得了自由后，希望在纽约罗切斯特附近重新安家的人。只要林肯还活着，特鲁斯就乐于在阿灵顿的自由民村做义工，但新政府上台后，村里的政治和物质条件都恶化了，这位69岁的废奴主义者决定返回纽约。“上帝为穷人的权利而生，”她对奥利弗·O. 霍华德将军说，“世间虽有总统，但仍由正义统率。”尽管她深信天理公道，但也担心如果约翰逊继续留在白宫，黑人就会“活在水深火热中”。[①]

这种担心是对的。随着白人的暴力在法典的庇护下开始升级——因为州立法减少了黑人的权利，解除了黑人退伍军人的武装，前南方邦联分子愈发可以不受阻碍地施暴——吓坏了的自由民想要逃离南方。在巡视佐治亚州内陆时，自由民局工作人员詹姆斯·吉列报告说，那些“将移民利比里亚的人”询问该机构有没有可能把他们“运到萨凡纳”。D. D. 贝尔被“鞭牛者”——像抽公牛一样鞭打他的白人——赶出了他在密西西比的家。贝尔认为，既然黑人“永远无法在美国获得正义”，他还不如冒险去非洲。辛辛那提的《有色公民报》的编辑却持相反观点，发表社论“全然反对这场运动”。特别是在南方的北部，很少有非裔美国人会认真考虑离开他们的出生地。“我们不是非洲人，而是美国有色人种，我们有权获得美国公民身份，这是有正当理由的，”马里兰州的L. W. 巴拉德坚定地说，“我们只是要一

---

① William F. Bryan 致 Blanche K. Bruce 的信，1879年3月27日，现存于霍华德大学 Bruce 档案中；Washington Chavis 致 Blanche K. Bruce 的信，1879年2月6日，现存地同上；Margaret Washington, *Sojourner Truth's America* (Urbana, IL, 2009), 328。

个机会来实现我们的财富，展示我们的男子气概。”①

甚至在战争结束之前，非裔美国人就已经开始在一系列旨在提出要求并与美国其他地区的活动家保持联系的会议中为重建之战做准备了。在战前的几十年里，黑人废奴主义者也举行过类似的集会，最后一次是在 1855 年。1863 年夏天，纽约州州长霍雷肖·西摩不愿在该州增招黑人部队，于是纽约黑人决定重启这场运动。罗伯特·珀维斯把这场冲突描述为“自由与专制之间的较量”，他是查尔斯顿出生的自由人，一生大部分时间都致力于费城的反奴隶制活动，他呼吁当年 7 月在波基普西召开一次全州大会。这次为期两天的会议于 7 月 15 日召开，而就在 3 天前，一些代表的儿子和侄子在瓦格纳堡遇难。亨利·海兰德·加内特牧师出席了会议，但是会议的《本州有色公民宣言》是由珀维斯、乔纳斯·H. 汤森德和本杰明·F. 伦道夫起草的，伦道夫很快做了随军牧师并将在查尔斯顿非裔卫理公会教堂的重新落成仪式上做祷告。广泛刊行的这份《宣言》称赞这场冲突是“有史以来最有理的战争之一”。它不再仅仅是一场为团结各族群而进行的斗争，更是“一场为捍卫人的神圣权利而与地狱的走狗进行的较量，[一场] 为争取自治权、真正的民主和公正共和主义而进行的斗争”。代表们严厉斥责西摩在征募纽约黑人时的犹豫不决，并呼吁年轻的非裔美国人尽可能地报名参军，因为这“不是一场小男孩间的打闹，而是巨人间的战斗”。最重要的是，与会代表希望他们的努力能重振奄

① James Gillette 致 Assistant Commissioner 的信，1868 年 4 月 20 日，现存于 Records of the Assistant Commissioner for the State of Alabama 的自由民局档案中，卷 14；L. W. Ballard 致 Blanche K. Bruce 的信，1876 年 2 月 17 日，现存于霍华德大学的 Bruce 档案中；D. D. Bell 致 Blanche K. Bruce 的信，1878 年 1 月 19 日，现存地同上；Thomas H. Brown 致 Blanche K. Bruce 的信，1878 年 4 月 13 日，同上。

奄一息的黑人大会运动，推进他们的平权议程。①

此事耗时一年多，但 1864 年的秋天见证了这场运动的重生，它将是延续到 1867 年的几十次黑人大会中的第一次。1864 年 10 月 4 日，代表华盛顿和 17 个州的 150 名代表聚集在雪城的卫理公会教堂，举行了为期 4 天的会议，这是迄今为止举行的“最地道的全国黑人大会”。虽然雪城因其种族融合学校和公众对逃奴的支持而被理所当然地认为是更令人有好感的北方城市之一，但看到这么多衣着考究的黑人代表，还是惊着了一位观察家，他大声质问：“这些该死的黑鬼要去哪里?”爱尔兰暴徒撞倒了亨利·海兰德·加内特，偷走了他的手杖。代表们对更糟的情况都见惯不怪了，心情激动的他们无视这些羞辱，挤进了杰纳西街上的小教堂。约翰·H. 库克提醒大家全体大会在 10 点钟开始。参会的许多人——道格拉斯、加内特、威廉·威尔斯·布朗和日后的自由民局工作人员约翰·默瑟·兰斯顿——都是战前大会运动的老手，那时候加内特还出席过波基普西会议。还有一些是当地的活跃分子，比如理查德·凯恩牧师和奥克塔维厄斯·卡托，他们是这场全国性运动的新成员。但是大会成员们想要重新开始。他们宣布成立“全国平权联盟”，一个永久性的民权组织，旨在鼓动和监督南北已经处于联邦武装之下的地方分支机构。兰斯顿同意担任其负责人。②

---

① Benjamin Quarles, *The Negro in the Civil War* (Boston, 1953), 189; “Manifesto of the Colored Citizens of the State of New York,” July 16, 1863, in Ripley, ed., *Black Abolitionists Papers*, 5: 224 - 225. On the antebellum black conventions, see Howard H. Bell, “The Negro Emigration Movement, 1849 - 1854: A Phase of Negro Nationalism,” *Phylon* 20(1959): 132 - 142.

② Vincent Harding, *There Is a River: The Black Struggle for Freedom in America* (New York, 1981), 244 - 246; William Cheek and Aimee Lee Cheek, *John Mercer Langston and the Fight for Black Freedom, 1829 - 1865* (Urbana, IL, 1989), 425; Davis, *“We Will Be Satisfied with Nothing Less,”* 17 - 18, 22; Carla L. Peterson, *Black Gotham: A Family History of African Americans in Nineteenth-Century New York City* (转下页)

在接下来的3天里，代表们呼吁通过一项废除奴隶制的修正案，要求黑人士兵享有平等权利和同工同酬，并重申了他们对“这个政府的基本原则”的信念。尽管他们捍卫获得自由的奴隶们积累“财产”和受教育的权利，但雪城的大多数人在北方出生时就是自由人，他们的发言频繁强调“节制、节俭和勤勉”，以至于少数持不同意见者抱怨说，“大会没有充分考虑到”被解放者的真正需要。但在第三天的主题演讲中，约翰·S. 洛克以雄辩的口才谈到了政治权利，高呼黑人士兵“上战场不是为了杀人”，而是为了“自由与平等”。非裔美国人想要的不过是“白人所要求的；不会多也不会少”。全国各地的黑人编辑对此次大会进行了报道。《新奥尔良论坛报》的路易斯·查尔斯·鲁达内兹报道说，“在经历了近两个世纪的世界史上空前的苦难后”，参加雪城大会的黑人承诺“要去拯救这个不仅加害他们，而且似乎对他们的哀怨充耳不闻的国家”。当消息传到联盟在各地的未来领导人那里时，这些疲惫却又兴奋的代表打算让这个国家的领导层听到他们的声音。[①]

5个月后的3月，当废奴主义者聚集在奥尔巴尼参加州平权联盟的年会时，这次因为前田纳西州逃奴、现雪城牧师杰曼·W. 洛根的加入，道格拉斯和汤森德保住了势头。在道格拉斯对10月的会议发表了一番热情洋溢的讲话后，威廉·H. 约翰逊提议修改他的小组的最初章程，使其“更符合全国平权联盟的精神”。成员们纷纷投票赞

(接上页)(New Haven, 2011), 273; Steven Hahn, *A Nation Under Our Feet: Black Political Struggles in the Rural South from Slavery to the Great Migration* (Cambridge, 2003), 106. Syracuse Wesleyan Methodist Church 至今仍在，但已成为教会餐厅。

① *Proceedings of the National Convention of Colored Men, Held in the City of Syracuse, N.Y.* (Boston, 1864), 36 - 40; Foner, *Reconstruction*, 27; John Rock, Speech of October 6, 1864, in Ripley, ed., *Black Abolitionist Papers*, 5:304 - 305; *New Orleans Tribune*, October 25, 1864.

成，该组织的第一个当地分支机构也因此诞生了。[1]

到第二年5月召开下一次区域大会时，一切都变了。南方邦联的将军们投降了，杰斐逊·戴维斯被俘，林肯总统遭暗杀。获得自由的人们还不知道沮丧的安德鲁·约翰逊有多痛苦，但随着南方邦联的解体，大会运动转战南方。5月9日，里士满的自由民挤进黑人鞋匠罗伯特·W. 约翰逊的家中，听记者 T. 莫里斯·切斯特讲述了雪城会议和全国平权联盟的情况。这群热情的人迅速地组织起了“里士满有色人种平权联盟”。一个月后的6月5日，代表们涌入诺福克的凯瑟琳街浸信会教堂，聆听加内特的演讲，并提出了“他们对平等选举权的要求”。会议召开之际，第十三修正案还没有获得批准，只有那些占据最稳固的席位的北方共和党人在演讲中劳心费力地加入了一两句关于黑人投票权的话，诺福克的这群人从“第一个在独立战争中洒下鲜血的”克里斯普斯·阿塔克斯[2]，讲到丧生在“瓦格纳堡及彼得斯堡矿井那些被死亡萦绕的矿坑里”的人，以此警醒全国的黑人士兵。此后不久，弗吉尼亚的黑人在亚历山德里亚举行了为期三天的会议，赞成诺福克议程，并要求在享有平等公民权和“选举权”的基础上“重组”他们的州。在南北战争前的时代，亚历山德里亚是富兰克林和阿姆菲尔德奴隶贸易公司的所在地，一名代表惊讶地发现自由民如今聚居的某个小镇“仅仅3年前，任何一个有一丝废奴主义嫌疑的人”得走大运才能“逃过被绞死在当地集市上这一劫”。[3]

---

① *New Orleans Tribune*, May 12, 1866.

② 18世纪美洲殖民地反英斗争的烈士，波士顿惨案中第一个被杀的美国人，是土著万帕诺亚格人和黑人的混血后裔。他死时究竟是奴隶还是自由人仍有争议。——译者

③ “Constitution of the Colored Men’s Equal Rights League of Richmond,” May 9, 1865, in Ripley, ed., *Black Abolitionist Papers*, 5: 324 – 325; Philip S. Foner and George E. Walker, eds., *Proceedings of the Black National and State Conventions, 1865 – 1900* (Philadelphia, 1986), 80 – 84. 关于黑人老兵对那些矿坑战役记忆的其他资 （转下页）

尽管新奥尔良早在1862年就已被联邦政府控制，但直到1865年，该市的非裔美国人社群才在编辑鲁达内兹的推动下，于1月至5月中旬举行了一系列会议。最后一次会议是约瑟夫·杰克逊·克林顿主教召集的，他是一位费城出生的“博学、能言善辩、彬彬有礼”的非裔卫理公会教徒。那些在锡安教堂会面的男女明白，他们要面对两大恶：一个是已经重建的立法机构，它强烈反对给黑人选举权，另一个是种族内部按阶级和肤色划分的悠久历史。然而，雪城大会后不久，黑人特使奥斯卡·J. 邓恩和上尉詹姆斯·H. 英格拉姆前往雪城，帮助组织全国平权联盟的一个分支。邓恩表示：“我们把所有黑人及有色人士都视为受苦的人。”锡安教堂的与会者将此话牢记在心。《新奥尔良论坛报》坚定地表示：“我们中间不再有阶级或种姓之分了。我们这个国家就是一种人，一个民族。”衣衫褴褛的农工们站在富有的、自由人出身的混血代表旁边。穷人和富人、有文化有教养的人和几乎没有从奴役中解脱出来的农村劳力并排坐着。在场的人大多是皮肤黝黑的自由民，其中很多如鲁达内兹所说，是“福音派牧师、美军军官和士兵”，或者像罗伯特·克伦威尔医生那样，是自由民局前官员。某种程度上，奴隶解放本身已经抹平了奴隶和浅肤色自由人之间的巨大鸿沟，这道裂缝《黑人法典》将通过在白人和任何肤色的有色人士之间划出新的界限来进一步消除，对于路易斯安那州的非裔美国人来说，抛开过去的分歧是一项明智的政策。①

（接上页）料中，参见 Kevin M. Levin, *Remembering the Battle of the Crater: War as Murder* (Lexington, 2012), 79。

① San Francisco *Elevator*, February 14, 1868; Foner, *Reconstruction*, 64; Leon Litwack, *Been in the Storm So Long: The Aftermath of Slavery* (New York, 1979), 508 - 509; Eric Foner, *The Fiery Trial: Abraham Lincoln and American Slavery* (New York, 2010), 318; Foner and Walker, eds., *Proceedings of the Black National and State Conventions*, 78 - 79.

8月7日上午，140名黑人聚在纳什维尔的非裔卫理公会圣约翰教堂，全国性的新的大会运动的轮廓已经清晰起来。尽管选定的中央委员会由田纳西州居民组成，但大会的主要发言人都是有经验的战时活动人士和参加过早期会议的老人。在发表了“滔滔不绝且激动人心的演讲”的人中，有牧师詹姆斯·D. 林奇。林奇生在巴尔的摩，一出生就是自由人，南北冲突期间在佐治亚-卡罗来纳海岸一带做传教士，也是上年1月在萨凡纳与威廉·T. 谢尔曼将军会面的牧师之一。后来担任密西西比州州务卿的林奇，此时刚参加完佐治亚州的一个会议，他在纳什维尔的大会上发表了讲话。在一场气氛热烈的演讲中，林奇谴责那些对平等选举权说三道四的白人是“铜头蛇”和“烂醉的恶棍”，并高喊“当这个国家站在悬崖边发抖时，黑人前来相救了”。亨利·J. 麦克斯韦尔中士是南卡罗来纳州的一名军人，参加过新奥尔良的大会，后来在查尔斯顿被捅伤，他在林奇之后走上讲坛。“我们要在国会和立法机关面前道出我们的心声，”麦克斯韦尔对着汹涌的人潮保证，“为了这些权利我们将付出努力，甚至不惜生命。给我们弹药去打仗，也要给我们投票权和陪审团座位。”受这次集会的启发，诺克斯维尔和孟菲斯的黑人向立法机关散发请愿书，要求实现政治和社会平等。①

10月在萨克拉门托举行的加州黑人集会与此如出一辙，这次是由马萨诸塞州出生的弗雷德里克·G. 巴巴多斯和大卫·W. 拉格斯组织的，它跟8月9日宾夕法尼亚州黑人在哈里斯堡的集会，9月、10月在克利夫兰的集会一样。在卡托出席的第二次秘密会议上，兰

① Foner and Walker, eds., *Proceedings of the Black National and State Conventions*, 112–113, 115–116; Loren Schweninger, *James T. Rapier and Reconstruction* (Chicago, 1978), 38–39; John Cimprich, "The Beginnings of the Black Suffrage Movement in Tennessee, 1864–1865," *JNH* 65(1980): 190.

斯顿和洛根都发了言。鞋匠罗伯特·W. 约翰逊作为里士满集会的代表，讨论了将当时的城市运动“扩展到农村地区的必要性”。出生在亚拉巴马州的詹姆斯·T. 拉皮尔是纳什维尔的一名代表，也是平权联盟的一员。大会谴责向“利比里亚或其他地方”开拓殖民地，同意“获得财产及让子女受教育是必要的”。宾夕法尼亚州对投票权的要求尤其强烈，因为非裔美国人不是在争取新的公民权，而是在更新旧公民权的内容;1838 年以前，获得自由的黑人曾享有过投票权。克利夫兰集会投票决定将费城作为联盟的永久总部，并选出了 10 名男性担任联盟的副主席，其中包括没到场的道格拉斯。卡托是被任命的两名大会秘书之一，并受命会见国会议员史蒂文斯和凯利，讨论从投票权到学校再到街车打破种族限制等一系列问题。①

如果说从一个集会传到另一个集会的发言人名单总能勾起人们对林肯的回忆的话，那人们对林肯所在的政党就不那么有信心了。那些在参加会议前穿上旧制服的退伍军人倾向于公开表明自己是共和党人，但在黑人投票权得到保证前，他们的身份更多是象征性的，而不是有形的依恋。华盛顿的民主党领导人继续回避完整的公民身份问题，尽管马里兰州国会议员亨利·温特·戴维斯在 1865 年 12 月去世之前，意识到有必要增加共和党在邻州的影响力，公开支持所有前蓄奴州的选举权要求。马里兰的非裔美国人在 1866 年 1 月的一次大会上，把投票权列为他们的要求之首。刘易斯·道格拉斯中士出席了会议，并应邀代表他们在州议会发言，这与其说是为了表彰这位年轻的

---

① San Francisco *Elevator*, June 16, 1865; Foner and Walker, eds., *Proceedings of the Black National and State Conventions*, 40 - 41, 44 - 45, 133 - 134; Brown, “Pennsylvania and the Rights of the Negro,” 50; Biddle and Dubin, *Tasting Freedom*, 340 - 341. 这里的 David W. Ruggles 与同名的纽约社会活动家无关。根据 1880 年 6 月的人口普查记录(San Francisco, Schedule 1, page 20, NA), Ruggles 1830 年出生于弗吉尼亚州。

重建期间的许多改革活动都发生在远离华盛顿的地方。从 1863 年 7 月开始，黑人活动人士通过在纽约波基普西召开会议，恢复了奄奄一息的黑人大会运动。不久在雪城和奥尔巴尼举行了更大规模的集会，在南方邦联投降后的几周内，南方黑人在里士满和诺福克组织了他们自己的集会。参加过早期集会的代表前往亚历山德里亚、新奥尔良、纳什维尔、哈里斯堡和萨克拉门托，协助建立了一个社会活动网，旨在将他们的改革议程强加给一位意外上台的总统和首都的温和派共和党人。(照片由绍姆伯格黑人文化研究中心提供)

印刷工人的能力，不如说是为了向他父亲的演说才华致敬。在北方出生长大的刘易斯，看得出会上多是些“无知之辈”，虽是贬低黑人工人阶级代表的一种看法，但参加巡回集会的其他受过教育的自由人想必也有同感。然而，白人的政治会议中也有这样的阶级隔阂，巴尔的摩的团体成功地组织起了一个平权联盟的州分会，威胁要把州告上联邦法院，“目的是测试一下拒绝黑人上庭作证的合法性”，并挑选道格拉斯和巴尔的摩的威廉·马修去游说华盛顿的立法者。①

① Fields, *Slavery and Freedom*, 132 – 133；Lewis H. Douglass 致 Amelia Loguen 的信，1866 年 1 月 7 日，参见 Evans Collection, Savannah。

下南方的黑人领导人不太愿意公开接受这样一个进步议程。1865年末，亚拉巴马州的黑人两次在莫比尔集会时，56名代表中大多是牧师，大会主席E. S. 韦恩是一位来自塔斯卡卢萨的自由人、非裔卫理公会长老。要么是由于听众中缺少经验丰富人士，要么是考虑到州立法机关当时正在审议歧视性法规，莫比尔集会倡导的政策是“和平、友谊、对所有人怀有善意——尤其是对我们的白人同胞，毕竟我们的命运就在他们当中”。一名代表甚至指出，“将选举权扩大到整个有色人种的时机尚未到来”，这暗示着以前自由的精英们可能会接受有限的公民权。萨凡纳集会的代表确实提出了“选举权”问题，但他们把它排在第四位，远远落后于子女受教育权。即使在当时，萨凡纳集会的领导层也只是提出，如果要为教育征税，“他们可能会为他们上的学校承担所增税收的适当份额”，这无异于对种族隔离学校的默许。只有1866年1月10日在奥古斯塔举行的秘密会议大胆地向约翰逊总统发出了一份“来自300名有色公民”的请愿书并附了一封信，其中坚称给非裔美国人“公民权和政治平等”是对他们在“救国家于危难”中所起作用的应有回报。这封公开信是代表南卡罗来纳州而来，并在大会上做主题发言的马丁・R. 德拉尼所写；毫无疑问，这位少校的出现鼓舞了与会的人们。[①]

那年1月，来自13个州和华盛顿的代表聚集在该地区第15街的长老会教堂，这是自1864年雪城集会以来第一次真正意义上的全国

① Peter Kolchin, *First Freedom: The Responses of Alabama's Blacks to Emancipation and Reconstruction* (Greenwood, 1972), 152 – 153; *Circular, Call for a Convention, 1865*, 收入 P. B. S. Pinchback 档案，存于霍华德大学 Moorland-Springarn 研究中心；Charles Sumner 致 Andrew Johnson 的信，1865年6月30日，参见 *The Selected Letters of Charles Sumner*, ed. Beverly Wilson Palmer (Boston, 1990), 2: 312; *New Orleans Tribune*, May 8, 1865; Augusta *Loyal Georgian*, February 17, 1866; Du Bois, *Black Reconstruction*, 232 – 233。

大会。大多数与会者来自北方以及附近的弗吉尼亚州和马里兰州，但亚拉巴马州和佛罗里达州也派出了小型代表团。弗雷德里克和刘易斯·道格拉斯也来了。这群人推选加内特牧师主持会议，可能是因为他在波基普西会议所起的重要作用。但是，与会代表们听得格外认真的是乔治·T. 唐宁的发言，他也参加了雪城会议。唐宁以前是罗得岛新港一家颇为成功的酒店的老板，也是马萨诸塞州黑人第五骑兵队的征兵人员，如今在管理众议院的餐厅，这让他有机会接触到政治八卦，也能够悄悄地游说进步的共和党人。这次大会讨论了正等待总统签署的《自由民局法案》，以及《民权法案》的前景。这群人希望在这两方面都取得成功，尽管他们对此并没有信心，但还是正式作出决定反对“对外肆意开拓殖民地”，并重申了自己的要求，即国会“担保并保证所有忠诚的公民，不论种族或肤色，在法律面前享有平等的权利，包括公正的选举权”。他们认为，只有通过投票，才能确保“最近叛乱的各州建立一个共和政体”。由于延长自由民局存续时间的法案刚刚在国会通过，因此向总统游说其重要性是合情合理的。为此，大会委派唐宁、弗雷德里克·道格拉斯和刘易斯·道格拉斯、律师兼退伍军人威廉·J. 惠普尔及芝加哥商人约翰·琼斯去见约翰逊，向其解释他们的议程，并了解他对黑人平等的看法。[①]

2月7日，这5人见到了总统。他们进去时，约翰逊正坐着，“两手插在口袋里，看上去有点不高兴”。但当唐宁称呼他“阁下”，并保证他们来此“是当作一次朋友间的会面”，约翰逊顿时展颜，与他们

---

① Foner and Walker, eds., *Proceedings of the Black National and State Conventions*, 246; McFeely, *Douglass*, 247. 关于 Downing 的服役记录，参见 Commonwealth of Massachusetts, Special Order 281, March 7, 1864, and War Department, Pass, April 21, 1864, 两者皆存于霍华德大学 Moorland-Springarn 研究中心的 George T. Downing 档案中。

一一握手。唐宁读了一篇准备好的简短讲稿，有意含糊其辞，避开了任何立法方面的提议；他“恭敬地”希望黑人“不仅在这个地区，而且在整个国家能够获得充分的选举权”。弗雷德里克·道格拉斯接着补充道，他们此来只是为了“表示我们的敬意，并简要介绍一下我们种族的主张，以获知您于我们有利的考虑”。道格拉斯没有诉诸自然权利，而是指出了可以追溯到独立战争的先例。他指出，黑人“要纳税”，“要为国家分忧”，就像那些早期的爱国者要求与其经济贡献相称的代表权一样，“［黑人］应该要求分享公民权”也并无不妥。[1]

总统以长篇大论进行了回应。约翰逊发誓，他的整个公职生涯中都能看出他是“有色人士的朋友”。他承认，就在三年前，他还拥有奴隶，“但从没有卖过一个”，这虽然是事实，但很难赢得这五人代表团的认同。约翰逊也没有声称自己是个善良的主人，实际上他宣称自己“是他们的奴隶，而非他们是我的奴隶”。在由此确立了他理解南方的资格之后，约翰逊坚持认为这个时候推动民权只会导致种族战争。面前这个全国最著名的演说家之一的一番说教，弄得约翰逊明显有些心神不宁，却反倒对演说者的主题很感兴趣，这位胸无点墨的总统几乎大声喊道，他“不喜欢听那些处事圆滑、能言善辩的人指手画脚”。弗雷德里克·道格拉斯曾是修补船缝的奴隶，因抢白人饭碗之嫌在巴尔的摩码头遭到过殴打，他的儿子刘易斯在瓦格纳堡之战中身受重伤，当约翰逊大骂那些“谈论抽象的自由思想，却从不危及生命、自由或财产”的人时，父子俩坚忍地坐在那里。约翰逊总结说，美国黑人提出的议程可能“导致一个种族或另一个种族灭绝”。但愿

① Foner and Walker, eds., *Proceedings of the Black National and State Conventions*, 214–215; Benjamin Quarles, *Frederick Douglass* (New York, 1967 ed.), 226–227.

我不会做出这样的事！”①

老道格拉斯以为总统讲完了，刚要开口，约翰逊就打断了他。“我还没讲完呢，”总统挨近道格拉斯问，“你在种植园生活过吗？”显然，约翰逊对这位废奴主义者的童年一无所知，当道格拉斯回答是时，他很惊讶。回想起自己年轻时是个穷裁缝，约翰逊反驳道：“当你看到一个有个大家庭的人在贫瘠的土地上挣扎求生的时候，你想得更多的是你主人的黑奴而不是他，对吗？”道格拉斯试图让总统相信，他从没有这样想过，但约翰逊再次不予理会，说“有色人种及其主人密谋联合起来”，让贫穷的白人“成为奴隶”，不让他们在“这个国家富饶的土地”上拥有应得的一部分。如果获得选举权，黑人可能会再次与他们的前主人联合起来反对白人劳工。约翰逊接着说，无论如何，“多数人”有权决定投票结果。这一次，道格拉斯插话说，在南卡罗来纳州和密西西比州，黑人**才是**多数。总统几乎“怒不可遏”，站起身来，结束了这次交谈。②

当代表团鱼贯走出白宫时，一名信使赶上来邀请这五位领导人去众议院的前厅，好奇的共和党人在那里询问了他们这次拜访的情况。这群人迅速起草了一封致《华盛顿纪事报》的信，作为给总统的公开信。在总统官邸内，约翰逊继续生闷气。他转头朝他的秘书冷笑道：“那些该死的狗娘养的以为我上了他们的圈套。我听说过那个该死的道格拉斯；他跟所有黑人一样，巴不得早点割了别人的喉咙。”12 天后，约翰逊向国会提交了他对《自由民局法案》的否决意见。③

---

① McFeely, *Douglass*, 247 – 248; Oakes, *The Radical and the Republican*, 250; Albert E. Castel, *The Presidency of Andrew Johnson* (Lawrence, KS, 1979), 64.

② “Interview with Delegation of Blacks,” February 7, 1866, in Bergeron, ed., *Papers of Johnson*, 41 – 43.

③ Quarles, *Douglass*, 227 – 228; Gordon-Reed, *Johnson*, 125 – 126; Trefousse, *Johnson*, 241 – 242. Paul H. Bergeron 认为总统的言论反映了“种族主义态度”，但也指出“言论来源的可靠性存疑”。参见 *Andrew Johnson's Civil War and Reconstruction* (Knoxville, 2011), 104。

4月，随着阿波马托克斯受降一周年纪念日的临近，南方的大会代表计划“通过游行、演讲等方式来庆祝他们获得的自由”。一个弗吉尼亚白人代表团赶赴首都，敦促约翰逊“禁止黑人庆祝”这个日子，尽管总统命令他的军官维持治安，但还是告诉他们他无力阻止游行。北方的报纸发表社论说，“将叛乱分子重新纠合到一起的委员会”表示，里士满还不准备解除“联邦政府部队的监督”，但也希望那些“在南方邦联的暴政压迫下喘不过气”的南方白人可以一起庆祝。2.5万人参加了里士满的庆祝活动，军方报告说“现场秩序井然”。①

然而，在与约翰逊会面之后，那些参加1866年中后期大会的黑人在他们的发言中集中讨论两个问题，一是要求投票权，一是谴责总统打击自由民局。在印第安纳波利斯开会的代表通过了“谴责约翰逊总统”的决议，赞扬了华盛顿的共和党领导层，并将“公正的选举权”作为解决日益“严峻”的南方事务的唯一办法。在佐治亚州平权联盟的一次会议上，大家都认为约翰逊“最近的表现说明他对有色人种并不像他们曾经希望的那样友好”，于是投票决定“从南方各州派遣有色男性”去见总统，与之商讨《黑人法典》的问题。敌对的民主党人予以回击。孟菲斯一位编辑指责美国黑人及其白人盟友打算“筹集1万美元”资助“［黑鬼］乔治·唐宁”去华盛顿游说，康涅狄格州的一份杂志则呼吁支持约翰逊的政策，斥责某些共和党人“现在用是否关爱黑鬼取代了对‘政府的支持’作为对党员忠诚度的考验”。②

1866年9月，当少数共和党要人同黑人与会代表及白人废奴主

---

① *Boston Daily Journal*, April 4, 1866; New Orleans *Daily Picayune*, March 31, 1866; *Salt Lake Daily Telegraph*, March 31, 1866; Philadelphia *Daily Age*, March 30, 1866; *Albany Evening Journal*, March 31, 1866.

② *New Orleans Tribune*, November 9, 1866; Macon *Daily Telegraph*, March 27, 1866; *Memphis Daily Avalanche*, January 2, 1866; *New Hampshire Patriot and Gazette* (Concord, NH), February 21, 1866.

义者在费城的全国选举权大会上联合起来时，对总统计划的零星批评变得越发难以忽视。随着 11 月的非大选年选举（off-year elections）临近，就连塞迪厄斯·史蒂文斯也避而不谈“黑人普选”，还拒绝了大会的出席邀请。道格拉斯抱怨道，宾夕法尼亚州的国会议员“担心这样的表态会让他们失去几名国会中人的支持”，但是，约翰逊史无前例地决定代表友好的政客在北方各地竞选，这使得少数共和党人不得不出席会议。马里兰州参议员约翰·A. 克雷斯韦尔现身会场，他是第一个提出禁止奴隶制的修正案的人，马萨诸塞州参议员亨利·威尔逊以及当时准备参加国会竞选的本杰明·巴特勒少将也到场了。作为主讲人，道格拉斯谈到了他的儿子和那些在战争中牺牲的黑人士兵。他高喊“我们要求以选举权来回报我们族群的牺牲”，现场观众“全体起立为他欢呼”。道格拉斯警告那些不情愿的共和党人，美国黑人不会满足于二等公民身份，他要让所有人都有投票权。“现在就给我们，否则我们不用你们帮忙也能很快得到，”他不无威胁地说，“我们将铭记朋友，不忘敌人。”“雷鸣般的掌声”响彻大厅之时，一名代表笑称，这篇讲稿应该“用大大的字体印出来，**这样安德鲁·约翰逊不管是醉了还是醒着，都能读懂**”。[①]

民主党人对费城大会以及规模更大、几乎没完没了的黑人集会极尽嘲弄之能事，甚至在约翰逊的北方之行（被戏称为“绕圈子之旅”）被证明是总统本人的一场政治灾难时也没消停。白人废奴主义者安娜·伊丽莎白·迪金森在会议上“以最激烈的言辞”发言，充满敌意的亲约翰逊的编辑们讥讽她是个“意志坚强的女性”，并对代表

① Macon *Daily Telegraph*, September 14, 1866 and October 4, 1866; *Memphis Daily Avalanche*, September 11, 1866; Frederick Douglass, *Life and Times of Frederick Douglass* (New York, 1962 ed.), 386 – 387.

们促进种族“混合”大加指责。新奥尔良一家报纸推断那些代表自己所在各州的南方黑人是“伪代表”，理由是非裔美国人还不是这个共和国的公民。另一家报纸坚称，如果给了选举权，黑人共和党人就会提议“弹劾或罢免约翰逊总统，并对政府大加改革”。一位民主党人提议，美国人最好不要理会费城会议的报告，更不要理会那些“在北方各地不断举行的各种（所谓的）大会”。黑人大会运动“不值几个钱”，但是两个月后，计票结束，共和党人在国会获得了 37 个席位。[①]

总统认为恢复联邦唯有行政部门可以为之，国会的共和党人愿就总统的这一立场与其对峙，正如他们当年在这一问题上挑战林肯一样。尽管国会其实从未向南方邦联宣战，但史蒂文斯认为 11 个州实际上已经脱离联邦，因而如今应视为“被攻克下来”的省份。其他共和党人坚持认为，从国家分裂出去这一举动使得各州已经退回到领地状态，而这些领地只有国会才有管辖权。在第十三修正案批准前夕，史蒂文斯在宾夕法尼亚州的兰开斯特发表讲话时说宪法保护“合众国任何一处地方”的奴隶制，“只要奴隶制在那里存在”。如果暴动只是个体行为，那么奴隶主就可以恢复他们原来的地位，而且“其权限不会受影响”。但是，如果各州退出联邦，就会消解原有的法律上“两党关系”，这样一来，只要战败的南方处于“军事管制”之下，包括国会在内的整个联邦政府就可以创造新条件。尽管史蒂文斯没有这么表述，但即使是总统也一直在谈论各州的权利，要求结束奴隶制、否认脱离联邦，并以此作为重新加入联邦的条件。第 39 届国会召开大会时，援引《宪法》第一条第五款中关于其有权判断议员资格的规定，将国会中的前南方邦联分子排除在外，并设立了一个有关重建的

① *Cincinnati Enquirer*, September 18, 1866; New Orleans *Daily Picayune*, September 16, 1866.

联合委员会。[①]

对政党领导人而言，这远不止是宪法理论的纸上谈兵。如果5年前投票赞成脱离联邦的那些种植园主如今可以像俄亥俄州一位国会议员所说的那样“卷土重来”，那么战争年代的牺牲和收获都将付诸东流。为分摊及征税之便而将5个奴隶算作3个人的“五分之三条款”，被第十三修正案事实上删除了，马萨诸塞州的查尔斯·G. 洛林将军苦恼的是，南方邦联“就算被击败，也不会有任何损失”，其“在政府中在相对权力则将会大幅增加”。在注意到为联邦的胜利做出贡献的一长串国会法案之后，密苏里州参议员约翰·B. 亨德森认为打赢战争并不“单单归功于行政部门”，因此应由国会来决定“叛乱的起因是否已消除”，如果没有，就要通过进一步的立法和修正案来“纠正现存的弊端”。[②]

即便是那些还没准备好赞成给黑人投票权的温和派共和党人，也觉得有必要对约翰逊否决《自由民局法案》一事做出回应，因为在北方该局有多受欢迎，《黑人法典》就有多令人厌恶。迟至1866年2月，不止莱曼·特朗布尔一人嘲笑黑人选举权，说它是“自汤森德医生那种包治百病的药[③]出现以来”针对国家弊病的“最上等的疗法”。但亨利·温特·戴维斯也不是唯一一个明白非裔美国人投票的必要性的交界州共和党人。安德鲁州长在马萨诸塞州议会发表了一次冗长的告别演说，其间敦促国会继续把那些拒绝保障“［所有］男女与白人

① Trefousse, *Stevens*, 138; *Reconstruction Speech of the Hon. Thaddeus Stevens* (Lancaster, PA, 1865), 4.

② Samuel Shellabarger, *Disfranchisement of the Rebels* (Washington, D. C., 1866), 1; Charles G. Loring, *Reconstruction* (Boston, 1866), 62, 106; *Philadelphia Inquirer*, March 9, 1866.

③ Townsend's Sasparilla，一个名叫汤森德的医生在19世纪推广的一种热带植物制成的药，宣扬包治百病，春夏之际使用尤佳。——译者

拥有平等的公民权”的州排除在外。艾奥瓦州立法机关暗示了中西部民众对总统及其保守计划的不满——这是一个足以鼓舞任何中间派政治家勇气的风向标——正式指示其在华盛顿的代表团“阻止叛乱州恢复它们的政治关系”，直到他们“确保白人和黑人享有同样的公民权利”。在参议院，亨利·威尔逊站起来要求除了约翰逊对南方开出的条件外，他们还必须“给予自由民与白人同等的公民权利，给予那些为联邦而战的人选举权、受教育权和纳税权”。①

于是，黑人大会口头上要求的黑人投票权问题，终于被提上了华盛顿的议事日程。共和党国会议员威廉·D. 凯利迈出了试探性的一步，提出了一项立法，以赋予哥伦比亚特区的黑人选举权。萨姆纳认为，该法案不仅是在为该市的黑人伸张正义，而且可能开创先例，即“一项为哥伦比亚特区定的政策，某种意义上也是为整个国家定的”。北方的民主党人和南方的民主党人一样愤怒。新泽西州的国会议员安德鲁·J. 罗杰斯抗议说，国父们“并没打算让这个政府为黑人服务”。罗杰斯无视大约5000名为这个国家独立而战的黑人爱国者早年的贡献，坚称“独立战争是为白人争取自由”。纽约一位民主党人指出，该市的黑人人口在战争年代增加了3倍，其中大多是“刚从庄稼地和种植园”来的。与这一统计数字以及参议员威尔逊在第一浸信会提交的黑人教友请愿书相矛盾的是，另一位纽约人抱怨说，公正的投票权有违首都居民的“意愿”。他吼道：“这是白人的政府。”费城的一位编辑补充说，这种“可恶的措施”只能“用黑人的刺刀来实施”。一位不具名的内阁成员透露，如果该法案获得通过，约翰逊将予以否

① Carter, *When the War Was Over*, 234 - 235; *Boston Journal*, April 4, 1866; *New Hampshire Patriot and Gazette* (Concord, NH), March 14, 1866; *Albany Journal*, January 1, 1866 and March 21, 1866; *Vermont Journal* (Windsor, VT), March 17, 1866.

决，他也确实这么做了。但由于华盛顿是在国会的管辖之下，总统不能声称自己是在用否决权捍卫各州的权利。他的不安不只来自种族问题。①

共和党人在起草有史以来第一部《民权法案》时做了让步，该法案旨在废除《黑人法典》并明晰联邦公民身份问题，后一点从未在《宪法》中确立过，而且在1857年的德雷德·斯科特案裁决中被弄得相当混乱。由特朗布尔和司法委员会起草的这一简短法案将公民定义为“所有在美国出生的人，不论肤色或状况如何”，并允许对“剥夺任何公民所享有的本法案所列的任何权利之人”处以罚款和监禁。尽管包括谢尔曼将军的弟弟、俄亥俄州参议员约翰·谢尔曼在内的一些进步人士，大声质疑“为什么一个人仅仅因为是黑人就该被排除在选举权之外”，但该法案并没有包含明确的选举权要求。甚至谢尔曼也承认，由于他的家乡不允许非裔美国人投票，他也“不能一直”要求南方各州这样做。虽然对这一疏漏感到沮丧，纳什维尔的《田纳西有色人》的编辑还是把握住了严峻的政治现实，表示支持该法案。该报社论称，至少该法案保护了黑人在**“购买、出售、租赁、运输等方面的公民权”**。②

民主党人再次联合起来反对。即使该法案并没有提及投票权，新奥尔良的一位编辑还是指责它“改变了中央政府与几个州之间的基本

① *Congressional Globe*, 39th Cong., 1st Sess., 92 - 93; L. P. Brockett, *Men of Our Day: Biographical Sketches of Patriots, Orators, Statesmen, Generals, Reformers, Financiers and Merchants, Now on the State of Action* (Philadelphia, 1872), 501; Donald, *Sumner*, 281; Washington *Daily Constitutional Union*, January 3, 1866 and January 13, 1866; Macon *Daily Telegraph*, January 27, 1866; Philadelphia *Daily Age*, April 23, 1866; *Lowell Daily Citizen and News*, March 6, 1866.

② *Congressional Globe*, 39th Cong., 1st Sess., 1 - 3; Windsor *Vermont Journal*, March 31, 1866; *New-York Tribune*, January 12, 1866; *Wooster Republican*, March 29, 1866; Nashville *Colored Tennessean*, March 31, 1866.

关系”。佐治亚州的一名记者补充说，他所在州的《黑人法典》揭示了非但没必要制定《民权法案》，而且“几乎没必要”由联邦政府采取行动。“南方人民对这些无依无靠的人怀有一种温柔而近乎深情的关心。”在华盛顿，特拉华州参议员威拉德·索斯伯里预测该法案“将导致流血、战争和分裂”，肯塔基州参议员加内特·戴维斯则夸张地预言，在该法案成为法律的那一天，“他会觉得有必要将自己视为政府的敌人，并为推翻它出力”。一些民主党人选择在该法案上鸡蛋里挑骨头。其中一位声称，这个三段式法案太长了，还说他“不相信南方的局势像许多绅士说的那么糟”。但是前州长本杰明·佩里几乎没用什么客套的虚词，直说该法案的缺陷在于其长度或联邦政府的权限。他愤怒地指出，一旦它通过，黑人将“坐上陪审席并担任公职，与你和你的妻子女儿一起乘车，与你一起在酒店吃饭，与你一起坐在教堂里”。①

共和党人相信自己有能力向国内选民推销这个非常温和的法案，于是在 3 月初强行进行了投票。不出所料，两院的结果出现了明显的党派之分。在参议院，该法案以 33 票对 12 票通过；在众议院，以 111 票对 38 票通过，并有 24 名共和党议员和 8 名民主党议员拒绝登记投票。由于该法案只是澄清了许多美国人所认为的《宪法》最初版本中的一项疏忽，因此共和党的温和派希望总统签署该法案。纽约的一位编辑指出：就算不签署，参众两院也已经以“超过三分之二的必要票数”通过了该法案。推翻投票也得满足这个必要条件。谢尔曼参议员向康涅狄格州的听众保证，约翰逊将向这个国家“表明”约翰逊“在每一个重大问题上都与［国会］站在了一起”。他的总统的职位归

① New Orleans *Daily Picayune*, March 31, 1866; Macon *Daily Telegraph*, April 23, 1866; *Albany Journal*, April 7, 1866; *Boston Daily Advertiser*, March 9, 1866; *Charleston Advocate*, May 11, 1867; *Baltimore Sun*, July 31, 1866.

功于“北方联邦”的投票，他“绝不会把忠诚的人民赋予他的权力交给铜头蛇党”。马里兰州8个黑人军团的退伍军人没那么有信心，他们向约翰逊递交了请愿书，敦促他“签署法案”。他们写道，马里兰州多达10所学校“被夷为平地”，老师也“遭到野蛮攻击、枪击和虐待”。然而，无人被依法起诉。①

在3月27日，即否决了《自由民局法案》五周后又接着否决了华盛顿的选举权法案后，约翰逊再次行使了否决权。尽管部分内容由俄亥俄州检察官亨利·斯坦伯里起草，并经表示支持的内阁成员大量润色，但观点是总统的。约翰逊指责该法案是“邪恶的”、闻所未闻的，因为国会试图“为有色人种建立安全保障，这远远超出了一般政府②迄今为白人提供的任何保障”。总统延续了最初跟道格拉斯交锋时的思路，认为之前没有哪届国会为白人劳工阶级制定过法律，而“种族和肤色的区别是由有利于有色人种并反对白人的法案定下的”。总统的南方支持者赞同他的观点。“我们的孩子会看到黑人当上总统吗?”佐治亚州的一位编辑问，“黑人会不会和我们的女儿混在一起，在我们家里跟我们平起平坐？总统的否决表明不会的。”阿肯色州的一位出版商也许是没觉察出该法案的胜算，说共和党人可能会“斥骂”，但他“看不出他们能做什么。他们的多数席位将从现在开始减少”。③

---

① Macon *Daily Telegraph*, March 5, 1866; *Baltimore Sun*, March 31, 1866; Washington *Reconstructionist*, March 24, 1866; *Albany Journal*, March 19, 1866; Philadelphia *Daily Age*, March 15, 1866; “Maryland blacks” to Andrew Johnson, March 17, 1866, in Bergeron, ed., *Papers of Johnson*, 10:265–266.

② General Government，包括中央政府和各种地区性政府、分散的机构乃至公立学校等。——译者

③ New Orleans *Daily Picayune*, March 31, 1866; Macon *Daily Telegraph*, April 1, 1866 and April 9, 1866; Little Rock *Arkansas State Gazette*, March 10, 1866.

他们所能做的就是准备一次推翻的投票，这是以前从没有过的。惊呆了的参议员报告说，特朗布尔已经向总统出示过法案的试印本，但当时约翰逊没有提出反对意见。华盛顿的进步人士早就对约翰逊失去了信心，令他们精神振奋的是，他们的温和派同僚终于明白了总统对非裔美国人的敌意之深。萨姆纳惊讶地说："我看到参议员们曾是多么冷淡、冷漠，或者也许是充满敌意，现在却宽宏大量地团结起来以国会的法案来保护自由民。"一位北方的编辑评论说"总统的州权利理念"基本上就是"南方为叛乱和叛国辩护的理念"，并嘲笑总统的理论，即因为以前没有任何法律援助移民，所以美国黑人也不需要任何法律援助。新罕布什尔州的一份报纸宣称"外国人从不需要这样的保护"，还补充道，如果移民经常不为当地人所喜，他们很快就成为选民，并积聚政治影响力。约翰逊在他的否决意见中提到其前任的政策，这尤其令黑人编辑恼火。《纳什维尔有色人》（*Nashville Colored Tennessee*）的社论写道，总统"冷酷地践踏了［林肯的］最神圣的原则，抛弃了使他有今日地位的人，并用老布坎南和布雷金里奇的铜头蛇政权的陈词滥调来撰写他的官方文件"。①

就在一个星期后的 4 月 2 日，约翰逊似乎下定决心要把温和派推向进步共和党人的怀抱，他单方面宣布，除了遥远的得克萨斯州部分地区外，奴隶主的叛乱已在所有地方结束。当时，重建联合委员会（The Joint Committee on Reconstruction）正在收集有关白人暴行的数

① *Albany Journal*, March 30, 1866; *New-Hampshire Sentinel* (Keene, NH), April 5, 1866; *Boston Cultivator*, April 7, 1866; *New-York Tribune*, April 5, 1866; Bowen, *Johnson and the Negro*, 138; Nashville *Colored Tennessean*, March 31, 1866. Johnson 的否决甚至让国务卿 Seward 失去了他的"欧洲朋友"，他们只能得出结论："不惜任何代价重建的隐含条件就是放弃，必要时甚至要牺牲黑人种族。"参见 Agé-nor Étienne 致 William H. Seward 的信，1866 年 4 月 30 日，现存于国会图书馆 Seward 档案中。

据，并起草报告简要地阐明他们对前南方邦联有同等权力，同时指出总统在没有咨询内阁的情况下发布的声明则是在试图削弱共和党为这一进程提供指导的权利。该声明坚称：“迄今存在的叛乱已经结束，今后也应如此看待。”总统认为，美国白人是时候团结起来，将过去抛诸脑后了。①

随着国会的证词越来越多地表明白人的暴行正日益猖獗，“叛乱”远未结束，参众两院的共和党领导人开始集结力量，争取一次推翻否决的投票。特朗布尔是最后一批与总统决裂的人之一，他在约翰逊的法令颁布两天后谈到了迫切需要这样的立法。一名记者草草写道：“［参议院的］旁听席挤满了白人和黑人。”非裔美国人所做的远不止在楼厅上被动地观看。黑人大会运动的老将们对摇摆不定的政客们进行突击拜访。即将在南卡罗来纳州立法机关任职的威廉·E. 约翰逊和威廉·C. 加德纳，率领代表团进入了艾拉·哈里斯在纽约的办公室。约翰逊宣称“所有土生土长的人”都应该享有公民权，而对黑人来说，该法案就是“我们自由的大宪章”。这样的说法很快就传到了参议院。佛蒙特州的贾斯汀·莫里尔否认男女奴隶们“在获得自由方面曾得到过任何帮助”。他说，自由的到来只是因为共和国的部队需要新兵，而“自由并没有降临到他们身上，直到这个国家号召他们帮助它走向胜利”。在众议院，俄亥俄州的威廉·劳伦斯重申了威廉·约翰逊的观点，即该法案“不是为任何阶级或种族设计的，而是为了保护所有公民的公民权”。贺拉斯·格里利的《纽约论坛报》也着重于谈论联邦政府的责任，称：“体现它的荣誉的方式就是向帮助我们

---

① Leonard, *Lincoln's Avengers*, 208; Stampp, *Era of Reconstruction*, 111; Richard Zuczek, *State of Rebellion: Reconstruction in South Carolina* (Columbia, SC, 1996), 32.

镇压南方叛乱，为了国家大业进行侦察、祈祷、战斗的400万自由民做出承诺。”①

最终投票在4月9日进行。在参议院，该法案以33票对15票的优势过关，在众议院则是更令人惊讶的122票对41票大胜。民主党人抨击这种情况是激进派系的杰作，但其实是共和党人团结一致，支持《民权法案》，推翻了约翰逊的否决。许多温和派人士曾对挑战总统的否决权之举史无前例表示担心，接着，共和党人在7月16日投票推翻了约翰逊对《自由民局法案》的否决，随后在12月，共和党人免除了约翰逊对华盛顿的选举权法案的否决权。“约翰逊总统可以看着这项法律得到执行，”马萨诸塞州一位有先见之明的编辑评论道，“或者他可能会公开拒绝执行其中的许多条款，从而在事实上使其无效，并招致国会的愤怒。”白人政客希望这种情况不会出现，但道格拉斯和少数见过约翰逊的黑人对此表示怀疑。②

很少有哪项立法像1866年通过的《民权法案》这样在华盛顿街头受到如此热烈的欢迎。特朗布尔的一位选民写信“给国会祝贺今天的胜利”。由于战争一年前才结束，战场上的创伤仍未愈合，北方的士兵或许准备原谅，但不会轻易忘记，伊利诺伊州的选民认为约翰逊的政策不过是企图“把国会的控制权交给反叛分子”。从缅因州的班戈和波特兰到曼哈顿，从宾夕法尼亚州的塔莫奎到艾奥瓦州的得梅因，胜利的共和党人百枪齐鸣，挥舞旗帜，敲钟，点燃篝火，正如艾

---

① Philadelphia *Daily Age*, April 5, 1866; *Boston Daily Advertiser*, March 9, 1866; *New-York Tribune*, April 9, 1866; *Philadelphia Inquirer*, April 9, 1866; *Albany Journal*, April 6, 1866.

② *Baltimore Sun*, April 10, 1866; *Philadelphia Inquirer*, March 10, 1866; Cincinnati *Daily Gazette*, August 7, 1871; Amherst *Farmers' Cabinet*, March 12, 1866.

奥瓦州一位记者所写，庆祝他们战胜了“坐在总统宝座上的那个自私自利者、骗子和无赖!”在纽约市，首席大法官萨尔蒙·P. 蔡斯在人山人海的圣保罗卫理公会教堂发表讲话，宣布国会的否决是“一次伟大胜利”，并预测“下一步将是允许普选”。[①]

南方黑人兴高采烈。编辑路易斯·查尔斯·鲁达内兹评论说:“随着《民权法案》的通过，白人可以享有的权利，没有一项是有色人不能享有的。”在弗吉尼亚州的诺福克，自由民自发地上街“游行庆祝法案的通过”。白人暴徒强行闯入游行队伍，试图驱散他们，但游行者进行了反击，士兵不得不奉命出动恢复秩序。结果，一名白人男子被杀，两人“受致命伤”。南方的报纸以《诺福克爆发黑人骚乱》为题对此进行了报道。[②]

如果说黑人活动人士称赞该法案是实现社会平等、学校和交通方面实行种族融合的一种手段，那么民主党籍编辑（而非南方的所有编辑）则谴责“激进的革命报刊”“昏头昏脑”地接受了黑人在政治上的得寸进尺。虽然该法案对投票权问题保持了沉默，但保守派意识到，两年来黑人代表大会一直在要求获得选举权，最后连少数白人共和党人——尤其是那些拥有安全选区或稳定的司法闲职的人——也发声支持。新奥尔良的一位出版商声称:“只要（共和党人）能把约翰逊总统赶下来，他们就能‘有把握让道格拉斯或萨姆纳’竞选总统。道格拉斯尚未明确表示自己是共和党人，但对于那些心存警觉、认为这项法律是在打击白人特权的守旧派来说，这位黑人废奴主义者占据

① Matt Talbott 致 Lyman Trumbull 的信，1866 年 7 月 16 日，现存于国会图书馆的 Trumbull 档案中；*Albany Journal*, April 7, 1866; *Philadelphia Inquirer*, April 4, 1866; Salt Lake City *Telegraph*, April 12, 1866; Des Moines *Iowa State Daily Register*, April 8, 1866。

② *New Orleans Tribune*, July 7, 1867; Macon *Daily Telegraph*, March 23, 1866.

了他们噩梦的中心。很快“弗雷德里克·道格拉斯就要做总统了”，宾夕法尼亚一名编辑紧张地说：“南方各州有了黑人政府，国会里就会有黑人参议员和黑人众议员，没有什么能阻止社会和政治上的完全平等了。”尽管焦虑的民主党人对非裔美国人入主白宫的恐惧在他们的有生之年并没有成真，但在第二点上他们说中了。2年内，黑人将加入州制宪大会，并赢得州议会选举。5年内，包括黑人大会代表“该隐老爹”、詹姆斯·拉皮尔、轮船引航员和海军老兵罗伯特·斯莫斯在内的许多人，将担任国家公职。①

南方白人的表现远比那些单纯发表愤怒情绪的社论还糟。具有讽刺意味的是，奴隶制的结束实际上使自由民身陷更致命的危险中，因为他们不再是有政治影响力的种植园主的昂贵动产。得克萨斯州奥斯汀县的一名自由民局工作人员曾提醒霍华德将军“每周都会发现有黑人死亡或被害”。只要有足够的劳力留在某个地区，就没有白人向州当局抱怨谋杀案的发生，该工作人员解释说，“因为黑鬼不是财产”。田纳西州一个白人表示同意，还幸灾乐祸地说“现在黑鬼的命不值钱。当白人对黑人的所作所为看不过去，就朝他开枪，一了百了”。白人试图通过他们的政治体系，用《黑人法典》——这些法律因《民权法案》统统作废——来控制自由民，如今越来越多地转向用法外手段来达到同样的目的。由于久经沙场的黑人退伍军人经常以暴制暴，正如诺福克游行骚乱所体现的那样，州当局试图在国会推翻约翰逊的否决之前解除非裔美国士兵的武装。1866年1月14日，亚拉巴马州民兵指挥官下令“收缴自由民手中的武器弹药”。如果黑人对此有怨言，“就会被逮捕”。次月，查尔斯·惠特尔西上校提醒霍华德，在北

① New Orleans *Daily Picayune*, September 14, 1866; Harrisburg *Weekly Patriot and Union*, October 4, 1866.

卡罗来纳州，当地警察和非正规军"家园卫队"收缴了"退伍的黑人士兵和其他自由民"手中的武器。惠特莱西认为这违反了斯坦顿部长的命令，下令"应保护自由民持有武器的权利"。但到1867年春，密西西比州的自由民局工作人员报告说，地方当局"从自由民手中夺走了武器"。联邦官员想"根据《民权法案》的规定将武器归还给所有者"，但在大多数情况下都未能成功。[①]

被解除武装的黑人退伍军人、南方联邦主义者和北方教师经常成为暴力驱逐的目标。民主党人明白，从军经历和社区服务可以成为从政的垫脚石，尽管有《民权法案》，但在1866年秋南方学校重新开学时，还是碰上了路易斯安那州"几名教师被暗杀"的事件。亚拉巴马州农村地区的一位教师抱怨说，有太多教育工作者受到"威胁"，学校不得不关闭。他还说："北方军人在街上公然遇袭。"然而，只要有可能，黑人和南方的共和党人都尽其所能地提供帮助。前军士长刘易斯·道格拉斯在滑冰时"被一些白人男孩包围"，他们不满他穿了身"好衣服"，道格拉斯就用冰鞋上的刀自卫，"劈开了［一个人的］头"，还把另一人的"拇指几乎削掉了"。在国会推翻总统的否决4天后，弗吉尼亚的白人B. S. 惠廷被人威胁要"在他身上涂满柏油再粘上羽毛"，但他宣称会"杀死第一个打算这么干的叛徒"，从而单枪匹马地赶走了暴徒。威胁并不仅限于南方。白人扬言要惩罚"混血儿"，他们试图强行闯入W. H. 达文波特位于康涅狄格州的家，达文波特的妻子是爱尔兰移民。而他母亲，一个"五六十岁的黑人"，在为首

---

① Fred Miller致Oliver O. Howard的信，1867年1月4日，参见专员收到的信件合集中的自由民局相关资料，第43卷，出版信息不详；Alvan C. Gillem致Oliver O. Howard的信，1867年3月15日，同上，第43卷；Charles Whittlesey致Oliver O. Howard的信，1866年2月18日，同上，第23卷；David Goldfield, *America Aflame: How the Civil War Created a Nation* (New York, 2011), 424; *New-York Tribune*, February 6, 1866。

者进门时开枪将其打死。乔治·班德也是这么解决问题的，他有条不紊地杀死了“掳走他妻子，把她吊在树上后用刀子砍死”的 14 个男人。但复仇毕竟不能令他的妻子复生，班德最终不得不逃离这个县。①

那年 8 月，马里兰州的白人——其中许多自称为南方邦联的老兵——破坏了安妮阿伦德尔县卫理公会的一次营地会议。这次的暴力也不是随机发生的，白人很少仅仅因为肤色而袭击非裔美国人。这次袭击的目标是身穿制服的黑人，因为后者象征着席卷全国的天翻地覆的变化。随着秋季选举的临近，有传言称“联邦军队的退伍军人”计划在巴尔的摩全市游行，抗议该州反黑人的法规，而该市的民主党人市长和忠于约翰逊的州长托马斯·斯万双双宣布，“巴尔的摩的激进分子从事叛国和叛乱活动”。在与总统协商后，斯万也建议应该允许那些为邦联而战并因此被州法律剥夺公民权的州居民投票。这一让共和党人欢呼的提议被法官休·邦德“挫败”，他裁定登记员不应允许他们投票，并且任何在投票站“诉诸武装暴力”或袭击非裔美国人的白人都会被送上他的法庭。②

在南方其他地方，《民权法案》再次引发针对黑人活动人士和共和党编辑的暴力活动。诺福克的一个暴徒摧毁了 D. B. 怀特在《真正的南方人》（*True Southerner*）的办公室。在推翻总统否决的投票进

---

① B. S. Whittin 致 William H. Seward 的信，1866 年 4 月 13 日，存于国会图书馆的 Seward 档案中；Clinton, “Reconstructing Freedwomen,” 316 – 317; *New Orleans Tribune*, September 8, 1866, August 16, 1865; Lewis H. Douglass to Amelia Loguen, February 10, 1868, in Evans Collection, Savannah; N. H. Hunter 致 Office of Assistant Superintendent of Education 的信，1868 年 8 月 16 日，Records of the Assistant Commissioner for the State of Alabama 中的自由民局资料，第 14 卷，出版信息不详。

② Fields, *Slavery and Freedom*, 143; Washington *National Intelligencer*, October 22, 1866; New Orleans *Daily Picayune*, October 30, 1866; *New-York Tribune*, October 27, 1866; Albany *Evening Journal*, November 5, 1866.

行的 4 天前，3 名黑人在路易斯安那州的卡罗尔顿被谋杀。在纳什维尔，一名“有色士兵”遭到“一大群人”的袭击，黑人士兵反击并伤数人。为了警告黑人地主，俄克拉何马州派恩布拉夫的白人“放火烧了一个黑人定居点”，并把 24 名“男女和孩子吊死在棚屋周围的树上”。在得克萨斯州，2 万名黑人士兵被集体退伍，非裔美国人“无缘无故地像野兽一样被射中倒下”。查尔斯顿的局势尤其紧张，那里仍驻扎着第 54、55 志愿军团。白人对军人的袭击变得如此频繁，以至于数百名查尔斯顿黑人在少数士兵的带领下，上街游行。当警察奉命赶来驱散人群时，游行队伍向警察投掷砖头，一名警官重伤，他的帽子和棍棒被当作战利品收缴。[①]

1866 年 5 月 1 日，也就是美国有色人种部队第 3 炮兵部队被解除武装并解散后的第二天，孟菲斯的黑人士兵、白人警察和消防员（其中许多是爱尔兰移民）之间的零星冲突演变成了暴力事件。有钱的白人更愿意雇佣黑人搬运工和黑人驾车人，这让劳工阶层的白人和移民心生怨恨，他们先是袭击了黑人退伍军人，然后去对付这些士兵保护的机构——学校和教堂。当时在该市的活动人士威廉·威尔斯·布朗目睹了纵火者为“白人政府”欢呼的场面。另一些白人决心恢复他们失去的那个战前世界，于是强迫黑人妇女为他们做饭，然后强奸她们，并把她们的家付之一炬。在随后两天的骚乱中，市政府非但没有采取任何措施平息暴力，还协助组织暴徒；一位警察警告黑人：“你

① Gordon-Reed, *Johnson*, 117 – 118; Richard H. Abbott, *For Free Press and Equal Rights: Republican NewsPapers in the Reconstruction South* (Athens, GA, 2004), 130; *Baltimore Sun*, April 5, 1866; *Memphis Daily Avalanche*, January 16, 1866; Melinda Hennessey, "Racial Violence During Reconstruction," *SCHM* 86 (1985): 102; *New-York Tribune*, March 3, 1866; Robert J. Zalimas Jr., "A Disturbance in the City," in John David Smith, ed., *Black Soldiers in Blue: African American Troops in the Civil War Era* (Chapel Hill, 2001), 376.

们老爹亚伯拉罕·林肯已经死了，他也该死。”等暴乱分子罢手时，46 名黑人被杀，另有 70 人受伤，4 座教堂、12 所学校和 91 所房屋被毁。“很快我们中间就不会再有黑人军队了，”《孟菲斯雪崩报》(*Memphis Avalanche*) 夸耀说，“感谢上帝，白人再次成为孟菲斯的统治者。”①

7 月 30 日，新奥尔良市的黑人在机械学校集会时，也遭遇了类似的暴力事件。为了终结黑人大会运动，至少在路易斯安那州，前南方邦联士兵买下了当地出售的所有武器。当近 200 名黑人游行者在美国有色人种部队第 73 军团的退伍军人 I. A. 蒂博中尉的带领下走近该校时，白人开始投掷砖石。一些游行者用铁锹和手枪还击，另一些人则逃进大厅。警察袭击了著名的白人共和党人安东尼·多斯蒂博士，向他开了 5 枪，并用剑刺穿了他。当会场内的代表拼命地用桌椅筑起路障，将暴徒和警察挡在门外时，据路易斯·查尔斯·鲁达内兹报道，黑人士兵“已大批大批被暗杀了”。虽然外面的白人随意射杀他们在街上遇到的黑人，但市当局早已列出了要清除的“猎物名单”，任何一个身穿制服的人都是他们的目标。正如一位袭击者赌咒发誓所说，“我们已经在战场上跟这些该死的北方佬和狗娘养的打了 4 年，现在我们要在城里跟他们打。”结果，34 名黑人和 4 名白人当场身亡，另有近 200 人受伤；在被殴打和逮捕的人中就有自由民局的医生

---

① Franklin, *Reconstruction*, 62 – 63; James Gilbert Ryan, "The Memphis Riots of 1866: Terror in a Black Community During Reconstruction," *JNH* 62 (1977): 243 – 249; Trefousse, *Stevens*, 187; Litwack, *Been in the Storm So Long*, 281; Hardwick, "Your Old Father Abe Lincoln is Dead," 109 – 120; Rosen, *Terror in the Heart of Freedom*, 64; Altina L. Waller, "Community, Class and Race in the Memphis Riot of 1866," *Journal of Social History* 18 (1984): 238; Edwards, *Scarlett Doesn't Live Here Anymore*, 131.

罗伯特·I. 克伦威尔。[1]

从得克萨斯返回新奥尔良的菲利普·H. 谢里丹少将报告说，对会议厅的袭击“不是暴动，绝对是警察在大开杀戒，其下手之狠并不比枕头堡那次好到那里去”，枕头堡事件是两年前在田纳西州发生的针对黑人士兵的暴行。尽管有大量证据表明该市警方与白人暴徒相勾结，但大陪审团拒绝呈交公诉书给法庭，部分原因是当地地方检察官“拒绝对陪审员进行效忠宣誓[2]”，借此让一些已知的南方邦联分子参加陪审团。很明显，暴徒甚至可以杀害白人共和党人而不受惩罚，一些忧心忡忡的活动人士离开了这个州。“赶紧把多斯蒂的皮剥下来卖给［P. T.］巴纳姆[3]吧，”《莫比尔论坛报》（*Mobile Tribune*）幸灾乐祸地说，“所得款项归自由民局和黑人报纸，再把报纸卖了贴补那些对工作提不起兴趣的黑人吧。”但是，如果说这些暗杀事件让该州的共和党陷入混乱，那它也进一步损害了民主党在全国的前景。漫画家托马斯·纳斯特有一幅被广为传播的作品，画上的约翰逊总统是个一脸傻笑的国王，躲在门边，而白人则在枪杀大批黑人。格里利的《纽约论坛报》称：“暴乱的全部责任不应归咎于［约翰·］门罗市长一

---

① Hogue, *Uncivil War*, 42 - 43; Charles Lane, *The Day Freedom Died: The Colfax Massacre, the Supreme Court, and the Betrayal of Reconstruction* (New York, 2008), 18; James G. Hollandsworth, *An Absolute Massacre: The New Orleans Race Riot of July 30, 1866* (Baton Rouge, 2001), 29; Michael Perman, *Reunion Without Compromise: The South and Reconstruction, 1865 - 1868* (Cambridge, 1973), 230 - 231; Dennis C. Rousey, *Policing the Southern City: New Orleans, 1805 - 1889* (Baton Rouge, 1997), 116 - 117; *New Orleans Tribune*, September 2, 1866, May 23, 1867, and July 30, 1867; Dray 在 *Capitol Men* 的第 30 页中写到新奥尔良的死亡人数为 46，但他显然将新奥尔良和孟菲斯的死亡人数弄混了。

② test-oath，指作为评定某人是否适合充当公职人员或政治官员的标准而要求的宣誓，尤指对现政府的忠诚或信赖的宣誓。——译者

③ 其早年的游艺事业以畸人异物为主，如侏儒、长胡须的女人、连体双胞胎等，以此赚钱，1841 年买下纽约百老汇的一座废弃博物馆，建成娱乐中心。1865 年，巴纳姆当选康涅狄格州州议员。——译者

1866 年 7 月的新奥尔良暴乱发生在非大选年选举前夕，这有助于让北方选民相信，南方白人还没有做好自治的准备。与同年发生的孟菲斯骚乱一样，新奥尔良的暴力事件本质上是内战的延续；牵涉其中的白人一半以上是南方邦联的退伍军人，而非裔美国人只有不到一半曾在美军服役。选民们把安德鲁·约翰逊看作一个只会傻笑的国王，认为他是日益高涨的白人暴力的罪魁祸首，当 11 月清点选票时，共和党人在国会占了 77% 的席位。(国会图书馆提供照片)

人。”白人暴徒“只是在兑现约翰逊的预言”，即“如果黑人要求并试图行使选举权，南方白人就会杀了黑人”，鲁达内兹的话更直接：“7 月 30 日的暴乱者得到了约翰逊政府的助力和鼓励。”①

约翰逊公开地想将这场屠杀的责任归咎于“激进的国会”及其越来越想给“刚解放”的“有色人口”以公民权的意图，而这使他在大多数北方选民中获得很少的支持。“我们到底做了什么，该得到这样的待遇?”奥古斯塔的《美国有色人报》出版商问道。白人暴民“杀

① *New-York Tribune*, October 5, 1866 and January 14, 1867; *New Orleans Times*, January 11, 1867 and January 15, 1867; Trenton *Daily State Gazette*, January 10, 1867; *New Orleans Tribune*, August 31, 1866 and, September 1, 1866; Rable, *But There Was No Peace*, 56 – 57; Biddle and Dubin, *Tasting Freedom*, 382.

害、伤害和懦弱地殴打有色人士，有色人士则用所有的坏话咒骂白人”。鲁达内兹在1866年9月指出，如果南方白人希望重获一年前被剥夺的国会席位，他们只能靠证明前南方邦联的情况实际上已经恶化，且已对他们造成伤害。鲁达内兹在社论中写道：“约翰逊的政策已开始让黑人解放成为一场闹剧。”尽管未来还会发生不少引人注目的暗杀事件，如暗杀奥克塔维厄斯·卡托和本杰明·F. 伦道夫，但1866年的情况之恶劣超过了1865年的最后几个月里暴力最严重的时候。由于深信黑人和联邦主义者遭到了“谋杀和暴行”，再加上“孟菲斯和新奥尔良发生的可怖屠杀”，在要求国会加强监督并进一步立法以根除白人恐怖主义之余，各行各业的共和党人开始思考罢免约翰逊的必要性。在南方，黑人退伍军人通过组建民兵组织的方式过完了1866年，他们亦是以这种方式开始这一年的。里士满的非裔美国人打着横幅上街，肩扛步枪，腰挂军刀。退伍军人再次在“秘密军事组织”接受训练，南卡罗来纳州州长对此忧心忡忡。接下来的两年注定不会太平。[1]

① Trefousse, *Johnson*, 265; Augusta *Colored American*, January 6, 1866; *New Orleans Tribune*, September 20, 1866; Loring, *Reconstruction*, 85; Sally E. Hadden, *Slave Patrols: Law and Violence in Virginia and the Carolinas* (Cambridge, 2001), 205.

第六章　“安德鲁·约翰逊只是一个人”

进步联盟联合起来

这一对注定会让人侧目。莉迪亚·汉密尔顿·史密斯出生于宾夕法尼亚州的葛底斯堡，父亲是白人，母亲是黑人。1848 年，她成了当选国会议员塞迪厄斯·史蒂文斯的管家。一位记者形容她“外表清秀，肤色浅淡”，其他记者也认为她是“一位明艳照人的混血女士”，一位“身材娇小、举止优雅、沉着冷静的女性”，“行为举止俨然从不习惯伺候人”。身为律师、改革家和实业家的史蒂文斯时年 56 岁，比她大 21 岁，大家看着都觉得挺有意思的。史蒂文斯的一只脚先天畸形，走路明显一瘸一拐；他有脱发的毛病，早年就秃了头。拐杖和特制的鞋子让他的第一个问题看起来好点了；至于第二个，他以一顶不合适的深色假发来补救。来到不可知论者史蒂文斯家工作时，虔诚的天主教徒莉迪亚已经嫁给了一位黑人理发师，后者在记者眼里是个“不思上进的人”。要么他们分居了，要么是男的 1847 年末去世了，就在他们的第二个儿子出生后不久。史蒂文斯在州立法机关任职期间，莉迪亚在哈里斯堡的一家旅馆工作。1848 年他当选国会议员后，她和她的儿子们先是搬到了他家后面的一间小房子里，最后搬到了她雇主的家。①

史蒂文斯被他的支持者称为“伟大的平民”，他一直认为莉迪亚更像是个受尊敬的家庭成员而非管家，并坚持要求客人和亲戚给她以适当的尊重。他的家人称呼她为史密斯夫人而不是莉迪亚。他的一位侄女在一封家信中写道：“向你和S夫人致以诚挚的爱。”显然，在阶级、种族及性别限制受教育机会的时代，史密斯受过良好的教育，她喜欢每天在史蒂文斯的客厅里听他谈论政治。这位诙谐、爱挖苦人的国会议员喜欢她的陪伴，而她的牧师说她“思维缜密、聪明、健谈”。史蒂文斯的批评者就没那么友善了。记者们声称他“把她从她丈夫（一个纯正的黑人）那里诱来”，坚称这两人“公开通奸”，并称她为他的“‘有色管家’和情妇”。甚至连一些友好的报纸也习惯性地称她为“他那出了名的管家”。②

他们到底是什么关系可能永远不会为人所知。在生命的尽头，史蒂文斯曾把自己比作前副总统理查德·M. 约翰逊，一个肯塔基州奴隶主，跟自己的混血管家生了两个浅肤色的女儿并把这两个女儿带入了白人社会。虽然史蒂文斯在1840年代末遇到莉迪亚·史密斯时，就已经在致力于反对奴隶制了，但他们之间的友谊无疑在他日益支持社会平等和公民权利方面起到了作用。至少在私下交谈中，据一位欣赏她的记者说，莉迪亚是“她种族的热心拥护者，为种族地位的提高而不懈努力”，而国会议员史蒂文斯支持“性别和种族的绝对平等”。作为史上最勇敢的政治家，史蒂文斯此时虽在政治生涯的衰退期，在美国种族关系的彻底重组问题上却是华盛顿最不妥协的声音。他提醒

① Fawn M. Brodie, *Thaddeus Stevens: Scourge of the South* (New York, 1959), 86 - 87; Cleveland *Plain Dealer*, August 26, 1868.

② Brodie, *Stevens*, 88 - 89; *Albany Argus*, August 24, 1868; *Richmond Whig*, August 21, 1868.

他的选民："我不管你们会对黑人要求的种族平等说些什么，我不管你们会怎么说激进主义；这些就是我的原则，我将在上帝的帮助下和他们同生共死。"①

和许多人一样，莉迪亚和史蒂文斯在战时及重建初期也吃了些苦。莉迪亚最小的儿子艾萨克·史密斯虽只有十几岁，还是志愿加入了有色人种第6步兵团，并在弗吉尼亚参加了战斗。南方邦联的将军朱巴尔·厄尔利在1863年入侵宾夕法尼亚州期间，特意烧毁了史蒂文斯在喀里多尼亚附近的铸铁厂，以报复其"武装了黑人"。和休·L. 邦德法官一样，史蒂文斯小心翼翼地保存着收到的恐吓信，全是匿名的。华盛顿的一位邻居给他寄了一封圣诞短信，请求上帝宽恕他"犯下的试图提升黑杂种的社会地位这种滔天大罪"。来自新奥尔良的一名白人至上主义者警告史蒂文斯，他已被判死刑。"你死定了！准备好魂飞魄散吧。死神的枯指已碰到了你的枕头，什么也改变不了它的裁决。"②

虽然前南方邦联分子未能把他们的威胁付诸实施，但史蒂文斯的健康状况从来就不怎么好。1867年才刚到来，这位74岁的国会议员就开始准备后事了。他在宾夕法尼亚州兰开斯特的一个墓园买了两块地——第二块显然是为莉迪亚买的——却发现此地禁止黑人落葬。最

---

① Brodie, *Stevens*, 90 - 91; Cleveland *Plain Dealer*, August 26, 1868; Kenneth M. Stampp, *The Era of Reconstruction, 1865 - 1877* (New York, 1966), 103. Hans L. Trefousse 提出，学者们不应把他的"反对奴隶制"归因于他与史密斯的关系。虽然在1848年之前他确实是一名废奴主义者，但大多数白人废奴主义者并不会过多声援黑人的社会平等。不过史蒂文斯支持平权也很可能是受了史密斯的影响。详见 *Thaddeus Stevens: Nineteenth-Century Egalitarian* (Chapel Hill, 1997), 46。

② Jacob Hoke, *Reminiscences of the War, or, Incidents Which Transpired In and About Chambersburg During the War of the Rebellion* (Chambersburg, 1884), 53；致史蒂文斯的匿名信，1998年12月25日，参见 *The Papers of Thaddeus Stevens*, ed. Beverly Wilson Palmer (Pittsburgh, 1998), 2:338 - 339；致史蒂文斯的匿名来信，1868年3月10日，同上，2:371—372。

后，他发现施赖纳的新教墓地虽然没有完全实现种族融合，却埋葬过一具黑人尸体。这位国会议员的一位副手认为，史蒂文斯希望与他一起生活了19年的莉迪亚能克服天主教的影响，葬在他身边。无论如何，为黑人拥有的《新奥尔良论坛报》兴奋地称，这位“勇敢的老人”不能“同意将自己的尸骨葬在一个把上帝的其他子民全都排除在外的墓地”。①

做完这些，史蒂文斯开始立遗嘱。虽然他估计他的铸铁厂损失了大约5万美元，但还有足够的现金为孤儿们建一个家和一所学校。考虑到战后宾夕法尼亚州没有穆斯林，在一项奇怪的规定中，史蒂文斯要求“不论贫穷的德国人、爱尔兰人或伊斯兰教徒，还是其他任何人，都不能因其种族或信仰”而被排除在外。他写道：“这里所有的人都应接受同样的教育，不因肤色有别，而且应同桌吃饭。”因父亲酗酒，史蒂文斯很小的时候就没了父亲，他把另一家铸铁厂留给了一个侄子，条件是这个年轻人“戒酒”5年。最后，史蒂文斯给莉迪亚两个选择，要么在她有生之年每年给她500美元，要么一次性给她5000美元。“史密斯太太有些她自己的家具，平时与我共用”，他说，他还想让她在他死后在他家里再住一年。②

史蒂文斯和莉迪亚之间的关系，无论到底是何性质，都是在1866年的最后时刻美国黑人和进步的共和党人之间形成的更宏大联盟的缩影，因为像史蒂文斯这样的政客对《黑人法典》和不断上升的白人暴力浪潮感到震惊，接受了黑人早前提出的公民权和投票权的要求。这个正在发展的同盟意识到安德鲁·约翰逊浪费了一个在种族事

---

① Brodie, *Stevens*, 92; Trefousse, *Stevens*, 242; *New Orleans Tribune*, July 18, 1867.

② *Philadelphia Inquirer*, August 19, 1868; Washington *National Intelligencer*, August 20, 1868; *Cincinnati Daily Gazette*, August 21, 1868.

莉迪亚·汉密尔顿·史密斯 1815 年出生在宾夕法尼亚州亚当斯县，是个浅肤色的女人，随其爱尔兰裔的白人父亲信奉天主教。史密斯给她生为自由人的黑人丈夫生了两个儿子，但在丈夫死后，她在律师和后来的国会议员塞迪厄斯·史蒂文斯家里做管家。民主党报纸称她为“史蒂文斯夫人”。在史蒂文斯在遗嘱中提出一次性给她 5000 美元或每年 500 美元供她生活。莉迪亚用这笔钱买下了国会议员的房子，在那里住了很多年。尽管历史学家永远无法知道史蒂文斯和莉迪亚之间的确切关系（宾夕法尼亚州法律禁止白人男子和有色人种女子结婚），但他们的友谊象征着美国战后种族关系的新开端。（兰开斯特县历史协会提供照片）

务上开创新局面的机会，越发觉得有必要让总统下台。一位黑人编辑总结道：“很明显，在约翰逊被弹劾和罢免之前，重建是不可能的。”但他们的目标是整个共和国的白人种族主义，而不是白宫里那位执拗的总统。弹劾的可能性并不是他们讨伐的核心；约翰逊只是他们努力推动国家前进的一个障碍。现代对于那个时期的研究总是把弹劾战置于故事的中心，但那个时代的黑人活动家不这么认为。路易斯·查尔斯·鲁达内兹评论道：“这个共和国的人民有话要说，安德鲁·约翰逊只是一个人。拥护奴隶制的群体不过是一个政党。”[①]

进步的联盟不仅得大力反对一位执拗的总统，还得反对仍在与自身的种族偏见作斗争的北方民众，这至少表明一点，即拟订的第十四修正案当时正在各州流传。这份冗长的提案于1866年初提交参议院，由五部分组成。由于1857年关于联邦公民身份的德雷德·斯科特案裁决仍然有效，该修正案第一节开宗明义，指出任何在美国出生或归化的人都是联邦和州公民。它试图通过将1866年的《民权法案》的部分内容提升到宪法层面来废除《黑人法典》，不允许各州在“没有正当法律程序的情况下剥夺任何人的生命、自由或财产”，或拒绝“让其管辖范围内的任何人享有法律的平等保护”。第三节禁止那些曾经宣誓拥护《宪法》，而后又自愿“参与反对国家的暴动或叛乱”的人担任政治职务，这一措辞豁免了南方邦联的应征入伍者。沮丧的进步人士注意到，第二节并没有明确规定黑人选民有选举权。相反，拟议中的修正案减少了国会代表人数，使之“与被拒绝参加投票的男性公民的人数成比例”。史蒂文斯对众议院说，这项提议“并不是他想要的全部，但目前做到这步他也能接受”。到6月13日，参众两院都通过了这一修正案。在众议院，修正案以128票对37票的优势通过，每一位共和党人都在多数票中表明了自己的立场。[②]

由于修正案不是常规立法，约翰逊无法再次行使否决权。但他公开表达了自己的反对意见。他告诉一位听众，他很乐意自己花2万美

---

① St. Louis *Missouri Democrat*, June 18, 1867; *New Orleans Tribune*, September 11, 1866.

② Elizabeth D. Leonard, *Lincoln's Avengers: Justice, Revenge, and Reunion After the Civil War* (New York, 2004), 216; Cincinnati *Colored Citizen*, May 19, 1866; Charleston *South Carolina Leader*, May 12, 1866.

元来挫败该修正案。在其他地方，他警告民众，这预示着“黑人统治”的到来，尽管他很清楚，修正案的内容对非裔美国人的投票权未置一词。康涅狄格州和新罕布什尔州迅速批准了该修正案，但南卡罗来纳以 95 票对 1 票的绝对优势否决了它。在南方邦联各州中，只有田纳西州在 1866 年批准了该修正案，该州由约翰逊的政敌、州长 W. G. 布朗洛当政。一位白人联邦主义者告诉史蒂文斯，“最卑鄙的叛徒”控制了南卡罗来纳州的政府，还补充道，他“已经慢慢地但下意识地得出结论，黑人选举权是我们唯一的希望”。编辑鲁达内兹也同样认为：“南方叛乱分子既无权（像约翰逊所说的那样）现在统治南方，也无权（像国会所说的那样）在修正案生效后统治南方。”黑人和白人中的联邦主义者将决定政策是怎样的。在这一点上，前南方邦联分子和约翰逊总统被证明是进步派最好的支持者，即使这些支持并非有意为之。忧心忡忡的保守派人士提醒州长本杰明·L. 奥尔，南卡罗来纳州对温和的修正案一边倒地否决，只会加强史蒂文斯和国会中其他所谓激进分子的政治影响力。[①]

南方的州议会的公然藐视情绪蔓延到了城市街道，并在那里表现为进一步的定点杀戮。里士满的民主党人用“野蛮的暴力”来庆祝圣诞。一名白人共和党人“被吊在法院院子里的一棵树上”，而“附近有 7 名黑人被鞭打，**一人死亡**”。在得克萨斯州，布伦汉姆附近的一

① David Goldfield, *America Aflame: How the Civil War Created a Nation* (New York, 2011), 427; Annette Gordon-Reed, *Andrew Johnson* (New York, 2011), 129; Walter B. Edgar, *South Carolina: A History* (Columbia, SC, 1998), 385; Eric Foner, *Reconstruction: America's Unfinished Revolution, 1863 - 1877* (New York, 1988), 270; Garrett Epps, *Democracy Reborn: The Fourteenth Amendment and the Fight for Equal Rights in Post-Civil War America* (New York, 2006), 246; James L. Roark, *Masters Without Slaves: Southern Planters in the Civil War and Reconstruction* (New York, 1977), 186 - 187; *New Orleans Tribune*, September 19, 1866.

整栋黑人住宅被烧毁。虽然还没有重新进入国会大厅，但该州公然挑选了两位著名的分裂分子进入联邦参议院，并选了一名邦联军队的准将担任州长。无视上一年春天通过的《民权法案》，“15名身穿白衣的男子”跳上了新奥尔良的一辆街车，向黑人驾车人罗伯特·斯布拉德利的“手和大腿”开枪。餐馆老板、活动家乔治·T. 唐宁被人扔到了哈莱姆区的一条铁路边，遭到一众白人暴徒的殴打。史蒂文斯提醒众议院，南方的法官仍在基于种族做出裁决。他声称，在犯下同样的罪行后，“白人只挨了一巴掌，黑人则挨了17鞭，鞭鞭带血”。体罚也不是白人法学家们试图恢复战前社会秩序的唯一证据。1867年1月，马里兰州治安法官托马斯·沃特金斯拒绝听取阿尔辛达·沃纳案中“有色人士的证词”及受害者本人的证词，沃纳是位黑人妇女，指控一名白人男人“袭击并强奸”了她。①

1月3日，史蒂文斯提出的立法超越了以往国会要求与总统共商重建政策的做法。史蒂文斯重申了共和党早些时候的主张，即南方邦联已因脱离联邦而集体丧失了其州地位，他认为只有国会才能恢复。史蒂文斯呼应了鲁达内兹和其他黑人编辑的观点，并补充说，考虑到白人暴力的抬头和州官员的反动行为，批准《宪法》第十四修正案并不一定足以恢复州地位。与此同时，共和党人通过了一项决议，要求总统向国会提供“被赦免的身家超过2万美元者的人数和姓名”。白人出版商们对此气得要命。加尔维斯顿的一家报纸担心史蒂文斯的法

---

① *New Orleans Tribune*, May 22, 1867; Gregg Cantrell, "Racial Violence and Reconstruction Politics in Texas," *Southwestern Historical Quarterly* 93 (1990): 344; Undated newspaper clipping, in George T. Downing Papers, Moorland-Springarn Research Center, Howard University; *Congressional Globe*, 39th Cong., 2nd Sess., 76; J. W. Alvord 致 Oliver O. Howard 的信，1867年1月29日，详见专员收到的信件合集中自由民局的相关资料，第67卷，出版信息不详；E. M. Gregory 致 A. P. Ketcham 的信，1867年1月29日，同上，第43卷。

案会“给北方以征服者的所有权力，以及对南方的所有权利”。但共和党媒体，包括对约翰逊1866年的巡回竞选活动感到惊愕的自认为温和派的人，一致表示支持。“从没有什么人像南方忠诚的白人或黑人那样处于如此可怕的危险之中，”一位波士顿的编辑评论道，“除非国会立即行动，采取措施保护这些人不受野蛮人的伤害（他们正在杀害白人，并把成千上万有色人士埋在人们找不到的地方），否则国会将因其疏忽、怯懦或能力不足而受到全世界正义的谴责。”甚至一位来自弗吉尼亚州利斯堡的白人共和党人也很肯定地告诉史蒂文斯，尽管“有人对奴隶最近所享有的特权有些许不安”，但“没有哪个北方联邦人比这些奴隶更忧心和惧怕南方人的统治”。[1]

对于温和派共和党人来说，黑人大会运动计划（一个越来越得到史蒂文斯和参议员查尔斯·萨姆纳认可的纲领）中最棘手的部分是不分肤色地赋予选举权。约翰逊和民主党人都表示反对，他们坚持认为美国黑人还没有准备好面对随投票而来的责任，尽管北方和南方的许多黑人都是拥有财产的纳税人，而且比总统本人有文化。但温和派共和党人担心大多数北方选民在推动全民拥有选举权时会感到不安。当萨姆纳提出有没有可能在全国通过一项保障黑人投票权的法案时，他在马萨诸塞州的同事、参议员亨利·威尔逊告诫他，在美国，没有“一寸土地”在提及这个问题时不会让共和党人失去白人的选票。生怕支持该党派的选民反弹，这一定程度上解释了这种担心，但一些进步人士也认为，把北方许多地区还没有的一项改革强加给南方各州是虚伪的。有人说：“当你要求搞分裂的南方各州给有色人士投票权，

---

① *Flake's Bulletin* (Galveston, TX), January 5, 1867; *Boston Daily Advertiser*, January 5, 1867; Trefousse, *Stevens*, 205; *Lowell Daily Citizen and News*, March 6, 1866; William B. Downey 致 Thaddeus Stevens 的信，1867 年 1 月 7 日，详见 Palmer, ed., *Papers of Stevens*, 2:237。

却不对其他州这样要求时，你怎么有脸面对这些南方州?”黑人活动人士回应说，显而易见的补救办法是，要么按照萨姆纳提出的思路在全国范围内通过一项法案，要么北方共和党议员重新努力，但在1867年初，对政治正义的吁求几乎没有取得进展。[①]

对于惶惶不安的温和派来说，选举这道数学题的严酷现实为黑人投票权提供了更有说服力的论据。虽然选举权要求一向取决于各州自己，但有关议会席位分配的《宪法》条款使问题复杂化了。长期以来，新英格兰人一直蔑视第一条第三款的规定，此条允许蓄奴州在计算各州的国会代表人数时，将5个奴隶算作3人计入。但是，由于第十三修正案实际上去掉了这一条，前南方邦联各州在重新进入国会后将在华盛顿获得更大的影响力。对于密苏里州的共和党人本杰明·格拉茨·布朗来说，问题不在于黑人是否应该拥有投票权，而在于“那些自称他们主人的人是否应该为他们投票”。正如许多共和党人编辑抱怨的那样，在短期内，基于白人至上主义的重建和修复，意味着“这场战争取得的奇怪结果”是，“在国家事务上，南卡罗来纳州一个反叛的选民拥有的权力等于纽约州两个忠诚选民的”。除了邦德法官外，马里兰州共和党人很少有勇气站出来支持黑人投票，但《安纳波利斯公报》(*Annapolis Gazette*)的编辑抗议道，他的州的“白人人口是南卡罗来纳州的2倍，[而]保守派希望该州能向国会派出5名代表，跟马里兰州一样”。从长远来看，由于各州的选举计票数与华盛顿代表团的总数相等，南方白人选民也将在总统选举中获得更大的影

① Blue, *Sumner*, 172 – 173; Foner, *Reconstruction*, 238; Richardson, *Death of Reconstruction*, 42 – 43;在 *Johnson* 作品的第101—102页中，Gordon-Reed非常确信地指出，只能用其“白人至上”的信仰来解释总统的违宪行为。当林肯反对国会对南方代表的排斥行为时，他强调了《宪法》第四节第四条；但面对南卡罗来纳州坚决否定黑人的选举权时，他其实不太愿意采用该条款，因为该条款保证每个州都是“共和政体”。

响力。亚伯拉罕·林肯已经证明，北方候选人无需南方的选票也能获胜，但那是针对一个四分五裂的民主党，而且还有五分之三条款的支持。展望1868年，《纽约论坛报》编辑贺拉斯·格里利担心，如果南方“黑人得不到选举权，[那么不只反战的国会议员克莱门特·]瓦兰迪加姆能击败格兰特将军成为总统”。①

民主党人明白赋予南方黑人选举权于全国的意义，对接下来不可避免会发生的事怨声载道。加州民主党人富兰克林·E. 费尔顿怒吼道，那些“假装喜欢黑人”的共和党人，可能很快就会寻求“提升黄皮肤的中国佬的社会地位并赋予他们选举权”。白宫否认提供了政治掩护，就连那些以派系和睦的名义推动改革的前邦联高层领导也遭到了民主党人的言语攻击。当得克萨斯州前邦联邮政局长约翰·H. 里根发表公开信，建议接受黑人拥有自由和投票权时，他的一位老同事劝告他：“从州长到警官，任何候选人都会把随时告发你当作自己的职责。”有财政方面头脑的编辑意识到黑人对公共教育的要求，他们指责说，随着“大量无知的黑人”被赋予选举权，南方的新政府肯定会“启动几乎跟没收一样糟糕的税收计划”。②

务实的共和党人彻底扭转了这种论调。编辑们很少重复黑人的论点，如非裔美国纳税人理应得到代表权或黑人退伍军人已经赢得了选

---

① Christian G. Samito, *Becoming American Under Fire: Irish Americans, African Americans, and the Politics of Citizenship during the Civil War* (Ithaca, NY, 2009), 165; Xi, *The Trial of Democracy: Black Suffrage and Northern Republicans, 1860 - 1910* (Athens, GA, 1997), 38 - 39; Benjamin Gratz Brown, *Universal Suffrage* (St. Louis, 1865), 16; Ohio *Wooster Republican*, September 6, 1866; *Annapolis Gazette*, September 6, 1866; Eva Phyllis Field, *The Politics of Race in New York: The Struggle for Black Suffrage in the Civil War Era* (Ithaca, NY, 1982), 176 - 177.

② Franklin E. Felton, *The Purification and Reconstruction of the American Union* (San Francisco, 1867), 17; John H. Reagan, *Memoirs, With Special Reference to Secession and the Civil War* (New York, 1906), 234; Cleveland *Plain Dealer*, October 31, 1867.

举权。相反，许多人指出，不仅“100 万［新的］黑人选民”将使“有色人种得到白人的尊重”，而且南方激烈的政治竞逐能有助于推进共和党有关工业和社会进步的自由劳动理念。“他们将努力工作。”一位纽约出版人在社论中写道。另一人补充说，投票不仅是一项权利，而且是“保护两个种族的人身和财产安全的一种方式”。“旧的南方秩序正在消失，一切都在变成新的。”如果黑人可以投票，他们不仅可以在 1868 年选举尤利西斯·S. 格兰特为总统，还可以推举自己的教师和退伍军人担任地方及州的公职，使得不必诉诸联邦权力便能保护他们的权利。格里利说，当南方白人得知“他们唯一确定的希望不是被**剥夺**公民权，而是被**赋予**公民权”时，“他们将为此祈祷”。①

一如既往，约翰逊和南方民主党人尽了最大的努力来损害他们自己的事业。1867 年 2 月，总统先是减刑，最后又赦免了杀害 3 名缅因州士兵的 4 名前南方邦联分子，以致激怒了国会。战争部长埃德温·M. 斯坦顿在军事法庭审判后下令将他们终身监禁，但约翰逊认为这一命令违宪，只解除了这四人的职务。当南卡罗来纳州当局拒绝提出指控时，愤怒的共和党人在国会中站出来，主张“必须以军事干预来匡扶正义，因为民事法庭靠不住”。南方白人纷纷对约翰逊表示感谢，感谢他坚持“白人优于黑人”的主张；而南方黑人则向史蒂文斯提供了大量证据，证明“南方邦联的恶棍正在谋杀我们的北方联邦公民”，而各州政府却只想“收缴”非裔美国退伍军人持有的“所有武器”。到这个月底，有 12 个州否决了第十四修正案，比阻止该修正案获得批准所必需的州数多了 2 个。原本预计温和的修正案将成为最终的重建措施的温和派共和党人，开始同意史蒂文斯的观点，认为更

---

① *New-York Tribune*, March 22, 1867, and March 24, 1867; *New York Herald*, March 22, 1867.

进步的立法是必要的。[1]

共和党人在2月底和3月初通过了一系列法案。众议院司法委员会修改了一项军事法案，暂停向在战争期间有奴隶应征加入联邦军队的前奴隶主支付所有后续款项。另一项法案授权总统“防止后来发生叛乱的各州实施体罚”，这会使部分的《黑人法典》无效。随后，众议院转而审议史蒂文斯的法案，那是重建委员会提出的报告，该委员会“在南方各州建立了军事机关”。在后来被统称为《重建法案》的四个相互关联的法案中，众议院的版本是把前南方邦联——除了已批准第十四修正案的田纳西州——划分为五个军事区，每个军事区由一位将军负责实施联邦法律、处罚违法者。参议院的版本则在各州向国会派出代表团之前增加了进一步的要求。各州有义务批准第十四修正案，允许“所有21岁的忠诚的男性公民”不分种族地投票，并呼吁召开新的州宪法大会。该法案至少暂时不打算赋予那些宣誓效忠共和国但随后积极“参与叛乱、[给予]援助和慰劳，或投票赞成任何分裂国家的行为”的人选举权。《军事重建法案》的最终版本保留了参议院的要求，并规定目前的州政府只是“临时的”。[2]

由于军队对法案的实施至关重要，共和党人认为，不仅有必要从总统手中夺取南方复原进程的控制权，而且有必要同时削弱约翰逊对军队的权力。另两项法案——《任期法案》和《军队拨款法案》——规定，总统只能通过五星上将发布军事命令，这基本上阻止了约翰逊

---

① Cox and Cox, *Politics, Principle, and Prejudice*, 162; *Albany Journal*, February 23, 1867; James Mullins 致 Thaddeus Stevens 的信, 1867年3月10日, 详见 Palmer, ed., *Papers of Stevens*, 2:270。

② Donald, *Politics of Reconstruction*, 36–37; Hans L. Trefousse, *Andrew Johnson: A Biography* (New York, 1989), 278; *Cincinnati Daily Gazette*, February 11, 1867; Perman, *Reunion Without Compromise*, 270–271; *Baltimore Sun*, February 8, 1867.

与南方军事指挥官的直接沟通。两者都规定，只有得到参议院的批准，才能把将军和总统任命的其他人撤职。这些法律旨在保住格兰特和战争部长斯坦顿的职位，前者是五星上将，并日益成为共和党的盟友，后者则代表了内阁中最进步的声音。民主党人指责这些法律侵犯了总统的统帅职责，但共和党人回应称，军事监督是一项共有的特权，并且批准任命的权利意味着同样有权驳回撤职。一位共和党人说，由于这一揽子法案明确规定了南方白人在被重新接纳之前必须做些什么，国会“没有干预任何一个南方临时政府出于善意的行为，也没有干涉确保所有人都得到平等正义的任何愿望”。①

全国各地的民主党人都谴责这一揽子法案。“黑人将成为主人，白人将成为奴隶，”一位曼哈顿的保守派编辑怒气冲冲地说，“这或将引发另一场叛乱。”不出所料，执拗的约翰逊否决了几乎所有的措施，只签署了停止向前主人支付军事赏金的法案。约翰逊无视国务卿威廉·H. 苏厄德为他准备的较为温和的意见，从宪法和政策两方面否决了这些法案。他认为，美国黑人没有自我管理的能力。“黑人并没有要求投票权，”他轻轻松松地无视了几十个黑人大会提出的要求，补充道，“他们中的绝大多数人不知道这意味着什么。”同样不出所料，国会很快推翻了他的否决。总统显然拒绝采纳他们计划的任何部分，但共和党人相信其他南方白人现在可能会明白，“他们不能通过保持一种叛逆的藐视法庭命令的姿态来修改他们重返国会的条件”。鲁达内兹注意到，由于参众两院的多数票都是反对约翰逊的，剩下的问题是这些法律是否会“得到忠实执行”，或者这位几乎无足轻重的

---

① Michael Les Benedict, *The Impeachment and Trial of Andrew Johnson* (New York, 1973), 16 - 17; Stampp, *Era of Reconstruction*, 147; Brooks D. Simpson, *The Reconstruction Presidents* (Lawrence, KS, 1998), 13; *Albany Journal*, March 25, 1867; *Philadelphia Inquirer*, March 26, 1867.

总统是否打算继续他的事业。[1]

这一揽子法案表明，即使是温和的共和党人，最终也明白了自《黑人法典》通过以来黑人活动人士一直在说的话。要不是因为有有组织的军事抵抗，内战会仍然在打。随着南北战争前联邦政府对奴隶制的支持消失，白人立法者转而对各州采取限制性措施，随着南方邦联军队从战场上消失，南方邦联的退伍军人转而诉诸零星但有针对性的暴力来达到自己的目的。马萨诸塞州的一位编辑评论说，约翰逊可能认为他们的法律违宪，但共和党人一致认为“叛乱仍然存在，他们正在为战争状态立法”。废奴主义者温德尔·菲利普斯在为这一揽子法律辩护时，使用了带有政治色彩的军事手段。菲利普斯承认，尽管格兰特向里士满进军的代价高昂，充满危险，但什么也不做才“更危险”，因此共和党人格兰特朝着自己的目标前进了。相比之下，保守的新泽西州民主党人乔治·麦克莱伦将军则证明了“在采取某一步之前确保不冒任何风险”是一种愚蠢的做法。“我们希望国会不要根据麦克莱伦的原则来打这场仗。”随着约翰逊的恶作剧能力减弱，共和党人希望他们能回到 1865 年春天那个短暂的承诺时刻，当时许多南方白人似乎已经准备好接受新秩序。“如果南方［白］人自己找不到反对重建法案的任何好的、实质性的理由，”一位纽约人评论道，“北方保守派就会失去动力。”[2]

即使南方白人没有默许，在孟菲斯和新奥尔良骚乱之后，大多数

---

① *New York Herald*, March 16, 1868; *Albany Journal*, February 23, March 21, and March 25, 1867; Glyndon Van Deusen, *William Henry Seward* (New York, 1967), 476; *New Orleans Tribune*, April 9, 1867.

② W. W. Holden, *Union Meeting in Raleigh* (Raleigh, 1866), 7; *Cincinnati Daily Enquirer*, February 18, 1867; *Springfield* (Massachusetts) *Republican*, March 23, 1867; *Albany Journal*, March 21, 1867.

共和党人也倾向于政府行动和政治正义，而非局部和解。“我想让自由民得到充分的保护，”伊利诺伊州参议员莱曼·特朗布尔在一次对选民演讲时说，“如果我们不能以其他任何方式实现这一点，那未来20年里，要在南方保留一支军队。”尽管接受平等主义原则的进展缓慢，至少在黑人大会代表看来是这样，共和党人最终还是接受了这样一种信念，即“黑人的政治平等在逻辑上必然取决于他们是否自由”。与现实政治一样，南方黑人的选票可能会支撑起以北方为根基的政党的总纲领，这一事实有助于促使温和派采取行动，南方的白人联邦主义者和前辉格党人也正是这样抱怨的。萨姆纳向英国废奴主义者约翰·布莱特透露：“如果没有有色人种的选票，白人联邦主义者就会落入叛军之手。让有色人种投票是**必要**的。”民主党人指责这些行为是残忍的胜利者炮制出来的“惩罚手段”，但南方的联邦主义者回应道，分裂主义者“已因其恶行失去了地位”，“只能通过其善行重获地位”。约翰·昆西·亚当斯二世在南卡罗来纳州哥伦比亚市发表讲话时补充道，“普选”是《黑人法典》的结果，而不是1865年战败的结果。黑人对这些法律表示欢迎，认为这是必要的、早该进行的改革。正如华盛顿进步人士所希望的那样，这些法律也产生了立竿见影的效果。就在1867年4月，即它们通过仅一个月后，自由民局工作人员阿尔文·吉勒姆从维克斯堡报告说：“无论是由于‘军事法案’的通过还是其他原因，这个地区的［地方］法院似乎比以往更希望给自由民以全面的公正。”①

---

① *Springfield* (Massachusetts) *Republican*, March 23, 1867; J. G. Wilson 致 Lyman Trumbull 的信，1866 年 1 月 21 日，现存于国会图书馆的 Trumbull 档案中；Charles Sumner 致 John Bright 的信，1867 年 5 月 27 日，参见 *The Selected Letters of Charles Sumner*, ed. Beverly Wilson Palmer (Boston, 1990), 2:398; Holden, *Union Meeting in Raleigh*, 10; John Quincy Adams, ed., *Massachusetts and South Carolina. Correspondence Between John Quincy Adams and Wade Hampton and Others* （转下页）

几位南方州长都认为抵抗的代价太高了。路易斯安那州的詹姆斯·M. 威尔斯发布公告，承认“州当局只是临时的”。在南卡罗来纳州，奥尔州长宣布将“愉快地执行”国会提出的所有要求。佐治亚州前州长约瑟夫·E. 布朗在亚特兰大和萨凡纳发表演讲，劝诫白人“接受国会的条款”，因为“不依不饶地反对会激怒北方人民，并可能导致财产被没收”。前邦联官员、弗吉尼亚州的罗杰·普赖尔发表了一封公开信，敦促该州的白人公民“接受现状”，并“承认和尊重有色人种的权利”。在浪费了两年时间之后，共和党人认为这个国家终于准备好推进民主化了。像鲁达内兹这样的黑人评论员想知道，约翰逊是否会继续为现在沉默的白人反动派骨干壮胆，但作为对白宫的公开警告，马萨诸塞州新任国会议员本杰明·F. 巴特勒在缅因州议会两院发表了演讲，当时“旁听席和地板上都挤满了人”，他在讲话中谈到了弹劾的补救办法和可能存在的“罢免约翰逊先生可能具有的必要性”。这下总统可不能说他没收到过警告。①

随着共和党正式支持黑人投票权（至少在前南方邦联是这样），一向对白人政党领袖心存疑虑的黑人大会运动迅速排好队，接受了这个党的标签。在新奥尔良的经济大厅（Economy Hall）举行的“共和党激进分子大会”推选密西西比州前奴隶、美国有色人种部队第73军团退伍军人、全国平权联盟的早期成员詹姆斯·H. 英格拉姆上尉担任会议主席，并赞扬“一系列军事重建法律执行得既公正又显出了

（接上页）*of South Carolina*（Boston, 1868）, 5, 18；Alvan C. Gillem 致 Oliver O. Howard 的信，1867 年 4 月 11 日，参见 Register of Letter Received by Commissioners 中自由民局相关资料，第 43 卷，出版信息不详。

① Perman, *Reunion Without Compromise*, 272 – 273; *Oregon State Journal*（Eugene, OR）, November 14, 1867; *Albany Journal*, March 25, 1867; *New Orleans Tribune*, April 28, 1867; *Lowell Daily Citizen and News*, February 15, 1867; Macon *Weekly Telegraph*, February 15, 1867.

爱国精神”，还要求“对加入脱离联邦大会的所有成员和所有鼓吹脱离联邦的编辑剥夺选举权”。4月13日，黑人聚集在佐治亚州的奥古斯塔，宣布他们支持“共和党”，支持废除体罚，支持“各种肤色的人都有权担任公职”。同一天，大约5000人参加了在纳什维尔举行的“黑人激进群众大会”。如此多的与会者“从乡下蜂拥而来，有步行的，有骑马的，还有坐马车和大车的”，以至于组织者不得不把集会移到室外。那个月晚些时候，在弗吉尼亚州共和党大会上召开的非裔美国人会议为迄今通过的联邦法律背书，但也警告说，要他们继续保持政治忠诚，所需的不仅仅是投票权。几位发言者高呼他们要“没收的土地”，“如果国会不给予黑人土地，就暴力夺取”，与会代表闻言起立鼓掌。①

4月2日在萨凡纳举行的大会可能是规模最大的一次，而且展示了进步联盟脱颖而出的可能性。7000人参加了这个“伟大的重建会议”，其中包括反对分裂的联邦主义者詹姆斯·约翰逊，他曾被安德鲁·约翰逊短期任命为州长。这一跨种族大会赞扬了国会中共和党人的领导能力，并承诺“在重组我们的州政府时携手合作”。当一名白人发言者在会议大厅里摆出高黑人一等的派头，坚称“政治不是学一天就会的，而是要参悟多年”时，与会代表詹姆斯·M. 西姆斯走上讲台提醒白人代表，“有色人士不是傻瓜”。詹姆斯·西姆斯曾是萨凡纳的奴隶，也是逃奴托马斯·西姆斯的兄弟，1851年在波士顿被捕，而后回到佐治亚州成为废奴主义者和团结众人的战斗口号，他向到场观众保证，黑人“知道如何打对仗，也知道如何投对票”。佐治亚州

---

① Richardson, *Death of Reconstruction*, 54 - 55; Edmund L. Drago, *Black Politicians and Reconstruction in Georgia: A Splendid Failure* (Baton Rouge, 1982), 30 - 31; *New Orleans Tribune*, June 12, 1867 and June 25, 1867.

的黑人坚决要求“市议员中有白人就要有有色人，警察队伍有白人就要有有色人，人们越早知道这些越好”。下一个讲话的突尼斯·坎贝尔表达了与西姆斯同样的观点，也认为这次大会标志着佐治亚迎来了新的“光荣的一天”，因为“白人和黑人终于齐聚在他们深爱的旧国旗下，向着团结和胜利进发”。不出几周，“黑人共和党”就提名了西姆斯和坎贝尔进入州议会。①

蒙哥马利和查尔斯顿也举行了类似的会议。在亚拉巴马州的会议上，“白人和有色公民”都赞成“忠实地同意军事法案的要求”，并呼吁尽早召开州制宪会议。在查尔斯顿的会议上，近5000名黑人挤满大厅，来听弗朗西斯·卡多佐的演讲，此人是美国传教士协会的一名黑人教师，也是两年前在重建该市非裔卫理公会会众中发挥重要作用的活动家之一。尽管参加查尔斯顿会议的白人比其他城市的少得多，但卡多佐向大会保证，南卡罗来纳的非裔美国人“不反对与白人联合行动”，只要他们肯接受共和党的标签“并打算投票给共和党候选人”。未来的南卡罗来纳州州务卿许诺，黑人会“很乐意与我们的南方朋友联合”，“但要让他们携手正确的政党”。7月在哥伦比亚召开的一次会议批准了一个“与查尔斯顿会议通过的基本相似的纲领”。到了1868年元旦，全国各地的黑人都有充分的理由庆祝《解放黑人奴隶宣言》发表五周年。在旧金山，黑人跟在A. G. 丹尼森上尉后面游行，他们乘坐两辆“装饰着美国国旗的大车，车上坐满了公立学校和主日学校的孩子”。一位发言人指出，只有“国会提出的方法，才

---

① *New Orleans Tribune*, April 23, 1867; *New-York Tribune*, April 6, 1867; Augusta *Loyal Georgian*, May 16, 1867.

是防止未来叛乱并使叛国可憎、忠诚可敬的最可靠方法”。①

如果说南北卡罗来纳州的白人勉强公开认同一个与亚伯拉罕·林肯关系如此密切的政党，那么南方那些没有加入邦联的角落里的联邦主义者就很难做到这一点。日益激进的马里兰州法官休·L. 邦德参加了党派集会，呼吁给黑人投票权，并以教育改革的名义与黑人教师和牧师合作。巴尔的摩的进步联盟很快与州长托马斯·斯万发生冲突，斯万支持约翰逊，对“黑人选举权”大加挞伐。马里兰州的民主党人敦促选民“支持约翰逊总统，反对这个激进政党放肆、邪恶和无情的攻击”。但是像邦德这样的改革者仍然相信上帝是会眷顾正义的。斯万选择将共和党人要求民主化的呼声解读为“武装反对派”，于是前往华盛顿，请求总统帮忙“阻止其他州的激进分子涌向巴尔的摩并与那里的激进分子为伍”。州长还公开建议黑人搬到“更包容的地方，在那里［他们的］破坏性特质不会妨碍他们享有社会和政治权利”。巴尔的摩的警察局长既没有谴责斯万的恐惧是源于政治的偏执，也没有和其他南方白人一起承认与国会合作是明智的，而是威胁要在选举日逮捕共和党选民。②

黑白共和党人齐聚一堂“谴责斯万州长最近的做法”，公开赞同包含“男子选举权”的纲领，以应对这一挑战。保守派“称我们为**‘黑人崇拜者’**”，一名白人代表反驳道。但是，当民主党人南下弗吉尼亚州为南方邦联而战时，联邦主义者已然站在了共和国一边，因

① *Albany Journal*, March 27, 1867; *Boston Daily Journal*, March 27, 1867; *New-York Tribune*, March 27, 1867; *New Orleans Tribune*, July 26, 1867; San Francisco *Elevator*, January 3, 1868.

② *Baltimore Sun*, July 20, 24, 1866; *Albany Journal*, October 18, 1866; Macon *Weekly Telegraph*, October 22, 1866; New Orleans *Daily Picayune*, October 30, 1866; *Dallas Herald*, January 27, 1866.

此，“**叛乱分子的选举权**问题比**黑人选举权**问题重要得多”。巴尔的摩商人、黑人代表威廉·H. 布朗出言赞扬邦德对黑人投票权的公开支持。和前几年许多黑人大会代表一样，布朗把白人选民的政治主张与“那些因倒在枕头堡的人的鲜血而变得神圣”的主张进行了比较。巧的是，邦德享有的权威远不止在为黑人争取权利这一桩事上。在警察局长一再威胁共和党选民之后，法官下令逮捕他的三名专员，“罪名是企图破坏和平”。邦德还把一名民主党治安官拽到他的法庭前，据传后者正在“召集人马”协助那几位专员。法官警告这位治安官收手，并补充说，如果他“不服从”，就给他发逮捕令。邦德的行为引起了全国的关注，人们纷纷来信赞扬他“在收拾南方叛逆这事上深谋远虑”。而巴尔的摩的街道上发生的事，与记者描述的华盛顿发生的事截然不同。尽管编辑们很容易关注约翰逊和国会的共和党人之间日益激烈的斗争，但像邦德和南方各地跨种族大会这样所谓的激进分子的行动反而表明，希望最终结束内战的白人和黑人之间重新开始了合作。①

1867 年 5 月中旬，莫比尔市发生暴力冲突，有责任感的南方人和联邦当局迅速平息了骚乱。宾夕法尼亚州国会议员威廉·D. 凯利此时已南下，去向新生的共和党组织发表讲话，并定于 5 月 14 日在莫比尔演讲。一群白人寻衅者来到户外集会，威胁要“给他点颜色看看”。然而，来听演讲的黑人全副武装，当地警察也赶来逮捕寻衅者。双方都开火了。进攻的白人和防守的黑人各有一人在混战中死亡。由

① *Baltimore Sun*, November 6, 1866; *New-Orleans Times*, October 15, 1867; Macon *Weekly Telegraph*, November 4, 1866; *Cincinnati Enquirer*, November 4, 1866; Herbert(姓不详)致 Hugh L. Bond 的信，1866 年 11 月 4 日，存于 Mary land Historical Society 的 Bond-McCulloch Family 档案中；William H. Brown 致 Hugh L. Bond 的信，1867 年 7 月 20 日，现存地同上；L. Abbott 致 Hugh L. Bond 的信，1866 年 11 月 8 日，现存地同上；*Annapolis Gazette*, September 6, 1866。

于不愿回到前两年的动荡局面，“莫比尔许多最优秀的公民”在第二天早上的报纸上发表了一篇社论，“对参与扰乱头天晚上共和党会议的各方表示无保留的谴责”。莫比尔的警方试图逮捕这些寻衅者的事实，反映了《重建法案》带来的新基调，该法案终结了战前政权，也终结了前一年在查尔斯顿和孟菲斯出现的警察与白人暴徒之间的勾结。在路易斯安那州和得克萨斯州的第五军事区，菲利普·谢里丹将军命令他治下的市长们“调整现有警力，使至少一半的警力由前北方联邦士兵组成”，也就是说允许雇佣黑人退伍军人。在阿肯色州和密西西比州的第四军事区，爱德华·O.C. 奥德将军为他指挥的2000名士兵设立了15个哨所，并迅速将4名白人送交军事法庭，指控他们袭击黑人。其中一人被判在州立监狱服刑10年。到1867年秋，自由民局工作人员阿尔文·吉勒姆高兴地报告说，该地区针对非裔美国人的暴力行为几乎已经销声匿迹了。[①]

州当局还在继续运作，但当州长或议会未能维持秩序时，负责五个军事区的将军们就迅速采取行动，填补立法空白。奥德命令“所有在李将军投降后自愿流亡的人，回乡的话要到他的司令部报到，在宣誓后可获假释”。在另一个场合，他下令禁止私藏任何武器。尽管暴力事件急剧减少，联邦指挥官和民政当局之间也进行了前所未有的合作，但约翰逊总统仍然继续寻求叫停重建。由于无法绕开习惯性地推翻他

---

① Dennis C. Rousey, *Policing the Southern City: New Orleans, 1805 - 1889* (Baton Rouge, 1997), 122 - 123; L. P. Brockett, *Men of Our Day: Biographical Sketches of Patriots, Orators, Statesmen, Generals, Reformers, Financiers and Merchants, Now on the State of Action* (Philadelphia, 1872), 502; Michael Fitzgerald, *Urban Emancipation: Popular Politics in Reconstruction Mobile, 1860 - 1890* (Baton Rouge, 2002), 96 - 97; *New Orleans Tribune*, May 16, 1867 and May 23, 1867; *Boston Daily Journal*, May 5, 1867; Christopher Waldrep, *Roots of Disorder: Race and Criminal Justice in the American South, 1817 - 1880* (Urbana, 1998), 121; Harris, *Day of the Carpetbagger*, 18 - 19.

的否决的国会，约翰逊决定通过拒绝执行法律或质疑执法者的资格来使这些法律无效。当谢里丹把参与新奥尔良谋杀案的路易斯安那州官员调离后，约翰逊训斥了这位将军，并吩咐他服从命令。尽管格兰特不愿公开与他的统帅发生冲突，但还是鼓励谢里丹继续照自己的想法行事。为此，约翰逊决定替换谢里丹和丹尼尔·西克尔斯将军，后者是前民主党人、南卡罗来纳州第二军事区的指挥官，他因为发布第32号令“宣布所有公民不分肤色均有权担任陪审员”而得罪了总统。在被总统私下接见时，最高法院首席大法官萨尔蒙·P. 蔡斯“极其认真地对干预谢里丹或斯坦顿的行为提出了抗议”，但约翰逊抢先一步用保守派民主党人温菲尔德·斯科特·汉考克将军取代了谢里丹。新任指挥官立即撤换了新奥尔良市议会的8名黑人共和党人，代之以白人。格兰特推翻了汉考克的改动，这使得一位民主党编辑讥讽道：“格兰特现在和其他人一样，也是个优秀的黑人激进分子。”随着谢里丹的离去，得克萨斯州的暴力事件激增，该州共和党人指出，1867年12月和1868年1月发生的至少62起谋杀证明政治暗杀活动“明显增多”。①

国会最近的投票表明，即使是温和的共和党人也不再支持总统，但他们太迟才意识到1864年将副总统汉尼拔·哈姆林剔出候选人名单所闯下的大祸，而这并不一定意味着他们已经准备好让约翰逊下台。不过，总统的每个新招都让他失去了中间派人士的关键支持，这些中间派人士不情愿地得出结论，他们最明智的做法是忍受约翰逊的存在，直到他1869年3月4日任期届满。前几任总统都撤换过将军，

---

① San Francisco *Elevator*, September 27, 1867; John Niven, *Salmon P. Chase: A Biography* (New York, 1995), 418; Gordon-Reed, *Johnson*, 134; Paul A. Hutton, *Phil Sheridan and His Army* (Lincoln, 1985), 24; *New Orleans Tribune*, June 27, 1867 and December 15, 1867; Cantrell, "Racial Violence and Reconstruction Politics," 347; *New Hampshire Patriot* (Concord, NH), March 25, 1868.

约翰逊的前任这么做是因为对方不能胜任。1863 年，林肯调约瑟夫·胡克去指挥波托马克军队，这事尽人皆知，尽管他不信任这位将军个人的政治立场。约翰逊坚决不容忍下属的异议，因而现在命令联邦政府停止对那些不赞成他的重建计划的编辑们提供一切广告赞助。他解雇了一位伊利诺伊州的税务员，“仅仅因为［他］在更大的政策问题上不能像总统那样思考”。早在 1865 年 12 月，伊利诺伊州布卢明顿的一位共和党医生就给特朗布尔寄去了一封请愿书，要求“弹劾约翰逊总统或那个田纳西州裁缝”，随后那个月，在圣路易斯举行的一次德国激进分子集会谴责了约翰逊，并要求弹劾他未能执行联邦法律。①

对约翰逊来说，撤换无关紧要的税务人员，并向保守派将领重新解释联邦立法，这些都不足以叫停国会的重建工作。由于将军们最终是向斯坦顿汇报工作的，也就意味着这位部长必须像西克尔斯和谢里丹一样被替换掉。虽然斯坦顿早年是民主党人，在詹姆斯·布坎南政府中短暂担任过司法部长，但他给林肯留下的好感让他在 1862 年初被任命为战争部长，而转投共和党使他成为约翰逊内阁中最进步的一个留任者。妻子和女儿因病去世，心爱的弟弟又自杀身亡，斯坦顿可能因此郁郁寡欢，态度粗暴，在一次次的会面中，他直截了当地告诉总统，必须执行联邦法律。等到 1867 年 8 月 5 日国会休会，约翰逊才给斯坦顿写了封只有一句话的信，说“将接受他辞去战争部长一职”。约翰逊是为了规避《任期法案》，斯坦顿知道这一点。第二天，他发了封同样简短的回信，通知约翰逊，“为公众考虑”他只能等到 11 月下旬的“国会下次会议之前”辞职。知名共和党人组成的几个

① *Albany Journal*, April 3, 1866; *Cincinnati Enquirer*, January 25, 1866; Dr. H. Schroeder 致 Lyman Trumbull 的信，1865 年 11 月 23 日，现存于国会图书馆的 Trumbull 档案中；J. F. Alexander 致 Lyman Trumbull 的信，1866 年 6 月 22 日，现存地同上。

代表团赶赴战争部，敦促斯坦顿守住立场。7天后，当这位部长显然不打算辞职时，约翰逊宣布暂停他的职务，并临时任命格兰特代理。总统还威胁要解雇约翰·波普将军，除非他停止执行国会的指示，这位将军的管辖权延伸到了第三军事区（包括佐治亚州、亚拉巴马州和佛罗里达州）。12月28日，当波普继续遵循这些指示，并像西克尔斯一样下令允许非裔美国人担任陪审员时，他也被解雇了，格兰特反对也不行。包括《纽约时报》和《波士顿每日广告报》（*Boston Daily Advertiser*）在内的几家保守派刊物心不甘情不愿地总结道，弹劾是目前唯一的补救办法，此前发表过反对撤职的社论的《芝加哥论坛报》也这么说。①

当国会在那年秋天晚些时候重新开会时，约翰逊遵照《任期法案》的规定，正式把自己的举动通报国会，并要求国会接受斯坦顿被撤职这件事。然而，参议院军事委员会以35票对6票不予接受他的撤职决定。11月25日，众议院司法委员会以5票对4票的结果动议弹劾总统，理由是其违反《任期法案》并试图绕过《重建法案》。总统希望格兰特继续留在战争部，直到斯坦顿向最高法院提出上诉，而最高法院可能会以违宪为由推翻这项法律。然而，格兰特只同意在内阁任职，以此限制总统在南方的破坏，而且他看不出总统毁掉他们俩的政治生涯这事有什么逻辑可言。绝望之下，约翰逊再次公开呼吁实行种族主义，他在12月3日的讲话中提醒国会，共和党人并不满足于给黑人政治权利，而是打算“让他们统治白人”。即使在总统的家乡，白人联邦主义者也对约翰逊失去了耐心。在田纳西州议会一次火

---

① Albert E. Castel, *The Presidency of Andrew Johnson* (Lawrence, 1979), 135; Philadelphia *Public Ledger*, January 9, 1868; *Boston Daily Journal*, January 16, 1868; Benedict, *Impeachment and Trial of Andrew Johnson*, 58 - 59.

药味很浓的会议上，依据党派立场投出了50票对20票的结果，正式决定指示该州的参议员和众议员“投票支持弹劾安德鲁·约翰逊”。得克萨斯州的联邦主义者表示同意。其中一人抱怨道，约翰逊“看不见忠诚的南方白人”，“还想不让黑人获得公民权”。“他给这个国家带来的耻辱比杰斐逊·戴维斯带来的还要多。”[①]

如果格兰特是在着眼于1868年11月的选举，那么远离华盛顿走廊的活动人士看得明白，比起少数白人政客的职业生涯，利害攸关是更重要的。有了个不一样的行政长官，一个愿意执行国会以多数通过的法律的人，来之不易的军民合作时代可能会继续改变南方的政治面貌，并进而改变整个国家的政治面貌。尽管国会通过了从《民权法案》到《重建法案》的所有法案，威斯康星州参议员蒂莫西·奥蒂斯·豪承认，共和党计划的根本缺陷在于，他们天真地希望总统不会这么干脆地无视他否决的法案。在他们看来，改革的敌人满怀信心地期望约翰逊继续这样做，直到他任期的最后一天。一位亚拉巴马州的民主党人建议南方的保守派应该“装糊涂”，直到他们能够重新控制他们的州，然后“撕毁他们的黑人宪法，根据他们自己对共和主义的定义制定新宪法”。路易斯安那州的一名白人记者对此表示赞同，他写道，如果约翰逊能保住自己的职位，“从最初到最后的极端之举将被从法规汇编中抹去并颠倒过来，围栏的‘底部’（即黑人）将被放回它该待的地方”。[②]

---

① William S. McFeely, *Grant: A Biography* (New York, 1981), 266; David O. Stewart, *Impeached: The Trial of President Andrew Johnson and the Fight for Lincoln's Legacy* (New York, 2010), 120; *Cincinnati Daily Gazette*, November 27, 1867; *New York Herald*, December 6, 1867; San Antonio *Express*, December 5, 1867.

② Benedict, *Impeachment and Trial of Andrew Johnson*, 92; *Baltimore Sun*, January 16, 1868; *Cincinnati Daily Gazette*, February 4, 1868; *New Hampshire Patriot* (Concord, NH), March 25, 1868; *New York Herald*, March 12, 1868.

尽管黑人编辑意识到美国的问题远非一个人的问题，但他们正确地认识到约翰逊是进步的主要障碍，希望他下台。路易斯·查尔斯·鲁达内兹发现，允许少数反动派在南方夺权的“不当政策”，酿成了新奥尔良的“大屠杀”，而旧金山《升降机报》(*Elevator*) 自称“彻底激进”的编辑菲利普·A. 贝尔谴责了“执拗的安德鲁·约翰逊”和“他混乱的计划”。约翰逊 12 月给国会的意见尤其引起了他们的愤怒。贝尔认为，《军事重建法案》这一“国会有史以来最明智的工作成果被一个人轻蔑地否定了，他无视全体人民代表的智慧，一意孤行”。奥古斯塔的《忠诚的佐治亚人》的黑人编辑认为，由于少数“南方人在约翰逊总统的鼓动下”，试图“通过以民主方式组织的机构来完成他们通过刺刀和子弹未能完成的任务”，不弹劾他“不是犯错而是犯罪”。查尔斯顿的一位编辑表示赞同，说：“安德鲁·约翰逊的下台将带给南方人民前所未有的沉重负担。”①

约翰逊一步不让，继续抨击“将我们国家的一半非洲化的努力”。在一次特别混乱的内阁会议上，约翰逊和格兰特就《任期法案》展开辩论，约翰逊谴责该法案违宪，因此认为它没有法律地位。格兰特回答说，在法院作出裁决之前，必须服从法律。参议院拒绝同意对斯坦顿予以解职，格兰特便退出了内阁，交出了他办公室的钥匙，并请信使通知总统，他必须回去当他的五星上将。约翰逊随后将内阁的职位给了威廉·T. 谢尔曼将军，但这招失算后，他又把它给了军务处长洛伦佐·托马斯。讽刺的是，选择托马斯是争取进步的共和党人的最后一招，因为托马斯 1863 年发布的第 45 号特令帮助确立了一项政

---

① *New Orleans Tribune*, November 9, 1867; San Francisco *Elevator*, November 22, 1867, November 29, 1867, and December 13, 1867; Augusta *Loyal Georgian*, February 15, 1867; Charleston *Free Press*, April 5, 1867.

策，即将维克斯堡附近废弃的种植园转给女性和年老的奴隶。因为约翰逊早期的法令使这一有望成形的政策流产，所以这一努力没有安抚到任何人，而不想担任这一职务的托马斯又因违反《任期法案》而被短暂逮捕。一位编辑笑称，斯坦顿仍“盘踞在战争部”，约翰逊“在驱逐斯坦顿方面没有取得任何［实际］进展”，而共和党人几乎团结一致，都“赞成清除国家和平的头号捣乱分子”。①

1868 年 2 月 24 日，经过几天的审议，塞迪厄斯·史蒂文斯发表讲话支持对他的弹劾决议，以此结束了国会的辩论。他坚称弹劾既是政治程序，也是法律程序，由于声音太低，他的话只有身旁的人听得到。两年来，从试图在不征求国会意见的情况下治理战败的南方邦联各州开始，约翰逊对共和国犯下了一系列“罪行”。史蒂文斯应和全国各地的黑人编辑和活动人士的观点，坚称即将到来的投票不是“一个政党的暂时胜利”，而是为了看看“整个大陆究竟是一群自由而不受束缚的人民，还是一窝始终畏缩、懦弱的奴隶”。众议院以 126 票对 47 票支持了弹劾他的决议。一周后，众议院通过了 11 项罪状，其中大部分是关于斯坦顿之事的。目睹了莫比尔市暴力事件的凯利议员发言支持这些指控，他提醒他的同事们注意其中的利害关系：“得克萨斯州 2000 名被谋杀的黑人如果要复仇的话，他们的鬼魂会喊着找安德鲁·约翰逊算账。”②

---

① Michael W. Fitzgerald, *Splendid Failure: Postwar Reconstruction in the American South* (Chicago, 2008), 89; Josiah Bunting, *Ulysses S. Grant* (New York, 2004), 80 - 81; Castel, *Presidency of Johnson*, 158; *Cincinnati Daily Gazette*, February 24, 1868, February 27, 1868; *Flake's Bulletin* (Galveston, TX), February 23, 1868; San Francisco *Elevator*, March 13, 1867.

② Washington *National Intelligencer*, February 11, 1868 and February 24, 1868; San Francisco *Evening Bulletin*, March 4, 1867; *Cincinnati Daily Gazette*, February 2, 1868; Trefousse, *Stevens*, 225; L. P. Brockett, *Men of Our Day*, 502.

事实证明，进步派的行动在参议院要艰难得多。共和党人需要三分之二的票数才能定罪。尽管他们在人数上够了，但实际上每个党员都必须对撤职投赞成票才行。激进派辩称，众议员在这11项罪状——旨在把惶惶不安的共和党温和派争取过来的法律战术——中强调斯坦顿被解雇一事，并未能解决更根本的问题。总统是否因党派原因撤将军职并随后指示他们无视《重建法案》的政治要求，以此来行使自己作为最高统帅的宪法权力，从而损害了国会通过立法的同等合法权力？目前没有副总统，这使情况变得复杂了。俄亥俄州共和党人、参议院临时议长本杰明·F. 韦德是下一任总统候选人，民主党人看不起韦德，认为他是“最早确保黑人选举权立法的人”之一，而温和派共和党人也同样对他倡导的妇女权利和通货膨胀的货币政策感到不安。新英格兰的共和党实业家则认为他对两年前，即1866年成立的全国劳工联盟过于友好。尽管韦德向记者保证他“并不觊觎这个职位”，但一些温和派人士认为，比起把权力交给参议院中最激进的人，与一位政治力量被削弱的总统共度最后一年更为明智。毫不奇怪，黑人进步人士对此持不同看法。鲁达内兹对韦德赞誉有加，说他不仅支持全国平权联盟，还与女权主义者莉迪亚·玛丽亚·查尔德、伊丽莎白·卡迪·斯坦顿和苏珊·B. 安东尼在同一舞台上亮相。①

参议院的程序从3月23日开始，众议院弹劾经理②史蒂文斯和本杰明·F. 巴特勒（曾是一位令人敬畏的庭审律师）呈送了罢免案。辩论在约翰逊的辩护律师为案子做准备时暂停了，然后在3月30日

① *New York Herald*, March 17, 1868; New Orleans *Daily Picayune*, Trefousse, *Stevens*, 236; Stewart, *Impeached*, 166; *New Orleans Tribune*, December 9, 1866.

② House managers，亦译为“起诉人”。众议院通过弹劾决议后就将弹劾案送交参议院，并在众议院中选派7名议员作为起诉人，成立追诉委员会，代表众议院参与弹劾审理。——译者

再次开始。众议院的共和党人没有对约翰逊拒绝执行《重建法案》中赋予选举权的条款给予更多关注，这种愚蠢的行为很快变得明朗了。一个由7名温和派人士——其中大多来自边境州，他们操心的是自己这方如何在秋季选举中获得选票——组成的小组抓住了一个技术性问题，即斯坦顿是林肯任命的，他的案子不在《任期法案》管辖范围内。缅因州的威廉·皮特·费森登是来自新英格兰的骨干之一，温和派中唯有他明白，如果投票宣布总统无罪，他将“被指为叛徒，或许还会被吊死”。但是，总统在一次私人晚宴上的讲话缓解了费森登对约翰逊的担忧，他在讲话中承诺停止干涉国会的行为，并任命受人尊敬的约翰·M. 斯科菲尔德将军为战争部长。在最后一轮投票中，大多数共和党人支持定罪，但由于包括费森登和特朗布尔在内的7人倒戈，35票对19票的结果比必要的三分之二少了1票。非裔美国人和南方的联邦主义者更关注民主进程而不是法律琐事，自然对此感到沮丧。佐治亚州一位白人共和党人向萨姆纳报告说，当他得知“一位专横的大篡位者”被无罪开释的消息时，“许多真正的忠诚之士感到很难过”。对美国黑人来说，共和党人支持南方普选之举刚刚开始赢得他们的好感，党内温和派人士的背叛令他们幡然醒悟。“共和党还自称是改革派。”旧金山编辑菲利普·A. 贝尔怒气冲冲地说。但是，当约翰逊的罪行被证明“无可怀疑，而给他定罪将恢复和平与安宁时，我们发现共和党参议员在技术细节上吹毛求疵，并阻碍了他下台会带来的改革”。[①]

黑人激进分子只得从尤利西斯·格兰特获得提名这件事上感到些

---

① Robert J. Cook, *Civil War Senator: William Pitt Fessenden and the Fight to Save the American Republic* (Baton Rouge, 2011), 230–231; Frederick Allen 致 Charles Sumner 的信，1968 年 5 月，参见 Palmer, ed., *Selected Letters of Sumner*, 2:435 note 2; San Francisco *Elevator*, May 15, 1868。

许满意，他是在5月21日芝加哥召开的代表大会上，也就是参议院表决宣告无罪4天后，被共和党人选中的。他们也为第十四修正案获得批准感到鼓舞，该修正案在7月9日生效，曾于1866年12月否决了该修正案的南卡罗来纳在这一天成为第28个批准它的州。进步派对韦德在副总统提名中输给印第安纳州国会议员舒勒·科尔法克斯感到失望，尽管他们从科尔法克斯投了弹劾票这一事实中得到了些许安慰。当“格兰特成为总统”，贝尔祈祷道，“许多错误就会得以纠正。”[1]

当民主党人两个月后在曼哈顿开会时，一些南方边境州的代表希望通过提名约翰逊来为这位意外当选的总统正名。在第一轮投票中，他获得65票。这种实力测试证明了他力有不逮，因为这还不到提名所需总票数的三分之一，在第22轮投票中，最终选出了纽约州前州长霍雷肖·西摩。为地域平衡的考虑，大会随后选出了密苏里州的小弗朗西斯·普雷斯顿·布莱尔将军，他曾是共和党的国会议员，并且来自实力强大的布莱尔家族。然而，如果民主党选择避开这位被弹劾的总统，那么其候选人实际上是在支持他的计划和战术。民主党人仍然强烈反对黑人选举权，部分原因是种族主义作祟，但他们也承认——正如得克萨斯州一位编辑直言不讳的那样——“在任何程度上都不能诱导黑人选民去投票反对［共和党人］”。有了黑人的选票，南方的共和党人就有竞争力了；没有的话，民主党几乎会赢得每一场竞选。在大会前夕，布莱尔发表了一封公开信，这无疑确保了他的提名。他指出，由于南方的黑人选票将确保共和党在可预见的未来控制参众两院，所以“撤销激进的重建计划”的唯一方法就是让下一任总统干脆“宣布各重建法案无效；迫使军队撤销在南方的强取豪夺行

---

① Jean Edward Smith, *Grant* (New York, 2001), 455; San Francisco *Elevator*, April 4, 1868 and May 22, 1868.

为；允许白人重组他们的政府”。当然，在最高法院做出任何裁决之前，约翰逊不愿意执行他认为违宪的法律，再加上他管了那些试图执行《军事重建法案》条款的将军的闲事，正是这些几乎让他丢掉了职位。布莱尔的公开信差不多保证了疲惫不堪的选民在国会和民主党控制的白宫之间会再经历 4 年的紧张关系。西摩没有为这封信背书，但也没有试图驾驭自己难以抑制的竞选伙伴。“一年前弗兰克·布莱尔还是共和党人，”编辑贝尔叹道，“现在他是个叛徒。”[1]

进步人士担心，未能给约翰逊定罪会被南方的保守派解读为联邦政府默许了新一轮的暴力活动，而西摩和布莱尔的提名并未能阻止任何人这么想。在密苏里州的一次批准决议的大会上，西摩、布莱尔和刺客约翰·威尔克斯·布斯的照片经由一位商贩之手大卖。旧金山《升降机报》称，“南方的叛乱领导人已经开始迫害北方联邦男子，不管是白人还是黑人，”并警告说南方白人“因他们的候选人［被提名］而受到鼓舞，将再次建立他们的邦联”。驻扎南方的士兵人数的减少也助长了这场反革命。随着战争部全神贯注于大平原上的印第安人事务，士兵人数每年都在削减。南方的民主党人为了不让格兰特当上总统，或者至少意识到他们在不妨事的约翰逊政府和可能发生对抗的格兰特政府之间的机会是有限的，于是诉诸编辑贝尔所说的新的“恐怖统治”。在路易斯安那州的奥珀卢瑟斯，“配备武装的民主党人”捣毁了亲共和党的《进步报》（*Progress*）办公室，以私刑处死了该报在法国出生的编辑，并枪杀了多达“100 名黑人”。忧心忡忡的自由民

---

① Leonard, *Lincoln's Avengers*, 185 - 186; Mark E. Neely, *Lincoln and the Triumph of the Nation: Constitutional Conflict in the American Civil War* (Chapel Hill, 2011), 158; *Leavenworth Evening Bulletin*, March 11, 1868; William E. Parrish, *Frank Blair: Lincoln's Conservative* (Columbia, MO, 1998), 254 - 260; Washington *National Intelligencer*, July 4, 1868; New Orleans *Daily Picayune*, July 7, 1868; San Francisco *Elevator*, October 30, 1868.

局工作人员报告说，“白人和有色人士都在武装自己”，并请求华盛顿在 11 月 3 日之前增加军事巡逻的次数，以确保公正投票。佐治亚人豪威尔 · C. 弗卢努瓦抱怨说：“如果政府不保护我们，那白人激进分子或有色人士就不会被允许去为下届总统选举投票，除非投的是民主党。”“在叛乱期间，我因为对北方联邦有感情而被举报并因此被捕超过 40 次，”他补充说，“但我一生中从未见过这样的时刻。”①

即使在密西西比州，作为尚未批准第十四修正案的三个州之一，以及 1868 年才举行地方和州选举的辖区，暴力也变得司空见惯。在亚祖市一带，民主党人经常从“共和党人会在那里开会”的一座新建的黑人教堂前疾驰而过，“吓唬那些获得自由的人，让他们不敢要求投票权”。蒙哥马利市的一名自由民局工作人员告诉他的上司，“许多北方联邦人和自由民被谋杀了”，其中大多是备受瞩目的共和党人，是被锁定的“暗杀”目标。由于不断减少的军队巡逻队不可能哪里都顾及，而且他们通常在市区扎营，民主党人通常等到天黑后才去追捕农村的活动人士。在亚拉巴马州的诺斯波特附近，“一伙乔装过的人”闯入了摩西 · 休斯的家。由于没找到爬上烟囱的休斯，他们向他妻子的“脑袋开了一枪，致其死亡”。“显而易见的事实是，”工作人员说，“这些地方的叛乱活动很猖獗。”②

---

① Mark W. Summers, *A Dangerous Stir: Fear, Paranoia, and the Making of Reconstruction* (Chapel Hill, 2009), 230; San Francisco *Elevator*, October 23, 1868; George C. Rable, *But There Was No Peace: The Role of Violence in the Politics of Reconstruction* (Athens, GA, 1984), 108; Edward Coke Billings, *Struggle Between the Civilization of Slavery and That of Freedom, Recently and Now Going on in Louisiana* (Northampton, 1873), 16; Howell C. Flournoy 致 C. C. Sibley 的信，1868 年 10 月 5 日，参见 Records of the Assistant Commissioner for the State of Georgia 中自由民局相关资料，第 23 卷，出版信息不详。

② Morgan, *Yazoo*, 206 - 207; R. Blair 致 Edwin Beecher 的信，1868 年 11 月 15 日，参见 Records of the Assistant Commissioner for the State of Alabama 中自由民局相关资料，第 14 卷，出版信息不详；R. Blair 致 Edwin Beecher 的信，1868 年 9 月 4 日，同上，第 14 卷。

共和党人在南方城镇也很不安全。牧师本杰明·F. 伦道夫在南卡罗来纳的科克斯伯里上火车时被杀。伦道夫曾是一名北方联邦的随军牧师，在查尔斯顿的非裔卫理公会教会的重新奉献仪式上做过祈祷，他留在了城里并和亚当斯牧师一起出版了《日志报》(*Journal*)以及后来的《倡导者报》(*Advocate*)。1867年，伦道夫成为共和党的州执行委员会副主席，之后在州制宪大会和州参议院任职。在10月的“巡回拉票之旅”中，3名白人缩着脖子进了站台，朝他身上至少开了5枪。如今是南卡罗来纳州参议员的“该隐老爹”理查德·H. 凯恩，写信给宾夕法尼亚州出生的前北方联邦将军、共和党州长罗伯特·K. 斯科特，指责“民主制度下的这一大胆行为给本市的一些人壮了胆，由此危及了我们党的领导人的性命”。凯恩被告知，他和州长一样，“在**选举前**就已被列为目标”，民主党人“计划暗杀”该州“每一位共和党要人”。南方白人认识到，受教于欧柏林学院的伦道夫作为一名冉冉上升的黑人政治家，很快就会跻身国家众议院，而白人试图在这些雄心勃勃的非裔美国人的影响力和声誉还限于当地的时候，把他们消灭。凯恩也担心他的黑人选民不会在这样的战斗中退缩，他警告斯科特，如果再有杰出的黑人被谋杀，“这里的人发誓要把[查尔斯顿]化为灰烬，对民主党绝不留情”。[①]

在很多情况下，地主和雇主对共和党人采取了经济胁迫手段，这在公开投票的时代是一种有效的招数。选民得从政党的工作人员那里领一张大大的“票”，然后在选举日将其放进一个标有政党指向的大

---

① *New York Times*, October 19, 1868; San Francisco *Elevator*, December 4, 1868; Eric Foner, ed., *Freedom's Lawmakers: A Directory of Black Officeholders During Reconstruction*, 2nd ed. (Baton Rouge, 1996), 175－176; Richard H. Cain 致 Robert K. Scott 的信，1868年10月24日，参见 South Carolina Department of Archives and History 的 Governor's Correspondence。非常感谢 Brian Kelly 教授给我看这封信。

1868 年的总统大选中，尤利西斯・S. 格兰特将军和竞选搭档舒勒・科尔法克斯与纽约州前州长霍雷肖・西摩和共和党人小弗朗西斯・P. 布莱尔这对展开角逐。民主党发起了一场毫不掩饰的种族主义运动，布莱尔对国会重建的谴责是如此充满怨愤，以至于该党全国委员会敦促他把竞选活动限制在伊利诺伊州和他的第二故乡密苏里州，以免他落选。在非裔美国人可以投票的地方，他们把票投给了格兰特，大约 70 万张选票使格兰特获胜；格兰特极有可能成为第一位以少数白人选票当选的总统。（照片由国会图书馆提供）

碗或板条箱中。佐治亚州的种植园主约翰・罗伯茨把与他同姓的詹姆斯・罗伯茨“赶出了种植园，说爱闹事的黑人一个都别想留在他的地盘上”。据佐治亚州一家共和党报纸的编辑报道，地主“威胁说如果黑人不按照雇主的指示投票，就把黑人赶出他们的工作岗位”。尽管有这样的胁迫，南方黑人仍然自豪地拿着、挥舞着格兰特的肖像，甚至把印有他肖像的竞选徽章别在衣服上。在密西西比州，一位新选民“公然”在衣领上别了两枚徽章，生怕他的白人邻居没看见。当一个自由民不愿把徽章别在胸前时，他的妻子拿过来“勇敢地”戴在了“自己的胸前”。[1]

更常见的是，民主党人用上了暴力。在新奥尔良，白人向共和党游行者开枪，“射杀男人和女人，其中一人怀里还抱着婴儿”。在选举前一个月，“3 个乔装过的人”把萨姆·波特牧师从家里拖出来，“朝他的右大腿开了一枪”。本杰明·杰克逊在“自称为政治激进分子”后被赶出了佐治亚州贝克县，詹姆斯·米勒“因在教堂的集会上表达了极端情绪而被杀”。“另一伙人”把 30 岁的前奴隶巴兹尔·韦弗拖进树林，“打了他三四十鞭”，鞭打间隙还停下来问他“政治上倾向于共和党人还是民主党人”。自由民局工作人员查尔斯·劳申伯格感叹道，尽管有《民权法案》和第十四修正案，法庭救济（court remedies）还是难以实现，因为“检察官要么被杀，要么被赶走”，而“吓坏了的黑人生怕步其后尘，也不愿作证”，全员为白人的陪审团“以看待罪犯的那种仇恨和偏见来看待他们”。[2]

恐怖分子尤爱以共和党官员为目标，这些人在传播政党信息、于教堂组织政治集会和分发选票方面至关重要。当一位名叫沃克的在亚特兰大活动的社会人士来到乡下时，“一帮白人”包围了留沃克过夜的自由民的家，并威胁说，如果沃克不跟他们走，就把房子烧了。沃克发誓要“把自己交给上帝，相信上帝”，于是跟他们走了。第二天，人们发现“他胸口有两个弹孔”。选举前两天，自由民局一位工作人

---

① James Roberts 的宣誓词，1868 年 10 月 6 日，参见 Records of the Assistant Commissioner for the State of Georgia 中的自由民局相关资料，第 23 卷，出版信息不详；Augusta *Loyal Georgian*，May 9, 1867；Morgan，*Yazoo*，231－232。

② San Francisco *Elevator*，December 11, 1868；William L. Black 致 J. R. Lewis 的信，1868 年 10 月 21 日，参见 Records of the Assistant Commissioner for the State of Georgia 中自由民局的相关资料，第 23 卷，出版信息不详；同上，第 23 卷；Charles Rauschenberg 致 Frank Gallagher 的信，1868 年 10 月 15 日，同上，第 23 卷。

员告诉他的上司，他知道“过去两周内有5名自由民因政治观点而被杀”。加尔维斯顿的一位黑人编辑劝告他的读者不要以暴制暴，“而是要留意我们这边的亡命之徒，让军事当局来对付他们”。然而，一些黑人退伍军人拒绝依赖人数日益减少的联邦军队。11月1日深夜，佩里·杰弗里以“打算投票给格兰特”为由，拒绝参加民主党集会，随后，一群武装白人闯进他的小屋。他们向他的家开了11枪，打伤了他的儿子，而杰弗里也开枪还击，“逼得他们离开并落下了一顶帽子”。①

自从5年前黑人开始穿上军队制服以来，南方白人就选择以他们曾经用来描述奴隶起义的语言来描述自卫行为。一群惊慌失措的佐治亚人提醒自由民局工作人员，说包括詹姆斯·罗伯茨在内的5名黑人退伍军人“正在训练和组织有色人士，意图煽动骚乱和暴动”。种植园主S. H. 卡特的白人邻居信誓旦旦地告诉他，他过去的一个奴隶拉尔夫·琼斯“正在训练人马并囤积弹药，意图杀光**所有人**”。当工作人员找到罗伯茨时，后者承认共和党人打算在选举日那天保护自己，但他说白人“存有敌意”的真正原因在于他“是一名激进的”共和党人。琼斯离开卡特的庄园后，遭遇民主党人的伏击，“被手枪或来复枪射中了腿”，但受伤的琼斯活到了11月3日去投了票。②

1868年的选举日是前所未有的。尽管黑人仍然无法在北方大部

① R. G. Anthony致J. R. Lewis的信，1868年11月2日，参见Records of the Assistant Commissioner for the State of Georgia中自由民局相关资料，第23卷，出版信息不详；Charles Rauschenberg致Frank Gallagher的信，1868年9月20日，同上，第23卷；H. Carley致Frank Gallagher的信，1868年11月1日，同上；Galveston *Free Man's Press*, October 24, 1868.

② S. H. Carter致Oliver O. Howard的信，1868年9月29日，参见Records of the Assistant Commissioner for the State of Georgia的自由民局相关资料，第23卷，出版信息不详；Deposition of Albert Jones, September 30, 1868，同上，第23卷；Charles Rauschenberg致Frank Gallagher的信，1868年10月6日，同上，第23卷。

分地区投票，但南方的非裔美国人第一次参与了对下届总统的选择。黑人无论男女都明白，这次选举对他们的未来意味着什么。在加州，一位黑人妇女宣称她已经好几个月没买新衣服了，因为如果“格兰特没当选，她会死的，就再也不想要什么衣服了”。佐治亚州的工作人员报告说，“许多”黑人选民投票遭拒，理由是他们“还没缴投票税”，但当他们能投票时，“所有表现出坚定意志的自由民都投了共和党的票”。卡罗来纳的白人也尝试了同样的招数，但收效甚微，因为黑人拥有的查尔斯顿《自由报》（*Free Press*）已通知读者，“每个登记过的人都可以投票”，而以投票税来设限是“敌人的一种非法诡计”。在路易斯安那州，农村选民组成保护团行进到县法院投票。在新奥尔良，“由有色人士组织的几支共和党社团身穿制服、手持火把在鼓手伴奏下游行”，模仿1860年为亚伯拉罕·林肯游行的北方“完全觉醒”团体（Wide Awake）。[①]

格兰特在普选中以52.7%对47.3%的得票率击败西摩，这个数字比许多资深观察家预期的接近，因为他在北方选民和联邦退伍军人中有很高的人气。但他的214票对80票这一优势更令人印象深刻，共和党人将他们的优势归因于大约40万张非裔美国人的选票。南方部分地区的白人暴力事件使得佐治亚州和路易斯安那州继续留在民主党阵营中——而得克萨斯州、密西西比州和弗吉尼亚州没有举行大选投票——但是西摩只拿下了另外6个州的选票，包括他自己的纽约州和邻近的新泽西州。在艾奥瓦州和明尼苏达州，白人选民通过了州宪

① A. Pokorny致H. F. Brownson的信，1868年11月3日，参见Records of the Assistant Commissioner for the State of Georgia自由民局相关资料，第23卷，出版信息不详；San Francisco *Elevator*, October 23, 1868 and November 6, 1868; Charleston *Free Press*, April 5, 1868; Charles Lane, *The Day Freedom Died: The Colfax Massacre, the Supreme Court, and the Betrayal of Reconstruction* (New York, 2008), 24。

法的修正案，赋予黑人选举权。在西部，共和党赢得了加州和内华达州的选票，民主党人得出结论，说南方的暴力已经伤及该党的前途，因为它让温和派选民相信民主党的胜利将意味着更混乱的局面。一位内华达州的民主党人建议，“我们不应该再制裁”白人义务警员的“血腥行为”。“让我们别再压迫黑人，别再让他们在生于斯长于斯的土地上无家可归。人们对长期存在的黑人平等问题以及声称政府是白人的这种说法感到厌恶。”新奥尔良的一名民主党人对此表示赞同，他承认，民主党的暴力行为“将［黑人］推进了共和党的怀抱，并留在里面”。出版人菲利普·A. 贝尔称赞这个结果甚至比林肯 1864 年的连任更有意义，因为它“牢固地确立了国会各重建法案的地位，并预示着所有公民享有平等选举权会迅速实现”。各地的黑人选民都表示对白人的恶毒和安德鲁·约翰逊的嘴脸感到厌倦。去年 12 月，蒙哥马利一名自由民局工作人员报告说，他所在地区的非裔美国人“表现得相当好”，并且“既高兴又知足”。他补充说，黑人和白人都已不再对彼此提出劳动申诉，他“强烈希望和期待自格兰特将军当选总统后，情况会很快好转”。①

不幸的是，塞迪厄斯·史蒂文斯没能活着见证胜利。这位国会议员从来不是个强健的人，而长时间花在弹劾问题上又让他精力越来越不济了。1868 年夏天时，他 76 岁了，他的同事们意识到他正走向生命的尽头。史蒂文斯为第十四修正案在 7 月获得批准而欢喜，当他的朋友来访并试图讨论他的病情时，他再次把话题引到了公共事务上。

---

① San Francisco *Elevator*, December 4, 1868 and December, 6, 1868; Michael Perman, *The Road to Redemption: Southern Politics, 1869 – 1879* (Chapel Hill, 1984), 4 – 5; Foner, *Reconstruction*, 343; Joan Waugh, *U. S. Grant: American Hero, American Myth* (Chapel Hill, 2009), 122; R. Blair 致 Edwin Beecher 的信，1868 年 12 月 22 日，参见 Records of the Assistant Commissioner for the State of Georgia 的自由民局相关资料，第 14 卷，出版信息不详。

他完全相信格兰特会在11月的大选中获胜，当得知纽约州国会议员约翰·莫里西赌西摩胜时，一向风趣而刻薄的史蒂文斯微笑着喃喃自语：“我喜欢他的勇气。”8月11日，他的医生决定不再对他进一步施治。两名黑人牧师威廉·霍尔和詹姆斯·里德赶来，发现史蒂文斯躺在床上，莉迪亚·史密斯跪在他脚下祈祷。“史蒂文斯先生，全国所有有色人都在为你祈祷。”霍尔牧师说，并请求允许自己为他祈祷。史蒂文斯点点头，但没有答话。午夜来临之前，他去世了。[①]

一队黑人义勇兵[②]把他的遗体抬到了国会大厦的圆形大厅，他躺在那里，旁边有士兵值守。3天后，大厅里举行了一个小型但庄严的仪式，政治家和改革家们聚集在一起向他致以最后的敬意。在宾夕法尼亚州各地，人们跑出来目送载有他灵柩的三节车厢的火车隆隆驶过。费城的独立大厅降半旗致哀。8月15日，2.2万名哀悼者参加了他在兰开斯特的葬礼，其中一半是非裔美国人。日益由白人和黑人共和党人主导的南卡罗来纳州立法机构通过了一项决议，对一个“支持废除奴隶制的人在奴隶们已然加入国会鞭策大家更加努力工作时”去世表示“遗憾”。弗雷德里克·道格拉斯的家里保存了一幅史蒂文斯的肖像，他称赞这位国会议员“在处理近期奴隶主造反所引发的问题的政治家中是数一数二的”。[③]

即使在个人生活上，史蒂文斯也受到了南方评论家的指责。佐治亚州的一位编辑气愤地说，如果这位国会议员“像他的朋友说的那样诚实，他应该和莉迪亚·史密斯夫人结婚，哪怕是在临终前”。史蒂

① Trefousse, *Stevens*, 240; Du Bois, *Black Reconstruction*, 344; *Cincinnati Daily Gazette*, August 12, 1868; New York *Commercial Advertiser*, August 12, 1868; *Lowell Daily Citizen and News*, August 12, 1868.

② Zouaves，美国内战期间穿阿拉伯式制服的兵。——译者

③ New York *Commercial Advertiser*, August 12, 1868; Trefousse, *Stevens*, 241 - 243; *Philadelphia Inquirer*, August 15, 1868; *St. Paul Daily Press*, August 15, 1868.

文斯的遗嘱宣读后，旧的传闻死灰复燃，敌对的记者们在谈到他每年给她500美元遗产时，给“管家”这个词加了引号。但在哥伦比亚特区，黑人在年底前立起了“塞迪厄斯·史蒂文斯的第一座纪念碑”。非裔美国人不是花钱买石头，而是凑钱建了一所学校，说“没什么比这个更能向这位‘德高望重的政治家’致敬了”。[①]

查尔斯·萨姆纳是首批在8月14日的圆形大厅仪式上就座的人之一，他私下里称赞史蒂文斯在“奴隶制和镇压叛乱”的问题上始终“严肃而坚定”。萨姆纳向一位英国记者保证，他的去世虽然对他的朋友和家人是个损失，但并不意味着渐进式改革的结束。萨姆纳坚信，在华盛顿，“他的死不会带来任何实质性的改变”，而他所捍卫的法律和修正案已经为新一代黑人退伍军人、牧师、教育工作者和政党活动家铺平了道路。重建之战失去了一位重要的官员，但《重建法案》使数百名活动家能够改写州宪法、竞选地方公职，并安排竞选州内职位。当尤利西斯·格兰特准备宣誓就职时，全国各地的黑人共和党人都做好了迎接新一轮活动的准备。“如果我们在美国改革这台大戏中扮演一个忠实的角色，”编辑贝尔憧憬道，“那么我们在这场如今为我们在这片大陆上的权利而进行的伟大斗争中就没有什么可害怕的了。”[②]

---

① San Francisco *Elevator*, January 1, 1869; Augusta *Daily Constitutionalist*, August 30, 1868; *Cincinnati Daily Gazette*, August 21, 1868.

② Charles Sumner 致 John Bright 的信，1868 年 8 月 13 日，详见 Palmer, ed., *Selected Letters of Sumner*, 2:439; San Francisco *Elevator*, April 29, 1868。

第七章　“我们比你知道的多”

投票权和政治服务

世界变化如此之快，实属罕见。就在亚伯拉罕·林肯总统在他最后一次公开演讲中倡议为“非常聪明的［黑人］和为我们的事业效力的士兵”争取投票权10年之后，曾为奴隶的布兰奇·凯尔索·布鲁斯举起右手，作为一名来自密西西比州的美国参议员宣誓就职。这位身材魁梧、有点秃顶的政治家身穿黑色西装和浆过的白棉布衬衫，黑色背心上佩着一块14K的金怀表，看上去比他34岁的实际年龄要老。他深色的“波浪”头和新修过的范戴克胡子透露出他母亲的喜好，而他的浅色皮肤则是他父亲即前主人留给他的。在希拉姆·雷维尔斯任职于参议院之前（1870年至1871年在参议院有过不完整的任期），布鲁斯已在参议院宣誓就职，那是在首席大法官罗杰·B. 塔尼宣布黑人不是他们出生国的公民不到20年后。“他是400万有色人士的光荣代表，”《孟菲斯星球报》（*Memphis Planet*）承认，“他既不矫情，也不张扬，默默前行。”①

布鲁斯1841年出生在弗吉尼亚州法姆维尔，当时叫布兰驰（Branch），他的5个兄弟姐妹都是奴隶，因为他们的母亲波莉·布鲁斯是奴隶。布兰奇后来坚称他的父亲佩蒂斯·珀金森对待他就像对待自己的白人孩子一样“温和”，而他这个年轻的奴隶——他十几岁时把自己改名为布兰奇（Blanche）——受雇给自己同父异母的弟弟当佣人，并教其读书。但是，1861 年，布兰奇同父异母的白人兄弟威廉投奔南方邦联的事业去了，此举表明这场战争确实可能是兄弟不和的原因。布兰奇决定“解放自己”，并逃往堪萨斯州劳伦斯的废奴主义者大本营，在那里他找到了一份教师的工作。事实证明，这个决定几乎是致命的，因为在 1863 年 8 月，威廉·克拉克·昆特里尔领导的邦联游击队洗劫了该镇。袭击者杀害了 183 名男人和男孩，杀害任何超过 14 岁的人，但是布鲁斯躲在房子后的灌木丛里活了下来。“昆特里尔的那帮人肯定不会放过任何一个有色人。”布鲁斯后来写道。[②]

战后，布鲁斯曾短暂就读于俄亥俄州的欧柏林学院，这所乡村学校以其废奴主义的出身和对实行种族融合教育的进步态度而闻名。他微薄的经济来源很快迫使他退学，但当他在密西西比河的一艘汽船上工作时，听说了有抱负的黑人在下南方会有发展机会。布鲁斯于 1869 年 2 月抵达密西西比州，当时该州还没有被国会重新接纳，他在玻利瓦尔县定居下来，这是一个虔诚的共和党人地区，黑人选民有优势，达到 4 比 1。在此提醒一下：南方出生的黑人太有可能成为局

---

① David Donald, *Lincoln* (New York, 1995), 584 - 585; Concord *New-Hampshire Patriot*, March 10, 1875; Lawrence O. Graham, *The Senator and the Socialite: The True Story of America's First Black Dynasty* (New York, 2006), 1; *Memphis Planet*, in New Orleans *Weekly Louisianian*, December 25, 1875. 随着 P. B. S. Pinchback 于 1873 年 3 月成为路易斯安那州议会参议员，Bruce 本可成为第三位黑人参议员，但他的竞选失败了。参见 P. B. S. Pinchback 致 Francis Nichols 的信，现存于霍华德大学 Moorland-Springarn 研究中心中 P. B. S. Pinchback 档案。

② Edward E. Leslie, *The Devil Knows How to Ride: The True Story of William Clarke Quantrill and His Confederate Raiders* (New York, 1996), 237; Philip Dray, *Capitol Men: The Epic Story of Reconstruction Through the Lives of the First Black Congressmen* (New York, 2010), 206.

势的获利者，布鲁斯很快被选为治安官，接着是税务官和学校督学，同时还在当地办了一份报纸。参议员是由州议会选举产生的，1874年2月3日，布鲁斯被密西西比州议会选为国家参议员。他北上华盛顿，开始了非裔美国参议员的第一个完整任期。在那里，他加入了北卡罗来纳州的黑人国会议员约翰·亚当斯·海曼和罗伯特·斯莫斯的行列，后者接手了“该隐老爹”理查德·凯恩位于南卡罗来纳的第五选区。约翰·罗伊·林奇是众议院最年轻的议员之一，继续代表密西西比州的第六选区。一位白人编辑将政治世界发生的天翻地覆的变化描述为“命运之轮的转动”。①

作为议院里唯一的有色人士，布鲁斯想将自己定位为他所在州全体人民的公仆，并打消任何以为他是个只关心单一议题的政治家的想法。这意味着要设法安抚他所在州的另一位参议员詹姆斯·L. 奥尔康。上任仅一个月，布鲁斯就穿过走道去与奥尔康攀谈，后者是个保守的共和党人，也是前南方邦联的官员，经常与众议院的民主党人举行党团会议。奥尔康认为陪比他资历浅的同事去参加宣誓仪式不太合适，但布鲁斯并没有怀恨在心。当他和另一人还在“培养感情”时，他们上方的旁听席上，两名白人观察员开始大声讨论“一个黑人来到美国参议院与民主党人坐在一起”的奇闻。另一人是马里兰州的，他承认布鲁斯“看起来很干净，也许他会保住自己的位子，并尊重他人”。但是，大多数参议员都清楚他们的国家自1861年以来取得了多大的进步，他们接受了他的存在，哪怕可能是勉强的。一位黑人编辑评论道：“他给参议院的人和与他接触过的人留下了非常好的印象。”

① Graham, *The Senator and the Socialite*, 34 - 54; *Cincinnati Daily Gazette*, March 11, 1875; Dray, *Capitol Men*, 207; John Hope Franklin, *Race and History: Selected Essays, 1938 - 1988* (Baton Rouge, 1989), 255; Charleston *Free Press*, April 5, 1875; Middletown *Daily Constitution*, March 11, 1875.

在政治上，权力和影响力可能会让人忘了计较种族。就算密西西比州的联邦主义者更喜欢他们的参议员是白人，事实是，布鲁斯占了这个席位，他跟他们一样憧憬地区的繁荣，即使他们并不认同他的跨种族民主。宾夕法尼亚州一位共和党人造访了布鲁斯的办公室，惊讶地发现在他的候客室里有“一小支密西西比白人军队”，他们都“准备向你起誓”。这位北方人觉得很奇怪。他以前从未见过南方白人，而且他“有一个隐秘的想法，认为这些人在一般原则上都是看不起黑人的。但是，重建是一个充满新机遇的时代，而南方白人，不管他们害怕还是接受，近十年来都在等着这一天的到来。①

像布鲁斯和斯莫斯这样的前奴隶并不是一夜之间就登上权力宝座的。正如他们俩的人生故事所表明的那样，他们的地位在很大程度上要归功于雄心和干劲，以及与任何一位成功的政治家一样，一定程度上要归功于运气和机遇。他们还应把成功归功于数千选民、数百名黑人登记员和投票站工作人员。但在南方出现共和党组织之前，有一个白人创造出的政治社会，这是他们初入党派政治的平台，在 1870 年代行政生活的现实下，这也解释了为什么参议员布鲁斯为白人联邦主义者卖力工作一如他为黑人选民卖力工作。联邦同盟俱乐部②成立于 1862 年费城，当时正值美国内战最惨淡的时期，其宗旨是支持林肯的政策，促进林肯所在政党的发展。该同盟迅速扩展到芝加哥和曼哈顿，在战争期间，其成员主要是军官和企业家。它希望扩大规模，而随着战机的转变，其规模也确实在扩大。这一费城团体出资在南布罗德街盖了一座优雅的建筑，作为其全国委员会办公之用，每个州和领

① New Orleans *Weekly Louisianian*, April 3, May 1, 1875; E. D. Russell 致 Blanche K. Bruce 的信，1879 年 5 月 7 日，现存于霍华德大学 Moorland-Springarn 研究中心 Bruce 档案中。

② Union League，著名的共和党人俱乐部。——译者

地都可以有一个分会。要加入地方分会，仅需至少有 9 名忠诚的人在场。会员缴纳的会费因地区而异，同盟选出的官员包括主席、副主席和司库各一。其成员威廉・O. 斯托达德吹嘘说，这个结构是“迄今为实现政治机器的绝对效率而构建的最完美的政党框架”。[①]

第一位在参议院任职满一届的非裔美国人布兰奇・K. 布鲁斯（左），1841 年出生在弗吉尼亚州，生下来就是奴隶。获得自由后，布鲁斯就读于反奴隶制运动的温床欧柏林学院，当美国军队拒绝他入伍后，他在马克・吐温的故乡、密苏里州的汉尼拔为黑人儿童办了一所学校。在参议院任职 6 年后，布鲁斯被总统詹姆斯・加菲尔德任命为财政部登记官，从而成为第一个出现在联邦货币上的非裔美国人。（照片由国会图书馆提供）

---

① Richard Bailey, *Neither Carpetbaggers Nor Scalawags: Black Officeholders During the Reconstruction of Alabama, 1867 - 1878* (Montgomery, 1991), 41 - 42; Francis Lewis Cardozo, *Address Before the Grand Council of the Union Leagues at Their Annual Meeting* (Columbia, SC, 1870), 4; Melinda Lawson, *Patriot Fires: Forging a New American Nationalism in the Civil War North* (Lawrence, KS, 2002), 88; Mitchell Snay, *Fenians, Freedmen, and Southern Whites: Race and Nationality in the Era of Reconstruction* (Baton Rouge, 2007), 58. 三家最古老的同盟俱乐部及其建筑依然存在，仍为私人俱乐部；第四家位于康涅狄格州的纽黑文，现为餐厅。

尽管该同盟以坚定的爱国主义和老式的管理方式而闻名，但早在1866年，它就正式为黑人投票权背书了。为了更好地促进文盲自由民的入会，联邦同盟总部准备了一本简单明了的小册子，分发给“每一个识字的激进分子”。这本小册子里有一段带指导性的对话，说话的“一个是白人共和党人，一个是有色公民”，是让两名成员在组织会议上朗读的。出生于查尔斯顿的自由民、教育家弗朗西斯·L.卡多佐和突尼斯·坎贝尔轮流在南卡罗来纳州各地的会议上朗读这段对话。据亨利·麦克尼尔·特纳牧师说，坎贝尔的朗读引得“整座房子都回荡着呐喊，那种震颤仿佛痉挛一样”。愿意加入的人——几乎所有的黑人老兵都加入了——走上前来庄严宣誓：“我以我的生命、财产和神圣的荣誉起誓。上帝保佑我。”联邦同盟在南方的城市迅速流行起来，1865年末和1866年初在纳什维尔、里士满、萨凡纳成立了分会，农村地区也出现了分会，尤其是在戴维斯转弯等大型种植园。到1866年3月底，查尔斯顿一位黑人估计全国有2000家分会，就算大多数非裔美国人还没有准备好完全拥护共和党，分会也会去支持进步议程并诋毁安德鲁·约翰逊。查尔斯顿分会通过了支持自由民局的决议，谴责了总统对该机构行使否决权，赞扬了那些投票推翻该否决的共和党人，批评“反叛分子和害人的［民主党］铜头蛇不仅对否决一事欢喜雀跃，还居然批准了否决”。他们的议程是如此政治化，以至于当演讲者冒险进入种植园地区招募新成员时，黑人退伍军人通常会带武器来，并把步枪堆在组织者附近的灌木丛后面，还安排自己的妻子在听演讲时顺便看着武器。①

① Bailey, *Neither Carpetbaggers Nor Scalawags*, 50; Janet Hermann, *The Pursuit of a Dream* (New York, 1981), 184; Steven Hahn, *A Nation Under Our Feet: Black Political Struggles in the Rural South from Slavery to the Great Migration* （转下页）

随着《军事重建法案》的通过，推动联邦同盟发展的人发现，在早已不再有军队巡逻的偏远地区招募新成员是安全的。一位民主党编辑抱怨说，在士兵到来之前，“惹是生非的教导员对人的毒害”只是在“城市和村庄，以及主干道沿线”。然而，一旦有了保护，同盟几乎在每个县都出现了新的分会，尤其是因为这些“教导员”也是自第一批部队抵达新奥尔良和卡罗来纳低地以来一直在南方组织活动的积极分子。一位记者报道说：“自由民通过教堂里的牧师、学校里的北方教师和自由民局官员的影响，已经以忠诚的联邦同盟成员的方式被组织起来了。”由于非裔美国人已经认识并信任坎贝尔和特纳这样的人，事实证明，将这个新组织与之前的改革结合起来毫不费力。在1866年的雪城“忠诚同盟大会”上，会员构成实际上与早期的平权联盟会议一样，而且当查尔斯顿的黑人组织他们的分会时，其领导层包括了前一年重建城里非裔卫理公会教堂的大多数人。在华盛顿的共和党人最终将黑人选举权纳入他们1867年的法律之后，经常自称为“有色联邦同盟”的南方多家分会干脆与共和党合并了。当该同盟的官员宣布在南卡罗来纳的格林维尔召开一次会议时，黑人和一些白人从20英里外赶来，一起听了“共和党最雄辩的演说者”的演讲。①

南方民主党人对黑人获得选举权的前景感到震惊，他们原本希望

（接上页）(Cambridge, 2003), 180, 184; Thomas Holt, *Black over White: Negro Political Leadership in South Carolina During Reconstruction* (Urbana, IL, 1977), 30-31; Augusta *Loyal Georgian*, February 3, 1866 and March 10, 1866; Charleston *South Carolina Leader*, March 31, 1866；讽刺的是，安德鲁·约翰逊是纳什维尔分会的名誉会员，但这并没有阻止他在费城时公开谴责该组织。参见 *New Orleans Tribune*, 1866年9月5日。

① Michael W. Fitzgerald, *The Union League Movement in the Deep South: Politics and Agricultural Change During Reconstruction* (Baton Rouge, 1989), 52-53; James A. Baggett, *The Scalawags: Southern Dissenters in the Civil War and Reconstruction* (Baton Rouge, 2003), 223; Sandusky (Ohio) *Daily Commercial Register*, March 20, 1867; *New Orleans Tribune*, September 15, 1866 and May 5, 1867.

联邦同盟的黑人能发展成第三党，让共和党人去占少数的白人联邦主义者中组织人手。但当1867年5月，同盟成员在莫比尔开会时，他们向对手表明了自己的立场："我们是共和党人，你们民主党人或保守派现在可能已经知道了。"然而，与全国共和党人的正式融合是有代价的。到1867年中期，地方分会开始与土地改革问题保持距离。同盟的许多官员都是城市居民或者生下来就是自由人，而木匠和鞋匠也不像农村的自由民那样倾向于支持土地再分配计划。但是尽管南卡罗来纳的哥伦比亚市和莫比尔市的分会双双投票否决了要求立即没收财产的决议，莫比尔分会确实提醒众人，"往后叛军在未来采取行动时"可能需要将没收"作为一种强制措施"。地方成员不想负担在北方选民看来真正激进的计划，从而损害这个全国性的政党，但这并不意味着他们反对向黑人农业技术人员提供其他形式的土地援助，或以慷慨的条件出售公共的或废弃的土地。这也没有阻止同盟中的黑人官员与自由民局的白人官员在介入种植园主及其劳工之间的劳资纠纷时进行合作。一些招募人员显然把他们的公职当作一种战术性撤退，也许一旦黑人选民能够进入立法者的行列，他们就会放弃这一职位。1868年，在南北卡罗来纳州的联邦同盟会议上，潜在的新成员都得到保证，该组织赞成"每个黑人拥有40英亩地产"的政策。[①]

南方的联邦主义者对黑人主导的联邦同盟各委员会的真正议程普遍心存疑虑，再加上农村白人对共和党标签的反感，以致阻碍了一场真正的跨种族运动的出现。但由于认识到同盟有能力吸引黑人选民，

① *New Orleans Tribune*, May 7, 1967 and July 26, 1867; P. B. S. Pinchback, Speech, Montgomery, Alabama, 1865, in P. B. S. Pinchback Papers, Moorland-Springarn Research Center, Howard University; Fitzgerald, *Union League Movement*, 4 – 5, 124 – 125; Cardozo, *Address Before the Grand Council of the Union Leagues*, 15; Snay, *Fenians, Freedmen, and Southern Whites*, 84.

北方联邦共和党国会执行委员会（Union Republican Congressional Executive Committee）在《重建法案》通过后不久，就开始监督南方邦联的活动。共和党一直是在悄悄地提供资助，但是当抢眼的北方共和党人南下到同盟会议上发言后，便不再去掩盖联邦同盟大会的党派性质，而这种掩盖不管怎么说，黑人与会者都兴趣不大。1867 年 6 月，参议员亨利·威尔逊在里士满的一次北方联邦集会上发表讲话，称听众是“伟大的共和党一员”。威尔逊的演讲是在陈设讲究的巴拉德之家酒店发表的，但他随后陪同该分会的官员去夏洛茨维尔的非裔卫理公会集会上招募人员。比起跟那些往往比较隐秘的联邦同盟分会打交道，富裕的南方白人觉得跟白人主导的共和党打交道舒服得多，如果说白人联邦主义者对每次会议上照例向殉道的林肯致哀有所不满，那么联邦同盟的黑人则被联邦主义者偶尔做出的决议所触怒，这些决议呼吁“在可行的情况下对有色人种进行殖民统治”。但对黑人退伍军人来说，南方的联邦士兵数量减少意味着得有一个新的组织取代军队，而那些愿意提供政治教育和人身保护的俱乐部对黑人退伍军人尤其有吸引力。①

由于国会要求每个南方邦联州起草一部新宪法，那么下一步就是联邦同盟各分会要在全州内组织党代会。反过来，人们寄希望于这些会议能拼凑出纲领，以便将来纳入新宪法，并组织一批候选人作为制宪会议的代表，从而为农村选民登记这一艰巨的工作准备好联邦同盟成员和自由民局工作人员，这不仅是《重建法案》的一项要求，也是一个过程，尽管这一过程由于约翰逊对在实地工作的将军的阻挠已经放缓。1867 年 3 月，南卡罗来纳的共和党人在查尔斯顿碰头，同年 7

---

① *New Orleans Tribune*, June 13, 1867; Fitzgerald, *Union League Movement*, 12 - 13, 22 - 23, 96 - 97; Harris, *Day of the Carpetbagger*, 102 - 103.

月又在哥伦比亚市会面，联邦同盟的黑人成员主导了会议，还批准了一项激进的计划。为了吸引白人农民和黑人农业技术员，代表们不顾白人商人的抗议，建议废除欠债坐牢的规定，对公立学校实行种族融合，对“穷人的宅地”予以法律保护，以防被没收，为“年老体弱者、无依无靠的穷人”提供政府援助，“对大范围的土地垄断行为”课以重税，并通过“适当的没收”来促进“在贫困阶层中分割和出售闲置土地”。虽然那年4月弗吉尼亚州共和党人在里士满的“非洲教堂”集会时，黑人代表并不占多数，但两名代表上台发表了“煽动性演讲”，“要求为黑人工人加薪，每月工资至少40美元”。联邦同盟的成员——其中许多是自由民局工作人员和教师——控制了蒙哥马利的共和党代表大会，当该党在路易斯安那州开会时，代表们决心“坚定”地与国会站在一起，坚决“不与支持反叛者的［民主］政治有任何瓜葛”。[1]

为了鼓励符合条件的选民进行登记，1867年12月被免职的曾指挥第三军事区的约翰·波普将军为他所在地区的三个州分别任命了跨种族的三人委员会负责登记事宜。佐治亚州的人选中有突尼斯·坎贝尔。由于要跑相当远的路登记，波普对每个来登记的城市选民给15美分，对偏远农村地区的则给了多达40美分。民主党人谴责这样搞登记是源于对“对南方的一切恨之入骨”，佐治亚州的白人杀害了一名登记员，还试图毒杀坎贝尔，逼得黑人退伍军人只好在他家附近巡逻。在内陆的种植园区，登记员带着鼓去参加集会，以吸引潜在的选

① Eric Foner, *Reconstruction: America's Unfinished Revolution, 1863 - 1877* (New York, 1988), 305 - 306; Richard L. Hume and Jerry B. Gough, *Blacks, Carpetbaggers, and Scalawags: The Constitutional Conventions of Radical Reconstruction* (Baton Rouge, 2008), 160; *New Orleans Tribune*, April 18, 1867 and April 25, 1867; Baggett, *Scalawags*, 216.

民。长期以来，两党的聚会组织者都用音乐甚至大炮来召集和激励群众，但对南方人来说——也许对紧张的白人比对非裔美国人更甚——鼓声唤起了他们对1739年南卡罗来纳州斯托诺附近血腥的奴隶起义的遥远记忆。在密西西比州的一次集会上，民主党人想让音乐停下来，他们提醒共和党人“不能在这里击鼓”。这个州是个“白人州”，他补充道，“我们不允许这样做。”如果有机会，民主党人会把共和党人的鼓劈掉，好斗的白人会把断掉的鼓槌插进帽带，向联邦同盟成员戴的丝带和徽章示威。①

随着投票选出大会代表的日子越来越近，联邦同盟的活动人士发现自己在不眠不休地长时间工作。在农村地区，地方当局试图把投票站藏在偏僻的地方，或者置于敌对的民主党地主的庄园里。在南方的许多地方，白人选择不投票，希望通过抵制选举程序来让新宪法难堪。在佐治亚州的哥伦布市，只有25名白人投票。尽管在亚拉巴马州，黑人选民占多数，但在白人占多数的克伦肖县，官员们设置了一道绳索路障，这样“每个［黑人］选民都得面对他们带着嘲笑和威胁的夹道欢迎”，雇主们则站在一边，“观察他们的手是否投过票”。预料到这种招数的联邦同盟向军事指挥官请愿，要把投票点搬到可防御地区，保护投票箱，并任命诚实的选举工作人员。联邦同盟的官员本来倾向于以为白人民主党人和黑人共和党人之间会有矛盾，却意外地发现，雄心勃勃的当地自由民与同样有抱负的外来黑人之间偶尔会关系紧张。在维克斯堡，前戴维斯转弯的奴隶和北方联邦的探子阿尔伯

① Nicholas Lemann, *Redemption: The Last Battle of the Civil War* (New York, 2006), 152; Peter Cozzens, *General John Pope: A Life for the Nation* (Urbana, IL, 2000), 286; Russell Duncan, *Freedom's Shore: Tunis Campbell and the Georgia Freedman* (Athens, GA, 1986), 43 – 44, 81; Anne Sarah Rubin, *A Shattered Nation: The Rise and Fall of the Confederacy, 1861 – 1868* (Chapel Hill, 2005), 161.

特·约翰逊在黑人大会运动中一路晋升，却发现自己要与托马斯·斯特林格竞争，后者在马里兰州出生，生下来就是自由身，在密西西比州做过老师和卫理公会传教士。白人共和党人已经习惯了北方的党内竞争，认为这样的竞争是有益的，尽管有些人担心南方的70万黑人新选民中有那么多人没怎么受过教育。（当然，党的全国领导人对工薪阶层白人和爱尔兰移民也有类似的疑虑。）前奴隶贝弗利·纳什在争取南卡罗来纳州制宪会议的席位时，承认就算许多自由民“没有为这次选举做好准备”，也能很快学会，此话道出了联邦同盟许多黑人成员的心声。“一开始我们可能不明白，但总有一天我们会学会履行自己的职责。”①

路易斯安那州大会是第一批召集的会议之一，1867年11月在新奥尔良机械师学会举行，那里就是前一年袭击黑人与会者的地方。南方黑人和北方出生的白人投机者占了大约三分之二的席位，剩下的大部分代表林肯那广受鄙视的复职的州政府。黑人代表避开了土地改革问题，但在其他方面接受了“激进的共和党人”的标签，他们在新的州宪法中制定的许多政策都反映了这一称号。平克尼·B.S.平奇巴克是美国有色人种部队第74军团的前上尉，也是新奥尔良的《路易斯安那人周报》（*Weekly Louisianian*）的出版人，他草拟了一些条款，以保证所有公民“不分种族、肤色或先天条件”平等地使用公共交

① Hahn, *A Nation Under Our Feet*, 224; William Lee Trenholm, *Local Reform in South Carolina* (Charleston, 1872), 3;（作者不详）, *Speech of Hon. Frank Arnim, Republican Senator From Edgefield County* (Columbia, SC, 1870), 2; *Cincinnati Daily Gazette*, 1867年9月26日; Christopher Waldrep, *Roots of Disorder: Race and Criminal Justice in the American South, 1817 - 1880* (Urbana, IL, 1998), 124 - 125; *New Orleans Tribune*, 1867年10月31日; Franklin, *Reconstruction*, 86 - 87. Stringer和Johnson都赢得了州制宪会议的席位，却在州议会竞选中双双落败。此后Stringer仍致力于争取黑人政治权利；参见*Elevator*，1869年2月12日。

通、取得生意执照。罗伯特·I. 克伦威尔医生是个弗吉尼亚州出生的自由民局官员，在1866年的骚乱中遭到过殴打，他也参与了有关居住的规定。“不赞成给予有色人士这些特权的白人，”他说，“可以离开这个国家，去委内瑞拉或其他地方。”根据拟议的宪法，任何在路易斯安那州居住一年的成年男性都可以享有“所有政治和公民权利”。①

几乎同时开始的亚拉巴马州大会，在11月5日召集。尽管保守派编辑对代表们将该州“非洲化”感到愤怒，但主导大会的是78名白人，其中51人是南方的联邦主义者；名册上只有18名黑人。然而，少数派中有亚拉巴马州的自由人詹姆斯·T. 拉皮尔，他在纳什维尔和加拿大都上过学。作为一位著名的演说家，拉皮尔被认为是“竞选活动中最危险的人”。在当选为劳德代尔县的代表后，拉皮尔立即被任命为政纲委员会主席。为了应对不断上升的暴力事件，拉皮尔主张剥夺某几位前邦联分子的公民权，哪怕只是暂时的，这一立场导致一位持敌对态度的编辑指责他打算“剥夺每一位有思想、有财产、有荣誉之人的公民权”。拉皮尔输掉了这场仗，但就像在路易斯安那州一样，他和黑人代表成功地确保了“所有肤色的21岁男性”的投票权。由于《重建法案》，亚拉巴马州的黑人已经享有投票权，但法律可能比州宪法或联邦修正案更容易推翻，而且约翰逊还在位，像拉皮尔这样的进步人士希望各级政府都把选举权放在心上。②

---

① Baggett, *Scalawags*, 196–197; P. B. S. Pinchback, 1867年6月19日发表的演讲，现存于霍华德大学的Moorland-Springarn研究中心的P. B. S. Pinchback档案; Eric Foner, ed., *Freedom's Lawmakers: A Directory of Black Officeholders During Reconstruction*, 2nd ed. (Baton Rouge, 1996), 53; San Francisco *Elevator*, January 3, 1868; *NewOrleans Tribune*, 1867年11月30日、1867年12月7日; Salt Lake City *Telegraph*, 1867年12月9日。

② Little Rock *Arkansas State Gazette*, 1868年1月7日; Schweninger, *Rapier*, 56–57; San Francisco *Elevator*, 1867年10月25日。

一如民主党人在南方各地所做的那样，佐治亚州的民主党人以一系列愤怒的社论讽刺黑人代表，发泄他们对自己新的无能为力的沮丧。去年 12 月在亚特兰大碰面的 33 名有色男子中，“有一两个看起来像是直接从刚果来的”，梅肯的一位编辑嘲讽道。“流行的着装是一款讨人厌的北方佬军大衣。”另一位写道，但他忽略了一个事实，即服兵役曾是让美国选民买账的一个点。当代表们穿着黑色西装、打着白色领巾抵达会场时，身为种族主义者的编辑也出言嘲笑，坚称这些衣服“可能属于他们的主人”。身为代表和未来州议员的威廉·戈尔丁确实是个半文盲的前奴隶，出生在利伯提县一个种植园。然而，一些民主党人承认，这位公众教育的坚定拥护者“一向尊重白人”。不过，戈尔丁并不天真，行事谨慎的他来时带了个“与他肤色相同”的保镖。亚伦·A. 布拉德利也是一名前奴隶，曾为南卡罗来纳州州长弗朗西斯·皮肯斯所有。但是这位有文化的鞋匠 1865 年在萨凡纳为黑人儿童开办了一所学校，在那里他与自由民一起致力于土地改革事业。出生于佐治亚州的亨利·麦克尼尔·特纳也会读写，曾被任命为巴尔的摩非裔卫理公会的牧师，并在密苏里州三一学院读过书。特纳是美国有色人种部队第 1 团的随军牧师，他的代表席在突尼斯·坎贝尔的旁边。另一位怀有敌意的编辑将说话温和的特纳描述为“这类动物藏品中最受欢迎的标本”，而发表带有攻击性的社论其实是顽固守旧的新闻工作者的唯一途径。1868 年 1 月，北卡罗来纳州的代表大会召开时，代表们投票决定驱逐《卡罗来纳人报》（*Carolinian*）的一名记者，因为他“在报道中用了‘黑鬼’一词”。[1]

在各种州制宪会议中，最引人注目的也许是 1868 年 1 月 14 日在

[1] Macon *Daily Telegraph*，1867 年 12 月 27 日、1868 年 2 月 19 日；Augusta *Loyal Georgian*，1867 年 7 月 6 日；*Baltimore Sun*，1868 年 2 月 1 日。

查尔斯顿俱乐部大厦召开的那个。当124名代表列队进入大厅时，白人本能地去找前排的座位，非裔美国人的代表则向后排走去。然而恭敬有礼的行为并不能掩盖有色人士主导大会的事实。8年前，林肯当选总统的消息传出，南卡罗来纳州是第一个脱离联邦的州，但现在聚在一起改革该州宪法的76人是黑人；其中41人生下来便是奴隶，他们代表了除三个县以外的所有县。和其他地方一样，反动的编辑们用种族主义言语辱骂，以发泄他们无能为力的愤怒。虽然大多数参加会议的前奴隶和罗伯特·斯莫斯一样，都是非典型的奴隶，但具有煽动性的《查尔斯顿水星报》把这次集会称为“刚果大会”（Congo Convention），甚至攻击丹尼尔·H. 张伯伦，后者是个耶鲁大学毕业的白人，定居马萨诸塞州之前曾领导过该州黑人第5骑兵队，人称“来自地狱和波士顿的海盗”。在场的自由民包括弗朗西斯·L. 卡多佐、利物浦出生的律师罗伯特·布朗·埃利奥特，以及宾夕法尼亚律师、美国有色人种部队第31军团的老兵威廉·J. 惠珀、“该隐老爹”。在北卡罗来纳州的大会上，一些代表呼吁将无礼的记者赶出会场。惠珀反对禁止任何人参加大会，说哪怕这个人是《查尔斯顿水星报》的记者罗斯韦尔·T. 洛根，也“不值得我们这么做”。兰登·朗利是著名的第54军团老兵，并曾任职于自由民局，他对此有异议。“我不愿意让披着造反者皮的家伙拿我们寻开心，”他厉声说，“我想把这种人排除在外。”最终，洛根被允许留下，尽管这不是在他被一名白人代表扇耳光之前。①

---

① Dray, *Capitol Men*, 42 - 44; Hume and Gough, *Blacks, Carpetbaggers, and Scalawags*, 168; Peggy Lamson, *The Glorious Failure: Black Congressman Robert Brown Elliott and the Reconstruction in South Carolina* (New York, 1973), 48; Cardozo, *Address Before the Grand Council of the Union Leagues*, 7; *Troy Weekly Times*, 1868年4月4日; Charleston *Free Press*, 1868年4月5日。

尽管民主党人对这些大会有着偏执的描述，但他们意识到查尔斯顿集会上黑人占多数是不寻常的。非裔美国人在黑人比例高的州服役的人数最多，而这些州的白人联邦主义者却是最少的，联邦政府的占领时间也最长。黑人代表只在南卡罗来纳和路易斯安那州占多数；在得克萨斯州，黑人代表只占11%。平均而言，白人代表占总人数的55%。总共有265名有色人士参加了前南方邦联的11个州的制宪会议，其中至少有107人生下来是奴隶（尽管19人在1861年之前获得了自由）。有28人一生或部分时间生活在自由州，但许多人是随军队而来的，有40人是退伍军人。尽管有较大比例的混血儿，并且多来自城镇而非农村，但很多人是牧师或工匠，他们与奴隶社区有联系，其政治地位要归功于首次投票的黑人选民。由于有技能的城市黑人，无论是为奴者还是自由人，都比农村奴隶有更大的识字需求，大多数人都接受了一定程度的教育；南卡罗来纳州的黑人代表中至少82%的人会读写，10%的人，包括受教于欧柏林学院的伦道夫牧师，接受过大学或职业教育，在这个只有少数享有特权的白人男性上大学的时代，这一点尤其令人印象深刻。①

尽管尖锐的批评者很快就指责说，这么多代表的城市背景和混血血统解释了各地新宪法为何未能实施土地改革，但现实是，非裔美国人成员的票数总是被白人联邦主义者超过。与嘲笑他们所做努力的反动民主党人相比，会议厅里的白人共和党人似乎是进步的，但作为富裕的地主和城市商人，他们背叛了自己的辉格党人渊源，对劳工组织和财产再分配等据说是不同凡响的万灵药表现出了与北方共和党人同

---

① Hahn, *A Nation Under Our Feet*, 207－208; Foner, *Reconstruction*, 318; Michael W. Fitzgerald, *Splendid Failure: Postwar Reconstruction in the American South* (Chicago, 2008), 78; Hume and Gough, *Blacks, Carpetbaggers, and Scalawags*, 13; Holt, *Black over White*, 17.

样的敌意。就连决心以《宪法》来捍卫选举权和受教育机会的最激进的黑人代表也明白，他们必须在一些问题上让步，才能在另一些问题上有所得。即使在那时，黑人代表也不得不面对那些提倡识字考试或“‘智力上的’投票资格”的白人盟友（比如弗吉尼亚大会上的联邦主义者），或者那些诋毁少数黑人代表“只能用画押作为个人签名”的路易斯安那州共和党人。联邦主义者编辑报道了这些大会，却百般勉强地为黑人的投票权背书，视之为“镇压叛乱分子”时的权宜之计。南方的联邦主义者谈到土地改革时，想的是通过渐进式的步骤而不是大规模的再分配去创造一个小农的自由劳动世界。正如一位共和党人所解释的那样，他“完全反对没收大片土地以及在自由民中间进行无缘无故的分割”，特别不能接受种植园最终将“因出售、规划或白人地主的税负而被拆散”。这样的人在 11 个州中的 9 个里面占代表的多数。[①]

这并不意味着一些黑人代表没有尝试。在北卡罗来纳州，之前是奴隶（未来是州议员）的约翰·H. 威廉森代表继续提醒他的同事，“林肯承诺给他们 40 英亩的土地”。受他这番话的启发，黑人代表一致投票反对一份由白人撰写的“反对没收”的报告。但在像编辑贺拉斯·格里利这样的北方盟友在里士满大会上发出警告称国会永远不会批准没收之后，大多数代表将精力转向教育、投票权和公共设施的平等使用上。在得克萨斯州，少数黑人代表要求提供免费宅基地并如愿以偿，而且各州新《宪法》中有 8 部保护债务人不会失去自己的农场。在查尔斯顿，代表伦道夫——他只剩下 9 个月的生命——主张自

① Slap, *Doom of Reconstruction*, 84; Alexandria *Gazette*, 1868 年 5 月 12 日; *New Orleans Tribune*, 1867 年 5 月 15 日; Richard H. Abbott, *For Free Press and Equal Rights: Republican News Papers in the Reconstruction South* (Athens, GA, 2004), 30 – 31。

由民局学校继续存在，直到州教育委员会成立。当白人抗议称州政府无力负担全州性的教育体系时，黑人干脆无视他们的阻挠，转而考虑起了义务教育的问题，这是一个棘手的问题，因为这个时代的黑人父母一年中的大部分时间都让孩子在农场劳动。斯莫尔理解这一困境，但同意埃利奥特和卡多佐的观点，即如果保守派控制了州议会，义务教育对黑人的兴旺及其种族的未来都至关重要。卡多佐提醒道："我们知道，当这个国家的旧贵族和统治力量掌权时，他们会格外小心，永远不让黑人受到启蒙。"[①]

似乎是为了证明这一点，《查尔斯顿水星报》回应称"南方［白人］不打算被混血儿同化"，并警告新《宪法》在今后任何时候都只能"用刺刀捍卫"。一位波士顿的编辑注意到，该报咄咄逼人的出版人老罗伯特·巴恩威尔·瑞德"对挑起一场叛乱起了很大的作用"，并"野心勃勃地想再来一次"。1860 年，瑞德成功地帮助他的州脱离联邦，但仅仅 8 年后，他就无助地站在历史潮流的面前。1861 年至 1870 年间，得益于脱离联邦、约翰逊治下州政权的政府更迭、西部几个新州的加入以及国会授权的改革，美国人制定的州宪法不少于 32 部。全国各地的保守派都嘲笑南方的文件是那些没有为国家建设这一庄严责任、为 20 世纪的几代白人做好准备的人粗制滥造出来的，这些批评被那些对重建改革持悲观看法的人当作事实接受了。实际上，这些《宪法》经受住了时间的考验。当南卡罗来纳州在差不多 30 年后修改 1868 年的《宪法》时，只是删除了与投票权有关的条

① Cleveland *Plain Dealer*, 1867 年 10 月 31 日; Hume and Gough, *Blacks, Carpetbaggers, and Scalawags*, 253; Fitzgerald, *Splendid Failure*, 122; Lamson, *Glorious Failure*, 56; Barry Crouch, "Self-Determination and Local Black Leaders in Texas," *Phylon* 39 (1978): 348; *Proceedings of the Constitutional Convention of the State of South Carolina: Debates and Proceedings* (Charleston, 1868), 68.

款，以实施歧视性的《吉姆克劳法》。弗吉尼亚州的《宪法》一直用到 1902 年，当时该州也采取了类似的措施，将非裔美国人从选民名单中剔除。[1]

由于意识到这些宪法改革是多么具有历史意义，保守派试图通过一场精心策划的恐吓和暴力运动来阻挠它们被批准，其力度甚至超过了当年秋季晚些时候在总统选举中针对格兰特的选民发动的威胁和暴力。参议员查尔斯·萨姆纳的办公桌上堆积如山的信件，详细描述了几乎每天都发生的胁迫事件，这些事件只会让华盛顿的共和党人相信南方的民主党人还没有可信到能重新掌权。自由民局工作人员从密西西比州报告说，民主党报纸将“公布所有投票支持宪法的自由民的名字，并呼吁公民不要雇用或以任何方式鼓励他们”。地主威胁他们的佃户说，除非后者“在**《宪法》**提交人民通过时**投反对票**”，否则来年他们将“既没房，也没地”，这种招数只会提醒自由民要拥有自己的农场。在白人占多数的县，自由民局工作人员经常发现，除非军事巡逻队发出传票，否则很难迫使雇主来见他们。当工作人员加罗德·摩尔试图就“自由民因投票支持新《宪法》而被解雇的事立案”时，几位地主告诉他密西西比州的《黑人法典》尚未生效，他们“不承认什么‘黑鬼’自由民局”。[2]

类似的报告也送到了南卡罗来纳州的奥利弗·O. 霍华德将军那

---

① *Charleston Mercury* 引自 *Boston Daily Journal*, 1868 年 4 月 3 日; Hume and Gough, *Blacks, Carpetbaggers, and Scalawags*, 2; *Norwich Aurora* (Norwich, CT), 1869 年 5 月 19 日; Fitzgerald, *Splendid Failure*, 80。

② David Donald, *Charles Sumner and the Rights of Man* (New York, 1970) 2: 420; W. H. Bartholomew 致 S. C. Greene 的信, 1868 年 6 月 23 日, 参见 Records of the Assistant Commissioner for the State of Mississippi 的自由民局相关资料中，第 24 卷，出版信息不详；Jared Moore 致 S. C. Greene 的信，1868 年 6 月 23 日，同上，第 24 卷；J. Hawser 写的信，收件人不详，1867 年 12 月 23 日，同上，第 24 卷。

里，该州乔治敦地区的“同情南方之人解雇了手下的有色人士，以得到他们认为最好的投票结果”。驻扎在亚拉巴马州蒙哥马利市的詹姆斯·吉列上尉报告说，“至少有 100 名自由民”到过他的办公室，投诉“因行使投票这样的政治权利而被开除”。为人父的黑人担心自己是否有能力养家糊口，但他们也明白，如果白人民主党人能阻挠批准，他们期盼的更好的经济状况将随着他们的投票权一起消失。黑人牧师敦促他们的教众团结一致，教会也经常承诺帮助那些因投票而失业的人。“他们那个时代，有色牧师激起女性‘怒火’，”南卡罗来纳州的安迪·布莱斯后来回忆说，如果那天她们的丈夫拒绝“穿上马裤去投票给激进的共和党人，她们就自己上”。那年 7 月，密西西比州计票时，双方都“咬定‘激进派’得到了多数票”，尽管事实上有大量黑人因支持《宪法》而被“立马开除”。①

由于投票是一项公共活动，贿赂也被证明是一种有效的招数。威廉·凯利斯曾是南方邦联的上尉、密西西比州的治安法官，他答应汤普森·爱德华兹，“如果投民主党的票，就能拿到钱”。爱德华兹显然是拿了钱，但他的朋友、受雇于选举专员的威尔·亨德森竭力“劝他不要被收买，照自己的意愿投票”。亨德森报告了此事，还补充说，尽管该县的黑人受到了“威胁和恐吓”，但实际上“所有的有色人士”都对批准新《宪法》投了赞成票。甚至少数白人也被告知否决《宪

---

① 对 Andy Brice 的采访，参见 Rawick, ed., *American Slave: South Carolina Narratives*, 78; Charles Grogin 致 Oliver O. Howard 的信，1867 年 2 月 18 日，Register of Letters Received by the Commissioners 中自由民局相关文件，第 43 卷，出版信息不详；James Gillette 致助理专员的信，1868 年 2 月 26 日，参见 Records of the Assistant Commissioner for the State of Alabama 的自由民局相关资料中，第 14 卷，出版信息不详；W. G. Sprague 致 John Tyler 的信，1868 年 7 月 2 日，参见 Records of the Assistant Commissioner for the State of Mississippi 的自由民局相关资料，第 24 卷，出版信息不详。

法》有奖。查尔斯·马歇尔得到的承诺是，如果他投反对票，就会得到一块“金表外加金链”，当他犹豫时，他所在小镇的镇长借给他100美元。在他们的努力落空后，凯利斯和一名警长去找亨德森“并威胁要开枪打死他”，但亨德森逃进了树林。①

亨德森知道如果自己被抓到，监狱里等着他的是什么。在亚拉巴马州的格林维尔，乔治·麦克莱伦“一通乱捅”，伤了一名黑人共和党人，但案件提交到当地法院后，全是白人的陪审团投票宣告他无罪。当杰克逊维尔的自由民莱利·威廉姆斯宣布他打算对批准《宪法》投赞成票时，前南方邦联士兵约翰·坎宁汉袭击了威廉姆斯，“将其踢倒在地，[而且]踢掉了几颗牙”，还大喊他“可以轻松收拾任何投票支持《宪法》的该死的狗杂种，不管是白人还是黑人”。一名陆军上尉将坎宁汉逮捕，但他的朋友们迅速交保，这让上尉只能寄希望于将这位退役军人送交军事法庭而不是民事法庭审判。当州法院拒绝谴责白人的恐怖行径时，其他人胆子更大了。“麦克莱伦事件”后不久，4名白人等到午夜降临后，闯入了联邦同盟成员亚伯兰·巴特勒在格林维尔的家。他们剥光巴特勒的衣服，用山胡桃木鞭子边打边咒骂，说“北方佬和像他这样的黑鬼正在把政府从他们手里弄走”。②

---

① *New-York Tribune*，1868年7月4日；Will Henderson 的宣誓书，1868年7月3日，参见 Records of the Assistant Commissioner for the State of Mississippi 自由民局相关资料，第24卷，出版信息不详；J. S. Roberts 致 Irvin McDowell，1868年7月2日，同上，第24卷；Alfred Hulberg 致 Acting Assistant Adjutant General 的信，1868年3月24日，参见 Records of the Assistant Commissioner for the State of Alabama，自由民局相关资料，第14卷，NA. 关于 Kellis 的邦联服役信息，参见 National Park Service, Civil War Soldiers and Sailors System，http://www.itd.nps.gov/cwss。

② Samuel Gardiner 致 George Shorkley 的信，1868年7月13日，参见 Records of the Assistant Commissioner for the State of Alabama 的自由民局相关资料，第14卷，NA；Samuel Gardiner 致 G. K. Sanderson 的信，1868年5月21日，同上，第14卷，关于 Cunningham 在邦联的记录，参见 Muster Rolls of Alabama Civil War Units, Alabama Department of Archives and History, www.archives.state.al.us。

白人极端分子在对付定居南方的北方士兵，或准备登上更高职位的黑人共和党人时尤其凶残。16名密西西比人谋杀了阿尔伯特·提普顿，一位来自俄亥俄州的白人上校。“你以前是北方佬的兵，”一个人嗤笑道，“你曾与我们为敌，现在又要投票反对我们，我们要杀了你。”提普顿的罪因为娶了个黑人女子而加重了。尽管她能够认出“带走”她丈夫的人中的一个，但民事当局“拒绝对此事采取任何措施”。1868年7月下旬，几乎就在同一天，得克萨斯州民主党人枪杀了两名共和党组织者——哈里·托马斯和乔治·布鲁克斯，他们认为扫除了“有效的领导”，米利肯的黑人社区——包括弗雷德里克·道格拉斯的兄弟佩里·唐斯——将更容易掌控。讽刺的是，南方民主党人指出，针对批准《宪法》的暴力事件证明，只要黑人活动家从事政治改革，而他们的努力又得到军队的保护，那么前南方邦联就永远不会安宁。共和党人威廉·M. 迪克森回应说，“黑人只能在刺刀的保护下投票”这一事实，证明约翰逊的政策已经失败，“叛乱并没有被镇压”。他总结道，南北双方已达成的是“休战，而不是持久和平”，“至少在我们解散军队之前应该知道这一点”。[①]

当维克斯堡迎来选举日时，“大约200名自由民”打出了“横幅、举着肖像和美国国旗”，一起前往投票站。在批准《宪法》的较量上，白人知道他们肯定会输掉，于是要么选择不投票，要么选择出来骚扰黑人选民。瑞德的《查尔斯顿水星报》怂恿白人抵制批准投票，因为“与南方各州［的共和党人］合作”现在只会“帮助”他们达到“由

---

① Affidavit of Martha Tipton, 1868年7月23日，参见 Records of the Assistant Commissioner for the State of Mississippi 的自由民局相关资料，第24卷，NA；Crouch, “Self-Determination and Local Black Leaders in Texas,” 351；William M. Dickson, *Absolute Equality of All Men Before the Law*, 15；Perry Downs 致 Frederick Douglass 的信，1867年2月21日，现存于霍华德大学的 Douglass 档案。

黑人统治白人的目的”。尽管现场有很多人，维克斯堡的一名“暴徒”还是袭击了游行队伍，撕毁了旗帜和横幅，还用棍棒殴打了自由民。一些黑人带着他们的妻子和孩子来见证投票的奇迹，也被白人打了。在大多数地方，黑人成群结队地走向投票站，但迎来的只是愤怒的目光。萨凡纳的乔治·安德森·默瑟咆哮道，看着“一群群无知的黑人从乡下”进城投票，白人则“完全回避参与这场对《宪法》的暴行”，这真是一场“正儿八经的闹剧”。①

尽管非裔美国人知道，他们遭遇暴力仅仅因为他们希望通过投票来协助塑造他们国家的未来，但绝大多数人还是参加了投票。在密西西比州，符合条件的黑人男子中有近80%参加了投票登记，并在夏季选举中投了票。也许全州只有2500名白人被《重建法案》取消了投票资格；在解释新《宪法》终获批准这件事上意义更大的是，许多白人拒绝协助这一进程，另有2.7万名密西西比白人男性在战争中丧生。得克萨斯州的一位编辑抱怨说：“有色人口数量非常多，他们已经左右了计票结果。”他还补充道：由于不肯因恐吓、贿赂、威逼而不去投票，“底层人”情绪高昂，“而[白人的]无赖行径也正处于鼎盛时期”。②

前南方邦联的投票权有《重建法案》和各州新《宪法》的保护，平权联盟便将注意力重新投向了北方和西部各州。由于年龄在18岁到45岁之间的北方黑人大约四分之三战争期间曾在军队服役，达到投票年龄的大多数男性都可以声称是自己在军队效力为他们赢得了投

① Emmanuel Hardy 致 Alvan C. Gillem 的信，1868年7月5日，参见 Records of the Assistant Commissioner for the State of Mississippi 的自由民局相关资料，第24卷，NA；John L. Churchill 致 Alvan C. Gillem 的信，1868年7月28日，同上，第24卷；Perman, *Reunion Without Compromise*, 314－315；Rubin, *A Shattered Nation*, 241。

② *Flake's Bulletin*（Galveston, TX），1869年12月11日；Harris, *Day of the Carpetbagger*, 76－77。

票权。正如老兵们在艾奥瓦州的美国有色人种部队第60军团组织的一次会议上所做出的决定，“值得托付枪的人可以并且也应该值得托付选票”。联邦同盟为此做了很多工作。只有黑人人口少的新英格兰允许黑人投票，即使在那里，康涅狄格州也在州《宪法》中保留了一个被广泛忽视的只许白人投票的条款。纽约州的选民一直选择保留仅适用于非裔美国人的投票资格，即财产达到250美元；而在大多数州，共和党领导人意识到这个要求不受欢迎，或拒绝推进投票权立法，或拒绝允许在全州进行公投。在全州进行测试时，白人选民一如既往地拒绝推翻带有限制性的法律；1867年，俄亥俄州、堪萨斯州和密歇根州的倡议失败了。在雪城大会和平权联盟成立3年后，只有针对南方的联邦政府行动推动了黑人选举权事业。[①]

在黑人活动家和共和党自己的进步派的刺激下（提交要求投票权的请愿书已是他们的常规做法），国会的共和党人在连温和派也承认联邦政府拥有明确的权力的地方采取了行动。共和党人在哥伦比亚特区实行了不分肤色的选举权，当内布拉斯加州领地和科罗拉多州领地寻求加入北方联邦时，萨姆纳要求将“白人”一词从它们提议的《宪法》中剔除，以此换取作为州的地位。民主党人指出纽约州或俄亥俄州的参议员要求领地却不要他们自己的选民的举动是虚伪的，而共和党人向路易斯·查尔斯·鲁达内兹承诺，他们“决心在这个问题上来一场直截了当的较量”。胜利也降临了威斯康星州，该州最高法院一致裁定“有色男性有权投票”，理由是1849年关于取消对黑人选民限制的全民公投的决定不当。虽然几十年前提出的州《宪法》修正案以

① Biddle and Dubin, *Tasting Freedom*, 378 - 379; Charles Delery, *Black Ghost of Radicalism in the United States* (New Orleans, 1868), 39; Davis, *"We Will Be Satisfied with Nothing Less,"* 29, 45, 51.

8263票对4075票获得通过，但选举官员们裁定这一修订不能批准，理由是那次投票的31759人中大多数对于修正案并没有既定立场可言。威斯康星州法院裁定，在该州居住一年的黑人立即有资格投票，但活动人士意识到，这些联邦授权或法院授权的胜利没有一个反映出了民主政治的伟大胜利。①

如果说有哪件事能让活动人士相信，各州的选举权之争并不是赋予黑人公民权的恰当方式，那么1867年春天在纽约州发生的这件就是。该州计划召开会议并对《宪法》进行修订，共和党人州长鲁本·E. 芬顿敦促纽约州人最终废除1821年强加给黑人的财产要求。截至1865年，居住在该州的20806名黑人男性（部分是未成年人）中，约21%的人拥有足够投票的财产。如果该州实行的是不分肤色的选举权，那么另外还有1.1万名黑人男性将获得投票机会。尽管大约72万纽约人参加了前一年的州长选举，但芬顿以8000票的微弱优势获胜。共和党人在曼哈顿和布鲁克林的表现从来都不好，但由于许多较贫困的黑人居住在这些区域，选举权改革会对在传统上的民主党大本营的共和党有所帮助。贺拉斯·格里利在他的《纽约论坛报》上撰文，用民主党人的论点反驳民主党人，指出按照国会给战败的南方制定的方针来重组这个州才是公平的。当某次大会的一项提案交到议会时，芬顿的支持者查尔斯·S. 霍伊特提出了一项修正案，允许“每一位21岁的男性公民，不分肤色地享有投票权”。但是温和派共和党人与坚定的民主党人联合起来反对对《宪法》进行修改，霍伊特的修正案以90对33的悬殊得票失败。有人愤怒地表示，那些能够投票的

---

① Davis, *"We Will Be Satisfied with Nothing Less,"* 29; Eugene Berwanger, "Reconstruction on the Frontier: The Equal Rights Struggle in Colorado, 1865 - 1867," *Pacific Historical Review* 44(1975): 322; *New Orleans Tribune*, December 18, 1866; Salt Lake City *Telegraph*, March 31, 1866.

黑人“把西摩州长送回了老家，把鲁本·E. 芬顿赶去了奥尔巴尼”，但即使是州长也无法让党内的温和派追随他的步伐。①

更大的阻力仍来自上南方那些从未正式与邦联结盟因而不受《重建法案》约束的州。肯塔基州和特拉华州并没有采取什么措施来赋予黑人公民权。在密苏里州，共和党人在 1868 年轻松获胜，但尽管在议会中占多数，党的领导人还是没能说服紧张的初级立法委员支持一项拟议的黑人选举权修正案。同样的情况也发生在马里兰州，那里的黑人活动家指望投票来推动教育改革。当共和党的州代表大会在不分肤色的公民权问题上退缩时，法官休·L. 邦德在 1868 年 5 月组织了一场党内激进分子的反集会（counter-convention），但此次抗议集会的投票率极低，突显了温和派的担忧。邦德谴责那些喜欢“权宜之计”的实用主义的议员，坚称“只有勇敢、不屈不挠地为正义而战才能带来真正的荣耀”。无论这句格言是不是真有其事，南方边境的黑人仍然与公民权无缘。②

共和党人在州一级受到了很大的阻滞，最终对激进的要求屈服了，于 1869 年 2 月引入了第十五修正案。拟议的《宪法》修订内容很简短，由两部分组成。第一条规定“美国公民”不能因为“种族、肤色或先前受奴役的情况”而被剥夺投票权。包括萨姆纳在内的一些进步人士反对修正案的否定措辞，他们更倾向于简单明了地主张给黑人投票权。激进分子担心，南方各州可能只是寻找新的理由——比如识字考试或人头税——来逃避修正案的精神。女权主义者抱怨措辞谨

---

① Mohr, *Radical Republicans and Reform in New York*, 208 - 209, 213 - 214, 224 - 225; Xi Wang, *The Trial of Democracy: Black Suffrage and Northern Republicans, 1860 - 1910* (Athens, GA, 1997), 5 - 6.

② Browne, "'To Bring out the Intellect,'" 392; Richard Paul Fuke, "Hugh Lennox Bond and Radical Republican Ideology," *Journal of Southern History* (hereafter *JSH*) 45 (1979): 572; Slap, *Doom of Reconstruction*, 10 - 11.

慎的内容修订似乎意在剥夺妇女的投票权，而来自新加入的内华达州的国会议员则担心更具包容性的措辞可能会让中国移民和爱尔兰移民获得公民权。一些共和党温和派人士建议，更好的解决办法是要么给自由民几年时间，让他们学会读写并有自己的财产，要么拟议的修正案应该以任一州的选民人数而不是总人口为基础来确定众议院的代表人数。激进派回应称，自由民正在努力做到这一点，正如鲁达内兹在社论中所说，“当第十五修正案获得通过时，马里兰州将成为一个共和党的州，肯塔基州和特拉华州的白人联盟将实力大增”。①

民主党人仍然保持敌意，但黑人退伍军人和黑人大会代表继续游说还没拿定主意的国会议员。约翰·默瑟·兰斯顿向欧柏林学院的学生保证，这个修正案是前两个修正案的“逻辑结果和法律后果（legal consequence）”，“随着废奴运动的胜利，它的到来是不可避免的”。弗雷德里克·道格拉斯把“选举权视为一种巨大力量，通过它能获得所有公民权利”，他开始“尽其所能”为新近解放的数百万人争取这一力量。众议院的表决结果是 144 票对 44 票，35 票弃权；在参议院，共和党人得到了 39 票，13 票反对，萨姆纳是选择不投票的 14 个人之一。国会要求弗吉尼亚州、佐治亚州、密西西比州和得克萨斯州予以批准，以此换取在华盛顿有代表权，然而得克萨斯州从未批准过。格兰特总统深知自己的当选要归功于南方黑人的选票，他发表声

① Ira V. Brown, "Pennsylvania and the Rights of the Negro, 1865 - 1887," *Pennsylvania History* 28(1961):52; Justin D. Fulton, *Radicalism: A Sermon Preached in Tremont Temple, on Fast-Day* (Boston, 1865), 36; Albert E. Castel, *Presidency of Andrew Johnson* (Lawrence, 1979), 208 - 209; Sally G. McMillen, *Seneca Falls and the Origins of the Women's Rights Movement* (New York, 2008), 173; Davis, *"We Will Be Satisfied with Nothing Less,"* 70; Patrick Riddleberger, *George Washington Julian, Radical Republican: A Study in Nineteenth Century Politics and Reform* (Bloomington, IN, 1966), 214 - 215; *New Orleans Tribune*, February 16, 1869.

明支持对《宪法》的修订，并提醒大家，“我们的法律迄今为止都偏袒白人”，这样拒绝“给予新公民发展的法律特权”是错误的。他还说，第三个有关重建的修正案的通过，“完成了最伟大的公民转变，可以算作这个国家自诞生以来发生的最重要的事件”。①

随着修正案在各州的通过，民主党人拿出了自他们在战争期间抵制黑人解放以来用过的相同论点。共和党人则反驳说他们的对手和南方种植园主一样不忠，并对黑人参军表示赞扬。民主党人指责共和党人只是想获得黑人的选票，尽管共和党人对此言置之不理，但即使是温和派也希望黑人的投票权能有助于抑制选举年的种族主义言论。格里利说：“没有哪个民主党人会蠢到像民主党现在这样明知黑人应该有投票权，还这样对待［黑人］。”当1870年3月下旬佐治亚州批准了该修正案后，修正案成了法律，道格拉斯发表了题为《终于！终于！黑人有了未来》的庆祝演说。道格拉斯怒喝道，就在南卡罗来纳奴隶主脱离联邦10年后，美国黑人“自由了，黑人现在是公民了，有了公民权”。密西西比州的黑人共和党人和南方其他地方的一样，以“盛大的群众集会”来庆祝修正案获得批准。民主党人曾在加州反对该修正案，但在它获批准后，洛杉矶和旧金山的“有色人士”走上街头庆祝。洛杉矶炮兵队鸣响“百发礼炮来纪念此事”，之后，“有色演说家”J. E. M. 吉里亚德牧师谈及了他所在的州和国家为实现政治平等而进行的长期斗争，并大加赞扬了“林肯、斯坦顿、约翰·布朗

---

① John Mercer Langston, *Equality Before the Law: Oration Delivered by Prof. J.M. Langston of Howard University* (Oberlin, OH, 1874), 4 - 5; Christian G. Samito, *Becoming American Under Fire: Irish Americans, African Americans, and the Politics of Citizenship during the Civil War* (Ithaca, NY, 2009), 166; San Francisco *Elevator*, May 19, 1869; Frederick Douglass, *Life and Times of Frederick Douglass* (New York, 1962 ed.), 378 - 379; Joan Waugh, *U. S. Grant: American Hero, American Myth* (Chapel Hill, 2009), 139.

和格兰特”。[1]

在黑人选民没有获得多数选票的地区，投票权并没有就此让非裔美国人在州一级从事政治服务。但在前南方邦联（以及密苏里州和华盛顿特区），黑人赢得了州议会的席位，并几乎以各种身份服务于他们所在的地区。许多参加选举的人首次任职是在他们的州制宪大会上；平克尼·B.S. 平奇巴克曾撰写了路易斯安那州《宪法》中有关公共交通的条款，还是联邦进步俱乐部（Union Progressive Club）的主席，他首次任职是在州参议院，然后当过为期五周的州长，他是那个时代唯一一个非裔美国人州长。另有 6 人得到了副州长的职衔，60 人当上了民兵军官，9 人成了州务卿，112 人当选为州参议员。最令人眼前一亮的是 682 人当选为州立法委员。然而，与 20 世纪中期常见的文字和图片相反的是，只有在南卡罗来纳——这一时期有 316 名非裔美国人担任州公职——有色人士才在下议院占有多数席位。在田纳西州，1868 年至 1876 年间只有 20 人获得州级职位；在密苏里州，只有 1 人。平均而言，在重建时期的高峰期，只有不到 20%的南方政治职位掌握在黑人手中。[2]

即便如此，无论他们对这一变化感到兴奋还是惊悸，南卡罗来纳州的州议会都早已从奴隶主主导变成了有色人士主导。就进步人士而言，更令人印象深刻的是，有更多黑人在州和县任职，或是任命的或是不太需要由选举产生的职位。特别是在黑人人口占多数的农村地区，非裔美国人担任验尸官和巡官、法官和陪审团委员为他们的选民服务。包括未

---

① Field, *Politics of Race in New York*, 182 - 183; Richardson, *Death of Reconstruction*, 80 - 81; Thomas Spellman 致 Adelbert Ames 的信, April 26, 1879, 存于 Smith College Library 的 Ames Family 档案中; San Francisco *Elevator*, April 22, 1870。

② John B. Boles, *Black Southerners, 1619 - 1869* (Lexington, KY., 1983), 204 - 205; Union Progressive Club 的会议纪要, June 20, 1870, 存于霍华德大学 Moorland-Springarn 研究中心 P. B. S. Pinchback 档案; Foner, *Reconstruction*, 355; Foner, ed., *Freedom's Lawmakers*, xiv-xv。

来的参议员布兰奇·K. 布鲁斯在内的79人在州教育委员会协助建设新学区。另有232人担任治安法官或县地方执法官，113人担任县专员。只有1人充任地区检察官，但警长有41人，副警长有25人。在战前的几十年里，狱卒和典狱长监禁并处决过像丹马克·维齐这样的人，但现在有9名非裔美国人当上了狱卒，4名成了典狱长。在里士满、彼得斯堡、诺福克、纳什维尔和孟菲斯，至少有146名黑人城市居民在市议会任职。在弗吉尼亚州，威廉·霍奇斯成了诺福克穷人的负责人，这位能读会写的自由人1830年因帮助逃跑者伪造自由文书而被捕。①

霍奇斯是典型的弗吉尼亚公职人员，因为他战前就是自由人。但在弗吉尼亚州、路易斯安那州和哥伦比亚特区之外，大多数担任政治职务的人都生下来就是奴隶。在南卡罗来纳州，至少有131名为该州服务的人曾是奴隶，其中包括1868年当选为州议员的罗伯特·斯莫斯和亚伦·A. 布拉德利。十几岁的时候，布拉德利逃到了波士顿，在那里读了法律，成了一名律师。有好多人都是退伍军人。威廉·J. 惠珀出生在费城，生下来便是自由身，后来做了律师，又加入美国有色人种部队第31军团成了军人；他天生好斗，曾因与一名白人中尉打架而被送上军事法庭，并陪同弗雷德里克·道格拉斯和刘易斯·道格拉斯前往白宫与安德鲁·约翰逊对峙。1868年，他也被选入南卡罗来纳州议会，就在这一年，牧师本杰明·F. 伦道夫跻身该州参议院。惠珀和伦道夫年轻时便受过教育，而其他新议员是在军队服役时学会了阅读。黑人选民总是对从军经历情有独钟，斯蒂芬·A. 斯威尔斯身上的伤口证明了这一点，这位尤蒂卡市的船夫曾与第54军团并肩作战。1868年，他加入了伦道夫所在的参议院，此时，曾与第54军团在瓦格纳堡

① Fitzgerald, *Splendid Failure*, 168; Hahn, *A Nation Under Our Feet*, 219; Foner, ed., *Freedom's Lawmakers*, xvii-xviii.

并肩作战的威廉·H. W. 格雷中士代表查尔斯顿县加入了州议会。[1]

非裔美国政治家在南卡罗来纳的影响力最大，在格兰特执政期间赢得了52%的州或国家公职选举。到1872年，有色人士——其中很大一部分是混血儿——占据了议院中62%的席位；由于黑人在众议院占多数，共和党人在参议院中占多数，进步派在半数以上州议会委员会担任主席，并成功地将两名黑人提拔为议长，将三分之一的人升为参议院临时议长。州长罗伯特·K. 斯科特准将是一名白人共和党人，是随自由民局来到该州的。尽管州议员弗朗西斯·L. 卡多佐吹嘘自己是在英国的大学受的教育，而当时没几个白人精英在美国大学读过哪怕几年书，但卡罗来纳的反动分子还是抱怨黑人政客把这个国家变成了“又一个利比里亚”。散文家路易莎·麦考德谴责立法机关是“乌鸦议会”和“猴子表演”，但当一个心存怀疑的新泽西州民主党代表团抵达该州参观时，他们惊喜地发现，州最高法院唯一的黑人法官乔纳森·J. 赖特“行事非常谦和得体”。赖特这个参加过1864年雪城大会的退伍军人在伊萨卡受过教育，随美国传教士协会抵达该地区，而这个代表团指望看到的赖特绝不是一个睿智的“彬彬有礼”的法学家，这一事实更多地说明了来自新泽西州纽瓦克的代表团而非南方黑人激进主义究竟是怎么回事。[2]

---

① Charleston *Free Press*, April 5, 1868; Reid, “U. S. C. T. Veterans in Post-Civil War North Carolina,” 406; Holt, *Black over White*, 77 - 78; Walter J. Fraser, *Charleston! Charleston! The History of a Southern City* (Columbia, SC, 1990), 276; Foner, ed., *Freedom's Lawmakers*, 24, 226.

② Walter B. Edgar, *South Carolina: A History* (Columbia, SC, 1998), 388; Trenton *Daily State Gazette*, May 9, 1870; Richard N. Current, *Those Terrible Carpetbaggers: A Reinterpretation* (New York, 1988), 142 - 143; Holt, *Black over White*, 68 - 69; Leigh Fought, *Southern Womanhood & Slavery: A Biography of Louisa S. McCord, 1810 - 1879* (Columbia, MO, 2003), 180; Du Bois, *Black Reconstruction*, 402 - 403; Michael Perman, *The Road to Redemption: Southern Politics, 1869 - 1879* (Chapel Hill, 1984), 40 - 41.

在路易斯安那州，一个由白人进步人士和非裔美国立法议员组成的类似同盟占据了主导地位。1868 年 4 月的大选后，密苏里州律师、维克斯堡战役的老兵亨利·克莱·沃莫斯搬进了州长官邸；他的副州长是奥斯卡·J. 邓恩，出生于新奥尔良的自由人、退伍军人，曾在该州 1865 年的黑人选举权大会上任职。和南卡罗来纳一样，路易斯安那州也见证了非裔美国人社区中肤色较浅的自由人与那些因战争而得解放的黑人之间由来已久的，并且往往严重的分裂。州议会的 56 名共和党人中有很多是混血儿，以至于新闻界不确定如何计算黑人议员的人数。不过，很明显，包括平奇巴克在内的路易斯安那州的大多数“有色”政治家都有若干白人祖先，并且从来没被奴役过。然而，就像在哥伦比亚、南卡罗来纳、州议会一样，即使是那些黑人自由民，其技能和文化水平也是非典型的。一位善意的记者发现，参议院 20 名共和党人——其中至少 7 名非裔美国人——都是“安静、聪明的人”。主持议院的邓恩是位“身材魁梧、威风凛凛的有色绅士，似乎在自己的位子上非常自在”。一定程度上是由于该州复杂的种族历史，邓恩和温和的沃莫斯双双答应与所有种族和两大党合作，好让他们饱受摧残的州有所改观。①

相比之下，佐治亚州的黑人政治家不如南卡罗来纳州和路易斯安那州的黑人政治家富裕。战前，路易斯安那州 5.3%的非裔美国人享有自由，但 1860 年佐治亚州获得自由的人口仅占 0.8%，其中大多

---

① Charles Lane, *The Day Freedom Died: The Colfax Massacre, the Supreme Court, and the Betrayal of Reconstruction* (New York, 2008), 38; San Francisco *Elevator*, 1868 年 10 月 30 日; Richard Follett, "Legacies of Enslavement: Plantation Identities and the Problem of Freedom," in *Slavery's Ghost: The Problem of Freedom in the Age of Emancipation*, eds. Richard Follett, Eric Foner, and Walter Johnson (Baltimore, 2011), 在第 63 页中提出 Warmoth“相对安抚了白人上层阶级”; Fitzgerald 在 *Splendid Failure* 的第 129 到 130 页中，误将 Dunn 定为“过去的奴隶”。

是一贫如洗的前奴隶。少数立法委员，如突尼斯·坎贝尔，来自北方，但该州的黑人议员中80%出生在南方某个奴隶家庭，佐治亚州出生的黑人政治家没有一个生下来就是自由身。内战前，该州的法典所界定的自由人是“所有黑人、黑白混血儿、梅斯蒂索混血儿[①]及其后代，有八分之一的黑人或非洲人血统的人”。但是，如果说佐治亚州州议员亨利·麦克尼尔·特纳因为是混血儿，反映出了另一类在南卡罗来纳出生的自由人的特征，那么这位前北方联邦随军牧师、自由民局工作人员对于区分种族毫无用处。“我们要在权力和智力上与白人平起平坐，”特纳对一名听众说，“不管他是个美的还是丑的黑人，不管他是黑人还是黑白混血儿，也不管他是奴隶还是自由的黑人；问题是，他到底是不是黑人?”所有非白人的美国人都带有“黑人遭压迫的烙印”，对他来说，唯一重要的问题是共和党人是否在推行一项有助于其选民的议程。[②]

持敌对态度的报纸将黑人议员描绘成古板的党派分子，说他们决心只帮助他们的黑人选民。据一名记者报道，佛罗里达州的黑人共和党人决心不帮助任何“自愿加入叛军”的人。但阿隆佐·韦伯斯特——旨在为低洼地区人民服务的黑人周报《查尔斯顿倡导者》(*Charleston Advocate*)的编辑——反驳说，他“不屑于白人或黑人政党的理念。我们据以提出立法的广泛基础应该是原则性的，不是看肤色”。在共和党政府的领导下，进步人士试图改革社会的方方面面。南卡罗来纳的立法者通过了法案，扩大了已婚妇女的财产权，让离婚程序变得现代化，为穷人的医疗保健出资，保护未成年人免受父母虐

---

① 有西班牙和美洲土著血统的拉丁美洲人。——译者

② Macon *Daily Telegraph*, January 18, 1870; Edmund L. Drago, *Black Politicians and Reconstruction in Georgia: A Splendid Failure* (Baton Rouge, 1982), 36 - 37, 68 - 69, 88.

待，并要求白人父亲对他们的混血子女承担经济上的责任。共和党人在地方一级也同样活跃。纳什维尔为穷人提供食物和柴火，彼得斯堡规定了马车驾车人的收费标准，整修了土路，还成立了一个卫生委员会。民主党人抱怨与免费公立学校有关的成本和医院改进的成本不断上升，但共和党人回应称，他们正在处理的不仅是战争造成的破坏，还有数十年来种植园主的忽视所导致的匮乏。沃莫斯观察发现，路易斯安那州没有一条铺得好好的公共道路，新奥尔良也没有现代化的水过滤厂，因此经常爆发疟疾和黄热病。①

新的公共责任感渗入了普通公民身上，他们表现出了一种新发现的自信。有了 1866 年的《民权法案》，再加上黑人警长和陪审员的协助，南方黑人在遇到被拒绝给予那些"优势条件和特权"的情况时开始起诉，正如律师、未来的弗吉尼亚州国会议员约翰·默瑟·兰斯顿所说，"因为这些优势条件和特权对于理性而有益地享受生活是如此不可或缺，没有它们，公民身份本身就失去了许多价值"。国会意识到约翰逊任命的许多保守派司法人员并不赞成平权，于是设立了 9 个新的巡回法官职位，这使得格兰特可以任命更多的共和党人担任法官。（当时，巡回法院的法官不仅审理上诉案件，还审理交陪审团裁决的刑事和民事案件。）②

当密西西比州法院的法官拒绝接受黑人担任陪审员时，缅因州出生的将军、阿戴尔伯特·艾姆斯州长于 1869 年 4 月发布了一项行政命令，规定"不论种族、肤色如何或之前是否为奴，凡具备陪审员资

---

① Foner, *Reconstruction*, 364 - 365; Fitzgerald, *Splendid Failure*, 83 - 84; Crouch, "Self Determination and Local Black Leaders in Texas," 346; *New-York Tribune*, March 27, 1867; *Charleston Advocate*, May 11, 1867.

② Lane, *The Day Freedom Died*, 114; Joel Williamson, *After Slavery: The Negro in South Carolina During Reconstruction, 1861 - 1877* (Chapel Hill, 1965), 358 - 359; Langston, *Equality Before the Law*, 5.

格之人”都将被允许任职。艾姆斯意识到在全白人组成的陪审团面前，民权案件是没有胜算的，于是这个在弗雷德里克斯堡和葛底斯堡两战中逃过了鬼门关的人决心在各个层面上推进民主。保守派对艾姆斯的陪审团命令让步了，但坚持认为“社会平等必须由时间去解决，不关立法的事”。美国黑人在第一批英国定居者到达南方大陆仅12年之后到达此地，他们认为自己已经等得够久了，而如果陪审团问题被证明是平权的必要条件，他们愿意向法庭上诉，就像他们的前主人在早些年维护他们作为奴隶主的合法权利时一样。一位心怀敌意的编辑用讽刺的口吻写道，“可怜的受压迫的白人”应该感谢艾姆斯解除了他们的陪审员职责，同时警告毫无怨言的黑人，他们“没有权利抱怨”自己不得不“替政府分担的一些负担”。另一些编辑抱怨称，那些毫不动摇地要求平权的非裔美国人“穿着最体面的衣服在城里闲逛”，一些黑人妇女甚至“用马车拉着孩子到处跑”。还有人发牢骚说，自由民铁了心地不接受他们过去的角色，以至于“几乎不可能雇到一个人来洗衣做饭或者砍柴、打理花园”。①

非裔美国人依据《民权法案》对各种冤屈不满提起诉讼。尽管《黑人法典》的大部分内容已被联邦法律和州宪法废除，但一些南方社区仍根据旧的流浪罪法规雇用儿童当学徒。皮・珀万向法庭申请一份针对种植园主、前奴隶主詹姆斯・C. 哈里斯的令状，后者扣押了珀万的4个未成年子女。在密西西比州，埃尔维拉・哈里森、露辛达・琼斯和丽兹・亚历山大起诉了一名县法院的检察官，她们因为拒绝提供就业证明而被他以流浪罪逮捕。斯蒂芬・杰克逊是肯塔基州的一名自由民，他的雇主伊利亚・博亨答应他种庄稼、养猪“10个月

① Harris, *Day of the Carpetbagger*, 56; Delery, *Black Ghost of Radicalism*, 48–49; *New Orleans Tribune*, April 28, 1867; Macon *Daily Telegraph*, August 6, 1869.

的报酬”是160美元，后来却赖账了，于是他依据1866年的法律提起了诉讼。杰克逊请了两名证人来证实他的说法，陪审团不仅为杰克逊找到了证据，还评估出他的损失为169.62美元。[①]

黑人心志坚定地拒绝对任何轻视忍气吞声，无论这些轻视是多么微不足道，这使得那些拒不接受种族关系新局面的人日子不好过。芝加哥的一个名叫史密斯的非裔美国人起诉民主党活动家、巡回马戏团老板丹·赖斯，因为赖斯的一名引座员试图把他安排在黑人专区。史密斯“想坐到别处去，但遭到拒绝，便起诉了赖斯”。南卡罗来纳州出生的自由民局教师、州议员威廉·A. 海恩起诉理发师J·隆巴多拒绝给他刮胡子。尽管隆巴多本人是混血儿，但这位“查尔斯顿的贵族理发师”只服务白人顾客，当海恩要求刮胡子时，“这位议员竟被蔑称为‘黑鬼’”。海恩起诉了他并要求赔偿1000美元，这与一位索维内特先生被新奥尔良一家只接待白人的酒馆拒之门外后获赔的数目一样多。一位黑人编辑惊叹：“我们可能正处在一个前夜，它带来的变化将比我们的任何假设所暗示的都要大。”[②]

对于那些长期被拒绝给予任何合法权利的人来说，即使是最轻微的薄待也应该予以纠正，但公共交通问题不是一件小事。战后，随着城市的再次发展，有轨街车线路也开始扩张，对黑人工人而言廉价的交通工具对他们的就业至关重要。尽管萨尔蒙·P. 蔡斯在华盛顿付出了努力，奥克塔维厄斯·卡托在费城发起的运动也取得了成功，但美国各地的大多数有轨街车仍然顽固地实行种族隔离，这更多是出于传统而非法律。早在1862年，纳撒尼尔·P. 班克斯将军就为黑人士

---

① Waldrep, *Roots of Disorder*, 114; New Orleans *Daily Picayune*, May 16, 1871。

② *Cincinnati Commercial Tribune*, May 28, 1871; *Baltimore Sun*, July 27, 1871; *St. Albans Daily Messenger* (St. Albans, VT), July 21, 1871; New Orleans *Weekly Louisianian*, May 11, 1871.

兵争取到了在新奥尔良乘坐街车的权利，但非裔美国平民仍然每天沿着铁轨步行，或者乘坐有黑色星星标记的特殊街车。1865 年，里士满在弗吉尼亚人重建他们被烧毁的首都时开始建立自己的体系，但一家报纸警告弗吉尼亚的黑人不要指望能买“头等座的票，除非他们被完全承认为头等座的乘客”。即使在 1867 年卡托获胜之后，费城市长还公开宣布他不允许“他家里的女士们和有色人士一起乘车”。火车和轮船也为黑人乘客留出了单独的车厢或楼层。只有马萨诸塞州在 1865 年通过了一项开创性的法律，要求所有公共设施实行种族融合。①

鲁达内兹在他的《新奥尔良论坛报》上撰文指出，这种做法属于南北战争前那段颜面扫地的过去。“这部被称为《民权法案》的法律”，让美国黑人“从所有意图和目的上讲都成了美国公民，并且迄今已废除了所有使铁路公司有权制定基于种族而歧视人的规章和条例的法律”。平奇巴克对此表示同意，他告诉路易斯安那州参议院，在美国出生的男女经常在“本国的汽船、火车或运输工具”上被拒绝给予“体面的乘坐待遇”，这“既不公平又可怕”。这也不是个别公司可以决定政策的一桩私事。由于有轨街车公司必须与运营所在的城市达成协议和签订合同，约翰·默瑟·兰斯顿补充道，这些交易“从根本上讲是针对整个社区的”，而不仅仅是其中的白人，因此，“接受所有人作为乘客是公共承运人的法律义务”。至于人们常听到的“没有哪个白人女士会和不是她仆人的有色女人一起坐车”的说法，鲁达内兹

① Howard N. Rabinowitz, *Race Relations in the Urban South, 1865 – 1890* (New York, 1978), 182 – 183; Roger A. Fischer, “A Pioneer Protest: The New Orleans Streetcar Controversy of 1867,” *JNH* 53 (1968): 220; Leon Litwack, *Been in the Storm So Long: The Aftermath of Slavery* (New York, 1979), 262; *Thirty-Third Annual Report of the Philadelphia Female Anti-Slavery Society* (Philadelphia, 1867), 25 – 26; Ira Berlin, *Generations of Captivity: A History of African-American Slaves* (New York, 2004), 267.

笑道，这只会“让世人相信，虽然她自称是一位女士，但她的举止非常粗俗”。如果一个白人在酒店餐厅时，不愿意坐在“诸如弗雷德里克·道格拉斯、[驻海地]公使埃比尼泽·巴塞特和[当时的州]参议员雷维尔斯这样白手起家的人”身边用餐，那他可以“在自己的房间里吃饭”。或许是由于他们拥有相对优越的背景，没有一个黑人编辑反对“一流的膳宿”或高档酒店的存在。他们只是谴责将“富有、聪明或受人尊敬的”黑人排除在“欢迎和款待所有白人的餐厅之外，无论他们的品格如何”。①

在雅致的酒店里，种族排斥现象是如此普遍，以至于当未来国会议员的混血妻子萨拉·沃尔·兰斯顿从海地返回曼哈顿，并被船长护送到晚宴餐桌旁时，白人宾客都以为她是古巴人。她的丈夫听到两个富家女子在猜测她的种族，当其中一个咬定萨拉是黑人时，另一个说：“为什么，他们不会让黑人进入这家酒店和餐厅的。”不久之后，约翰·默瑟·兰斯顿在俄亥俄州哥伦布市一家酒店的餐厅被拒绝入座，当时他是来拜访州长拉瑟福德·B. 海斯的。②

在鲁达内兹的社论和平奇巴克的演讲的推动下，新奥尔良的一些活动人士在1867年努力推动有轨街车的种族融合。当时的州参议员平奇巴克经常登上白人专车；由于他的肤色浅，又有政治地位，售票员很少叫他离开，尽管他们有时会把包裹堆在他周围形成一堵临时的墙。4月下旬，一名售票员强行将威廉·尼科尔斯赶下他的车，并将其抓了起来，但在当时正为竞选州长做准备的沃莫斯的建议下，该市

---

① *New Orleans Tribune*, July 7, October 29, 1867；P. B. S. Pinchback 1869年1月4日发表的演讲，现存于霍华德大学 Moorland-Springarn 研究中心的 P. B. S. Pinchback 档案；Langston, *Equality Before the Law*, 6；San Francisco *Elevator*, May 18, 1872；New Orleans *Weekly Louisianian*, March 21, 1868。

② New York *World*, November 16, 1890, 及 Chillicothe *Scioto Gazette*, August 26, 1885, 现存于霍华德大学 Moorland-Springarn 研究中心的 John Mercer Langston 档案。

撤销了指控。尼科尔斯希望利用这一事件推动种族融合，于是以“袭击、殴打和非法拘禁”之名起诉了这名售票员。作为回应，这家有轨街车公司放弃了它正式实施的种族排斥政策，转而采取了以下做法：如果黑人上车，车就原地不动。一些白人会在黑人坐下时起身下车，结果是几乎没有街车开动，而且由于白人乘客也必须到达目的地，该公司最终让步了。尼科尔斯赢了，也放弃了对售票员的起诉。①

同样，曼哈顿的有轨街车也是按习俗而不是按州或地方法规进行隔离的。与南方一样，战前10年开始修建铁路的公司都是私人所有，但都与市里签订了合同。结果，正如一位黑人乘客所言，“对于有色人士来说，让不让乘车取决于各车驾车人的心血来潮”。在华盛顿、费城和新奥尔良的成功案例的鼓舞下，纽约市的黑人社群重新行动起来，迫使该州采取统一的政策。早在1864年，活动人士就团结在了一位因拒绝离开白人专用的汽车而被捕的黑人士兵寡妇的周围。1871年5月，黑人组织了一次联合行动。许多乘客在同一天登上了第五大道线上的公共街车，其他人则一齐进入“时髦的酒吧和餐厅”，要求接待。一名保守派编辑冷嘲热讽道：“桑博②似乎因为在交通问题上强行执行民权法案而把自己弄得头脑发狂。”但是，对白人特权的攻击迫使共和党人在州议会采取行动，并在接下来的一年里通过了禁止在公共设施上有所区别对待的法案。③

---

① *New Orleans Tribune*, April 30, May 1, 1867; Fischer, "New Orleans Streetcar Controversy," 223; Dray, *Capitol Men*, 105.

② sambo，指北美印第安人或黑白混血儿与黑人的后裔。——译者

③ James M. McPherson, "Abolitionists and the Civil Rights Act of 1875," *Journal of American History* 52(1965):495; Davis, *"We Will Be Satisfied with Nothing Less,"* 15; Foner, *Reconstruction*, 471; Carla L. Peterson, *Black Gotham: A Family History of African Americans in Nineteenth-Century New York City* (New Haven, 2011), 191; Macon *Daily Telegraph*, May 23, 1871.

南方的一些城市表现出了更强的抵抗。讽刺的是，城市里的种族隔离在南北战争前的北方更为普遍，而且在战前，南方自由的黑人和被主人雇佣的奴隶经常住在优雅的联排房屋旁边的窝棚里。但奴隶制的终结抹去了该地区主要的社会控制形式，保守派决心用新的种族统治取代奴役。里士满的有轨街车允许黑人乘坐，但前提是只能靠外坐。莫比尔市将黑人赶到车尾，并竖起铁栅栏来维持种族隔离。但是，当战斗英雄罗伯特·斯莫斯被警告要站到查尔斯顿汽车的车尾平台时，一个由黑人和白人共和党人组成的同盟向大家承诺，只要"有色男性、女性和儿童仍被拒绝上车"而"最底层的白人却可以乘坐"，他们就抵制公共交通。1867 年 4 月，莫比尔市的非裔美国人状告多芬（Dauphin）街车公司的老板，当时该公司生产专供非裔美国人乘坐的带星星标记的车厢；"大量的白人和黑人涌上了城市轨道的各条线路"。许多白人试图拒绝黑人乘客坐下，但在那些大多数乘客都是非裔美国人的城市，长时间的抵制可能损害私营企业。这家汽车公司"不得以取消了［这种专用］车厢的生产，因为黑人不肯上这样的车厢，而它们的运营成本也很高"。即使在查尔斯顿、纳什维尔和莫比尔的公司正式结束种族隔离政策后，个别驾车人和白人乘客也常常给黑人乘客的出行找麻烦。在处理完维克斯堡的一起冲突后，一个老黑人决定搬到堪萨斯州，他希望"那里的每个人都能被以礼相待，都能有法律的保障"。他对布兰奇·布鲁斯抱怨说："南方人有多无知，这事儿我可以给你讲一整天。"①

① Rabinowitz, *Race Relations in the Urban South*, 184; Michael W. Fitzgerald, *The Union League Movement in the Deep South: Politics and Agricultural Change During Reconstruction* (Baton Rouge, 1989), 182 - 183; Dray, *Capitol Men*, 18 - 19; *New Orleans Tribune*, July 7, 1867; Washington Chavis 致 Blanche K. Bruce 的信，1879 年 2 月 6 日，现存于霍华德大学 Moorland-Springarn 研究中心 Bruce 档案。

正如潜在的移民所发现的那样，战后美国很少有城市接受种族融合，这意味着黑人活动人士和他们的律师让法庭忙得不可开交。当辛辛那提的一位通勤者被赶下街车后，他起诉了售票员，并得到了 800 美元的赔偿。华盛顿的一名售票员命令索杰纳·特鲁斯下车，遭到拒绝后，他停下车，打算把她硬拉下去。这位 68 岁的废奴主义者双手抓紧车子抵抗，结果伤了肩膀。她提起诉讼，售票员“丢了工作”。华盛顿的一位白人乘客非常抵触坐在黑人旁边，竟然拔出手枪，“叫嚣着要把这个黑人的脑袋打爆”。黑人乘客始终态度坚决，结果怒气冲冲的白人乘客只好自己下了车。直到 1871 年，一名黑人男子还因巴尔的摩的一家公司拒绝载他而对其提起诉讼。一位黑人编辑高兴地报道说，联邦法院的裁决解决了这个问题，“有色人士将被允许像其他人一样买票乘车。世界真的在进步”。①

在铁路和汽船采取类似政策时，黑人活动人士也起诉了他们。来自伊利诺伊州的 20 岁教师艾玛·科格在从艾奥瓦州的基奥库克乘汽船出行时遭到了攻击。科格在被告知要和仆人们一起在食品储藏室吃饭后，她在主餐厅的其他“女士”旁边给自己找了个座位。跟她同桌的 5 名白人妇女中有 3 人起身离开，不和她一起用餐，见这并没能令科格离开，船长把她的椅子拉开，把她从餐厅直接拖了出去。科格提起诉讼，要求赔偿损失，尽管船长找来了一些人证声称是这个“黄肤色女孩”挑起事端。华盛顿的一个陪审团判给凯特·布朗 1500 美元的赔偿，因为之前她在弗吉尼亚州的亚历山德里亚市登上了一辆“女士”专车而遭到一名警卫的野蛮殴打。黑人政客尤其爱诉诸法律途

① Masur, *An Example for All the Land*, 108; *Memphis Daily Avalanche*, January 2, 1866; New Orleans *Weekly Louisianian*, November 16, 1871; *Hartford Daily Courant*, January 1, 1866.

径。在 1871 年的三个独立案件中，平奇巴克起诉了新奥尔良 & 杰克逊 & 大北方铁路公司，要求赔偿 2.5 万美元，因为该公司卖给他一张头等卧铺车厢的票，随后却不让他进这个车厢。佐治亚州议员詹姆斯·西姆斯得到了 1800 美元的赔偿，因为里士满 & 弗雷德里克斯堡 & 波托马克铁路公司把他从华盛顿和里士满之间开行的一艘轮船上赶了下来。当时正在为州议会上竞选成功而做准备的汉尼拔·C. 卡特，拿到了密西西比 & 田纳西铁路公司 1 万美元的赔偿，"因为他和他的妻子被赶下了一辆专门搭乘白人的火车"。这位出生在印第安纳州的政治家不习惯让步。卡特在美国有色人种部队第 74 军团晋升为上尉，但因为在给战争部长的一份有关不同酬问题的请愿书上签了字而受到申斥。1868 年，在共和党的一次集会上，白人恐怖分子向他的团队开火，但这位老兵带了武器并果断还击。陪审团中有 5 名黑人，他们判卡特应获赔偿，卡特得以将这笔钱用于自己的竞选活动；当然，他愿意起诉铁路公司之举也为他赢得了黑人选民的感激之情。[①]

凭借自己的能力，6 名非裔美国人从退伍军人到联邦同盟成员再到州议员，一步步爬上政治阶梯，并作为立法委员在 1870 年秋季的选举中谋求更高的职位。尤其是在黑人居民占多数的密西西比州、路易斯安那州和南卡罗来纳州，雄心勃勃的男人们眼睛盯上了华盛顿。约瑟夫·H. 雷尼出生在南卡罗来纳州乔治敦市，生下来是奴隶，战争期间，他和妻子逃离了家乡，但及时返回参加了 1865 年在家乡举

---

① Leslie A. Schwalm, *Emancipation's Diaspora: Race and Reconstruction in the Upper Midwest* (Chapel Hill, 2009), 204 - 205; Kate Masur, "Patronage and Protest in Kate Brown's Washington," *Journal of American History* 99 (2013): 1061 - 1064; New Orleans *Weekly Louisianian*, July 9, 1871; *Baltimore Sun*, May 19, 1871; *Cincinnati Enquirer*, May 25, 1871; Foner, ed., *Freedom's Lawmakers*, 42.

行的黑人大会。虽然雷尼不是老兵，但他加入了联邦同盟，在州制宪大会效力，并在1868年赢得了州参议院的选举。此外，罗伯特·德拉吉和罗伯特·布朗·埃利奥特代表南卡罗来纳州之时，杰弗里·朗在佐治亚州赢得了席位，本杰明·S. 特纳代表亚拉巴马州之时，约西亚·沃尔斯赢得了佛罗里达州唯一的国会席位。6人中有2人曾在军队服役，其中沃尔斯被提拔为中士；而特纳和德拉吉这两人曾在自由民局工作过。正如报纸经常报道的那样，这6人当中有3人是“聪明的黑白混血儿”，尽管包括雷尼在内有4人生下来是奴隶。除了杰弗里·朗之外，另外5个人全都曾在自己家乡的州议会任职。6人中有4人代表过自己所出生的州；沃尔斯以前是弗吉尼亚州温彻斯特市的奴隶，埃利奥特从波士顿去了南方。纽约某日报嘲讽道，国会“很快就会全是黑人议员了”。①

南卡罗来纳州的四位国会议员中有三位是非裔美国人，这一事实在全国新闻界引起了相当大的关注，这并非没有道理。没什么能比这些有色人士更恰当地象征美国民主新的一天了，因为他们代表的是一个最认同奴隶制、敢于拒不执行或承认联邦法令（nullification）甚至脱离联邦的州。然而，象征并不能换来影响力。作为州参议员，雷尼曾担任财政委员会主席。特纳曾在塞尔玛市议会任职。沃尔斯曾当选为盖恩斯维尔市市长，并在佛罗里达州参众两院任过职。不过，在华盛顿，许多北方共和党人要么由于自己内心固有的种族主义，要么因为害怕在选民眼中显得过于进步，所以与他们保持距离。议长詹姆斯·G. 布莱恩给他们安排了一些不重要的委员会工作；雷尼

---

① Hume and Gough, *Blacks, Carpetbaggers, and Scalawags*, 158; Du Bois, *Black Reconstruction*, 403; New Haven *Columbian Register*, October 29, 1879; *Galveston Tri-Weekly News*, October 31, 1870; *Cincinnati Daily Gazette*, November 18, 1870; New York *Commercial Advertiser*, December 5, 1870.

在宣誓就职后，“被安排坐在大厅最远的角落里”。共和党媒体纡尊降贵地赞扬他们。克利夫兰的《老实人报》(*Plain Dealer*)称雷尼是“鼻烟色的禁运品”，说他的“穿着对于一个南方的国会议员来说异常得体”。至少通过他们的演讲，他们能解决被本党的北方党员普遍忽视的问题，只在1870年至1871年初的冬季有一个为期4个月的短暂任期的国会议员杰弗里·朗，就利用自己在国会山的时间来解决针对南方自由民的白人暴力问题。尽管埃利奥特在1872年再次当选，但他最终决定在正在发生真正的社会变革的州发挥更大的影响；在那个时代，78%的黑人公职人员在地方一级任职。埃利奥特辞去了他在南卡罗来纳州州议会的职务，而议会很快选举他为议长。①

就在几个月前，希拉姆·雷维尔斯举起右手宣誓就任密西西比州的美国参议员。1822年，雷维尔斯出生在北卡罗来纳州的一个自由人家庭，在维齐谋划、耐特·特纳宣布起义引发了对自由黑人的强烈反对后，他们一家搬出了南方。雷维尔斯先是在印第安纳州的贵格会神学院就读，后来进了诺克斯学院，这是伊利诺伊州的一所学院，由反对奴隶制的长老会教徒创建。雷维尔斯在堪萨斯州和密苏里州的非裔卫理公会会众中开始了他的传道生涯，在密苏里，他还因“向黑人传福音”被逮捕，被短期关押过。战争爆发时，他在马里兰州的第一个黑人军团当随军牧师，接着又在密西西比州的自由民局当牧师。在纳切兹市担任市议员那阵子，为他在州参议院的任期打下了基础，当密西西比州1870年1月批准第十五修正案时，雷维尔斯被州议会选

① Cleveland *Plain Dealer*, December 14, 1870; Lamson, *Glorious Failure*, 176; Richard M. Valelly, *The Two Reconstructions: The Struggle for Black Enfranchisement* (Chicago, 2004), 78.

中，填补参议员阿尔伯特·加勒廷·布朗1861年初辞职所留下的空位。来自马里兰州的民主党参议员乔治·维克斯，与来自特拉华州的民主党参议员老威拉德·索尔斯伯里分别站起来质疑雷维尔斯宣誓就职的权利，援引的是塔尼在1857年对德雷德·斯科特案所做的裁决，即黑人不是美国公民。但是，以萨姆纳为首的多数党以第十四修正案为依据，驳回了这一反对意见。“德雷德·斯科特是一个死掉的非裔[美国奴隶]，”贺拉斯·格里利说，“而希拉姆·雷维尔斯是一个活生生的美国公民。”①

雷维尔斯任职仅13个月，他在参议院的工作与其说卓有成效，不如说是象征性的。但对美国黑人来说，雷维尔斯坐在萨姆纳旁边，在奴隶主杰斐逊·戴维斯和约翰·C. 卡尔霍恩曾经居住的房子里讲话，这一幕已经足够具有象征意义了。“有色人士正在为有色参议员雷维尔斯的到来而欢呼雀跃。”弗吉尼亚州的一位编辑怒气冲冲地说。雷维尔斯与乔治·T. 唐宁同在一个房间（后者是一家黑人酒店的老板、活跃多年的活动家），全国各地的黑人政治团体纷纷邀请他发表演讲。那年7月，堪萨斯州、密苏里州和内布拉斯加州的黑人共和党人举行了一系列的“解放日”庆祝活动，包括“盛大的晚宴和演讲”。南方白人，甚至那些支持共和党的联邦主义者，却没有那么欣喜若狂。“自雷维尔斯当选以来，”有人对毫无同情心的阿戴尔伯特·艾姆斯抱怨道，“令人惊讶的是，这些黑鬼是如此贪心，从其他州蜂拥而来的大批黑鬼都在闹着要担任公职。”不过，北方的一小撮进步派人

---

① Dray, *Capitol Men*, 60–61; Donald, *Sumner*, 427; Washington *Critic-Record*, January 21, 1870; *New-Orleans Times*, January 21, 1870; *Cincinnati Daily Gazette*, March 17, 1875; *New-York Tribune*, February 26, 1870; *Philadelphia Inquirer*, November 30, 1870.

士游说雷维尔斯或道格拉斯作为格兰特1872年的竞选搭档。①

幸好他们没成。到了大选时，民众对格兰特政府内部日益腐败的不满，加上北方对似乎没完没了的重建之争的厌倦，致使一些白人改革家认为不应让格兰特连任。在那些自称为自由派共和党人的人当中，编辑贺拉斯·格里利的名字被传为一个可能的选择。黑人共和党人吓坏了。尽管对格兰特内阁丑闻的报道并不感到不安，但非裔美国人活动人士与温和派人士一样，都不希望通过淡化前南方邦联的民权问题来疗愈派系之间的创伤。总统热情地为第十五修正案背书，这对南方的自由民来说已经足够了。"格兰特使我们有了行使选举权的特权，"一个密西西比人语气肯定地对在任的参议员艾姆斯表示，"你也知道格兰特的名字在黑人选民听起来有多受用。"黑人共和党人在1871年南方各州有色人士大会上就这个问题进行了辩论，但是大会决定坚决支持格兰特。1872年初，就在白人自由派共和党人在辛辛那提召开小型会议之前，南方黑人再次召开会议，这次是在新奥尔良，明确表示他们希望格兰特"成为共和党的选择"。对于那些继续集结和操练"黑人民兵"的黑人来说，他们的总统曾是个将军这一点可谓意义重大。②

6月初，大多数共和党人在费城举行的例会上再度提名格兰特，

---

① *Albany Journal*, February 17, 1871; *Alexandria Gazette*, January 31, 1870; *Leavenworth Bulletin*, July 26, 1870; O. H. Crandall致Adelbert Ames的信，1870年4月2日，现存于Smith College Library的Ames Family档案；*Flake's Bulletin* (Galveston, TX), September 24, 1870。

② Mitchell Snay, *Horace Greeley and the Politics of Reform in Nineteenth-Century America* (Lanham, MD, 2011), 176 - 177; Perman, *Road to Redemption*, 38 - 39; *Circular, Headquarters Sub-Executive Committee, Regular Republican Party of Louisiana, July, 1872*，现存于霍华德大学Moorland-Springarn研究中心P. B. S. Pinchback档案；A. J. Jones致Adelbert Ames的信，1872年3月21日，现存于史密斯学院图书馆Ames Family档案；A. S. Morgan致Adelbert Ames的信，1872年4月13日，同上；*Cincinnati Enquirer*, January 27, 1871。

却以马萨诸塞州参议员亨利·威尔逊而非雷维尔斯，取代了丑闻缠身的舒勒·科尔法克斯，一小撮共和党变节者与民主党联合起来，支持格里利和密苏里州州长本杰明·格拉茨·布朗这个组合参加大选。这里面一个黑人也没有。威尔逊是个著名的激进分子，也是重建运动的支持者，而民主党代表大会的乐队却演奏了《迪克西》[①] 这支曲子来向总统候选人致敬。共和党的政纲谴责腐败，支持最近的三部宪法修正案，但同时宣布“拥有公正的选举权的地方自治政府将比任何中央政权更能保障所有公民的权利”。非裔美国人大多都很仰慕格里利，现在却认为他天真得无可救药，因为他们很清楚，大多数南方白人一旦重新掌权，就会剥夺黑人的投票权。“这意味着他们会把过去十年的工作都废掉，”约翰·默瑟·兰斯顿指出，“已经南下的教师，无论男女，都会被交给三K党。”如果这个政纲“再次意味着‘州权’(State Rights)”，黑人共和党人将不会“追随任何共和党人”。对于未来的国会议员兰斯顿等政治上敏锐的观察家来说，格兰特的问题在于他对华盛顿的腐败行为乐于视而不见分裂了进步联盟，而不在于他对白人反动派太过强硬。[②]

黑人活动人士对前白人盟友以及那些被他们视为非裔美国人叛徒者尤其强硬。约翰·默瑟·兰斯顿对格兰特和查尔斯·萨姆纳之间的恩怨——主要是外交政策上的——知之甚少，但他个人力劝这位参议员“留在共和党”，不要跟格里利走。当萨姆纳坚持脱党时，兰斯顿告诉他，自己“不能也不会跟随他”。路易斯安那州州长沃莫斯也弃

① *Dixie*，这是美国南方邦联各州的非正式统称，与北方州 Yankee 的意思相对。——译者

② McFeely, *Grant*, 382-383; Edward Billings, *The Struggle Between the Civilization of Slavery and That of Freedom, Recently and Now Going on in Louisiana* (Northampton, 1873), 21; *Boston Journal*, July 9, 1872; New Orleans *Daily Picayune*, July 17, 1872;(作者不详)*Grant or Greeley—Which? Facts and Arguments for the Consideration of Colored Citizens of the United States* (Harrisburg, 1872), 4-5。

格兰特而去，正如平奇巴克所说，“在他表示支持格里利的事业后几乎被赶出了共和党”。J. 塞拉·马丁牧师是南卡罗来纳出生的自由民，在随美国传教士协会返回南方之前曾在波士顿和华盛顿领导会众，马丁作为格里利的支持者参加了路易斯安那州州议会选举后，他“失去了教会的恩典”，被迫辞去牧师职务。马丁声称“成千上万的有色人士内心里追随查尔斯·萨姆纳”并支持联合选票[①]，兰斯顿就此公开批评了他。兰斯顿写道，这话“并不是真的”，甚至可以说“全国随便哪个地方都会有500个［黑人］选民是受萨姆纳先生或别的什么人的影响”而要投票给格里利的。4年后，沮丧的马丁把自己锁在酒店房间里，吞下了过量的鸦片酊。[②]

道格拉斯也参与进来，为小册子《是格兰特还是格里利：美国有色公民所思所虑之事实和论据》[③] 写了一篇社论。和兰斯顿一样，这位伟大的废奴主义者对捍卫格兰特所任命之人的道德失范不太感兴趣，他更感兴趣的是抨击一场公开呼吁“推翻黑人霸权”的所谓“改革”运动。道格拉斯认为，在民主党的巴尔的摩大会上说的这句话是荒谬的。他很纳闷：“黑人在这个国家哪里至高无上了？”旧金山《升降机报》的编辑菲利普·A. 贝尔毫不怀疑黑人选民会拒绝接受格里利的人和民主党人的联合选票。他在社论中写道：“他们就是10年前在南方奴隶市场里甩鞭子的人，他们就是拒绝跟一个有色人士同坐一

---

① fusion ticket，即一名候选人被不止一个政党提名参加竞选，这在绝大多数州都是禁止的。——译者

② P. B. S. Pinchback 致国家参议院的信，1875，参见霍华德大学 Moorland-Springarn 研究中心 P. B. S. Pinchback 档案；P. B. S. Pinchback, “The Great Rail Road Race,” September, 1872，同上；*New York Globe*, January 21, 1882；弗吉尼亚州彼得斯堡的不知名报纸，1874年12月18日，现存于霍华德大学 Moorland-Springarn 研究中心 John Mercer Langston 档案；*New York Times*, August 17, 1876。

③ *Grant or Greeley—Which? Facts and Arguments for the Consideration of the Colored Citizens of the United States.*

辆有轨街车的人，而现在，当他们意识到你们的政治地位日益重要时，就假装是你们的朋友，要得到你们的选票。”这两位作家谁都不用担心。格兰特轻松获胜，赢得了55%的选票。一位浸信会传教士很有把握地告诉某北方游客，南方的黑人几乎不费吹灰之力就能分得清他所称的“北方联邦票和南方叛军票”。这位牧师承认，黑人选民并不总是很了解那些排名靠前的候选人，但是他们知道这些政党的立场。“是的，先生；我们比你知道的多！”自由民对他们以前的主人了如指掌，“从外表到内心，都能比你了解或所能了解的更多，等哪天你和他们生活在一起那么长时间，也会懂得和我们一样多”。①

到1873年3月格兰特开始他的第二个任期时，曾是南方农村的威胁所在的白人暴力，现在已经变得更加严重，直到这个国家部分地区的重建工作已经实际上停摆。然而，就在同一年，布兰奇·K. 布鲁斯拒绝了阿戴尔伯特·艾姆斯让他竞选密西西比州副州长的建议；反而把目光投向了华盛顿以及更有分量的美国参议院席位。在评估重建工作的相对成败时，共和党记者统计了选票，并密切关注了黑人活动人士在乡村地带的消失，以及白人暴徒阻止黑人选民在南方投票的行为。更难量化的是布鲁斯入选美国最高内阁对整个共和国的黑人的影响。F. W. 科恩曼从曼哈顿写信给布鲁斯称：“我是路易斯安那州人，是我亲爱的老家的流亡者。”她和她的丈夫希望这位新参议员能寄给她一张小的个人肖像，“这是第一张有色人的照片，他超越了种族的偏见和激情，他勇敢地挺身而出为正义而战，［因为］在这场战斗中没有哪个征服者比你更配得上荣誉的桂冠。”②

① （作者不详）*Grant or Greeley*, 6; San Francisco *Elevator*, October 18, 1871; Litwack, *Been in the Storm So Long*, 534。

② F. W. Kornman 致 Blanche K. Bruce 的信，1876 年 2 月 11 日，现存于霍华德大学 Moorland-Springarn 研究中心 Bruce 档案。

第八章　“彻头彻尾的屠杀”

白人的暴力以及重建工作在南方的结束

威廉·丹尼斯从未像战争英雄罗伯特·斯莫斯那样名扬全国。与布兰奇·K. 布鲁斯不同，他也从未举起右手宣誓就任美国参议员。他就像法官休·L. 邦德那样，既不富有，也没有政治人脉。丹尼斯只是重建之战中的一名小兵，跟奥克塔维厄斯·卡托一样，也是遇害者之一。1844 年，他出生在弗吉尼亚州的一个奴隶家庭，在兵荒马乱中，他稀里糊涂地北上去了曼哈顿。年仅 20 岁的他，于 1864 年 7 月 11 日加入了美国有色人种部队第 45 军团，见证了战争的最后几个月。战争结束后，他继续在军队服役，最后在密西西比州退伍。他在默里迪恩镇安顿下来，按当时的流动人口普查员的说法，做了个普通的“劳工”，后来活跃于联邦同盟和共和党人之中。①

就在格兰特竞选连任前不久，白人民主党人——其中许多人是前邦联分子——走上默里迪恩的街头游行，希望吓得共和党人不敢去投票站。一天下午，近 500 名“三 K 党骑兵”在镇长威廉·斯图吉斯家门外集结。这群人由该镇《水星报》的编辑 A. G. 霍恩率领，他怒视着这位出生在北方的白人市长的房子，大声喊道：“我们必须把那个该死的恶棍抓起来。”黑人共和党人并没有被吓倒，他们组织起了自己的“黑人民兵队”。队长是30岁的威廉·克洛普顿，土生土长的弗吉尼亚人，在田纳西州变成自由身后加入了第55军团。根据一个不带同情心的说法，克洛普顿在某天下午结束操练时向他的士兵保证，有“100个”这样的士兵“他就可以消灭100个白人”。几乎就在集合结束的同时，一名前邦联分子的店着火了。纵火者并非自由民，但据说克洛普顿用手枪瞄准那些试图灭火的人，说“感谢上帝，叛军的财产正在化为灰烬”。镇上的非裔卫理公会敲钟示警，希望能让人群撤出街道，治安官派了一队人去逮捕克洛普顿，他“被人带到法院里看了起来”。②

当晚，白人民主党人举行了一次会议，旨在表明他们“终于下定决心制止那些坏黑人及其白人盟友疯狂的和破坏性的行径”。丹尼斯和J. 阿隆·摩尔（卫理公会黑人牧师、州议员，任职于默里迪恩镇议会）以及D. 沃伦·泰勒在非洲人教堂召开了第二次会议。他们向在场群众保证他们是“渴望和平”的，三人“发表了讲话，对没有与白人邻居处得更好表示遗憾”。丹尼斯向大家承诺，“联合党（Union party）一直在壮大”，格兰特在1872年一定会“胜选”。没必要使用暴力。不过，治安官却认为他们的演讲“非常具有煽动性”，而处事谨慎的泰勒带枪出席会议的事实，足以让他下令逮捕泰勒和摩尔牧师。③

---

① William Dennis，连队记录手册，1864年7月11日，编撰的支援联盟军的兵役记录，有色人种部队第45军团，第77卷，出版信息不详；1870年人口普查中关于密西西比州亚当斯县的记录，第181A页，出版信息不详。

② *Albany Evening Journal*，March 17，1871；William Clopton，连队记录手册，1864年2月29日，编撰的支援联盟军的兵役记录，有色人种部队第55军团，第1657页，出版信息不详；*New York Herald*，March 12，1871。

③ *Albany Evening Journal*，March 17，1871；*New York Herald*，March 12，1871.

对这三人的审判开始时，法官 E. L. 布拉姆莱特很快失去了对法庭的控制。一位姓布兰特利的先生因为泰勒说“民主党人受到惊吓”的一些评论而被免职，对泰勒他不以为然地称其为“这里的这个男孩”。而“非常粗鲁和愤怒”的泰勒大喊布兰特利是个骗子。布兰特利不敢相信竟有黑人这样跟他讲话，于是举起手杖朝泰勒走去，但被法警拦了下来。接下来究竟发生了什么，取决于哪个记者在政治方面更有说服力。市长斯图吉斯发誓泰勒除了一把“袖珍刀”外，没有其他武器。但心怀敌意的白人声称他“拔出一把连发的手枪，开始向布兰特利射击”。挤在法庭上的观众几乎都带着武器，“一场不分青红皂白的枪战就此上演”。布拉姆莱特法官“头部中弹，当场死亡”；几个白人受伤，克洛普顿和另外 4 名黑人在混战中丧生。受了重伤的丹尼斯从二楼的窗户跳到下面砖砌的人行道上，但从法院涌出的白人抓住了他，“割开了他的喉咙”。暴徒们又去追摩尔牧师。他逃掉了，所以他们“去烧了他的房子”。泰勒也从窗户跳了下来，却在跑进一条小巷时被抓住，“当场被打死”。暴徒们拿着“双管猎枪”包围了斯图吉斯市长的家。他承认“他们对我还算尊重”，但也警告他“如果不赶紧坐上去北方的火车滚蛋”就杀了他。“我屈服了。”斯图吉斯老老实实地承认。①

就在一个月前的 1871 年 2 月，新泽西州卡姆登的民主党人也采取了类似的招数来压制共和党的选票。该镇大约有 400 名黑人选民，其中一些人为避开麻烦，在投票一开始时就去投了。后去投票的人中，有一个叫约翰・吉伦，24 岁，是南卡罗来纳土生土长的黑人。

---

① *Albany Evening Journal*, March 17, 1871; *New-Hampshire Patriot* (Concord, NH), March 15, 1871; *New York Herald*, March 12, 1871; Macon *Daily Telegraph*, March 14, 1871; Middletown *Daily Constitution* (CT), March 15, 1871; *Houston Daily Union*, March 16, 1871.

吉伦和另一个黑人约翰·雷站在投共和党的队伍里（候选人往往等在各自政党的队伍里看人来投他们）准备投票，这时“队伍被白人冲散了”。乡绅亨利和巡官弗朗西斯·苏德斯挤进了队伍，苏德斯握着手枪和警棍威逼 3 名黑人选民离开投票站。跟这两名白人一起来的还有一群民主党人，其中很多来自宾夕法尼亚州，12 人是费城警察。吉伦决心去投票，队伍里剩下的其他黑人开始推搡亨利。“这件事已经耗得太久了”，苏德斯边喊边拔枪朝吉伦射击。苏德斯和亨利一起开始殴打雷，而投票站的黑人把亨利“踢”了出去。陪审团裁定苏德斯有罪，说媒体所称的“卡姆登暴动”就是他干的，但又以吉伦曾为他作证为由建议“宽恕”他。11 个月后，仍在当警察的苏德斯再次因袭击非裔美国人约翰·奎因而被捕。其间的几个月里，一名白人民主党人在费城暗杀了奥克塔维厄斯·卡托。①

只要有足够多的政客被暗杀，有足够多的政党登记员被清除，有足够多的选民吓得在选举日那天闭门不出，暴力就能让革命运动止步不前。有那么一阵子，南卡罗来纳州的国会议员反映出了该州的人口结构；它的这几届选举是 1965 年以前该州最民主的选举，当时妇女和非裔美国人都将再次享有投票权。但是，随着西部与印第安人的战事从南方各州抽走了行动迅速的骑兵，留下的只有数量不断减少的步兵，且他们大多驻扎在城市地区，白人暴力也随之增加。在《军事重建法案》通过后的第一年，路易斯安那州的选举在 2000 名士兵的监督下进行。短短两年内，这个数字减少了近四分之三，还剩 598 人，到格兰特竞选连任时，只有 421 名士兵守卫着这个幅员辽阔的州的

---

① Camden County, New Jersey, 1870 federal census, 卷 M593, 第 272B 页, NA; *New York Herald*, 1871 年 2 月 4 日、2 月 5 日; Trenton *Daily State Gazette*, 1871 年 1 月 18 日、2 月 3 日、2 月 20 日, 1872 年 1 月 10 日。

51843平方英里土地。随之而来的白人民团主义的激增，标志着前南方邦联大部分地区重建工作的结束。国务卿乔纳森·吉布斯估计，佛罗里达州在1868年大选后的3年时间里，仅杰克逊县就至少有153名黑人被暗杀。1887年3月，国会议员罗伯特·斯莫斯卸任时声称，在黑奴解放后的几年里，有5.3万名非裔美国人被杀，其中大部分在南方。①

黑人共和党人和他们的盟友很快就把所有白人民团分子都描述为三K党成员，但事情远没有那么简单。如果黑人活动人士和联邦政府面对的是一个庞大而高度集中的组织的话，哪怕骑兵数量不断减少，结束农村的暴力也会更容易些。1865年圣诞节前一天，6名邦联分子在田纳西州的普拉斯基成立了一个组织，它以希腊语中的kyklos（即circle，意为"圆圈"）一词命名，最初不过是心怀不满的退伍军人的社交俱乐部。不过，到了1867年春天，该组织已采用了等级制度，成了一个作风军事化的组织，前奴隶贩子、南方邦联将军内森·贝德福德·福雷斯特成为该组织的"龙头老大"，即全国领导人。该组织成员宣誓支持"白人政府"，并被要求随时携带武器。马萨诸塞州国会议员本杰明·巴特勒曾是军官，在门罗堡解放过逃亡的黑人，他明白三K党的所为不是对自己被打败做出的反击，而是为了阻止重建所带来的政治改革而进行的一次法外尝试。巴特勒认为，由于在"战场上失利"，前奴隶主起草了《黑人法典》。1866年的《民权法案》和国会授权的新的州《宪法》已经抹掉了那些想绕过第十三修正

① LeeAnna Keith, *The Colfax Massacre: The Untold Story of Black Power, White Terror, and the Death of Reconstruction* (New York, 2008), 69; Philip Dray, *Capitol Men: The Epic Story of Reconstruction Through the Lives of the First Black Congressmen* (New York, 2010), 340; Paul Ortiz, *Emancipation Betrayed: The Hidden History of Black Organizing and White Violence in Florida from Reconstruction to the Bloody Election of 1920* (Berkeley, 2005), 24.

案的企图。因此，三K党人“现在通过午夜的秘密暗杀”，试图剥夺美国黑人受“美国宪法保障的权利”。巴特勒告诫大家：南方白人对于不能通过在政治体制内的工作来实现的，将通过“武力、欺诈和谋杀”来实现。[①]

这幅刊登在《哈珀周刊》（*Harper's Weekly*）上的漫画引起了人们对南方邦联、三K党活动和民主党之间关系的关注。画上，一名“海盗”展开白人至上的旗帜，驾驶着“新亚拉巴马号”，即那艘臭名昭著的、最终于1864年在法国海岸外被击沉的邦联突袭舰。一艘美国军舰用一枚标有“人人生而平等”的炮弹予以回应。（国会图书馆提供照片）

三K党人通常在自己家乡的县开展活动，这意味着他们知道当地哪些黑人活动人士是目标，而且这些活动人士也认识他们。据卡罗

---

① Franklin, *Reconstruction*, 154 - 155; Dray, *Capitol Men*, 80; Benjamin Butler, *The Negro in Politics: Review of Recent Legislation for His Protection* (Lowell, MA, 1871), 9.

来纳的女自由民弗朗西斯·安德鲁斯回忆，为了掩饰身份，夜间袭击者“用帽子遮住脑袋和眼睛，但没有穿白色长袍”。一些三 K 党人企图吓住南方的黑人，使其相信他们是死去的南方邦联人的鬼魂，但是没有人被骗倒。“皮茨牧师的弟弟就是其中之一。”安德鲁斯说。前奴隶洛伦莎·埃泽尔也认为所有黑人都知道他们的白人邻居中有谁是那些人一伙的。“即使他们遮住了脸，进行了伪装，”埃泽尔指出，“我也听得出他们的声音，认得出他们的马和鞍。”第三位黑人证人，即密西西比州的 A. P. 哈金斯说：“他们中的许多人都曾在南方邦联军队服役。”在三 K 党采用军事意味的职衔后，之前的列兵自然会排在他们过去的上尉和中尉后面。一些黑人甚至指出，这些连队的历史可以追溯到南北战争前的岁月，当时带武装的白人骑着马在夜间巡逻，寻找从主人的庄园里溜出来的黑人。“据我所知，巡逻队和三 K 党之间并没有什么不同，”自由民 J. T. 蒂姆斯补充道，“如果他们抓住你，就会鞭打你。”在某些情况下，三 K 党人都是较年长的南方邦联分子的儿子。密西西比州共和党人霍雷肖·巴拉德推测：“年纪太老的男人和年纪太小还不能上战场的男孩，如今是社会中最无法‘重建’的部分。”①

三 K 党活动在内陆地区最为普遍，那里联邦骑兵稀少，土地争夺战也最为激烈。战前没有奴隶的白人农民以人工管理的名义如今

---

① 对 Frances Andrews 的采访，参见 George Rawick, ed. , *American Slave: South Carolina Narratives* (Westport, CT, 1972), 17; Claude H. Nolen, *African American Southerners in Slavery, Civil War, and Reconstruction* (Jefferson, 2001), 164; Mitchell Snay, *Fenians, Freedmen, and Southern Whites: Race and Nationality in the Era of Reconstruction* (Baton Rouge, 2007), 67 – 68; Sally E. Hadden, *Slave Patrols: Law and Violence in Virginia and the Carolinas* (Cambridge, 2001), 212 – 213; Horatio Ballard 致 Adelbert Ames 的信，1870 年 4 月 30 日，现存于 Smith College Library 中 Ames Family 档案。

与种植园主联手了，因为前者担心太过独立的黑人自耕农会构成竞争，后者则希望对那些利用劳动力稀缺来获得有利的佃农分成协议的自由民予以更大的限制。因此，被认定为三 K 党的当地民团成了民主党选民和民主党活动家的代名词。由于居住在内陆地区的黑人越来越少，对少数选民的恐吓——或消灭为数不多的共和党投票登记员和投票站工作人员——可能会打破州和地方选举的平衡。正如一位俄亥俄州的编辑所指责的那样，“民主党的全国胜利”将意味着“鲍伊刀[①]、左轮手枪和恶棍行为”会遍及南方大部分地区。三 K 党在许多县的暴力活动是如此明目张胆，其成员也如此公开地与民主党政客来往，以至于“三 K 党”很快变成了一个动词。一位非裔美国妇女抱怨说，她因为拒绝为某个白人家庭工作而遭到了“三 K 党”的迫害，另一位愤愤不平的佐治亚黑人则威胁要对“三 K 党人”以牙还牙。[②]

作为一个全国性机构，民主党认识到了把希望寄托在种族暴力上的危险。尽管长期以来，一些民主党人已经习惯了在共和党的每一个地区都使用种族主义来发声，但他们担心，持续不断的选举日暴力会引来格兰特和华盛顿更进步的共和党人的怒火。如果在那些黑人和白人已经平衡的县，对一些黑人选民的恐吓导致白人赢得了选举，那么有关白人采取胁迫手段的传言也促使黑人大量出现在他们几乎不占多

---

① 一种钢制长刃猎刀。——译者

② J. C. A. Stagg, “The Problem of Klan Violence: The South Carolina Up-Country, 1868 - 1871,” *Journal of American Studies* 8 (1974): 306 - 307; *Wooster Republican* (Wooster, OH), December 8, 1870; Snay, *Feniens, Freedmen, and Southern Whites*, 60. George C. Rable, *But There Was No Peace: The Role of Violence in the Politics of Reconstruction* (Athens, GA, 1984), 68 - 69, 此书认为，白人暴力本身并没有终结重建，因为重建已被白人联邦主义者放弃。尽管总体上确实如此，但数百名黑人登记员、投票站黑人工作人员和黑人共和党候选人的消失，实际上终结了南方部分地区的渐进式改革。

数的地区。就连北方的温和派也担心如果不采取行动，“民主党胜利的微弱希望”可能会导致南方的部分三K党、游击队员和顽固不化的反叛者制造更大的“骚乱、暴力、煽动和流血事件”。只要北方政客认为暴力事件是零星的、孤立的，他们就倾向于忽视这个问题。但是，就像现任参议员阿戴尔伯特·艾姆斯的一位忧心忡忡的选民所写的那样，一旦有党派意识的人明白“一个民主组织［正在］在这个州形成，它的目的必然有点类似于‘三K党’组织”，他们就会开始重视。每一个通过暴力方式当选国会议员的民主党人，都将是一张反对共和党国家政策的选票。①

三K党的暴力事件很少是随机发生的，白人袭击者也并不是单单因为肤色原因而袭击黑人。卡罗来纳州州议员本杰明·F. 伦道夫在1868年大选前夕被谋杀，他就是被锁定为清除对象的一个典型例子。同年，三K党人在南卡罗来纳州杀了两名黑人立法委员，又在阿肯色州杀害了一名黑人议员。在佐治亚州卡米拉市，民主党人向共和党人的游行队伍开火，打死打伤20名黑人游行者，一名佐治亚州黑人州议员被人从家里拖出来，差点被打死。即使在南方州议会的围墙内，黑人政客也不安全。当突尼斯·坎贝尔在佐治亚州参议院站起来抗议自己被驱逐（美国国会要求让他复职）之后，他接到警告，说“有8个人守在共和党议员座位上方的旁听席上，有的在前面，有的在侧面”，每个人都带着“左轮手枪”。当坎贝尔拒绝保持沉默时，一些紧张不安的参议员离席而去。三K党人还攻击任何“表现得像个

---

① Perman, "Counter Reconstruction: The Rise of Violence," in *The Facts of Reconstruction: Essays in Honor of John Hope Franklin*, eds. Eric Anderson and Alfred A. Moss Jr. (Baton Rouge, 1991), 132 - 133; *Wooster Republican* (Wooster, OH), 1870年12月8日; E. J. Jacobson 致 Adelbert Ames 的信, 1871年8月7日, 现存于 Smith College Library 中 Ames Family 档案。

大人物”的黑人男性，因为有主见的自由民往往也是加入联邦同盟或参加政治集会的那种。[1]

白人共和党人，无论他们出生在哪里，招来的暴力几乎和他们的黑人同道一样多。联邦主义者威廉·休·史密斯来自佐治亚州，曾经有过奴隶，但他反对脱离联邦，并于1862年逃往联邦阵营。在1868年当选为亚拉巴马州州长后，史密斯经常受到民主党人的骚扰，他们想恐吓他，让他在全州各地巡回演讲期间宣布辞职。在萨姆特县，史密斯在法院发表演讲，这时，一位“酩酊大醉”的听众站到他这个州长身边，“拔出一把大刀握在手上”，还有几个人“带着左轮手枪走了进来”。最后，史密斯的声音被听众潮水般的“侮辱性言论”淹没了，但好在他还能活着离开。北方男子通常就没那么幸运了。定居佐治亚州的废奴主义者查尔斯·斯特恩斯在哥伦比亚县竞选法官时，以1200张票获胜。然而，当斯特恩斯进行巡回审判时，暴民们来到他的法庭，高喊着斯特恩斯是“由黑人投票选出来的，而黑人无权投票”。斯特恩斯曾在堪萨斯内战[2]中与自由土地党人[3]并肩作战，他并不是懦夫，但当民主党人把他从他家里拖出来，野蛮地殴打他的一名黑人雇员后，这位法官辞去了职务，回马萨诸塞州去了。“似乎没有一个履职的北方佬能在南方待下来，”在目睹一名共和党人警察局长被谋杀后，艾姆斯的一位通讯员向他报告说，“刺客只要把屠杀

① Dray, *Capitol Men*, 84 - 85; Charles Lane, *The Day Freedom Died: The Colfax Massacre, the Supreme Court, and the Betrayal of Reconstruction* (New York, 2008), 3; John. W. Alvord, *Letters from the South, Relating to the Condition of the Freedmen* (Washington, 1870), 22; Tunis Campbell, *Sufferings of the Rev. T. G. Campbell and His Family, in Georgia* (Washington, 1877), 11.

② Bleeding Kansas，指美国历史上蓄奴者和反对蓄奴者为争夺对堪萨斯州控制权而发生的小规模内战，从1854年持续到1859年。——译者

③ free-soilers，自由土地党是美国内战期间支持自由分配政府拥有之土地的反奴隶制政党。——译者

对象限定为北方人，就可以放手去干这血腥勾当而不用担心受到惩罚。”①

虽然白人暴力事件在格兰特当选前夕激增，但在他的第一个任期内只是略有消散，在1870年的非大选年选举中则再次激增。共和党人在诺福克举行了一场集会，主角是最近被任命为霍华德大学法学院院长的约翰·默瑟·兰斯顿和前州长亨利·H. 威尔斯，威尔斯是位出生在罗切斯特的将军，因在弗吉尼亚州一处谷仓中把约翰·威尔克斯·布斯②逼得走投无路而声名鹊起，会场上，携有武器的民主党人挤满了他们走向讲台的路。兰斯顿试图用自己的声音盖过他们的嘲笑和嘘声，但当一小队势单力薄的警察试图“平息骚乱”时，白人“用轻武器对天连发几枪”。观众“四散而逃”，几名黑人开枪还击。神奇的是，现场竟无人死亡，只是著名的白人共和党人约翰·T. 丹尼尔头部中枪，“不少白人和黑人受伤”。第二天早上，巡逻队发现了一名黑人男子的尸体，他“身受重伤”，被扔在集会现场附近的一条小巷里。“诺福克的前南方反叛者一直在以莫比尔和新奥尔良的朋友为榜样，”一位共和党人抱怨道，“然而他们坚持认为南方对共和党人的态度和北方一样宽容。”③

在战争爆发前的几年里，成群结队的非裔美国人总是让白人感到

---

① William Warner testimony, in *Testimony Taken By the Joint Select Committee to Inquire Into the Conditions of Affairs in the Late Insurrectionary States: Alabama*, 1:26; Charles Stearns, *The Black Man of the South and the Rebels* (Boston, 1872), 219; W. B. Cunningham 致 Adelbert Ames 的信，1870年4月7日，现存于史密斯学院图书馆的 Ames Family 档案；William Atwood 致 Adelbert Ames 的信，1870年4月8日，同上；J. H. Morton 致 Adelbert Ames 的信，1870年4月21日，同上。

② 此人是刺杀林肯的凶手。——译者

③ *Boston Journal*, November 3, 1870; *Albany Evening Journal*, November 3, 1870; *New-York Tribune*, November 3, 1870; *Cincinnati Daily Gazette*, November 3, 1870; *Cincinnati Commercial Tribune*, November 3, November 17, 1870; *Quincy Whig* (Quincy, IL), November 3, 1870.

不安，无论他们是在教堂里平静地祈祷，还是在城市街角低声交谈，一些前南方邦联分子将不断升级的暴力归咎于鼓励黑人投票和竞选的北方共和党人。黑人退伍军人当然不需要鼓励，但正如前州长本杰明·F. 佩里在1871年的一封公开信里解释的那样，“南卡罗来纳的有色人士在战争期间表现良好，要是没有那些不讲原则的政治投机分子，他们还会继续尽其所能，是政治投机分子来到他们中间挑起了对白人的仇恨。席卷全州的所有“无法无天之举和暴力行为”，都是“有组织的有色军人”和战后黑人民兵连的必然产物。在共和党州长、前将军和自由民局官员罗伯特·K. 斯科特的建议下，黑人退伍军人组织了“南卡罗来纳州国民警卫队”，格兰特总统下令向该州增派12个步兵连和4个骑兵连。武力的展示是完全的防御性姿态。但士兵不可能无处不在，他们的调动必然会遏制住一个地方的暴力，却会让暴力在另一个地方喷发。就在诺福克骚乱发生前两周，亚拉巴马州格林县的一个民主党暴徒在竞选活动的某站袭击了国会议员查尔斯·海斯。海斯虽然出生在该县并曾是民主党人，但在1866年加入了共和党，因此被他的邻居怀恨在心。和兰斯顿遇到的一样，观众先是试图起哄把他轰下去，但没有成功，他们就把他从台子上拖了下来。一些自由民出手阻止，但民主党人的武器更为精良。58名黑人中枪，其中4人死亡，只有2名白人受伤。①

如果黑人公职人员象征着非裔美国人所向往的东西，那么主要是黑人学校或跨种族学校、教堂和联邦同盟的会议厅——它们常常是一回事——为这样的成就铺平了道路。事实上，自阿波马托克斯事件以

① Richard N. Current, *Those Terrible Carpetbaggers: A Reinterpretation* (New York, 1988), 228 - 229; Nelson, *Iron Confederates*, 126; Michael W. Fitzgerald, *The Union League Movement in the Deep South: Politics and Agricultural Change During Reconstruction* (Baton Rouge, 1989), 244.

来，白人枪杀他们的速度，几乎等于黑人群体培养他们的速度。当北卡罗来纳州农村地区的联邦同盟成员在哈利法克斯市“升旗”后回到家中，他们发现一个白人暴徒“拿着长枪和老式英制手枪站在公路的十字路口”。在城市地区，比如仍有联邦军队驻扎的新奥尔良，民主党人几乎不敢烧毁校舍，而是组织了一帮“男孩充当监管人”，他们闯入教室，要求所有有色学生离开。不过，当两位年轻的受害者被发现竟是平克尼·B. S. 平奇巴克州长的儿子时，这种招数引起了有权势的共和党人的注意。事实证明，农村地区的教师和学校是更容易打击的目标。女教师玛丽亚·沃特伯里和她的女同事们屡次被“三K党”纠缠，这些人经常在深夜包围她们的小屋。“他们的脚重重地踩在门廊上，”她写道，“我听见他们在弄门锁，想打开它，彼此还吹着口哨。”在1871年的头6个月里，仅在亚拉巴马州某县，民团分子们就烧毁了26所学校。在这样的时刻，沃特伯里就大声祈祷，但“天一亮”，她把这些事报告给了当局。一个州调查委员会得出结论：“这些人对所有投票给共和党的人，或隶属于忠诚同盟[①]的人，或正从事教学工作的人，有一种没完没了的恨。”[②]

对于不肯顺应形势的白人来说，不支持他们的人就是在反对他们。大多数白人联邦主义者都曾是辉格党人，尽管南方商人几乎不欢迎种族平等主义（racial egalitarianism）的新曙光，但他们也没兴趣为一项他们从未关心过的事业继续奋斗。1860年时，弗吉尼亚州、肯塔基州和田纳西州的立宪联邦党人都支持候选人（前辉格党人）约

① Loyal League，共和党组织的武装团体。——译者

② Butler, *Negro in Politics*, 13; Steven Hahn, *A Nation Under Our Feet: Black Political Struggles in the Rural South from Slavery to the Great Migration* (Cambridge, 2003), 273, 276; Lane, *The Day Freedom Died*, 225; Maria Waterbury, *Seven Years Among the Freedmen* (Chicago, 1890), 24.

翰·贝尔，民主党人担心公平的选举可能会让共和党人永久锁定选举团。因此，任何跨种族合作的行为，无论多么无害，都逃不过三K党的视线。当亚拉巴马州的寡妇奥克塔维亚·奥蒂把自己的土地租给黑人农民时，戴着兜帽的骑手飞驰而来，问她佃户们对她是否“谦恭和尊敬”，并要求她说出其中一个佃户的名字。奥蒂拒绝服从，从那以后，她的牲口就开始丢失。1870年，南卡罗来纳州的民主党人组织了一个“农业和警察俱乐部”，其章程要求成员排挤拒绝加入他们的白人。组织者乔治·蒂尔曼讥讽道，白人共和党人将被“当作黑人来对待”，其成员“经过他或他家人时会报以无声的蔑视”。当社会排挤未能奏效时，就该绞索出场了。1870年，约翰·W. 阿尔沃德巡游南方，圣诞节时到了肯塔基州。他发现，他住的旅馆是由“一名前南方叛军”经营的，此人是肯塔基人，曾越境为南方邦联而战，而当地的“三K党或‘强盗’总部”就在旅馆附近。等阿尔沃德一觉醒来，发现“一个白人被吊在法院院子里的一棵树上”，“六七个有色人”遭到了鞭打，还有一个已经被杀，这才意识到自己离这个总部有多近。①

在一个政党机器依赖一小撮活动家分发选票、看守投票箱、鼓励胆小者投票的时代，只需清除个把人就可能改变一场势均力敌的选举。卡罗来纳的骑手们披着床单、戴着兜帽，包围了谢拉德·巴特勒的家，他们知道巴特勒前一天在阿贝维尔法院拿下了360张选票。由于这些印有林肯头像的红色选票已在哥伦比亚印好了，因此无法那么快更换。但三K党人都带着武器，巴特勒的家人也都在家，所以他

① Alvord, *Letters From the South*, 35 – 36; Michael W. Fitzgerald, *Splendid Failure: Postwar Reconstruction in the American South* (Chicago, 2008), 69; Burton, “Race and Reconstruction,” 37.

交出了选票。第二天，共和党的选票用完后，有 200 多名黑人无法投票。佐治亚州的三 K 党人也向亨利·洛瑟发出了类似的要求，还指责他“在共和党中对他们采取了过于强硬的反对立场”。洛瑟后来认定是民主党人的这些人，没要他的命，但把他带到沼泽地里阉了他。政治民团分子对付得克萨斯州伯勒森县的黑人登记员 A. R. 威尔逊的手段就更残忍了。威尔逊先是“被刀子划得面目全非”，然后被私刑处死了。华盛顿的共和党人估计，到 1870 年选举时，三 K 党人只有 3 万人，然而针对主要活动人士的定点暗杀行动却威胁着整个南方共和党的存在。“看在上帝的分上，”得克萨斯州一位白人法官恳求道，“请立即派人来帮忙吧，除非我们得到保护，要不然联邦主义者是不可能留在这里的。”①

因为杀害共和党活动人士的事引起了华盛顿的注意，白人至上主义者通常骚扰一下黑人选民也就知足了。在亚特兰大，一名联邦法警试图通过让共和党人和民主党人分别在法庭的两侧排队来避免出现问题。白人“暴徒”挤进共和党的队伍，朝法警脸上吐口水，使得“来投票的人几乎一个都不可能挤进投票站”。但在一些备受瞩目的案件中，民主党人盯上了那些他们视为“真正敌人”的人。就在当月，三 K 党人枪杀了南卡罗来纳州州议员本杰明·F. 伦道夫，这也是有史以来第一次暗杀在任国会议员。在阿肯色州门罗县，民主党委员会秘书把一支双管猎枪对准了国会议员詹姆斯·M. 辛兹，后者是白人联邦主义者、明尼苏达州前总检察长。凶手后来声称自己喝醉了，一名

---

① Martha Hodes, *White Women, Black Men: Illicit Sex in the Nineteenth-Century South* (New Haven, 1997), 154 – 155; Hyman Rubin, *South Carolina Scalawags* (Columbia, SC, 2006), 42 – 43; Scott French and Carol Sheriff, *A People at War: Civilians and Soldiers in America's Civil War*, 306 – 307; Gregg Cantrell, "Racial Violence and Reconstruction Politics in Texas," *Southwestern Historical Quarterly* 93(1990): 350.

共和党编辑也接受了这个说法，说他“毫无疑问当时喝得烂醉如泥，他干的好事如今正在整个南方点燃叛军心中的怒火和对北方人刻骨铭心的恨”。①

尽管一名白人国会议员被谋杀令格兰特总统对三 K 党人大为光火，但这起谋杀案在全国范围内引起的公众关注，起到的一个更大的作用是警告共和党人党内激进主义有多危险。一旦辛兹被处决的消息传开，人相对少的民主党人发现他们可以恐吓数万名共和党人，有时甚至是不用见血。典型的例子是钉在鲍勃·马丁门上的警告信，他是格林斯博罗的一名黑人店主。“你他妈的‘太聪明了’，”警告信上说，“伯克街十字路口附近的白人不希望这附近有任何聪明的黑人。”有时，勇敢的法官会下令拘留侵犯美国黑人投票权的人。孟菲斯的纳特·沃德因为“在投票站恐吓黑人”而两次被捕，纽约格林布什的约瑟夫·珀尔和马丁·伯克也是如此。但在偏远的农村地区，夜间骑手发誓会尽快报复那些向当局汇报的人。密西西比州的戴克·米奇去探望他的哥哥，一位知名的共和党人，但发现他的哥哥不见了，他怀孕的嫂子也被杀了。当米奇问自己的父亲为什么没有报案时，老人回答说，凶手“打了他，剪掉了他的所有头发，还威胁如果他到镇上报案，就要他好看”。②

到 1871 年来临时，共和党组织在南方的部分地区已经支离破碎。一位南卡罗来纳的自由民哀叹道，党的活动人士“被驱散、殴打和驱

① Rable, *But There Was No Peace*, 72–73; *Morning Oregonian* (Portland, OR), January 14, 1871; *Lowell Daily Citizen and News*, October 30, 1868; *St. Paul Daily Press*, October 29, 1868.

② Albion W. Tourgée, *A Fool's Errand, By One of the Fools* (New York, 1879), 166; *Hartford Daily Courant*, May 8, 1871; New York *Morning Telegraph*, March 5, 1871; Deposition of Dike Michee, October 7, 1868, in Records of the Assistant Commissioner for the State of Mississippi, Freedmen's Bureau Papers, Reel 64, NA.

逐”。共和党人“在尤宁县没有领导人——没有”。在路易斯安那州，共和党人控诉道，在格兰特连任前的最后几个星期里，有2000多名支持者“被杀害、打伤或受了其他伤害”。民调结果能证明这些指控。在路易斯安那州，共和党选票从上次选举的6.9万张下降到3.3万张，而在佐治亚州的3个黑人占多数的县，总统连一张记录在案的选票都没拿到。南方的民主党人发誓说“如果能的话，我们会和平地进行选举，[但]我们必须这么做，那就是被强迫的”。路易斯安那州圣兰德里教区的各有关部门无意中发现了一堆“黑人共和党人的尸体，有25具”，就这么被扔在树林里，这样的暴行发现后，三K党人领着幸存者拥入投票站，“让他们投民主党的票”。当参议员艾姆斯得知南方各地发生的暴力事件后，不禁烦躁不安，在他看来没有哪个政党能够在失去了数百名“最优秀、最可靠的工作人员”之后仍然是个有活力的组织。①

然而，在南方竞争激烈的地区，共和党好战分子不仅仅是担心假民主之名的暴力。《小石城共和党人》(*Little Rock Republican*)的进步白人编辑约翰·普莱斯准备以同样的方式来回应。他在社论中写道，如果民主党人想要一场战争，“让我们做好准备，马上给他们来一场，全线开战”。就像美国南北两方的黑人退伍军人一样，普莱斯不准备放弃来之不易的自由。尽管华盛顿的温和派共和党人敦促采取绥靖政策，但普莱斯谴责了“这种对‘大势已去的事业’的恶毒和顽固不化的信徒应该采取和解政策的错觉，认为这是有害的”。在南卡罗来纳，自由民囤积枪支，并把他们的联邦同盟分会变成了一个黑人

---

① Eric Foner, *Reconstruction: America's Unfinished Revolution, 1863 - 1877* (New York, 1988), 442; Trenton *Daily State Gazette*, July 15, 1872; Fitzgerald, *Splendid Failure*, 94; McPherson, "Redemption or Counterrevolution," 549.

民兵组织。一个名为“甜水军刀俱乐部”（Sweetwater Sabre Club）的民主党组织向联邦同盟成员奈德·覃能特的家里开枪，造成紧张局势加剧。100名黑人民兵在一个巨大的低音鼓的伴奏下，前往覃能特的家保护他。尽管白人暴徒的规模更大，但他们的目的是恐吓而不是战斗，因而他们四散而去。当三K党人在南卡罗来纳州切斯特附近纵火焚烧一座黑人教堂时，退伍军人进行了反击。“黑人杀死了一些三K党人，把他们的尸体放在朝圣者教会（Pilgrim Church）里，”前奴隶布劳利·吉尔摩回忆道，“然后，他们在教堂放了把火，把所有的东西都烧成了灰。”[①]

在那些仍由共和党立法机构和州长控制的州里，民主党人编辑试图通过耸人听闻的暴乱和强奸故事来赢得民众的支持。梅肯的《每日电讯报》（*Daily Telegraph*）以哗众取宠的“绳子迷案”（A Case For A Rope）为标题报道了一起案件，指控塔斯基吉市邮政局长W. P. M. 吉尔伯特策划了一场威及“数百名无辜妇女和儿童生命”的骚乱。白人指控黑人性行为不检点的事，一度只发生在奴隶造反时期，但在重建期间，这种指控变得司空见惯。在佐治亚州道森县，黑人民兵与一小队白人民团分子发生对峙，《每日电讯报》的编辑将其描述为“一场构成威胁的黑人暴动”。他向读者保证，佐治亚州“和北方任何一个州一样和平，一样尊重法律”，并坚称，解决黑人武装问题的唯一办法属于“林奇法官的管辖范围”。不过，在黑人共和党人大量居住的地方，更容易提倡用绞索来解决问题，具体用不

---

① Richard H. Abbott, *For Free Press and Equal Rights: Republican News Papers in the Reconstruction South* (Athens, GA, 2004), 146; Burton, "Race and Reconstruction," 41;对 Brawley Gilmore 的采访，参见 Rawick, ed., *American Slave: South Carolina Narratives*, 121; Richard Zuczek, *State of Rebellion: Reconstruction in South Carolina* (Columbia, SC, 1996), 58－59。

用倒在其次。在孟菲斯，驻扎在市里的“5名黑人士兵”和码头工人之间的打斗导致一名白人被刺伤。一名白人警察试图逮捕这些士兵，但其中一人拔出了手枪，这5人撤退到他们的兵营，那里还有“十几或十五名”黑人士兵给他们撑腰。当15名得克萨斯三K党人试图冲入米利肯的自由民游行队伍恐吓黑人时，他们的所作所为就更恶劣了。在后来遇刺的联邦同盟领袖乔治·布鲁克斯的组织下，黑人向这群人开了火。三K党人四散而去，街上到处都是面具、床单和9毫米手枪。布鲁克斯的手下把左轮手枪装进了他们的小军火库。[①]

内战可能再次爆发，这次是黑人和白人民兵之间的战争，两大党的南方州长因此纷纷向联邦政府发出呼吁。各州当局试图通过突袭据信是三K党藏身之地的农舍和乡村酒馆来遏制白人暴力，有时在这些地方会查获文件和长袍。但只有在田纳西州和阿肯色州等拥有大量白人联邦主义者的州，缺少资金的州长才能向民主党的民团分子发起看似有可能成功的行动。南卡罗来纳州州长罗伯特·K. 斯科特在1869年和1870年派遣民兵部队去对付三K党，但他的部队势单力薄，实在不能成事，他只能退而乞求黑人民兵解散，并恳求内陆的民主党人停止杀戮。自由民局最终在1870年被停办，黑人共和党人对此感到愤怒，他们无意单方面解除武装，而白人联邦主义者担心，除非民主党结束“这种无法无天和骇人听闻的暴行”，否则联邦政府将被迫介入。“如果我们自己不执法，我们就完了，”南方的联邦主义者本杰明·希尔承认，“三K党的所作所为是有史以来最让南方伤脑筋

① Macon *Daily Telegraph*, June 21, 1870; San Francisco *Daily Evening Bulletin*, September 9, 1870; *Daily Columbus Enquirer*, March 14, 1871; Barry Crouch, "Self Determination and Local Black Leaders in Texas," *Phylon* 39(1978):350.

的事。”[1]

为了支持四面楚歌的州政府，共和党人利用他们在众议院和参议院的多数优势，在 1870 年 5 月至 1872 年 6 月期间通过了一系列法律，通常被统称为《强制保护黑人法案》[2]。其中第一个法案是由俄亥俄州国会议员约翰·宾厄姆提出的，旨在执行第十五修正案，他承认黑人选民在自己管辖的州经常受到骚扰。在 1865 年成立的特勤局和 1870 年 6 月成立的司法部的协助下，国会授权司法部长阿莫斯·T. 阿克曼动用联邦法警执行宪法，并调查侵犯黑人投票权的行为。虽然出生在新罕布什尔州，但现年 50 岁的阿克曼 1840 年代就搬到了南方教书；他是前辉格党人，反对脱离联邦，可还是接受了南方邦联陆军军需团的一个小职位。但是随着战争的结束，阿克曼宣布自己是共和党人，谴责安德鲁·约翰逊的政策，并为黑人的投票权背书。尽管这些法律的范围和权力都是前所未有的，其目的是利用联邦机构来监督和执行地方选举，但民主党人对阿克曼的行为却出人意料地保持沉默，这或许是因为他在过去 30 年里一直是民主党一员。南方共和党人对阿克曼获得任命如此热情，以至于他自 1850 年起定居的佐治亚州的两家报纸都支持他在 1872 年的大选中成为副总统。[3]

民主党人并没有指责这位南方的养子，而是坚持认为没有理由再

---

① Elaine Frantz Parsons, "Klan Skepticism and Denial in Reconstruction-Era Public Discourse," *JSH* 77(2011):58; William M. Barney, *Battleground for the Union: The Era of the Civil War and Reconstruction, 1848 – 1977* (New York, 1989), 291; Michael Perman, *The Road to Redemption: Southern Politics, 1869 – 1879* (Chapel Hill, 1984), 34 – 35, 64; San Francisco *Daily Evening Bulletin*, January 18, 1871.

② Enforcement Acts，又称《反三 K 党法案》。——译者

③ Xi Wang, *The Trial of Democracy: Black Suffrage and Northern Republicans, 1860 – 1910* (Athens, GA, 1997), 57 – 58; Joan Waugh, *U. S. Grant: American Hero, American Myth* (Chapel Hill, 2009), 141; McFeely, *Grant*, 368 – 369; *Congressional Globe*, 41st Cong., 2nd Sess., H. R. 1293; Parsons, "Klan Skepticism and Denial," 56 – 57; New York *Commercial Advertiser*, September 27, 1870.

行立法。新奥尔良的一位编辑固执地认为："这里既没有三 K 党人施暴，也没有任何实行戒严的必要。"尽管每个选举周期之前都有成百上千起谋杀案发生，但亚拉巴马州的一名法官对国会一个调查白人暴力的委员会说，他"不相信他所在的州有任何像三 K 党这样的组织存在"，黑人"在那里和在美国的任何一个州一样安全"。几乎就在这位法官说出这番话的同时，《蒙哥马利广告报》（*Montgomery Advertiser*）的编辑、美国前总统和南方邦联官员的儿子小约翰·泰勒透露，他对过去十年的改革几乎接受不了。他想知道这样的"错误"，"南方人"还要忍受多久，他暗示黑人和白人联邦主义者无权认为自己是"南方人"。少数从未接受失败、现在还在战斗的民主党人把制服换成了兜帽，对这些人来说，逮捕三 K 党人是对"南方"权利的公然侵犯。也有些人意识到白人民团分子只是换了个名字开战，60 岁的废奴主义者温德尔·菲利普斯就是其中之一。他在 1871 年春天提醒曼哈顿的一位听众："南方还处在战争状态。""让格兰特将军对南方的领导人采取行动，"他喊道，"你就不会再听到三 K 党这个名字了。"①

在第十五修正案获得批准后，菲利普斯和一些老战士大多把注意力转向了其他问题，尤其是妇女选举权和新兴的劳工运动，但黑人活动人士继续游说华盛顿的共和党人关注他们新争取到的权利。1871 年 3 月，在亚特兰大的一次黑人大会后，佐治亚州参议员突尼斯·坎贝尔前往首都与格兰特会面，讨论他所在的南方地区的情况。田纳西州的黑人向国会递交了一份详细的请愿书，谴责征收人头税，南方各

① New Orleans *Daily Picayune*, November 23, 1871; *Weekly Eastern Argus* (Portland, ME), June 29, 1871; Schweninger, *Rapier*, 104 - 105; *Cincinnati Enquirer*, May 10, 1871.

州有色人种大会在哥伦比亚的议院举行会议，要求增加立法，以保护人们在战争期间获得的自由。“如果我们去南方所有的州转一圈，”路易斯安那州代表 J. H. 伯奇说，“就会发现公路和小道上都有白人及有色人的白骨，有色人即使在南卡罗来纳也因享有的男子汉的权利和特权而战斗、流血、以其认为应该的方式死去。”出于对即将到来的选举的担忧，总统和他的司法部长起草了一项法案，并恰如其分地取名为《三 K 党法案》(*Ku Klux Klan Act*)，1871 年 4 月 20 日经格兰特签署生效。民主党人戏称总统为“格兰特大帝”，并指控他企图篡权，但阿克曼劝他们绥靖是没有用的。没什么“比试图用善意来安抚那部分仍然心存不满的南方人更无聊的了”，他如此劝告，“他们把政府的所有善意都当作胆怯的证据。”就在坎贝尔从华盛顿返回的路上，他的支持者还提醒他途中小心，担心“叛军”计划在他“回家”的路上伏击他。①

如果说一些黑人活动人士忧惧北方改革者的献身精神，那么他们对阿克曼就没有这种担心。自 1867 年入选佐治亚州制宪会议以来，他一直与进步人士站在一起，考虑到可能给家庭带来的危险，这是一个特别勇敢的立场。虽然长期身体不适，但高大瘦削、在达特茅斯受教育的阿克曼给来访者留下的印象是，他是一个“有学问”的人，“喜欢沉思冥想”。和许多南方联邦主义者的情况一样，这位自称“致力于反对三 K 党主义（Klanism）”的人与其说是黑人社会平等的支持者，不如说是个决心维护法治和联邦政府权威的律师。为了永远粉碎白人的民团主义，司法部长指示地方检察官采取“非常手段”来摧

① Campbell, *Sufferings*, 13; Christian G. Samito, *Becoming American Under Fire: Irish Americans, African Americans, and the Politics of Citizenship during the Civil War* (Ithaca, NY, 2009), Brooks D. Simpson, *The Reconstruction Presidents* (Lawrence, KS, 1998), 155; *Cincinnati Daily Gazette*, August 7, 1871.

毁三K党。根据阿克曼的建议，格兰特宣布了戒严令，并暂停了卡罗来纳州9个县的人身保护令，这是《三K党法案》赋予他的权力。为了更好地监督那些被军队巡逻队抓获的人的审判，阿克曼离开华盛顿前往南方，他要去监督诉讼。许多被带到法庭上的人都是由跨种族的陪审团审判的，一旦他们被判在北方的监狱里服长期徒刑，大多数被定罪的人都准备“交代”，或者像阿克曼不客气地用的那个词“招供”，并指认他们团伙中的其他人。尽管司法部只定了168人的罪，但阿克曼的线人猜测，有多达2000名民团分子逃离了该州，而不是坐以待毙。[①]

“和平前所未有地降临到了许多地方，”弗雷德里克·道格拉斯兴致勃勃地说，“到目前为止，对我们同胞的鞭打和屠杀已经停止了。”但这位上了年纪的废奴主义者过于乐观了。《三K党法案》允许联邦法警确保证人和陪审团成员受到保护，但如果没有更多的军队，这样的承诺往往被证明是空洞的。正如在肯塔基州工作的一名地方检察官提醒他上级的那样，白人至上主义者“从不向美国士兵开枪，但一旦有机会，他们会毫不犹豫地向法警开枪”。联邦法官也生活在恐惧之中。当检察官无法促使被抓获的民团分子提供证据时，他们不得不依赖黑人受害者。那些遭到残酷对待的人也许能听出折磨他们的人的声音，但陪审团要求提供确切的身份证明。“这些法律所界定的罪行大多是在夜间实施的，并且经过伪装，行动时纪律严明，”密西西比一位联邦主义者向阿戴尔伯特·艾姆斯抱怨道，“因而直接证据很难获得。”在1871年年底于哥伦比亚举行的一次大会上，平奇巴克和南卡罗来纳州国会议员罗伯特·布朗·埃利奥特（他比道格拉斯更了解南方的形

---

① McFeely, *Grant*, 367; Wang, *Trial of Democracy*, 96 - 97; Dray, *Capitol Men*, 98 - 99.

势）恳求华盛顿派遣更多的部队，“完成这项已经顺利开始的［工作］”。弗雷德里克·G. 巴巴多斯大老远从加州赶来参加会议，没有一个代表打算退让。但是，他们也不相信阿克曼和他的律师们能够像平奇巴克所说的那样，彻底制止“对我们这个阶层的杰出代表的谋杀”。①

白人民团主义并没有在 1871 年结束，但发生了变化。民主党暴徒不太可能在投票站攻击黑人，因为法警会守在那里。市区附近出现的成群的夜间骑手也引起了军方巡逻队的注意。但是一些小团体甚至单独行动的刺客继续伤害共和党领导人，有时，白人歹徒结伙在防守薄弱的内地城镇对黑人社区发动暴乱。恐吓还在继续，投机分子和南方佬一觉醒来，发现写着他们名字的空棺材倒在自己门外。据一名黑人记者报道，在亚拉巴马州，一名持枪歹徒守在一名美国法警从政治集会回来的路上，等他“经过时向他开枪”，“但由于天太黑，没有射中目标”。和以往一样，民团分子想干掉牧师，因为他们明白杀掉一个有影响力的社区领袖可能会吓坏整个教区的会众。“在某些地方，一个聪明的黑人能控制两三百个黑人的选票，”一位来访的纽约律师说，“民主党人想让那些公认的领导人把道让出来；如果他们不能把他吓跑，就会杀了他。”②

正如突尼斯·坎贝尔所发现的，干掉黑人领袖的方法不止一种。自他抵达佐治亚州海岸以来，保守派民主党人就因为他在土地改革和

① E. J. Jacobson 致 Adelbert Ames 的信，1871 年 7 月 25 日，现存于 Smith College Library 中 Ames Family 档案；G. Wiley 致 Adelbert Ames 的信，1872 年 4 月 9 日，同上；Lane, *The Day Freedom Died*, 4 - 5; *Address, the Convention of Colored People of the Southern States, Columbia, South Carolina, October 18, 1871*，现存于霍华德大学 Moorland-Springarn 研究中心 P. B. S. Pinchback 档案；Everette Swinney, “Enforcing the Fifteenth Amendment, 1870 - 1877,” *JSH* 28(1962):211。

② Perman, “Counter Reconstruction,” 130 - 131; Dray, *Capitol Men*, 215; San Francisco *Elevator*, October 31, 1874.

选民登记方面所做的努力而鄙视他，在媒体上谴责他是个“老恶棍”和“老黑三 K 党”。当他入选州参议院时，民主党多数派驱逐了他和其他黑人参议员，直到 1870 年才靠国会命令恢复他们的职位。有传言说，刺客希望在他与总统会面后从华盛顿回来的路上谋杀他。最后，在 1875 年 1 月，一个全部由白人组成的大陪审团起诉坎贝尔——此时他还是治安法官——罪名是他在两年前非法监禁过一名白人。那件事是坎贝尔因艾萨克·雷夫闯入两户黑人的住宅而罚了他 100 美元。虽然该县的非裔美国人选民是白人选民的 3 倍，但为审理此案而召集的陪审团中仅有一名黑人，却有两名曾与坎贝尔发生过冲突的白人。即便如此，大陪审团也未能做出裁决，法官是南方邦联的一名退伍军人，他警告陪审员们，如果不尽快做出决定，就扣押他们差不多一周。[①]

对于那些田里还有活儿要忙的农民来说，这种威胁已经足够了。陪审团裁定坎贝尔有罪，但建议宽大处理并适当罚款。法官拒绝了，褫夺了坎贝尔的公职，还下令将他送去查塔姆县监狱，随后转去州立监狱。坎贝尔和他的律师要求缴纳保释金，但法官断然表示“交 100 万美元的保释金也不成”。一位友好的记者形容这次审判是一场“闹剧”，但充满敌意的梅肯《每日电讯报》嘲笑说：“麦金托什县的刚果人国王”终于下台了。[②]

1876 年 1 月 12 日上午，狱警来到监狱接这位前法官。坎贝尔戴着手铐，被一根 12 英尺长的铁链上拖着穿过萨凡纳的街道，作为对

① Macon *Daily Telegraph*, May 18, 1875, September 5, 1875; Russell Duncan, *Freedom's Shore: Tunis Campbell and the Georgia Freedman* (Athens, GA, 1986), 89–90, 99–101.

② Duncan, *Freedom's Shore*, 91; Macon *Daily Telegraph*, August 22, 1871、January 19, 1875.

其他共和党人的警告。佐治亚州已经开始建立一系列监狱劳役营制度，坎贝尔和另外119名囚犯被租给了T.J.史密斯上校，后者为他们的劳动付给该州1154美元。史密斯担心坎贝尔的说服力，起初对他严加防范，但很快自己也被坎贝尔的口才征服了。史密斯让坎贝尔照管其铁匠铺，从自己的厨房拿东西给他吃，最后允许他每周讲道三次。尽管如此，坎贝尔的朋友们还是希望他能早日获释。许多知名的黑人，包括许多现任和前任立法委员、编辑和牧师，代表他向詹姆斯·米尔顿·史密斯州长请愿。但是史密斯州长，一位民主党人、前南方邦联上尉以及在坎贝尔案件中任命主审法官的人，断然拒绝了他们的请求。一年后，这位65岁的活动家终于获释。坎贝尔深信，如果他回到海岸地区，当地民主党人会捏造出另一个案子，于是他搬到了华盛顿，几年后又搬到了波士顿，1891年在那里去世。[①]

在远离有士兵驻扎的安全的县，白人至上主义者偶尔会对共和党的据点发动快速打击。在一场激烈的州长选举之后，1873年4月13日复活节那天，全副武装的路易斯安那州民主党人袭击了科尔法克斯的法院。大楼里的少数白人被允许在投降后逃走，但非裔美国人一直坚持到大楼被烧毁之时。大多数遇害者是在放下武器后被处决的。两天后，当两名法警赶到时，他们清点出至少62具尸体。幸存者称，有20多具尸体被扔进了红河。第二年，3名前南方邦联军官在附近的亚历山德里亚创办了一份新报纸。这份取名为《白种人》(*Caucasian*)的小报，正如早期的一篇社论所解释的那样，旨在“采取一种大胆的立场”，通过结束“对这场黑人加诸于我们的最残酷的战争的温驯屈服”来“维护我们的男子汉尊严”。某种程度上，编辑们认为不分肤色

① Duncan, *Freedom's Shore*, 108–109; Campbell, *Sufferings*, 17, 23–25; Macon *Daily Telegraph*, September 1, 1875、August 1, 1876.

地赋予选举权无异于“开战”，只有非裔美国人同意回到战前状态，和平才有可能实现。在该报创刊号出版后的一个月内，红河沿岸的白人民主党人聚在一起，组建了一个新的准军事组织，称为“白人联盟”(white League)，基本上就是一个不那么隐秘的三K党。[①]

到年底，“白人联盟”已经成为全州性的民兵组织，类似的组织——有时被称为“步枪俱乐部”、“红衫军”或“白茶花骑士”——首先出现在得克萨斯州东部，随后是南方其他地区。这些组织声称有权集结为县民兵，企图达到与三K党相同的目的，同时又逃避起诉。他们利用1873年的严重经济衰退，希望在全国大部分人关注经济问题的时候采取行动，而且他们猜对了民主党人将在非大选年选举中获得席位，这将进一步打击共和党人采取强硬措施的热情。在那年秋天震惊南方的骚乱中，三分之一发生在大选当天或前一周，一半是“步枪俱乐部”挑头的，该组织试图破坏共和党的集会或吓跑投票的黑人选民。在新奥尔良，1866年的暴动才过去8年，5000名“白人联盟”成员上街游行，要求威廉·皮特·凯洛格州长这个在佛蒙特州出生的共和党人辞职。当3500名共和党人与他们对峙时，双方开火了。在华盛顿，格兰特召集内阁召开紧急会议，并发布公告，命令“狂暴的目无法纪的人们散开，老老实实地各回各家去”。为了执行这一命令，总统紧急调派军队进入该地区，不到几周，第7骑兵团就赶来恢复了秩序。[②]

---

① Nicholas Lemann, *Redemption: The Last Battle of the Civil War* (New York, 2006), 24.关于这场大屠杀，参见两本著作：LeeAnna Keith 的 *The Colfax Massacre: The Untold Story of Black Power, White Terror, and the Death of Reconstruction* (New York, 2008)，和 Lane 的 *The Day Freedom Died*。

② Lemann, *Redemption*, 25, 77 – 78; David Goldfield, *America Aflame: How the Civil War Created a Nation* (New York, 2011), 491; New York *Commercial Advertiser*, September 15, 1874; Melinda Meek Hennessey, "Racial Violence During Reconstruction: The 1876 Riots in Charleston and Cainhoy," *SCHM* 86(1985):100.

士兵越来越少，无法管理如此广阔的地区。路易斯安那州库沙塔的“白人联盟”成员围捕了多名共和党人，其中包括6名非裔美国人、一名联邦法警和一名副治安官，并举行了一场审判，席上被告被指控煽动黑人“造反”。只有当这些人同意辞职并在24小时内离开该州时，这一逾越法律行事的诉讼程序才告结束。在南卡罗来纳，早年通过手杖和鼓召集黑人民兵并逃过了私刑的前奴隶、联邦同盟组织者奈德·覃能特，再次受到暴徒的骚扰，这次据称是他下令焚烧一名民主党领袖和前南方邦联将军的种植园。仅在密西西比州，南方的政府调查人员就采访了150名目击者，他们中的共和党登记员被勒令离开小镇，否则将被烧死，他们中的潜在选民在发现自己被持枪的白人包围后转身离开了投票站。有一次，“白人联盟”阻止殡葬业者向被杀共和党人的家属出售棺材。如果说北方的温和派对格兰特在南方使用武力越来越感到不舒服的话，黑人共和党人只会祈祷加大执法力度。约翰·默瑟·兰斯顿指责民主党人“对共和党人——无论白人还是有色人——进行了有计划有步骤的作战”，这就“必须动用军队来维持和平，保护南方忠诚的人民”。兰斯顿认为，军队将不得不在南方部分地区驻扎数十年，以保护州长、法警、治安官和基本的“政府运作”，因为除此之外唯一的办法是结束民主。[①]

兰斯顿并不缺乏证据。在新奥尔良战役前一个月，白人和黑人民兵在密西西比州维克斯堡附近发生了小规模冲突。一名共和党人警告格兰特：“武装人员不分昼夜地在街上游行，市政当局完全无法保护市民的生命和财产安全。”那年12月，白人民团分子包围了法院，要

① Rable, *But There Was No Peace*, 134 – 135; Hahn, *A Nation Under Our Feet*, 305; Lawrence O. Graham, *The Senator and the Socialite: The True Story of America's First Black Dynasty* (New York, 2006), 82; John Mercer Langston, *The Other Phase of Reconstruction* (Washington, 1877), 5.

求黑人治安官离开该县，并安排一名白人民主党人代理他的职务。对于艾姆斯州长来说，暴徒想吓唬共和党人让他们不敢去投票时情况已经够糟的了，而强迫民选官员下台则是对民选政府更大的侮辱。艾姆斯再次向总统呼吁，提醒他自由民和黑人退伍军人根本无意退让。“给我们枪，我们会让恶棍们看看黑人不会逆来顺受，”亚伯拉罕·布里斯在给州长的信中写道，“给我们武装；让我们保护自己，让那些无赖、刺客知道我们的勇士在等着他们。”①

许多登上总统宝座的将军发现，作为首席行政长官的生活与作为军官的生活大不相同。在战争期间，格兰特下命令，就会被执行。作为总统，他的过失包括对他所任命者的个人道德的不重视，引发了廉政倡导者对他的愤怒，除此之外，他的过失在于不遗余力地迫使一个颇多抗拒的南方进行变革。温和派共和党人对南方的暴行感到厌倦，许多北方政客发现，对流血事件睁一只眼闭一只眼要容易得多，尤其是当他们的选民更关心自己所在城市不断上升的失业率时。华盛顿一家铁路公司的黑人工人举行罢工，引得越来越反复无常的贺拉斯·格里利谴责他们是“无法无天的暴徒”，不肯老老实实收下“成千上万”白人工人“乐意”接受的工资。格兰特希望实现一项武力与和解相结合的南方政策，他支持大赦法案的要求，即取消第十四修正案中对南方最后几位邦联高官的任职禁令。参议院对该法案的最终表决结果是38票赞成，只有2票反对，这等于提醒进步人士他们在华盛顿走廊里的人数是多么寡不敌众，这一点，密苏里州参议员卡尔·舒尔茨在格兰特就路易斯安那州的局势向国会发出一条特殊信息时也意识到

---

① Graham, *The Senator and the Socialite*, 68–69; Lemann, *Redemption*, 71–72, 144; Stephen Budiansky, *The Bloody Shirt: Terror After Appomattox* (New York, 2008), 192–193.

了。出生于普鲁士的舒尔茨年轻时是个革命者，1872 年跟随萨姆纳加入自由派，并在参议院崭露头角，他指责格兰特和军方践踏白人公民的自由。当时，阿克曼已经辞职，这是他与内政部长在联合太平洋铁路公司土地出让问题上的权力斗争造成的附带损害。在 1876 年总统竞选前夕，只有美国黑人支持不受欢迎的格兰特。道格拉斯若有所思地说，总统“证明了自己是一个比他第一次获得提名和投票时大家想象的更好的共和党人”。①

持续的经济低迷也加剧了人们对政府在各个层面上支出的反弹。大多数选民对于州对铁路和其他“奢侈开支”的援助感到愤怒，选民的悲观情绪导致南方佬们担心自己的未来，而政治投机分子削减开支。南卡罗来纳州的丹尼尔·H. 张伯伦是个马萨诸塞州出生的军官，战时曾率领过黑人军人。1874 年，他以微弱优势赢得了州长一职后，转而支持中间派，并谴责州政府打算为在大萧条中遭受重创的佃农和租地农提供援助的那些项目。一些南方佬公开弃共和党而支持民主党，这对于前辉格党人来说似乎是一个合理之举，因为战后全国的民主党已经放弃了杰克逊式的激进主义，以换取亲商业的政策，而这些政策基本上与共和党的经济计划没什么区别。另一些南方佬只是丢弃了共和党这个不堪一击的标签，接受了“救世主”的标签，假装自己已经把他们所在地区从政治投机分子的统治下“解救”了出来。像布鲁斯这样精明的黑人观察家明白，改名字的意义不大，因为南方佬从未对黑人的政治权利怀有热情，他们鼓励黑人选民“别把自己的力量浪费在一张分裂的选票上”，而要坚定地支持共和党。尽管黑人

---

① Hogue, *Uncivil War*, 152 – 153; Fitzgerald, *Splendid Failure*, 132, 179; Waugh, *Grant*, 150; Richardson, *Death of Reconstruction*, 100; Simpson, *Reconstruction Presidents*, 160; James A. Rawley, "The General Amnesty Act of 1872: A Note," *Mississippi Valley Historical Review* 47(1960):482.

活动家知道，他们不可能仅凭共和党的选票就拿下许多邻近的选区，但他们从未在意过像密西西比州参议员詹姆斯·L. 奥尔康这样的无名小卒。奥尔康曾是辉格党人，他支持黑人投票权只是出于实际需要。一位登记官向参议员布鲁斯建议道："是时候了，有色人应该甩开那些不讲原则、不惜一切代价谋取公职的无赖了。"①

生活在南方的进步白人习惯了南方佬以及政治投机分子的蓄意克制。辛西娅·埃弗雷特是自由民局的老师，在该局解散后仍留在南卡罗来纳州任教，当她提醒州长罗伯特·金斯顿·斯科特注意"查尔斯顿监狱中少年犯的悲惨处境"时，这位共和党州长指示一名助手转告埃弗雷特，他无"权"处理这个问题。这种漠不关心倒不会终结南方某些地区的重建工作，但更严重的是，共和党当局越来越乐于忽视民主党准军事部队构成的危险。幸而斯科特至少动员了黑人民兵来保护投票点。但在一次共和党集会上遭到"红衫军"武装分子的骚扰后，张伯伦州长中止了他在全州的巡回演讲之旅，并放弃了任何解除民团武装的尝试，尽管受教于欧柏林学院的非裔美国人、亨利·W. 珀维斯准将警告他，非法的枪支俱乐部不算州民兵，而且已对政府构成威胁。②

在南方，黑人活动人士很快就失去了盟友和选择，转而求助于他们在华盛顿为数不多的可靠伙伴。既然格兰特即将卸任，那就意味着求助于总统个人的对手查尔斯·萨姆纳。萨姆纳稳坐在自己的参议员

① McPherson, "Redemption or Counterrevolution?", 547; Barney, *Battleground for the Union*, 321; Harris, *Day of the Carpetbagger*, 682 - 683; Bauman Morris 致 Blanche K. Bruce 的信，1876 年 2 月 14 日，现存于霍华德大学 Moorland-Springarn 研究中心 Bruce 档案。

② John Heart 致 Cynthia Everett 的信，1870 年 6 月 23 日，现存于纽伯里图书馆的 Everett 档案；Thomas Holt, *Black over White: Negro Political Leadership in South Carolina During Reconstruction* (Urbana, IL, 1977), 203 - 204。

位子上，健康日益恶化，他准备对南方的民风发起最后一击。出于对越来越多的黑人孩子就读于劣质的、实行种族隔离的学校的愤怒，尽管事实上许多州宪法和国会规定据说都保证平等的受教育机会，萨姆纳这位马萨诸塞州参议员还是早在1870年就开始准备立法，打算扩大1866年的《民权法案》所承诺的权利。萨姆纳与一些黑人领袖进行了磋商，他最初的法案是与霍华德大学法学院院长约翰·默瑟·兰斯顿共同起草的。该法案禁止在旅馆、火车、剧场和街车、学校、教堂、陪审团甚至墓地实行种族隔离，萨姆纳希望该法案能与和解大赦法案同时通过。南卡罗来纳州副州长阿隆佐·兰塞尔是查尔斯顿出生的自由人，他赞成这项法案，指出美国黑人不能一边干着“追求幸福”的事，一边无奈地让孩子在不合格的学校受教育，还得不断地“在法庭上捍卫［他们的］生命和财产”。对于那些声称该法案违宪的人，萨姆纳回答道，这得到了第十三修正案的授权，该修正案不仅废除了奴隶制，而且废弃了所有“奴隶制的标识”，结束了种族自卑。不祥的是，伊利诺伊州参议员莱曼·特朗布尔这位林肯的早期支持者、1866年法案和第十三修正案的起草者之一，阻止了该法案在1870年付诸表决。特朗布尔提醒大家，该法案的缺陷在于它实际上并非关乎民权，而是为了推动“社会平等”。萨姆纳没有被吓倒，1871年又两次提出该法案，得到的还是类似结果。①

在短短的5年时间里，华盛顿的政治气氛已经明显降温。北方的白人转而追求其他的东西，他们厌倦了读到南方常年发生选举骚乱的

① Ronald B. Jager, “Charles Sumner, the Constitution, and the Civil Rights Act,” *New England Quarterly* 42(1969): 362; David Donald, *Charles Sumner and the Rights of Man* (New York, 1970)529 – 530; Washington *Critic-Record*, January 21, 1871; *New York Globe*, January 21, 1882; Dray, *Capitol Men*, 151 – 152.

消息。在纳什维尔发表讲话时，参议员舒尔茨高喊，尽管自己曾是一名激进分子，但他如今准备“伸出手去接纳所有在内战期间与我们对抗的，现在准备为和平、和睦、友谊和真正的兄弟情谊而努力的人”。白人至上主义者当然并不想要这样，但是，为了提醒人们如果华盛顿拒不改革，南方只会坚定地支持民主党，田纳西州的共和党人、白人联邦主义者吉尔伯特·黑文写信鼓励萨姆纳“用你灵魂里的全部热情”为法案而战。黑文牧师跟 4 名黑人上了一列火车，黑文被护送到“一节雅致的车厢”，而这 4 名黑人——其中 1 人也是牧师——却被迫“坐进了一节脏兮兮、通风不好、拥挤不堪、没人打扫的要多糟有多糟的车厢”。萨姆纳认为，那些为种族隔离固有的不公感到惋惜的人，自 1865 年以来一直存在于南方，但越来越被暴民和反动政客压制得出不了声。[①]

黑人活动家和政客继续向他们在华盛顿摇摆不定的盟友施压，向国会散播种族隔离仍在继续的故事，这些事绝大多数发生在南方各州，但并非仅那里才有。道格拉斯写道，在他结束格兰特总统要求他进行的官方调查，从加勒比海返回后，却被拒绝在波托马克河的汽船上享用晚餐。路易斯安那州的奥斯卡·J. 邓恩尽管是副州长，却在购买该州的头等车厢火车票时遭拒。在辛辛那提召开的一次大会上，黑人媒体还替 1866 年《民权法案》的一项补充法案背了书，至少在一定程度上是因为大会代表平奇巴克与刘易斯·H. 道格拉斯依然在政界和新闻界都很活跃。向国会发出的其他呼吁则更生动，但也将暴行与不平等待遇联系在了一起。“几天前，两三个白畜生在杰维斯港

---

① Donald, *Sumner*, 517 - 518; Dray, *Capitol Men*, 154 - 155; Bertram Wyatt-Brown, “The Civil Rights Act of 1875,” *Western Political Quarterly* 18(1965): 763; Alfred H. Kelly, “Congressional Controversy Over School Segregation,” *AHR* 64(1959): 539.

用煤油烧死了一个可怜的黑小伙，”平奇巴克的《路易斯安那人周报》写道，“这不过是一种情绪的集中体现，这种情绪没有明确的形式，比如它让弗雷德里克·道格拉斯被圣路易斯的一家旅馆拒之门外。”布鲁斯的一位选民敦促他“在国会讲述霍华德·班克斯及其可怜的儿子是如何在维克斯堡惨遭杀害的”，还有“我们最年长的一位牧师是如何被枪杀的”。在密西西比州，州参众两院的全体黑人议员向艾姆斯递交了一份请愿书，要求“通过一项与萨姆纳的《民权法案》的目的和预期效果相同的法案”。请愿书上还包括 14 名白人共和党众议员和 10 名白人参议员的签名。共和党人曾试图通过一项类似萨姆纳的《民权法案》的州法，但民主党人在议会休会前不久从“秘书办公室”偷走了众议院版本的法案。①

如果少数勇敢的白人联邦主义者在公开请愿书上签了自己的名，民主党人很快就会利用联邦权力又一次扩张带来的恐慌。在政治上，现实和修辞往往是可怜的伙伴。南方一些州的法律典籍中已然有了更严苛的民权法案，然而这并没有阻止兰斯顿所说的“南方报刊上措辞极端的文章”警告其读者，各种族混合就读的学校将不可避免地导致异族通婚。“可以肯定的是，民主党人是不会在趁机引起偏见这种事上迟疑的。”一位到访的共和党编辑烦躁地说。萨姆纳每年都在努力让他的法案通过，这无疑导致更多南方共和党人的倒戈，他们改头换面，自命为“救世主”，而黑人政客尽管对自己在州议会失去选票感

---

① *Circular, Convention of Colored Newspaper Men*, August 1875，现存于霍华德大学 Moorland-Springarn 研究中心的 P. B. S. Pinchback 档案；James McPherson, “Abolitionists and the Civil Rights Act of 1875,” *JAH* 52(1965): 496；New Orleans *Weekly Louisianian*, March 21, 1872；给 Adelbert Ames 的请愿书，1872 年 4 月 21 日，现存于史密斯学院图书馆的 Ames Family 档案；John A. Bryson 致 Blanche K. Bruce 的信，1876 年 2 月 17 日，现存于霍华德大学 Moorland-Springarn 研究中心的 Bruce 档案。

到遗憾，却并没有为自己缺席党团会议而表现出多少难过。[1]

当美国第 43 届国会于 1873 年 12 月开会时，国会议员巴特勒重新提出了这项法案，而大厅另一侧的萨姆纳议员再次提交了参议院的版本。尽管南方的联邦主义者对此表示担忧，但在学校的种族融合问题上，这两个版本都毫不含糊。1874 年 1 月 5 日，前南方邦联副总统、此时已年迈的佐治亚州的亚历山大 · H. 斯蒂芬斯是众议院中的反对派。12 年前，斯蒂芬斯曾广为人知地将奴隶制描述为他的新国家的“基石”，现在他向众议院保证，南方黑人“对任何带有社会权利性质的东西都没有想法”。国会议员埃利奥特在第二天早上做出回应，旁听席上挤满了记者、华盛顿的黑人，甚至连威廉 · T. 谢尔曼将军都想听听他会怎么反驳。埃利奥特注意到了斯蒂芬斯 1861 年的演讲是如何“震惊了文明世界”，他希望“事态的发展已经扫除了那个建立在贪婪、骄傲和暴政基础上的伪政府”。这位黑人国会议员以一个精彩的收尾结束了讲话。他说：“正如在重建过程中看到的那样，战争的结果永远地确定了我这个种族的政治地位，而这项法案的通过将决定公民地位，不仅黑人的而且是其他任何可能感到自己受到歧视的阶层的民众。”旁听席上的黑人起立鼓掌，好几分钟都没有停下来的意思，主席不得已敲响木槌，大厅这才安静下来。[2]

即便如此，在获得必要的多数票之前，该法案还需要一件一锤定音的事以及一次大的修订。尽管 1874 年 1 月萨姆纳才 63 岁，但他患了心脏病。到了 2 月，他已很少下床。每当有人——比如道格拉斯、乔治 · T. 唐宁、马萨诸塞州国会议员乔治 · F. 霍尔——来表达最后

---

① Lexington *American Citizen*, July 24, 1875; Perman, *Road to Redemption*, 140.

② Alfred H. Kelly, "Congressional Controversy Over School Segregation," *AHR* 64 (1959): 552; *Congressional Record*, 43rd Cong., 1st Sess., 378 – 379, 407 – 408.

的敬意时，萨姆纳的反应总是一样的。这位参议员从枕头上撑起身来，紧紧抓住每位访客的手，低声说：“你一定要处理好《民权法案》——我的法案，《民权法案》，别让它落败。”靠注射吗啡止痛的这位参议员在3月11日下午离开了人世。[1]

萨姆纳的死对该法案的支持者如同集结的号角，但他的名字从参议院移除也促使法案以一种不幸的方式通过。由于这位伟大的废奴主义者没法到场为其中一些最关键的部分辩护，共和党人取消了法案中有关种族融合公墓尤其是学校实行种族融合的条款。这为该法案赢得了法定多数票，但即便如此，在1875年2月投票支持该法案最终版的162名共和党人中，有90人要么打算退休，要么是在上一年秋天丢掉席位的即将去职者（lame-duck）。格兰特赞成最初的措施，于3月1日签署了该法案。进步派则高兴不起来。波士顿《联邦报》（*Common-wealth*）的编辑抱怨道：“让有色人坐车、住旅馆、去娱乐场所却不让他们接受平等的学校教育，是不会给有思想有理性的人带来任何满足的。”在一次黑人新闻记者大会上，佐治亚州州议员亨利·麦克尼尔·特纳对此观点表示了赞同，并谴责此举是“对《民权法案》拼凑出的道歉”。特纳还说，即使在法案通过后，他依然被新泽西州多家“高级酒店赶了出去”。其他像平奇巴克和兰斯顿这样的活动家则辩称，该法案是他们可能得到的最好的结果。兰斯顿向弗吉尼亚州的一位听众坦承，尽管他希望“看到法案带有[关于学校的]条款通过”，但他认为一项去除某些内容的法案会为未来的改革奠定基础。平奇巴克对人们付出的最后努力给了同样不温不火的认可，他

① McPherson, “Abolitionists and the Civil Rights Act,” 506; Stewart, *Phillips*, 306; Donald, *Sumner*, 586 - 587; Carla L. Peterson, *Black Gotham: A Family History of African Americans in Nineteenth-Century New York City* (New Haven, 2011), 279.

指出，当一个白人第一次“被禁止进入公立学校或享用现代交通的所有便利和奢侈”时，他会立即宣称“此人的公民权遭到了侵犯”并要求法庭予以公正。[①]

意识到格兰特的第二任期只剩下几个月了，民主党州长们都睁只眼闭只眼不去确保这项法律得到执行。一些餐馆以不申请营业执照来逃避法律，因为正如佐治亚州立法机关的一名黑人所发现的，该法“只适用于那些需要营业执照才能经营的场所”。1876 年夏天，也就是该法律通过一年多后，卫理公会牧师本杰明·坦纳报告说，他在南方任何地方都很少能上得了头等车厢。“在亚特兰大，一切都是区别对待的，”他抗议道，“你去车站，会发现有三类候车室，即‘女士室’‘先生室’和‘自由民室’。”有几个州长公开挑战即将去职的总统及其负责执行该法的执法人员。最高法院于 1883 年废除该法，称第十四修正案只禁止各州的歧视而不禁止个人的歧视，甚至在此之前，该法实际上已经因民主党的阻挠、提起诉讼的繁琐和高成本以及白人对这样做的南方黑人的报复而名存实亡。[②]

当坦纳牧师回到北方时，接替格兰特的竞争已经开始了。共和党选中了俄亥俄州州长拉瑟福德·B. 海斯，他是位少将，也曾是投票支持 1866 年《民权法案》的国会议员。6 月底，民主党在圣路易斯召开会议，选出了纽约州州长塞缪尔·J. 蒂尔登，他是位改革家，

---

① McPherson, “Abolitionists and the Civil Rights Act,” 508；弗吉尼亚州彼得斯堡的不知名剪报，现存霍华德大学 Moorland-Springarn 研究中心的 John Mercer Langston Collection 档案；P. B. S. Pinchback 于 1874 年 6 月发表的演讲，现存于霍华德大学 Moorland-Springarn 研究中心 P. B. S. Pinchback 档案；黑人新闻工作者大会的通知，1875 年 8 月，同上。

② Macon *Daily Telegraph*, March 9, 1875；McPherson, “Abolitionists and the Civil Rights Act,” 509; McFeely, *Grant*, 418 – 419; Wyatt-Brown, “Civil Rights Act of 1875,” 774.

曾执掌过民主党内部腐败的政治机器坦慕尼协会。但蒂尔登也是个主流民主党人，因为他向他的南方支持者承诺，他将终结“政治投机式暴政的贪得无厌”。按照惯例，两位候选人都没有参加竞选，但是海斯承诺给大家一个廉洁政府，这为他赢得了包括卡尔·舒尔茨在内的1872年的大多数自由派共和党脱党者的支持。海斯还宣布，他“想直言不讳地谈论有色人士的权利”，但他究竟打算做些什么（如果有的话）来制止暴力却并没有说。黑人共和党人见惯了北方政客一边对他们和颜悦色，一边又想要吸引白人选民，许多人希望海斯作为总统会比作为候选人更能捍卫黑人权利，就像林肯和即将卸任的格兰特那样。即便如此，参议员布鲁斯的选民还是敦促他为他们争取一个不妥协的人。“我们想要个对黑人一心一意的总统候选人，”有人在海斯当选前夕写道，“我们必须得有这样一个能用法律的强大力量来镇压暴力惩罚罪犯的人，否则密西西比的政治自由就完了。”[①]

海斯在俄亥俄州哥伦布市的竞选总部接到大量报告，称包括路易斯安那州和南卡罗来纳州在内的多个南方州在没有增加联邦军队的情况下已经失守。南卡罗来纳州议会的黑人议员通过了一项决议，正式“抗议［进一步］撤走联邦军队”，佐治亚州一位编辑谴责这些士兵是黑人共和党人的“皮条客和工具”。但是，与印第安人的战争在大平原地区不断升级，以致公众吵着要求在西部增兵。（军队在蒙大拿州的小比格霍恩河附近的失利，就发生在民主党提名蒂尔登的两天前。）9年前，随着《军事重建法案》的通过，大约1.2万名士兵在保卫农村选民，并在南方街道上巡逻。到1876年夏，只有2800名联邦士兵

---

① Michael F. Holt, *By One Vote: The Disputed Presidential Election of 1876* (Lawrence, KS, 2008), 13; Ari Hoogenboom, *Rutherford B. Hayes: Warrior and President* (Lawrence, KS, 1995), 266; G. M. Buchanan 致 Blanche K. Bruce 的信，1876年2月14日，现存于霍华德大学 Moorland-Springarn 研究中心的 Bruce 档案。

在很大程度上象征性地占领了11个前邦联州。撇开三K党和其他民团组织有所抬头不说，南方平民与保护他们的士兵的比率已经从708比1逐渐降到3160比1。正如南卡罗来纳州国会议员约瑟夫·H.雷尼在美国众议院发言中解释的那样，这不仅仅是黑人选民在投票时不受干扰的问题。有时他很难接近他的选民。在一次竞选活动中，这位国会议员正骑马前往本尼茨维尔参加集会，这时他和一些支持者遭遇了一支由100多名“红衫军”组成的小型军队。幸运的是，仍驻扎在南卡罗来纳的少数军队巡逻队之一突然现身。雷尼在会场肯定地告诉大家，如果没有士兵的到来，包括他自己在内的一些“此刻活着的”人“早就上了讣告了”。①

随着美国军队人数的减少，卡罗来纳州黑人和年老的美国有色人种部队退伍军人再次开始操练。艾肯县是佐治亚州边界对面的一个黑人占多数的县，这个县的非裔美国民兵是6年前斯科特州长组织的，在1874年选举暴力事件再次发生后，他们的人数增加到了80人。作为回应，前南方邦联将军M.C.巴特勒带着200名士兵和一门大炮冲进汉堡县城。黑人民兵在自己的营房外设置了路障后，白人开火并准备开炮。黑人逃跑了，但包括镇长在内的7人在逃跑时被枪杀；镇长的尸体随后被肢解。受到这些人在黑人占多数的地区取得成功的鼓舞，另一位前南方邦联将军、民主党活动家马丁·W.加里发表了包含39点的一项议程，据此，他的政党可能会在当年秋天取得胜利。议程的全部提议都是建立在军事力量之上的。其中，第12点鼓励“每一位民主党人通过恐吓、收买或不让黑人靠近投票站来控制哪怕一名黑人的投票，并为此感到荣幸”。如果恐吓无效，加里建议手段

---

① Rable, *But There Was No Peace*, 109; Hoogenboom, *Hayes*, 271; Dray, *Capitol Men*, 240－241; Macon *Daily Telegraph*, March 9, 1875.

升级。他毫不隐晦地说，“时代的需要”要求南卡罗来纳的一些共和党人“该去死”。加里还说，“死的激进分子非常无害”，一个选民仅仅被赶出投票站的话可能会卷土重来，“这非常麻烦，有时很危险，[而且] 总是会报复”。①

司法部长阿方索·塔夫脱提醒海斯，他已经放弃了防止密西西比州选民舞弊的努力。疲惫不堪、饱受折磨的艾姆斯已在去年 3 月辞去州长职务，新州长是民主党人、前南方邦联上校约翰·M. 斯通。“我们有士兵吗？”治安官威廉·H. 汉考克问参议员布鲁斯。只有在军事保护下，民主党才会“允许有色选民行使他们的选举权”。汉考克猜测，在公平的选举中，共和党人可以“以两三万张选票拿下这个州”，但如果没有卫兵，蒂尔登会拿下密西西比州，“这是肯定的”。杰斐逊·L. 埃德蒙兹告诉布鲁斯，他在克莱县试图对黑人进行登记时，“两次遭遇同一伙暴徒，这些人警告他不走就杀了他”。在竞选活动的每一站，黑人都问汉考克秋天大选投票时他们能否得到保护。治安官没有答话，但敦促非裔美国人不要理会，好好“组织起来去登记”。“有什么用呢，”某人答道，“因为我们又不能去投票，除非有士兵保护。”②

北方的共和党人，甚至那些支持在前南方邦联继续部署联邦军队的人，都明白一个稳固的民主党南方会让海斯的选票数变得复杂。格兰特曾赢得印第安纳州和纽约州的选票，在后者那里以 35 票的优势获得选举人团票，但现在前者那里的选票似乎丢了，因为州长蒂尔登

① Holt, *Black over White*, 199 - 200; Fitzgerald, *Splendid Failure*, 201 - 202; Dray, *Capitol Men*, 249 - 250.

② Hoogenboom, *Hayes*, 270; Jefferson L. Edmonds 致 Blanche K. Bruce 的信, 1876 年 7 月 18 日, 现存于霍华德大学 Moorland-Springarn 研究中心的 Bruce 档案; William M. Hancock 致 Blanche K. Bruce 的信, 1876 年 8 月 6 日以及 8 月 8 日, 同上。

在他的州获得的支持远超格里利所获得的。一名黑人活动家提醒布鲁斯，共和党领导人希望南卡罗来纳继续留在共和党阵营，但由于“密西西比州、路易斯安那州和佛罗里达州被［民主党］牢牢掌握”，南方叛乱者的党的支持率为 2 比 1。一个忧心忡忡的宾夕法尼亚人希望国会能通过另一项法律，以保障黑人的投票权，并起诉“每一个”企图“恐吓或阻挠”南方选民的人。当然，问题是即使是现行的法律在南方也没有得到执行，而且随着萨姆纳的离世，华盛顿的共和党人几乎都对新的立法没有任何兴趣。“暗杀、暴徒将犯人从监狱带走施暴并扭断其脖子的事非常普遍，”密西西比州哥伦布市的一名共和党人报告说，他还说中了一点，那就是“明年 11 月在密西西比只有一个党参加竞选”。①

9 月初，查尔斯顿爆发了反黑人的骚乱。但是，两个连的联邦军队仍然驻扎在港口，不到 24 小时，城市的街道就清静了。于是，暴力就向内地转移，去了埃伦顿，在那里，是月中旬的 6 天骚乱导致大约 25 到 100 名非裔美国人死亡。随着选举日的临近，查尔斯顿再次陷入混乱。由于不愿放弃政治权利，黑人民兵控制了法院。亨利·J. 亨特上校呼吁双方放下武器，但查尔斯顿的市长，一位共和党人回答“黑人和白人一样有权带着武器上街”。该市的“红衫军”最终同意解散，但在该州其他地方，民主党活动家［也是后来的州长］本杰明·R. 蒂尔曼拿着枪守在投票站，以 211 票对 2 票拿下了自己的选区。“相当多的有色人士被杀，”一位黑人共和党人向布鲁斯报告

---

① S. G. Hubert 致 Blanche K. Bruce 的信，1876 年 4 月 5 日，现存于霍华德大学 Moorland-Springarn 研究中心 Bruce 档案；W. H. Kennon 致 Blanche K. Bruce，1877 年 10 月 7 日，同上；J. G. Embry 致 Blanche K. Bruce 的信，1876 年 2 月 21 日，同上。

说，“杀这么多人是为了达到控制的目的。”①

选举日那天，参议员布鲁斯回到了密西西比州，但无济于事。尽管该州黑人占多数，但其 8 张选举人团票被蒂尔登得到。民主党控制了所有没有联邦军队驻扎的南方州，但是欺诈和暴力行为严重困扰着南卡罗来纳、路易斯安那和佛罗里达，以至于共和党控制的计票委员会否定了结果，宣布这 3 个州及其共 19 张选举人团票是海斯的。由于南方各州普遍存在恐吓行为，蒂尔登比海斯多得了 25 万张选票，赢得了 184 张选举人团票，比法定多数少 1 票。不过，如果这 3 个有争议的州都留在共和党阵营——4 年前它们都投了格兰特——那么这个俄亥俄州人将以这一票之差获胜。民主党人继续坚称他们的候选人赢得了有争议的几个州的支持，看来没有哪位明显获胜可以在 3 月 4 日宣誓就职。海斯向道格拉斯和其他黑人领袖保证他绝不会牺牲他们的权利，任何共和党人政府都会支持“第十三、十四和十五修正案”。但是选举僵局造成了前所未有的危机。作为他的顾问和支持者在 1877 年初达成的一揽子协议的一部分，海斯答应撤走在南方的联邦军队的最后分遣队。国会成立的两党选举委员会随后将这 3 个有争议的州都作为报答给了共和党。②

这个后来所称的“1877 年妥协案”（Compromise of 1877）标志

---

① Hennessey, “Racial Violence During Reconstruction,” 111; Mark M. Smith, “‘All Is Not Quiet in Our Hellish Country’: Facts, Fiction, Politics, and Race: The Ellenton Riot of 1876,” *SCHM* 95 (1994): 151; Henry J. Hunt, Report, November 27, 1876, Department of the South and South Carolina, Part 5, Letters Sent, NA（非常感谢皇后大学的 Brian Kelly 给我看了这份文件）; Budiansky, *Bloody Shirt*, 248; Benjamin Leas 致 Blanche K. Bruce 的信，1877 年 9 月 1 日，现存于霍华德大学 Moorland-Springarn 研究中心的 Bruce 档案。

② Hoogenboom, *Hayes*, 288; Roy Morris Jr., *Fraud of the Century: Rutherford B. Hayes, Samuel Tilden, and the Stolen Election of 1876* (New York, 2003), 72–73; Holt, *By One Vote*, 84.

着联邦政府为保护前南方邦联的黑人公民所做的最后努力的终结。但是，无论现代人如何试图对这一时期进行精确的年代划分，海斯的当选并没有给重建工作带来任何清晰的结论。士兵人数在南方的下降已经说明了自1870年以来，黑人共和党人一直处于危险之中，而且虽然活动人士谴责象征性地撤走最后的部队，但没有哪个进步派会天真到相信驻扎在少数市区的2800名士兵足以保卫他们的政党或财产。无论在联邦或州一级，黑人也没有突然不再担任公职。也许是为了平息北方黑人的批评，海斯任命道格拉斯为哥伦比亚特区的总司令。布兰奇·K. 布鲁斯一直在参议院任职到1881年，而亚拉巴马州的耶利米·哈拉尔森、路易斯安那州的查尔斯·E. 纳什和北卡罗来纳州的约翰·亚当斯·海曼都在1877年退休或失去了参议院的席位，密西西比州的国会议员约翰·罗伊·林奇在1882年赢得了第三个任期。国会议员罗伯特·斯莫斯到1887年时已连任五届，北卡罗来纳州的詹姆斯·奥哈拉也是如此。白人中，南卡罗来纳州的托马斯·E. 米勒、霍华德大学前法学教授约翰·默瑟·兰斯顿以及北卡罗来纳州的亨利·P. 查塔姆和乔治·亨利·怀特在1890年代赢得了选举，怀特还在任上迈入了20世纪的第一年。①

特别是在南方城镇，黑人继续担任有影响力和权力的职位。在密西西比州的杰克逊市，共和党人在整个1880年代都一直主导城市事务，而一支跨种族的警察部队则在普遍缺乏秩序的农村地区维持治安。小石城、查塔努加、孟菲斯、纳什维尔和夏洛特的镇议会都有黑人任职。在佛罗里达州，1877年之后，黑人对州一级部门的控制有

---

① William S. McFeely, *Frederick Douglass* (New York, 1991), 289; *Charleston Free Press*, April 5, 1875; *Knoxville Daily Journal*, November 1, 1888; Omaha *Morning WorldHerald*, August 27, 1900; *New York Herald*, June 21, 1892; *Duluth Daily News*, March 2, 1888.

所下降，佛罗里达州国会议员约西亚·T. 沃斯于 1875 年 3 月卸任。但是在佛罗里达的 23 个城镇，1876 年到 1889 年间，由于黑人赢得了市长、市议员、税务官、市财务官和治安官的选举，非裔美国人担任公职的人数**增加**了 123%。兰斯顿在印第安纳波利斯的一次讲话中指出，到 1891 年，华盛顿的联邦政府雇佣了 2393 名非裔美国人，他们的年薪合计为 137 万美元。其中包括前参议员布鲁斯，他是个很好的证明。国会议员兰斯顿说：“目前实施的公务员法已经彻底消除了政府部门中的肤色界限。”即使在南方，根据 1883 年的《彭德尔顿法案》（*Pendleton Civil Service Reform Act*）通过淘汰考试的人中 25% 是黑人，他们随后获得了联邦政府职位。[1]

尽管意识到新总统不是他们所希望的十字军战士，但黑人活动家的务实，让他们能理解限制海斯选择的政治现实。当时，平奇巴克任职于他所在州的教育委员会，正如他提醒一位听众时所说，民主党控制了众议院，因而也控制了国家预算。在最后一批军队撤出南方后，众议院只投票通过了为军队的拨款，前提是“不可在南方各州使用”。兰斯顿承认，只要全国的民主党人抛出种族问题谴责重建时期的改革，黑人活动人士就别无选择，只能支持总统。他在弗吉尼亚州纽波特向会场上的黑人透露，白人共和党人在民权问题上可能没那么热情，但是“每个州和这个国家的所有［反］黑人法律都是民主党制定的”。即便如此，在 1880 年海斯宣布他不会竞选连任后，大多数非裔美国人还是希望让格兰特连任第三届。芝加哥的黑人记者詹姆斯·爱德华·布鲁斯认为，58 岁的格兰特是“唯一能让南方的**铜头蛇**［民

---

① Richard M. Valelly, *The Two Reconstructions: The Struggle for Black Enfranchisement* (Chicago, 2004), 83; *Indianapolis News*, September 3, 1891.

主党］闭嘴的人”。①

可以追溯到1864年雪城会议的黑人大会仍在继续，每次大会的目的都是招募新一代的活动人士为民主而战。1879年在纳什维尔召开的一次会议上，出席者有平奇巴克、国会议员林奇以及参议员同父异母的兄弟、堪萨斯州活动家亨利·克莱·布鲁斯。组织者希望争取到更年轻的成员参与这项事业，但也希望“向这个日益矛盾重重的国家展示我们人民的实际情况”，“表达我们的不满，并提出我们认为形势所需的补救措施”。大会代表定期公布具体的袭击事件、受害者的姓名和遇害日期，如果可能的话，还有“我们盯上的南方以私刑杀人的凶手之名”。在1890年的一次会议上，平奇巴克鼓励“男女青年”加入美国有色人士组织的新民权组织，并敦促大家让这个话题“在大家庭、公开会议上、讲坛上、媒体上不断引起激烈争论”。一些人开始这么做了，比如1862年出生在密西西比州的艾达·B. 威尔斯，之所以如此，是因为她的3个朋友在1892年被人以私刑处死。老一代的活动家仍然很忙，以至于请他们演讲和开会的日程安排让他们心力交瘁。在费城演讲时，74岁的道格拉斯腿抽筋，不得不靠人扶下讲台。“我们已经在这片土地上生活了很久，”他对他的老盟友唐宁说，“我们都做了些事让这个世界变得比我们当初发现它时更好。”②

---

① James E. Bruce 致 Blanche K. Bruce 的信，1879 年 6 月 8 日，现存于霍华德大学 Moorland-Springarn 研究中心的 Bruce 档案；John Mercer Langston, *From the Virginia Plantation to the National Capitol* (Hartford, 1894), 351; *Newport Daily Observer*, 1891 年 9 月 24 日；*Circular, The President's Southern Policy: Letter of Hon. O. P. Morton*，现存于霍华德大学 Moorland-Springarn 研究中心的 Pinchback 档案中；P. B. S. Pinchack 致一位不知名医师的信，1886 年 11 月 25 日，同上。

② Frederick Douglass 致 George T. Downing 的信，1892 年 1 月 9 日，现存于霍华德大学 Moorland-Springarn 研究中心的 Downing 档案；Executive Committee 致 National Conference 的信，1879 年 2 月 22 日，现存地同上，在 P. B. S. Pinchback 档案；（转下页）

道格拉斯于1895年去世，大概是在他77岁生日后不久，但是比他小11岁的兰斯顿和比他小15岁的平奇巴克还在继续战斗。两人都致力于对抗日益高涨的种族隔离浪潮以及随之而来的伪科学种族主义(pseudo-scientific racism)。尽管他在1893年举家迁往华盛顿，这位前州长还是帮忙组织了公民委员会（Comite des Citoyens)，一个总部位于新奥尔良的组织，赞助霍默·普莱西对火车车厢的种族隔离发起的法律挑战。兰斯顿走遍全国各地谴责新的“黑人专用车厢丑闻”（Jim Crow car Infamy)，并起草社论来反驳堪萨斯州前参议员约翰·J. 英格尔斯发表的那些嘲笑非裔美国人的“智力特征、品质和习气”的文章。国会议员乔治·亨利·怀特是在他所在州脱离联邦的9年前出生的，在众议院，他经常上台谴责南方各地频频发生的私刑案件，他估计到1890年代中期每年有近200起。当年轻的黑人成为失败主义者并再次开始考虑移民的可能性时，像兰斯顿这样的老年活动家总是有同样的反应：“如果有人想让你去非洲，你就说不，‘你想待在家里’。让民主党人去吧。”①

可悲的是，为维护正在迅速消失的重建改革而做的斗争，越来越意味着在南方以外的地区也要这样做。布兰奇·布鲁斯因为被詹姆斯·加菲尔德总统任命为财政部登记官而留在了华盛顿；威廉·麦金利又再次任命他担任此职，这意味着他是第一个将自己的签名印在联

（接上页）P. B. S. Pinchback致American Citizen's Rights Association的信，1890年2月24日，同上；P. B. S. Pinchback, An Appeal to the Governors, Legislators, and Judicial Officers of the Southern States, 1899，同上。

① Dray, *Capitol Men*, 346－347; Benjamin R. Justesen, *George Henry White: An Even Chance in the Race of Life* (Baton Rouge, 2001), 270；弗吉尼亚州彼得斯堡的无名报纸，1891年1月24日，现存于霍华德大学Moorland-Springarn研究中心的John Mercer Langston集；伊利诺伊州加勒斯堡的报纸，刊名不详，1892年7月21日，同上；*Indianapolis Sentinel*, 1891年9月4日；Washington *Colored American*, 1893年7月22日。

邦货币上的非裔美国人。布鲁斯 1898 年 3 月突然死于糖尿病，享年 57 岁。兰斯顿前一年在华盛顿去世，享年 67 岁。1900 年，在北卡罗来纳州修改了《宪法》，实际上剥夺了黑人选民的选举权之后，国会议员怀特决定不再寻求连任。“我住在北卡罗来纳的话不可能被当人看。”他在举家迁往费城之前对一位芝加哥记者说。怀特还对他的党从 1900 年的党纲中删除任何涉及私刑或歧视的内容感到愤怒。平奇巴克拒绝与共和党决裂并为麦金利助选，但他在纽约库珀联盟学院时提醒他的听众：“每当有色人士被剥夺投票权，不公正的阶级立法就会迅速跟进，种族对立就会加剧。”平奇巴克希望得到联邦政府的任命作为回报，纽约有色公民联盟大力游说，想为平奇巴克的长期努力争取到一份不拘于是什么但要实至名归的“敬意”。但这任命未能如期而至。①

这时，重建战争已经进入了一场新的运动，因为作家、活动家和知识分子试图把他们对这一时期的看法摆在美国读者的面前。对于南方白人和各行各业的民主党人来说，这意味着用最悲观无望的语言描述这个时代，从而希望说服后代别再尝试这样的改革。对于黑人学者、活动家和艺术家来说，这意味着要捍卫平奇巴克和前国会议员托马斯·E. 米勒的改革，前者在华盛顿一直活到 1921 年，后者 1938 年 89 岁生日前夕在查尔斯顿去世。在某些情况下，这意味着要保住父辈的遗产，就像罗斯科·康克林·布鲁斯那样，他当年和另一个年轻黑人威廉·爱德华·伯格哈特·杜波依斯一起上了哈佛大学，后者更为人熟知的名字是 W. E. B. 。1901 年，国会迎来了它在 1928 年之

---

① Graham, *The Senator and the Socialite*, 157 – 159; *Chicago Daily Tribune*, 1900 年 8 月 26 日; P. B. S. Pinchback 的演讲, 1901 年, 现存于霍华德大学 Moorland-Springarn 研究中心的 P. B. S. Pinchback 的档案; Colored Citizens League, Resolutions, 1901 年 2 月 26 日, 同上。

前的最后一位黑人议员，也见证了杜波依斯在《大西洋月刊》上发表的对自由民局的历史评价，以及对布克·T. 华盛顿主张妥协迁就的作品《从奴役中奋起》（*Up from Slavery*）的批判性评价。战斗远未结束。[1]

---

① Graham, *The Senator and the Socialite*, 203; David Levering Lewis, *W. E. B. Du Bois: Biography of a Race* (New York, 1993), 262-263.

第九章　“我们将被当人看”

记忆中的重建时代

威廉·爱德华·伯格哈特·杜波依斯出生在马萨诸塞州大巴林顿的教堂街，就是众议院的共和党人弹劾安德鲁·约翰逊的那一年，他继承了一长串非裔美国活动家的衣钵。他的父亲阿尔弗雷德曾在纽约州有色人种部队第20军团服役，参加过路易斯安那州的战斗，尽管他的表现并不出众。阿尔弗雷德得了好几回痢疾，还多次腹泻，在阿波马托克斯战役结束前八周就开了小差。但早在好几代人之前，在第一任妻子去世后，小杜波依斯的外祖父、独立革命的退伍军人杰克·伯格哈特就与自称名叫伊丽莎白·弗里曼的前奴隶结了婚。在他们1790年结婚之前，弗里曼被大家叫做“贝特妈妈”，她起诉了她那凶残暴躁的女主人安妮特杰·阿什利，并要求得到自由，通过此举她为摧毁马萨诸塞州的奴隶制贡献了一份力量。[①]

在队伍开拔前离开自己的兵团只是阿尔弗雷德·杜波依斯的罪过之一，因为他在1867年与玛丽·西尔维娜·伯格哈特站在圣坛上结婚的那一天，很可能已经是有妇之夫了。但这家人在其他方面是受人尊敬的，小威廉的母亲的家族长期以来在该州西部拥有土地。巴林顿这个地方有像样的学校，聪明的小伙威廉——后来被称为W. E. B. ——很快就成了“严厉而刻板”的女教师克罗斯小姐的“宠儿”。他曾经说过，他这个浅肤色的年轻人，有着复杂的种族背景，包括“大把的黑人血统，一点法国血统，一点荷兰血统，但是，感谢上帝！没有盎格鲁-撒克逊血统”。杜波依斯几乎没怎么受到白人学生的歧视，而且当他决定就读菲斯克大学时，以白人为主的第一公理会（First Congregational Church）还捐资帮他付学费。1885年到达纳什维尔时，杜波依斯“第一次和这么多与他肤色相同的人在一起，感到非常激动”。但他也亲眼见证了南方的种族主义。在纳什维尔的一条街上，这个17岁的学生撞了一位白人妇女。他当即道歉，但那个“盛怒”的女人非但不接受他的解释，反而啐了他一口：“你竟敢跟我搭话，你这个厚颜无耻的黑鬼！”②

作为一个新英格兰人，杜波依斯一直梦想进入哈佛大学，在即将从菲斯克大学毕业之际，他写信给哈佛，表示自己有意攻读“政治学博士学位”。哈佛不接受菲斯克的学分，但根据他的成绩和推荐信，给了他奖学金。他以优异的成绩获得了他的第二个学士学位——历史学学位，在柏林大学完成研究生学业后，他回到哈佛大学，并在1895年成为第一位获得博士学位的非裔美国人。他的论文《1638—1870：遏制对美国的非洲奴隶贸易》（*The Suppression of The African Slave Trade to The United States, 1638 -1870*），发表在第二年的几期《哈佛大学历史研究》上。在宾夕法尼亚大学做研究工作的一年，使得他有时间开始撰写后来被定名为《费城黑人》（*Philadelphia*

① David Levering Lewis, *W. E. B. Du Bois: Biography of a Race* (New York, 1993), 11 - 22;关于 Jack Burghardt 和 Elizabeth Freeman, 参见拙作 *Death or Liberty: African Americans and Revolutionary America* (New York, 2009), 170 - 174。

② Manning Marable, *W. E. B. Du Bois: Black Radical Democrat* (Boston, 1986), 8 - 11.

Negro）的这本书。此书记述了奥克塔维厄斯·卡托被暗杀的来龙去脉。在权衡了几份工作邀请后，杜波依斯接受了亚特兰大大学的职位，去教授历史和经济学。①

在亚特兰大大学期间，杜波依斯结识了布克·T. 华盛顿，后者曾是弗吉尼亚州的奴隶，此时正管理着该市的塔斯基吉学院（Tuskegee Institute）。华盛顿因1895年发表的被称为"亚特兰大妥协（*Atlanta Compromise*）"的演讲而名声大噪，他在演讲中提出把反对种族隔离和剥夺公民权的斗争放一放，以换取黑人群体通过职业培训获得经济发展的权利。华盛顿为这位年轻的学者提供了一份教数学的工作，但杜波依斯当时已开始与华盛顿的批评者为伍，比如国会议员乔治·亨利·怀特。1899年的萨姆·霍斯私刑案让杜波依斯厘清了想法。霍斯是个住在亚特兰大郊外的黑人农民，在一场债务纠纷中被一个白人邻居拿枪指着，然后霍斯开枪打死了他。有传言说，霍斯还强奸了那个白人的妻子。一伙近2000个佐治亚人组成的暴徒从拘留所里带走了霍斯，砍下他的四肢，浇上煤油，把他活活烧死了。当杜波依斯走在主街上时，注意到霍斯烧焦的指关节陈列在一家杂货店的橱窗里。杜波依斯承认，从那一刻起，他"开始放下［他的学术］工作"。当黑人被处以私刑、被谋杀、忍饥挨饿时，他没法再做一个"沉着、冷静、超然的"学者了。②

虽然直到1902年，杜波依斯和华盛顿之间的关系仍然很友好，但他们最终还是在重建工作的意义及其遗产问题上分道扬镳。"在整

① W. E. B. Du Bois 致哈佛大学秘书的信，1887年10月29日，详见 *The Correspondence of W. E. B. Du Bois*, ed. Herbert Aptheker (Amherst, 1973), 1: 6; Marable, *Du Bois*, 17 - 22。

② W. E. B. Du Bois 致 Booker T. Washington 的信，1894年7月24日，参见 Aptheker, ed., *Correspondence of Du Bois*, 38; Lewis, *Du Bois: Biography of a Race*, 151, 226。

个重建期间，有两种思想不断在有色人脑海里激荡，”华盛顿写道，“一个是对学习希腊语和拉丁语的狂热，另一个是求取公职。”对杜波依斯来说，他的大学学位不仅代表了他的个人抱负，也代表了他对自己种族怀有的信念。华盛顿不同意这一观点，他写道：“我们不可能指望一个先是数代人生活在极度黑暗的异教徒时代，接着又数代人为奴的民族，能够从一开始就对教育的意义形成任何正确的认知。”杜波依斯的结论是，华盛顿对这个时代的成功所持的观点不过是片面的认可。1896 年，路易斯安那州有 130344 名黑人登记参加投票。仅 4 年后，这个数字就骤降至 5320 人。1901 年，他就华盛顿的《从奴役中奋起》一书写了一篇评论，两年后，他把这篇文章扩充为论文《关于布克·T. 华盛顿和其他人》（*Of Mr. Booker T. Washington and Others*），后成为他的《黑人的灵魂》（*The Souls of Black Folk*）一书的一部分。从此，杜波依斯开始了双线作战。一边是白人反动派，比如南卡罗来纳州州长兼参议员本杰明·R. 蒂尔曼，他对杜波伊斯训斥道，“[要不是] 塞迪厄斯·史蒂文斯和查尔斯·萨姆纳领导的那帮狂热的废奴主义者”，黑人“当然永远不会得到选票”。另一边是华盛顿，他的妥协迁就态度在南方商人和他资助的那些黑人记者中拥有大批追随者。堪萨斯城的《美国公民报》（*American Citizen*）编辑讥讽道，杜波依斯“相信花言巧语的文告”，而“华盛顿先生相信实践”且明白“华丽的演讲不能拿来偿还抵押贷款”。印第安纳波利斯的一位编辑认为，杜波依斯毫不留情地暗示了华盛顿“对黑人的高等教育过于冷漠”，并坚持认为这位塔斯基吉学院的教育工作者想要的是让那些“通过教育或财产资质来限制选举权”的法律对黑白种族一视同仁。布克·T. 华盛顿的影响如此之大，以至于很少有黑人记者像《克利夫兰公报》的编辑那样同意杜波依斯的观点，认为华盛顿的立场“对种族进步产生了恶意的影响”。①

致力于发动群众和“采取积极行动”的杜波依斯，1905 年 7 月为纽约的布法罗策划了一次志同道合者的聚会。布法罗旅馆经营者的敌意迫使代表们把聚会转移到了尼亚加拉大瀑布的加拿大一侧，而 20 世纪第一个致力于美国平权的会议被迫在外国举行这一事实，清楚地表明了这场斗争的艰巨。应《波士顿卫报》编辑威廉·门罗·特罗特的要求这次聚会将女性排除在外，到场的 30 位男士列出了一份毫不妥协的诉求清单，第一项就是“投票的义务”。对评论家所称的“塔斯基吉机器”（Tuskegee Machine）友好的报纸无视了这次会议，但次年这群人再次开会，这次是在西弗吉尼亚州哈珀斯费里，以纪念约翰·布朗诞辰 100 周年。3 年后，尼亚加拉运动在纽约市举行了第三次会议，会后成立了全国有色人种协进会（NAACP）。杜波依斯仍在亚特兰大大学教书，他决心纠正历史记载中的错误，还抽时间为布朗写了一本传记，它以耐特·特纳和“从图桑［·卢维杜尔］到约翰·布朗的黑人起义”的年表作为开篇。在每一个可能的战线上，杜波依斯都准备在重建之战中发起一场新的战役。②

---

① Lewis, *Du Bois: Biography of a Race*, 260; Booker T. Washington, *Up from Slavery: An Autobiography* (New York, 1901), 80; Booker T. Washington 致 W. E. B. Du Bois 的信, 1902 年 7 月 15 日, 参见 Aptheker, ed., *Correspondence of Du Bois*, 45; Benjamin R. Tillman 致 W. E. B. Du Bois 的信, 1919 年 7 月 23 日, 同上; Kansas City *American Citizen*, 1905 年 11 月 17 日; Indianapolis *Freeman*, 1903 年 7 月 18 日; *Cleveland Gazette*, 1903 年 5 月 16 日。

② Lewis, *Du Bois: Biography of a Race*, 316 - 317; Chicago *Broad Axe*, 1905 年 8 月 5 日; W. E. B. Du Bois 致 Archibald Grimké 的信，1905 年 8 月 13 日，参见 Aptheker, ed., *Correspondence of Du Bois*, 112 - 113; Du Bois 最初计划为 Douglass 写一本传记，但最终写的是 Washington 的传记。除了 Brown，他还考虑为 Blanche K. Bruce 写传记。参见 W. E. B. Du Bois 致 Ellis Oberholter 的信，1904 年 1 月 30 日，同上。

W. E. B. 杜波依斯博士写了一篇关于布克·T. 华盛顿的妥协迁就思想之作《从奴役中奋起》的评论后不久，就和编辑威廉·门罗·特罗特发起了尼亚加拉运动。会上，杜波依斯（即上图中站在中间一排头戴白帽者）谴责国家在重建改革中的抽身，但他保证最终会成功：“我们会赢的。过去的承诺，现在的预言。感谢上帝给了我们约翰·布朗！感谢上帝给了我们加里森和道格拉斯！还有萨姆纳和菲利普斯、耐特·特纳和罗伯特·古尔德·肖以及所有为自由而献身的逝者！感谢上帝，感谢今天所有的人，尽管他们的声音微弱，但他们没有忘记所有人——白人和黑人、富人和穷人、幸运者和不幸者——的神圣兄弟情谊。（马萨诸塞大学阿默斯特分校提供照片）

当1909年杜波依斯出版他的布朗传记时，关于重建之遗产的争论已经持续了几十年。最早的爆发之一，是1881年杰斐逊·戴维斯出版的两卷本回忆录《邦联政府的兴衰》（*The Rise and Fall of the Confederate Government*）。由于在战争中失去了自己的财产，戴维斯和妻子住进了密西西比州比洛克西附近的一个种植园里，成了富有的寡妇萨拉·多西的长期房客。像许多政治回忆录一样，这本1561页的历史著作旨在了结旧账，为作者赚取丰厚的版税并改写过去。这位以脸皮薄而闻名的前总统在书中愤怒地攻击了约瑟夫·E. 约翰斯顿将军和 P. G. T. 博加德将军，用的篇幅几乎和攻击亚伯拉罕·林肯的一样多，书的定价在 10 到 20 美元之间（视装帧而定），这令他的大多数穷困潦倒的崇拜者可望不可即。但戴维斯急于证明“奴役非洲人之现象的存在绝不是冲突的原因”，而这与他在南方脱离联邦的危机期间的许多表态大相径庭。他还把重建改革简化为“把带有压迫性的和平强加给那些放下武器的可敬的人”。这本杂乱无章、支离破碎的回忆录被证明在财务上是一次严重的失败，但它由此跻身于一系列旨在美化南方邦联的书籍中，这些书称邦联“事业”是以各州反对联邦专制的权利的名义进行的，纵然失败也令人钦佩。已经出版的还有亚历山大·斯蒂芬斯同样厚的两卷本《州际战争后期的宪法观》（*Constitutional View of the Late War Between the States*）和 E. A. 波拉德的《失败的事业》（*The Lost Cause*），后者为奴隶制辩护，说这是一种“提升非洲人地位、保护黑人的生命和肢体”的制度。[1]

戴维斯的回忆录出版 8 年后，南方白人成立了邦联退伍军人联合会（UCV）。该组织出现于一些地区继续往华盛顿派遣黑人国会议员之际，为的是团结所有阶层的白人，以支持粉饰战前时代的观点以及对战后改革的批判性评价。其附属组织——如邦联女儿联合会（UDC）——加入了邦联退伍军人联合会主办的“邦联庆祝活动”，为制作雕像筹款。1892 年，邦联退伍军人联合会成立了一个委员会，

---

① Bowman, *At the Precipice*, 49 - 50; William C. Davis, *Jefferson Davis: The Man and His Hour* (New York, 1991), 676 - 679; Edward A. Pollard, *The Lost Cause: A New Southern History of the War of the Confederates* (New York, 1867), 49; Alexander H. Stephens, *A Constitutional View of the Late War Between the States* (Philadelphia, 1868).

旨在宣扬这个时代的“正确”历史；委员会还编制了应予推荐和谴责的战争史著作清单。邦联女儿联合会仔细研读了那些暗示南方邦联曾为维系奴隶制而战以此“诽谤”南方的教科书和入门读物，南方的这番努力令詹姆斯·朗斯特里特将军不齿。朗斯特里特将军一直住在佐治亚州，直到 1904 年去世，他惊叹道，“如果说奴隶制不是战争的起因，那为什么不说巫术才是呢？除了奴隶制外，我从没听说过其他任何引起这场争端的原因。”朗斯特里特的诚实让他在邦联退伍军人联合会领导人中不受欢迎，这些人拒绝邀请他参加退伍军人的聚会。（不管怎样，他有时还是会在他部下的欢呼声中出现。）但这位将军在联邦退伍军人联合会（GAR），一个由北方退伍军人组成的同样坚定的组织中找到了同路人。联邦退伍军人联合会的集会上充斥的演讲，指出奴隶制是脱离联邦的“直接诱因”，马萨诸塞州的立法者则确保学生们将这场战争定性为“叛国和作乱”。黑人退伍军人特意将过去的斗争与现在的斗争联系了起来。当马萨诸塞州有色退伍军人协会在 1884 年聚会时，组织者敦促在华盛顿为“爱国的黑人”建一座纪念碑。但也许更紧迫的是他们那个要求对所有为美国黑人“制定的法律给予完全平等的保护”的决议。[1]

邦联退伍军人联合会与邦联女儿联合会所提倡的观点如果令黑人退伍军人厌恶，却得到了少数有影响力的北方保守派的拥护。詹姆

---

① Gaines M. Foster, *Ghosts of the Confederacy: Defeat, the Lost Cause, and the Emergence of the New South, 1865 - 1913* (New York, 1987), 116 - 117; Thomas J. Brown, “Civil War Remembrance as Reconstruction,” in Brown, ed., *Reconstructions*, 212 - 213; Stephen Budiansky, *The Bloody Shirt: Terror After Appomattox* (New York, 2008), 269 - 270; Barbara Gannon, *The Won Cause: Black and White Comradeship in the Grand Army of the Republic* (Chapel Hill, 2011), 148; Janette Thomas Greenwood, *First Fruits of Freedom: The Migration of Former Slaves and Their Search for Equality in Worcester, Massachusetts, 1862 - 1900* (Chapel Hill, 2010), 146.

斯·福特·罗兹和威廉·A. 邓宁这两位杰出的历史学家，一个1848年出生于俄亥俄州，一个1857年出生于新泽西州。这两位民主党人在自己的著作中都不赞成南方脱离联邦，尽管邓宁自1886年开始在哥伦比亚大学教授历史，对南方的联邦主义者和北方的政治投机分子都持批评态度。与上一个十年里南方反动派所做的一样，邓宁把平等主义、不分肤色的特权等同于黑人"统治"，还赞扬了一些白人，说他们在"被自己种族的对手征服"后，挫败了有可能让他们永远屈服于另一种族的计划。1893年，罗兹开始出版其8卷本的《1850年妥协之后的美国史》(*History of the United States from the Compromise of 1850*)，他也认为共和党的《重建法案》构成了"对文明的攻击，[而且] 对强行让黑人在南方获得不够格的选举权方面没有表现出明智的建设性的政治才能"。1939年在芝加哥去世、享年92岁的前国会议员约翰·罗伊·林奇写了一篇尖锐的反驳文章，用他自己的话说，是为了"展现另一面"。林奇指责罗兹——是个富有的实业家而非受过专业训练的学者——有意歪曲数据，滥用"所谓的历史事实"，以"放大民主党的优点、缩小民主党的缺点，同时放大共和党的缺点、缩小共和党的优点，对有色人士尤其如此"。但是，英国的牛津大学授予罗兹荣誉学位，哥伦比亚大学的历史学家约翰·W. 伯吉斯为邓宁辩护，谴责重建是"美国人有史以来所见的最令人作呕的场面"。[1]

黑人活动家认为，更危险的是感伤小说和高度虚构的回忆录的大量涌现，它们将旧南方浪漫化了。由于读这些短篇小说的人远远多于翻完厚厚的多卷本历史巨著的人，因此它们对大众舆论的影响力要远

---

① William A. Dunning, *Reconstruction, Political and Economic, 1865 –1877* (New York, 1907), xv; John R. Lynch, "Some Historical Errors of James Ford Rhodes," *JNH* 2 (1917):353; Franklin, *Race and History*, 265; Kennedy, *After Appomattox*, 9.

远大于戴维斯、邓宁或伯吉斯所做的。典型的例子是詹姆斯·巴特尔·阿维莱特的《老种植园：战前我们是如何在大宅和小屋里生活的》（*The Old Plantation*：*How We Lived in Great House and Cabin*）。正如副标题所暗示的，阿维莱特这个曾经的邦联牧师，描绘了一个充满仁爱的奴隶制生活图景，其中，一群快乐但出身低贱的人已然“稳步地走出了异教的阴影”，这得益于他们“每天都与更古老、更强大的文明接触”，而此时林肯却在愚蠢地试图“催促全能的上帝在这个种族中实现祂更徐缓图之、更明智的目标”。自由民“不适合投票”，这一点他认为不值得辩论。米尔塔·洛克特·阿瓦里和J. W. 丹尼尔则走得更远。丹尼尔1905年的《山麓少女》（*A Maid of the Foot-Hills*）一书颂扬了那些将自己武装成“红衫军”民团分子，解放了南方“受压迫公民”的普通白人。尽管阿瓦里1906年的《战后南方各州》（*Dixie After the War*）号称是一部通俗历史著作，但她捏造了对话和令人不适的黑人方言。在她重述的重建时期中，联邦同盟的黑人成员对无辜白人犯下了无尽的暴行和强奸罪行。当弗吉尼亚人以私刑处死一名黑人强奸犯作为报复时，阿瓦里就让她笔下的坏人向复仇的暴徒道歉说：“但是看在上帝的分上，先生们，要怪就怪一个北方来的白人告诉我白种女人就想要这种乐子。”①

阿维莱特和丹尼尔的年龄够大，还记得南北战争前的最后几年以及这场战争，所以他们的小说往往以重建结束，而不是从战后开始。这一点，再加上经济上取得的惊人成功，让小托马斯·迪克森显得与

① David Goldfield, *Still Fighting the Civil War: The American South and Southern History* (Baton Rouge, 2002), 21; James Battle Avirett, *The Old Plantation: How We Lived in Great House and Cabin Before the War* (New York, 1901), 193 - 194; David W. Blight, *Race and Reunion: The Civil War in American Memory* (Cambridge, MA, 2001), 112; Bruce E. Baker, *What Reconstruction Meant: Historical Memory in the American South* (Charlottesville, 2007), 52 - 53.

众不同。迪克森在战争的最后一年出生于北卡罗来纳州的谢尔比村，当他所在的州选举前奴隶约翰·亚当斯·海曼为国会议员时，他只有11岁。后来他回忆起5岁时第一次见到三K党人的情景。迪克森起初看到那些戴着兜帽的人悄无声息地从他窗前经过时很害怕，但他的母亲向他保证："他们是我们的人，在保护我们免受伤害。"后来，他发现他深爱的一位叔叔，南方邦联的上校，就是著名的三K党人。就读巴尔的摩的约翰霍普金斯大学之后，迪克森与同学伍德罗·威尔逊成了好友，瘦高个儿、细胳膊细腿的他在演戏、讲演、州政治方面都进行了尝试。但在哈里特·比彻·斯托的小说《汤姆叔叔的小屋》1901年被搬上了戏剧舞台后，愤怒的迪克森深受启发，酝酿写一部反对重建的小说。迪克森把臭名昭著的西蒙·莱格里从斯托的书上搬出来，把这个昔日的奴隶重新塑造成一个支持南方重建的无赖汉，与一些前奴隶和北方来的政治投机分子联手劫掠这个地区。与阿瓦里作品里的情形一样，白人组织起了三K党，要把自己的国家从种族战争和野蛮中拯救出来。就在国会议员怀特厌恶地离开他的州的第二年，即1902年，纽约的出版商道布尔戴&佩吉公司（Doubleday, Page&Company）出版了《豹子的斑点：白人负担的浪漫》（*The Leopard's Spots: A Romance of the White Man's Burden*）一书，它出乎意料地畅销，人们纷纷要求出版续集。①

3年后，迪克森炮制出了他所宣称的"战后三部曲"的第二部。这部《族人：三K党的历史传奇》（*The Clansman: An Historical*

---

① Anthony Slide, *American Racist: The Life and Films of Thomas Dixon Jr.* (Lexington, 2004), 52; Maxwell Bloomfield, "Dixon's *The Leopard's Spots*: A Study in Popular Racism," *American Quarterly* 16(1964): 387 - 388; Nina Silber, *The Romance of Reunion: Northerners and the South, 1865 - 1900* (Chapel Hill, 1993), 185 - 186; Merrill D. Peterson, *Lincoln in American Memory* (New York, 1994), 168 - 169; Blight, *Race and Reunion*, 111.

Romance of the Ku Klux Klan）比上一部更有野心，其场景在华盛顿和南卡罗来纳的乡村之间来回转换。为了吸引北方的读者，迪克森的小说开场抛出了一个令人同情的配角林肯，在迪克森的笔下，这个林肯只希望恢复南方原来的面貌。但他的遇刺惹怒了“跛足”的国会议员奥斯汀·斯通曼——一个几乎不加掩饰的塞迪厄斯·史蒂文斯——他通过鼓动黑人军队威胁州的安危来“惩罚”南方，“这些黑人军队的军官只听从自己的野蛮本能，不买任何权威的账”。如果说阿维莱特笔下的战前黑人对自己身受的仁慈的奴役感到知足，那么是解放和政治权利把迪克森笔下的非裔美国人变成了凶残的强奸犯。迪克森从阿瓦里的书里借了个情节，一个叫格斯的前奴隶、斯通曼的狗腿子，强奸了一个 15 岁的白人女孩。书名里的三 K 党人、前南方邦联士兵本·卡梅伦，是一个致力于白人至上的民团的龙头老大，他和手下抓获并处决了格斯。他的爱人、国会议员的女儿埃尔西·斯通曼不顾父亲的反对，站在了南方白人的立场上。杜波依斯被这部小说激怒了，向道布尔戴 & 佩吉公司的编辑兼副总裁、出生于北卡罗来纳州的沃尔特·海因斯·佩吉问责此事。佩吉承认，这个情节宣扬了他“敌人的教条”，但他也说，他认为有必要给迪克森与种族主义批评者同样的文学“自由”。杜波依斯很明白道布尔戴 & 佩吉公司就是为了卖书，也就懒得搭理了。①

杜波依斯和林奇或许认为这场辩论失去了大众的支持，转而决定于在学术场所进行还击。在 60 多岁时，这位前国会议员写了《重建

① Bloomfield, “Dixon's *The Leopard's Spots*,” 394 - 396; Nicholas Lemann, *Redemption: The Last Battle of the Civil War* (New York, 2006), 189 - 190; Thomas Dixon Jr., *The Clansman: An Historical Romance* (New York, 1905), 289, 322, 330, 334; Walter H. Page 致 W. E. B. Du Bois 的信, 1905 年 11 月 27 日, 参见 Aptheker, ed., *Correspondence of Du Bois*, 114。

的事实》(*The Facts of Reconstruction*),在书中,他指责约翰逊的政策在密西西比播下了失败的种子。1909 年 12 月,杜波依斯为著名的美国历史协会(AHA)在曼哈顿召开的年会写了一篇关于重建的论文。在《重建及其益处》(*Reconstruction and Its Benefits*)这篇标题直白的论文中,杜波依斯质疑了邓宁-罗兹(Dunning-Rhodes)的观点,即战后岁月可以看作一个黑人蠹政的"悲惨时代"。这一时期的改革给了南方它所缺少的三件至关重要的东西:"一,民主政府,二,免费的公立学校,三,新的社会立法"。他认为,共和党政策如果有缺陷,那唯一一处就是在 1870 年取消了对自由民局的拨款,并且在接下来的"40 年"里没有进行更有效的"土地和资本分配"。听众中的白人学者礼貌地听着,但很少有人被说服。颇具影响力的《美国历史评论》发表了这篇文章,尽管编辑 J. 富兰克林·詹姆森拒绝了杜波依斯把"Negro"一词大写的要求。然而,绝大多数白人历史学家忽视了从学术上辩护,且仍然信服邓宁的观点。此后 31 年,再无黑人历史学家在美国历史协会发表讲话。[①]

杜波依斯的仔细研究敌不过新的媒体。如果说迪克森的小说远比林奇和邓宁的作品有更多的读者,那么一部电影将在 20 世纪的大部分时间里把重建说成是一场恶意复仇的失败,嵌入白人的头脑中。电影制作人 D. W. 格里菲斯是一名南方邦联骑兵军官之子,已经制作了不少关于内战的短片。他的梦想是拍摄迪克森的前两部小说,尤其是《族人》,它已被迪克森改编成一部成功的舞台剧。格里菲斯出价 1 万美元买下了该剧的版权,并请迪克森共同担任编剧。那时,一个电影

---

① John Roy Lynch, *The Facts of Reconstruction* (New York, 1913), 14; David Goldfield, *America Aflame: How the Civil War Created a Nation* (New York, 2011), 529; Lewis, *Du Bois: Biography of a Race*, 384 – 385; W. E. B. Du Bois, "Reconstruction and Its Benefits," *AHR* 15(1910): 781 – 799.

拷贝通常放映10分钟，格里菲斯想制作的是一部史诗般的彩色影片；考虑到预算，他不得不弃用彩色胶片，但他最终剪出的版本长达3个多小时。剧情忠于迪克森的小说原著，仍然没有姓氏的格斯由抹成黑脸扮黑人的白人演员沃尔特·朗饰演，格斯在片中被蒙面的民团分子以南方文明之名处死。在提前放映时，这部电影用的还是原来的名字，直到迪克森激动地表示“它应该叫《一个国家的诞生》”，因为它体现了他的信念，即一个由白人至上主义者组成的统一国家已经从重建的灰烬中诞生了。[①]

格里菲斯和迪克森为拍这部超出了预算的电影而负债累累，不得不给电影定出了前所未闻的2美元票价。一向精明的迪克森已经在策划根据他的三部曲的第三部《叛徒》（*The Traitor*）改编的续集了，想用自己和伍德罗·威尔逊的大学同窗之谊捞点好处。这位出生于弗吉尼亚州的总统已公开批评过重建工作，还把黑人选民贬低为“无知的傻瓜”，说他们“盲目地追随令他们陷入解放战争的政党”。迪克森设法在白宫安排了一次该片的首映，并向总统保证，这部电影的观众将转变为“富有同情心的南方选民”，随后“你的种族隔离政策再也不会有问题了”。威尔逊被这部电影迷住了，说它“就像是在用闪电书写历史”，还说：“我唯一的遗憾是，它太真实了，真实得可怕。”总统替电影背书，把黑人编辑们惊呆了。印第安纳波利斯的一位出版商好奇“威尔逊先生及其同僚怎么会对这电影有好感”，尽管威尔逊的国内政策已经疏远了北方黑人选民，但他并不希望得罪白人进步人

① Gary W. Gallagher, *Causes Won, Lost, and Forgotten: How Hollywood and Popular Art Shape What We Know About the Civil War* (Chapel Hill, 2008), 42-43; Kennedy, *After Appomattox*, 9; Blight, *Race and Reunion*, 395; Melvyn Stokes, *D. W. Griffith's The Birth of a Nation: A History of the Most Controversial Motion Picture of All Time* (New York, 2008), 23, 49, 150.

士。威尔逊立即通知非裔卫理公会主教亚历山大·沃尔特斯，说他并未认可这部电影，白宫也悄悄地散布消息，说是顾问约瑟夫·图穆蒂误以为这番话是威尔逊说的。①

非裔美国人对这部电影激起的民情感到震惊，这也难怪。休斯顿的观众看到格斯纠缠女演员莉莲·吉什，尖叫道“处死他!”。在印第安纳州的拉斐特，某影院的赞助商在看完电影后开枪打死了一名黑人少年，主张在住宅区实行种族隔离的人在圣路易斯各剧院外散发传单，要求颁布新法令。杜波依斯和全国有色人种协进会呼吁抵制这部电影，并敦促全国电影审查委员会撤销对这部电影的批准。在给白宫打电话确认总统看过并喜欢这部电影之后，审查委员会的大多数成员都对它表示赞同，只有拉比斯蒂芬·怀斯谴责这部电影“极其丑恶，令人厌恶”。波士顿的一家剧院拒绝向黑人售票，以为他们是来抗议的，此事还上了全国新闻。事实上，他们就是来抗议的，其中包括《波士顿卫报》的编辑威廉·门罗·特罗特和牧师亚伦·W. 普勒。当特罗特要求买票时，一个警察“给了特罗特的下巴一拳”，并以“煽动暴乱”的罪名逮捕了他们俩。对此，前州长约翰·昆西·亚当斯·布兰克特的儿子、共和党人约翰·G. 布兰克特法官有不同看法，他裁定“该对这场骚乱负责的两个人是警察”，而剧院老板只卖票给白人，违反了该州的“平权法”。②

最高法院首席法官爱德华·怀特曾是南方邦联的战士，如今依然是三K党人，在他公开支持这部电影后，黑人媒体加倍努力阻止它

① Arthur S. Link, *Wilson: The New Freedom* (Prince ton, 1956), 252 - 253 and note 40; Peterson, *Lincoln in American Memory*, 170; Woodrow Wilson, *A History of the American People* (New York, 1903), 5: 46; Indianapolis *Freeman*, March 20, 1915; Chicago *Broad Axe*, June 5, 1915.

② Lewis, *Du Bois: Biography of a Race*, 506 - 507; Franklin, *Race and History*, 17; St. Paul *Appeal*, May 8, 1915; Oakland *Western Outlook*, March 20, 1915.

上映。许多编辑认为，依据《宪法》第一修正案，格里菲斯有权表达个人观点，剧院老板也有权不订购一部旨在“煽动种族情绪”的电影。特罗特成功地让这部电影在马萨诸塞州的林恩市被禁映了，随着更多的白人对黑人施暴的事件发生，曼哈顿的剧院大多停映了此片。俄亥俄州州长弗兰克·威利斯是共和党人、内战老兵之子，他以“煽动暴徒”为由禁止该片在他的州上映，虽然他的决定引起的骚动只会促使其他州的白人涌向仍在营业的剧院，让《一个国家的诞生》成为1939年之前票房最高的影片。①

更糟的还在后面。新生的电影业，跟任何生意一样，催生了对获得成功的产品的模仿。《一个国家的诞生》惊人的经济回报，促使福克斯电影公司不出几个月就制作了一部默片《黑鬼》（*The Nigger*）。这部根据爱德华·谢尔顿的同名戏剧改编的短片，基本上是一个没有战争场面版的迪克森作品。片中，助理导演抹黑了脸扮演的一个不知名的非裔美国人袭击了一个在树林里游荡的白人女孩，犯下了字幕上所说的“常见罪行”。带着猎犬的三K党人追踪而来并对这名强奸犯处以私刑，他们决定把《一个国家的诞生》中三K党人的暴行升级，然后将他绑在火刑柱上烧死了。黑人媒体再次谴责了这部电影。《克利夫兰公报》的编辑评论说，这部电影“与任何一部迪克森的电影一样邪恶、有害、煽动暴力”。“只有带着彻头彻尾偏见的白人才看不出来。”行业杂志《电影世界》的一名代表也加入了这一行列，指责这部毫无艺术可言的电影是“在残酷地激发人类最危险的激情和偏见”。如果说谢尔顿的影片粗俗不堪、缺乏电影价值，那也不过是抓住了迪克森和邓宁所传播的同一个中心主题：重建的关键缺陷在于它解放了

① Indianapolis *Freeman*, April 17, 1915; *Cleveland Gazette*, April 10、24, 1915.

粗俗、野蛮的非裔美国人。[1]

杜波依斯和全国有色人种协进会意识到，有关重建之真相的理性社论根本无法与大众媒体匹敌，于是他们开始探讨要不要拍电影来回应《一个国家的诞生》。有两个项目可选，一个是《林肯的梦想》，讲的是促进种族理解和融合，另一个是《瑞秋》（*Rachel*），作者安吉丽娜·格里姆克是曾在查尔斯顿为奴、毕业于哈佛大学的全国有色人种协进会活动家阿奇博尔德·格里姆克的天才女儿。环球影城的创始人卡尔·莱姆勒是个出生在德国的犹太人，他对第一个项目很感兴趣，但前提是全国有色人种协进会能筹到1万美元提供资助。这让杜波依斯失去了兴趣，但在1920年，黑人电影人奥斯卡·麦考斯以电影《我们的大门里》（*Within Our Gates*）做出了回应。身兼导演和编剧二职的麦考斯以有限的预算和借来的服装拍摄了这部电影，通过在南方一所资金不足的农村学校工作的黑人教师西尔维娅·兰德里的故事来扭转《一个国家的诞生》造成的局面。为此，麦考斯在片中安排兰德里险些被一名白人男子强奸，还出现了兰德里父母被处以私刑的画面。在1919年的芝加哥种族骚乱之后，伊利诺伊州的审查委员会批准了这部电影的放映，但要在私刑和强奸场景剪掉之后。芝加哥《大斧头报》（*Broad Axe*）的黑人编辑愤怒地说，这样的删剪使得这部无声电影“看得人摸不着头脑”，但他对影片的准确性给予了很高的评价，尤其是“南方白人妇女对兰德里的援助请求的反对”，还有“学校的财务困难”。在明尼苏达州圣保罗市，这部电影完整无缺地放映了，当地《呼吁报》（*Appeal*）称赞了麦考斯的勇气，说他展示了

---

① *Cleveland Gazette*, April 10, June 5, 1915.

“所有可怕的私刑细节”。[1]

白人观众并没支持这部电影，反过来，它也未能改变公众对重建的负面看法。或许最低谷的时刻出现在1929年，当时政治记者兼通俗历史学家克劳德·鲍尔斯完成了《悲剧时代：林肯之后的革命》(*The Tragic Era*：*The Revolution After Lincoln*) 一书。所谓的邓宁学派理论可能具有破坏性，而能接触到它们的只有少数能负担得起大学教育的白人，有时还有邓宁或伯吉斯培养的毕业生的学生。但鲍尔斯是《纽约日报》一位有影响力的社论作者，也是一位重要的民主党人；他担任了1929年民主党全国代表大会临时主席，后来被富兰克林·德拉诺·罗斯福任命为驻西班牙和智利大使，罗斯福欣赏鲍尔斯的作品。《悲剧时代》游走于虚构作品的边缘，但作者生动又刻薄的风格吸引了非专业读者，这部由霍顿-米夫林公司（Houghton Mifflin）出版、被文学协会[2]选中的厚书，几乎和《一个国家的诞生》一样受欢迎。当然，它受这部电影影响很大，因为书中大反派是“变态的”史蒂文斯，而解放运动解放了“头脑简单”的黑人，他们因为对白人女性“色眯眯的冒犯”而声名狼藉。白人民团分子是他这个故事里的英雄，他们终结了“投机的罪行”。这本书受到了热情洋溢的评论，不止全国有色人种协进会的官方杂志《危机》(*The Crisis*) 上的。前北卡罗来纳州奴隶安娜·朱莉娅·库珀告诉该杂志时任编辑杜波依斯：“在我看来，应该给这个《悲剧时代》一个回答。”尽管这位在欧柏林学院和索邦大学接受教育的库珀是第四位获得博士学位的非裔美

---

① Lewis, *Du Bois: Biography of a Race*, 509; St. Paul *Appeal*, July 3, 1920; Chicago *Broad Axe*, January 17, 1920.

② Literary Guild，美国会员制读书会，创立于1927年，以向其会员低价销售书籍为特色。——译者

国女性，但她很尊敬杜波依斯，自信地写道，“你就是做出回答的那个人”。[①]

巧的是，杜波依斯当时正准备这么做，哪怕只是做到一点点。杜波依斯基本上放弃了为了能动性和学术成就而进行的教学，担任了全国有色人种协进会的宣传和研究主任一职。富兰克林·H. 胡珀联系了他，请他为《大英百科全书》写一篇关于“美国黑人”的长文。当这篇文章的长条校样送来时，杜波依斯惊呆了，他急忙给胡珀写了一系列的信，解释他为什么对编辑的修改“非常不满意”。把《黑人法典》称为“除了名字外其实就是奴隶制”这话没了。非裔美国人在重建期间被私刑处死的人数以及南方黑人政治家取得的积极成就也被删掉了。“Negro”一词没用大写。胡珀在回复中勉强同意将“Negro”一词大写，但拒绝恢复杜波依斯所说的，“正是黑人的忠诚和黑人本身让南方重回联邦，为白人和黑人建立了新民主，建起了公立学校”。诚然，杜波依斯的措辞轻慢了白人联邦主义者和北方共和党人，但这并不是编辑所关心的。相反，胡珀明确表示，他不能“心安理得地允许”杜波依斯对这个时代诸多成就的描述就这么“通过”，因为他认为“这在很大程度上是一个观点立场问题”。杜波依斯拒绝同意删减，这本书最终在没有收入其文章的情况下付印了。[②]

---

① Foner, “Reconstruction Revisited,” 82; Bernard A. Weisberger, “The Dark and Bloody Ground of Reconstruction Historiography,” *JSH* 25 (1959): 428; Bowen, *Andrew Jackson and the Negro*, 157 - 158; Peter Sehlinger and Holman Hamilton, *Spokesman for Democracy: Claude G. Bowers, 1878 - 1958* (Indianapolis, 2000), 120; Anna Julia Cooper 致 W. E. B. Du Bois 的信，1929 年 12 月 31 日，参见 Aptheker, ed., *Correspondence of Du Bois*, 411。

② David Levering Lewis, *W. E. B. Du Bois: The Fight for Equality and the American Century, 1919* - 1963 (New York, 2000), 359; W. E. B. Du Bois 致 Franklin Hooper 的信，1929 年 2 月 14 日，参见 Aptheker, ed., *Correspondence of Du Bois*, 390 - 391; Franklin Hooper 致 W. E. B. Du Bois 的信，1929 年 2 月 19 日，同上，393; W. E. B. Du Bois 致 Franklin Hooper 的信，1929 年 3 月 4 日，同上，399。

杜波依斯并不是唯一一个反对这个时代流行观点的人。许多黑人作家、记者和学者也加入了他的斗争。加拿大小说家兼记者阿尔伯特·埃文德·科尔曼写了一部名为《罗西浪漫历险记》[①] 的小说。尽管科尔曼在安大略出生并接受教育，但他作为《纽约先驱报》的年轻记者曾在南方各地游历，黑人编辑便以“1868 年他在密西西比河上下游历时亲眼见到的事”为亮点来宣传他的这部中篇小说。另一位作家霍华德·W. 奥德姆 1884 年出生于佐治亚州，他在 1931 年出版的《寒冷的蓝月亮》（*Cold Blue Moon*）中讲述了“黑尤利西斯”的故事，书中此人既是一名前奴隶也是“叙事者”。奥德姆的这部故事集以内战和重建时代的最后几天为背景，与麦考斯的电影很像，它通过将一个被称为“老上校”的白人种植园主描绘成性侵黑人女性并生了几个混血女儿的男人，颠覆了 20 世纪初流行的刻板印象。也许是为了更好地突显自己那个时代猖獗的不人道，奥德姆让此人的一个女儿在他临终时照顾他，以此向那位受人鄙视的父亲展示她的人性。[②]

杜波依斯也不是唯一一位希望强调战后公共教育之进展的作家。1920 年 1 月出版的《黑人历史杂志》刊登了 50 多页有关“参加重建会议和立法机构的一些黑人成员”的文件。在一次教育界人士的聚会上，俄克拉何马城《黑人快报》（*Black Dispatch*）的编辑、据称是约翰·泰勒总统外孙的罗斯科·邓吉提醒他的听众（包括几位州参议员和市长）一个“事实”：南方的公共教育最早出现在“黑人掌控该地

---

① *Romantic Adventures of Rosy, the Octoroon: With Some Account of the Persecution of the Southern Negroes During the Reconstruction Period*.

② Albert Evander Coleman, *The Romantic Adventures of Rosy, the Octoroon: With Some Account of the Persecution of the Southern Negroes During the Reconstruction Period* (New York, 1929); Kansas City *Plaindealer*, May 8, 1931; Howard W. Odum, *Cold Blue Moon, Black Ulysses Afar Off* (New York, 1931); Kansas City *Wyandotte Echo*, July 3, 1931.

区政治的时候”。他接着说，尽管白人小说家和电影制作人经常强调“黑人大权在握的邪恶影响”，但只有黑人立法者和他们北方来的投机分子盟友“为贫穷的白人和黑人儿童奠定了现代学校体系的基础”。那段时间，黑人政治家“几乎在公民生活的每个领域都担任既荣耀又身负责任的职务”，黑人牧师对此仍记忆犹新。他们帮自己的会众回忆起“老爹该隐”、布兰奇·布鲁斯、希拉姆·雷维尔斯以及罗伯特·布朗·埃利奥特的事工，“他们是政治家，与同级别最能干的白人相比，他们一点也不逊色”。白人大学生受的教育说黑人官员是“无知者和跳梁小丑”，在这样一个时代，黑人群体中一场近乎是地下的运动试图提醒下一代：当黑人被赶出政界后，“重建中的唯一堪称血腥的崩溃已然到来了”。正如新奥尔良黑人的迪拉德学院院长威尔·W. 亚历山大向听众保证的那样，只有当乔治·亨利·怀特等国会议员放弃斗争时，“无知才在重建结束时控制了政府”。[①]

对学者杜波依斯来说，压垮他的最后一根稻草是 1930 年，田纳西州记者、商人乔治·福特·米尔顿的《仇恨年代》(*The Age of Hate*) 的出版。在漫无边际、长达 787 页的关于安德鲁·约翰逊与共和党人之间较量的叙述中，仇恨者是进步派，没有人比塞迪厄斯·史蒂文斯最怀恨在心了，他被米尔顿称为“众议院的卡利班[②]”。米尔顿把这位激进派领袖描绘成莎士比亚笔下畸形的奴隶，把史蒂文斯和其他进步改革者贬低为复仇心切的煽动者、愤怒的政客们，“眉头上紧锁着仇恨”。不到一年，出版商阿尔弗雷德·哈考特写信给杜波依

① Baker, *What Reconstruction Meant*, 114; Kansas City *Plaindealer*, September 7, 1934、July 19, 1935; Chicago *Spokesman*, March 4, 1933; *Our Colored Missions* (New York), May 1, 1930.

② 莎士比亚戏剧《暴风雨》中半人半兽的怪物，天生苍白的皮肤和大眼睛，一看就是异类。——译者

斯，称他听到传言说这位历史学家正在对重建工作进行大规模的重新评估，并说他有兴趣看看手稿。杜波依斯回答说，他设想出两卷，第一卷跨度为 1860 年至 1876 年，第二卷旨在涵盖"黑人军队在世界大战中所扮演的角色"。尽管他打算让史蒂文斯和萨姆纳重新成为民主的倡导者，但他的核心目的是关注那个时代"真正的英雄",即"正在被解放的奴隶"。杜波依斯承认，他"对美国历史学家在这一领域所做的一切感到震惊"，并谴责"众口一词"地认为这一时期的失败是基于白人的偏见而不去进行冷静的研究和分析。①

杜波依斯最终写成了《美国的黑人重建》(*Black Reconstruction in America*)。此书厚达 746 页，几乎和米尔顿那部声讨之作一样长，对很多读者来说，最具启发性的部分是最后一章"历史的宣传"(The Propaganda of History)。之前在美国历史学会的经历让他明白仅仅罗列事实是不够的；他需要公开与其他作家论战。杜波依斯勇敢地点了名，从詹姆斯·福特·罗兹开始。杜波依斯指出这位俄亥俄州商人既没有受过"历史学家的训练"，也没有受过"广泛的正规教育"。他还指责罗兹忽略了一些证据，这些证据并不支持其关于黑人低人一等的先入为主的理论，比如国会关于三 K 党暴行的报告。尽管邓宁是个"不那么教条"的学者，但他的"反黑人宣传"已经感染了他的研究生，他们的总体研究成果"始终是一边倒的，对党派的盲目拥护达到了极致"。鲍尔斯的《悲剧时代》和米尔顿的《仇恨年代》，一个"完全缺乏历史判断"，一个"试图改写安德鲁·约翰逊的角色却未能如

① George Fort Milton, *The Age of Hate: Andrew Johnson and the Radicals* (New York, 1930), 262 – 264; Alfred Harcourt 给 W. E. B. Du Bois 的信, 1931 年 9 月 11 日, 参见 Aptheker, ed., *Correspondence of Du Bois*, 442 – 443; W. E. B. Du Bois 给 Alfred Harcourt 的信，1931 年 9 月 23 日，同上，443；Baker, *What Reconstruction Meant*, 125。

愿”。他写道，然而在所有这些叙述中，“重建的主要证人，即被解放的奴隶本人，却几乎被禁止”作证。有时，杜波依斯自己也放弃了他对批评家要独立于事外的主张，称邓宁是“铜头蛇”，称罗兹是“雇佣劳动的剥削者”。但他的中心主题足够准确。这些作家把非裔美国人和他们的白人盟友视为低人一等的生物乃至扭曲的卡利班，认为没必要“浪费时间去钻研重建史”中的诸多成功之处。①

《美国历史评论》的编辑一如过去25年所做的那样，忽视了杜波依斯和这本书的存在，也懒得把它寄给评论人士。历史学家艾弗里·克雷文指责杜波依斯使用了“废奴主义宣传和党派政客的偏见之词”，《时代》周刊说杜波依斯“别有用心”，说他在自己文章的字里行间布置了一个重建的“仙境，里面所有熟悉的场景和地标都被篡改或抹去了”。当然，试图改变旧有的叙述正是杜波依斯的目的，而令作者惊讶的是，“本月书单”俱乐部推荐了《美国的黑人重建》一书，南方出生的白人记者乔纳森·丹尼尔斯称赞这本书是对“白人历史上有关黑人在其中发挥重要作用的那段时期”的必要纠正。在为《纽约时报》所写的评论中，耶鲁大学的威廉·麦克唐纳既褒又贬，他写道，尽管杜波依斯的分析是以“马克思主义经济学来贯穿的”，但他“对邓宁和米尔顿等美国历史学家的恶毒攻击绝对是有道理的”。《纽约每日镜报》(*New York Daily Mirror*)某评论员也认为，这项研究“是一个令人振奋的学术成果，应该会让自满的历史学家坐立不安”。②

这本书在第一年只售出了376册，但是黑人媒体热情地接受了它，这些媒体一直很沮丧，因为他们过去的故事在由种族主义者重

① W. E. B. Du Bois, *Black Reconstruction, 1860 - 1880* (New York, 1999 ed.), 717 - 727.

② Lewis, *Du Bois: Fight for Equality*, 365 - 366; Marable, *Du Bois*, 146 - 147.

述。在当时的“全国黑人历史周”期间，黑人教师和牧师向全国观众“发表了对本书的精彩评论”。由于负担不起私人图书馆的费用，黑人专业人士成立了“图书爱好者俱乐部”来讨论和交换此书，这或许是该书销售惨淡的原因之一。在一篇被广泛转载的文章中，南卡罗来纳州奴隶之子、全国有色人种协进会分会的组织者威廉·皮肯斯称赞《美国的黑人重建》是“过去50年里最有意义的书”。皮肯斯相信黑人观众应该对杜波依斯比较熟悉，他认为“每个白人都应该读这本书，如果他想让黑暗洞穴能透进一点亮光的话”。一位黑人编辑意识到，大多数白人还以为重建时期的南方立法机构就像他们在《一个国家的诞生》中看到的那样，他也希望这本书能到白人读者手上，让他们了解真相，“黑人立法者只是肤色不同而已”。像罗伯特·斯莫斯这样进步的改革家所做的远“不止吃花生和往银痰盂里吐口水，还大部分都没吐进去”。①

黑人教师和编辑再一次发现，即使是文笔优美的专著也无法与浪漫小说相媲美。《美国的黑人重建》问世不到一年，玛格丽特·米切尔的《乱世佳人》就来了。这部小说以佐治亚州的战事和重建为背景，讲述了1861年至1873年间，米切尔笔下的主人公斯嘉丽·奥哈拉从16岁到28岁的成长过程。米切尔一直对美国历史很感兴趣，只要是按她的关注点来讲授的，几年前，作为马萨诸塞州史密斯学院的一名学生，当她发现一名年轻的黑人女性也选修了历史课程时，就要求转到同一门课上。米切尔坚称她的小说是基于多年的研究，而且大量借鉴了邓宁及乌尔里希·菲利普斯（《1918年的美国黑人奴隶制》的作者）的著作。《乱世佳人》由麦克米伦公司于1936年6月出版，

① Marable, *Du Bois*, 147; Wichita *Negro Star*, February 21, 1936; Kansas City *Plaindealer*, June 7, July 5, 1935.

共 1000 多页，定价为当时前所未闻的 3 美元。虽然售价不菲，但到年底时，这本书竟售出近 100 万册，其日销量几乎是杜波依斯著作年销量的 13 倍。米切尔在第二年被授予了普利策奖，这让批评这部小说的黑人非常愤怒。编辑弗兰克·马歇尔·戴维斯抱怨说，她的故事“讲得很好”，但其他方面令“有思想的黑人深恶痛绝”。米切尔“扭曲了重建时代的事实，并用谎言编织成了一张网”。既然杜波依斯发现了“白人忽视或掩盖的事实”，戴维斯想知道，为什么评委会对《乱世佳人》赞不绝口，却对《美国的黑人重建》视而不见。“没人知道普利策奖评委会是否会青睐有色作家。”[①]

如果说黑人评论家对这部小说几乎毫无用处的话，南方白人则虔诚地相信米切尔讲述了他们的故事。米切尔的传记作家、佛罗里达国际大学历史学家、以在晚宴上悬挂南方邦联旗帜而闻名的达登·阿斯伯里·皮隆为米切尔的小说辩护，称“这是一部种植园主阶级的修正主义历史”。至于她对种族的刻板印象，皮隆坚持认为，杜波依斯的《美国的黑人重建》“在大众心目中没有取得任何进展”，但他盛赞米切尔“深入挖掘了［其他］主要和次要资料，使她的作品尽可能准确地反映历史”。堪萨斯城《老实人报》（*Plaindealer*）的黑人编辑对此有不同看法。“南方对北方解放奴隶的愤怒转嫁到了一个白人小女孩身上，”他抱怨道，“这个女孩长大后就写了这本名为《乱世佳人》的书。”[②]

这一年还没过完，小说就被米高梅公司相中了，后者的资金主要

---

① Goldfield, *Still Fighting the Civil War*, 26; Darden Asbury Pyron, *Southern Daughter: The Life of Margaret Mitchell* (New York, 1991), 85; Kenneth M. Stampp, *The Era of Reconstruction, 1865 - 1877* (New York, 1966), 156 - 157; Kansas City *Plaindealer*, May 15, 1937。

② Pyron, *Southern Daughter*, 311; Kansas City *Plaindealer*, March 5, 1937.

来自路易·B. 梅耶买下《一个国家的诞生》在英国的独家电影版权这个颇有远见的决定。像伊丽莎白·劳森这样的黑人记者做了最坏的打算，担心《乱世佳人》“可能会在各方面淋漓尽致地重现格里菲斯的烂片《一个国家的诞生》”。甚至在这部电影计划在加州的户外场景（back lots）拍摄之前，全国有色人种协进会就发起了一场反对它的运动，尽管他们对小说中不准确的内容的抱怨大多不了了之，但还是让书中一些更为恶劣的种族主义内容有所软化。然而，米切尔对重建的诸多描述还是呈现在了电影胶片上。在接近尾声的地方，电影以字幕告诉观众，当“衣衫褴褛的骑士”在战后回到家乡时，他们遭遇了“比他们交过手的任何人都更残酷和邪恶的另一波入侵者——北方来的政治投机分子”。这句话，是对鲍尔斯书中所描述的“北方社会的败类，追名逐利的士兵出场了”的一种宽泛的诠释，其场景是两个衣装考究的男子——一白一黑——并肩坐在马车里的大包旁，衣衫褴褛的老兵一瘸一拐地跟在旁边。虽然黑人观众普遍很高兴看到哈蒂·麦克丹尼尔凭借自己的表演赢得奥斯卡奖，但他们对她因扮演奶妈而获奖这件事就没那么高兴了。1940 年 2 月，在费城的卡托礼堂举行的林肯诞辰庆典上，演讲者嘲笑这部电影是“为推翻亚伯拉罕·林肯为之牺牲宝贵生命的所有原则而炮制的宣传片”。[①]

正如《一个国家的诞生》催生了跟风模仿者一样，《乱世佳人》的巨大成功也激励了其他电影公司纷纷把重建时代搬上银幕。1940 年代初，沃尔特·迪士尼公司开始根据乔尔·钱德勒·哈里斯的《雷姆斯叔叔》（*Uncle Remus*）的系列故事拍摄《南方之歌》（*Song of*

---

① *Cleveland Gazette*, May 29, 1837; Elizabeth Young, “Here Comes the Bride: Wedding, Gender, and Race,”参见 *The Horror Reader*, ed. Ken Gelder (New York, 2000), 138; Gallagher, *Causes Won, Lost, and Forgotten*, 29; Wichita *Negro Star*, February 23, 1940.

the South）。这部电影以1870年代为背景，在亚利桑那州凤凰城郊区的一个棉花农场拍摄，采用了一种更为浪漫的战后时期的视角。其中既没有贪婪的北方来的投机者，也没有经过美化的三K党人，而是充斥着丰富的场景、唱着歌的佃农、给白人孩子讲“兔兄弟”（Br'er Rabbit）故事的快活的雷姆斯叔叔（他去除了“兔兄弟”故事中原有的非裔美国骗子元素）。黑人评论家指责这个剧本给人们制造一种战后时期“主仆关系如田园诗般”的印象，而迪士尼自己也无意中透露了这部电影想摆出一副施恩与人的态度，笑称他们“发掘了一个胖嘟嘟的小黑孩”来扮演其中的黑人孩子。（哈蒂·麦克丹尼尔再次扮演奶妈的角色。）全国有色人种协进会与支持这部电影的广受欢迎的《家长杂志》（*Parents' Magazine*）进行了“尖锐的争论”，许多黑人影院拒绝放映该片。尽管这部音乐剧是真人和卡通动物合演，没有《乱世佳人》的历史虚夸和失实之处，但黑人发行商认为它对重建时期斗争的描写“麻木了今天的黑人种族的认知”。①

非裔美国人媒体再一次转而支持另一选择，在这件事上，另一选择就是卡通短片《四海皆兄弟》（*Brotherhood of Man*）。这部1947年的卡通片，根据美国传教士协会制作的名为《人类种族》的小册子改编，由美国汽车工人联合会出资。黑人报纸宣称它是“像迪士尼的《南方之歌》这样的汤姆叔叔类卡通电影的解毒剂”，并指出这是第一部“展示无论种族肤色、人人皆平等的儿童电影”。第二年，非裔美国人发行商略微宽容了一些，这一年，在迪士尼电影中扮演雷姆斯叔叔的演员詹姆斯·巴斯克特死于心脏病，享年44岁。然而，大多数

① Steven Watts, *The Magic Kingdom: Walt Disney and the American Way of Life* (Boston, 1997), 279; Wichita *Negro Star*, December 6, 1946、January 24, 1947; Little Rock *Arkansas State Gazette*, January 17, 1947.

黑人编辑不免注意到，由于亚特兰大的种族隔离政策，巴斯克特未能出席《南方之歌》在亚特兰大的首映式，类似的规定也使得几年前哈蒂·麦克丹尼尔无缘《乱世佳人》在佐治亚州的首映式。[1]

1947年也出现了自杜波依斯的著述之后第一部关于战后时代的重要非虚构作品。作为路易斯安那州立大学出版社著名的“南方历史书系”的一部分，E. 默顿·库尔特的《1865—1877：重建以来的南方》（*The South Since Reconstruction，1865－1877*）为昔日的邓宁-鲍尔斯观点注入了新的活力。库尔特的祖父和外祖父都曾在南方邦联军队服役；其中一位还因从事三K党活动被起诉，但被全白人陪审团无罪开释。库尔特在佐治亚大学任教，公开承认自己是种族隔离主义者，对于杜波依斯试图还原那段历史的努力毫无用处。库尔特在引言中断言：“再怎么修改，也无法解释在美国历史上这段反常的时期所犯的严重错误。”他还说，南卡罗来纳州和路易斯安那州的共和党改革是“世界上黑人统治的典型范例”，甚至比“海地”还糟，“因为那个愚昧国家的黑人皇帝”统治的是“除了暴政从不知道其他任何统治方式”的人。毕业于哈佛大学、当时在霍华德大学任教的历史学家约翰·霍普·富兰克林，在《黑人教育杂志》（*Journal of Negro Education*）上对库尔特的数据使用和分析提出了尖锐的批评，但大多数白人学者都将库尔特的发现放进了自己的讲座和教材中。托马斯·A. 贝利是最畅销的本科教材之一《美国盛况：共和国史》（*The American Pageant：A History of The Republic*）的作者，他也认为，白人激进分子利用前奴隶“为工具，在其不知情的情况下帮他们实施

---

① Thomas Cripps, *Making Movies Black: The Hollywood Message Movie from World War II to the Civil Rights Era* (New York, 1993), 166; Little Rock *Arkansas State Gazette*, March 14, 1947; Kansas City *Plaindealer*, July 23, 1948.

阴谋”。与库尔特不同的是，贝利在加州出生并接受教育，职业生涯的大部分时间都在哈佛、康奈尔和斯坦福任教，而他所说的“如此残酷地在1867年开始、靠枪杆子维系的南方重建”，以及由此产生的实行种族融合、往往像“滑稽歌剧似的”南方立法机构，可以在邓宁和鲍尔斯甚至小托马斯·迪克森的作品中得到印证。①

对于又一代非裔美国退伍军人来说，当他们从一场全球反法西斯战争中归来时，发现附近的电影院正在放映《南方之歌》之类的影片，这个事实令人沮丧，等于在提醒他们：家乡的面貌几乎没有改变。还有就是1957年获普利策奖传记作品奖的《当仁不让》(*Profiles in Courage*)，封面上的署名是马萨诸塞州参议员约翰·F. 肯尼迪。这本书包含了一系列的传记小品，其中一篇是献给最高法院助理法官卢修斯·拉马尔的。年轻的国会议员拉马尔狂热地主张脱离联邦，起草了密西西比州脱离联邦的条例。肯尼迪对参议员、州长阿戴尔伯特·艾姆斯尤其持批评态度，他写道：“没有哪个州比密西西比州更深受北方来的投机者统治之苦。”肯尼迪认为这向大家揭示“这两名前奴隶担任过副州长和国务卿之职”，尽管他忘了补充一句，说后者即詹姆斯·D. 林奇在孩提时代就被他的白人父亲、那个让他在新罕布什尔州受教育的牧师解放了。肯尼迪还猛烈抨击了这一时期的增税，这是一个支持公共教育的新英格兰民主党人的独有批评。这本书的大部分研究是由乔治敦大学的历史学家朱尔斯·戴维斯

① Fred A. Bailey, "E. Merton Coulter," 参见 *Reading Southern History: Essays on Interpreters and Interpretations*, ed. Glenn Feldman (Tuscaloosa, 2001), 32 - 33; E. Merton Coulter, *The South During Reconstruction, 1861 - 1877* (Baton Rouge, 1947), xi, 147; Weisberger, "Dark and Bloody Ground," 434 - 436; John Hope Franklin, "Whither Reconstruction Historiography," *Journal of Negro Education* 17 (1948): 446 - 461; Thomas A. Bailey, *The American Pageant: A History of the Republic* (Boston, 1956), 467 - 474。

完成的，他曾教过这位参议员的妻子一门课，要求她阅读亨利·斯蒂尔·康马格和塞缪尔·艾略特·莫里森的广受欢迎的教科书《美利坚共和国的成长》（*The Growth of the American Republic*），这本书称奴隶为“桑博”，称黑人儿童为“皮卡尼”（pickanninies）。那章的参考书目中就有《悲剧时代》。[1]

当时，约翰·霍普·富兰克林那本富有开创性的黑人历史教科书《从为奴到自由：美国黑人的历史》（*From Slavery to Freedom: A history of Negro Americans*）已经出版了8年。1950年代末，丹尼尔·J. 布尔斯廷邀请富兰克林出版一本关于重建的书，放进他的《芝加哥美国文明史》（*Chicago History of American Civilization*）书系。就在富兰克林接受布鲁克林学院的一个职位，成为第一位担任历史系系主任的非裔美国人之后，这本书在1961年出版了，比它所回应的那几卷书要薄一些，也更具可读性。在《重建：内战之后》（*Reconstruction: After the Civil War*）一书中，富兰克林以一以贯之的观点进行了礼貌但坚定的辩论。早期的历史学家曾贬损北方来的投机者，说他们“道德败坏、放荡、不诚实、堕落”，富兰克林则认为他们绝大多数都是“心怀善意的教师、传教士和退伍的北方联邦士兵”。正如几十年前杜波伊斯所做的那样，富兰克林称赞国会议员塞迪厄斯·史蒂文斯是一位斗士，“坚定地致力于实现黑人的选举权”，将投票权视为走向民主的一步而非对南方白人的惩罚。富兰克林决心改变主流学术研究的潮流，他把注意力集中在华盛顿，即使在当时，大多数任职于国会的非裔美国人也只被粗略地提及。布鲁斯只出现过

---

① Lemann, *Redemption*, 206 – 207; John F. Kennedy, *Profiles in Courage* (New York, 1956), 161; Herbert S. Parmet, *Jack: The Struggles of John F. Kennedy* (New York, 1980), 298.

一次，雷维尔斯是两次。富兰克林还避免了他所认为的杜波依斯那种“强烈的马克思主义偏见”。但他承认，这一深思熟虑、精心开展的研究是为了打破“普遍的（通常被归为邓宁的）观点，即重建经历没有带来什么好处”。①

随着1960年代的到来，这个国家对种族的态度终于开始转变。多亏了新一代的非裔美国人活动家，政治家慢慢接受了将构成第二次重建的民权改革。在杜波依斯的学术成就被忽视的地方，至少在白人为主的大学里，富兰克林的书广受好评。在为《美国历史评论》（它选择对《美国的黑人重建》不予置评）评估时，汉斯·T. 特雷弗斯称此书“很棒”，并称赞富兰克林的语气“非常克制”。特雷弗斯最近为本杰明·F. 巴特勒撰写了一部褒贬兼顾的传记，因此他是准备接受新综合理论的学者之一。他总结道，富兰克林的描述“彻底颠覆了传统的图景”。英国历史学家艾伦·康威也同样准备重新思考这一时期，该时期的学术研究“长期以来被持某种态度的历史学家所主导，而这态度在D. W. 格里菲斯的经典电影《一个国家的诞生》中得到了生动的描述”。康威也称赞富兰克林“对一个复杂时期进行了中肯、客观的研究”，而埃德加·A. 托平在为《黑人历史杂志》审读此书时，也认为这本书“有见地”，是以“客观”“公正”的笔调写就。艾弗里·克雷文是少数持不同意见者之一，多年前就批评过杜波依斯的著述。克雷文1885年出生于艾奥瓦州，虽然此时在南卡罗来纳大学任教，但他的大部分职业生涯都是在芝加哥大学度过的。在一篇从未提及作者姓名的离奇评论中，克雷文讽刺道：“很明显，坐在北方图书馆里阅读官方文件的学者并没有以非常务实的方式重新描述重建工

---

① Franklin, *Race and History*, 290; Franklin, *Reconstruction*, 93－94, 59, 236.

作。”出生于俄克拉何马州、在菲斯克受教育的富兰克林在纽约生活期间写下了这本书的大部分内容，在克雷文看来，这一事实足以构成对他的控诉。[①]

有一位学者比其他学者更有资格批评重建，但他没有这样做。3年前的1958年3月2日，千余名宾客来到曼哈顿的罗斯福酒店，庆祝杜波依斯的90岁生日。歌手兼活动家保罗·罗伯逊，一位奴隶之子，现场演唱。约翰·霍普·富兰克林颂扬了这位具有开拓性的学者，斥责了那些“所谓的可敬之人”，因为他们害怕“麦卡锡分子和鹰派冷战分子”而当晚不敢到场。此后不久，思维依然活跃的杜波依斯前往加纳，监督《非洲百科全书》（*Encyclopedia Africana*）的编撰。1963年在华盛顿举行的游行，恰逢林肯发表宣言的百年纪念，游行的组织者希望杜波依斯能赶回来演讲，但他已不想回美洲了。他盛赞小马丁·路德·金牧师“诚实、坦率、训练有素并且了解国家在民权问题上的局限”；但他打算留在非洲。杜波依斯关注着加纳电台里有关游行的消息，并考虑参加在阿克拉的美国大使馆举行的示威游行。但他累了，便上床睡了。8月27日午夜前他在睡梦中去世，享年95岁。仅仅几小时后，大约25万美国人（其中80％是黑人）开始聚集在林肯纪念堂，参加当天的音乐活动和演讲活动。[②]

当金牧师站在林肯像的“阴影”下，提醒他的白人兄弟们，他们“违背”了政府在内战后所作的承诺，主流学者和专业历史学家正在重新审视杜波依斯和林奇的著作，并将富兰克林的研究所得融入他们

---

① Reviews by Hans L. Trefousse, *AHR* 67(1962): 745 - 746; Alan Conway, *English Historical Review* 78(1962):811 - 812; Edgar A. Toppin, *JNH* 47(1962):57 - 59; and Avery Craven, *JSH* 28(1926):255 - 256.

② Lewis, *Du Bois: Fight for Equality*, 559; Stephen B. Oates, *Let the Trumpet Sound: The Life of Martin Luther King Jr.* (New York, 1982), 263.

的讲座中。这十年里，在学界的大部分角落，邓宁学派都在全面开花，电视上有太多消防水龙喷射、警犬攻击和平的民权活动人士的画面。1970年代初，迪士尼公司进行了最后一次电影巡回放映后，将《南方之歌》从其经典电影库中撤了出来。但《乱世佳人》1971年和1974年两次在影院重映，1976年的某两晚在电视上的首次播放创造了收视新纪录。虽然讽刺的是，这一纪录第二年被迷你剧《根》的首映打破了，但该纪录提醒人们：对昔日南方的浪漫主义看法，以及随之而来的重建——正如查尔斯顿的导游仍然坚称的——是“南卡罗来纳州历史上最不民主的时刻”的想法，一直存在于大众的想象中。[1]

---

① *New York Times*, June 22, 1976。

后记

自由精神纪念碑

承认有罪，不管对于个人还是国家而言，都不容易做到。现代政治家们已经掌握了“无过错道歉”的艺术，用这种方式道歉时，不当言论或行为的责任会落在被冒犯者、受害者身上。如果那个人受到侮辱，或者所涉及的行为或政策是错误的，那么作恶者会表示抱歉。今天，这样的消极认错依然常见。犯了错，政客们就叹口气，小心翼翼地避免承认到底是谁犯了错。尽管选民们厌倦了这种令人煎熬的解释，却理解这种掩饰的意图。打算竞选连任的人很少愿意承认失败，更不用说承担真正的罪责了。一个国家的成员，自视为一个较地球上其他许多地方都更公正、更民主的社会之居民，全都不愿意承认那些好的、高尚的政策是被一个反动的少数族裔蓄意推翻的，而全国成千上万的人却发现换个角度看就容易看明白了。

不过，我们研究历史不是作为尚古之癖的一种练习，而是为了解当下。在正确理解后，就会发现历史是一系列蜿蜒曲折的路，条条都汇聚到当今社会。如果我们刻意忽略此过程中令人不快的部分，或者试图重新绘制这张地图让这个国家的第一个渐进式改革时代反而像是一个腐败和糟糕政府的悲剧时代，那么我们就无法理解当今世界。把矛头指向别国和暴君要简单得多，那些暴君会把政府大清洗的受害者从老照片中清除，铁了心地要抹去自己的恶行。大多数美国人夸口说他们永远不会容忍这样的虚构，坚称自己的国家是敢于面对残酷事实的。但后来他们改写了历史，借小说、戏剧和电影诋毁那些为民主和投票权献出生命的活动家，或者在历史剧中美化历史，把浪漫爱情置于因果关系之上，强调大银幕的奇观而不是对过去错误的严厉批判。

重建时代的许多优点之一，也许是存在政治分歧的双方的男男女女都愿意捍卫自己的行为。南卡罗来纳州州长本杰明·蒂尔曼毫不内疚地告诉杜波伊斯，塞迪厄斯·史蒂文斯为自由民争取投票权的主张是错误的。出生在查尔斯顿的州务卿弗朗西斯·L. 卡多佐，身为这个国家首位当选为州级官员的非裔美国人，同样坚决捍卫共和党的政策。后来的批评人士，如约翰·F. 肯尼迪，对这一时期的增税表示遗憾，但卡多佐 1870 年在南卡罗来纳州哥伦比亚的联邦同盟发表演讲时认为，在谈到债务增加的问题时，进步派“有理由为自己庆贺”。他指责南北战争前的民主党人浪费了“几百万美元［用于］建造州议会大厦”，而黑人立法者却出资开办跨种族学校，并成立了州土地委员会。卡多佐还说，用于该委员会的公共资金为两个种族的贫困农民提供了“一个以优惠条件购买住房的机会，［而且］断了人们心心念念要恢复过往的希望”。①

印第安纳州共和党人奥利弗·P. 莫顿也同样坚决地捍卫尤利西斯·格兰特总统在前南方邦联推行的政策。“我们听到有人说共和党的重建体系是失败的。”这位前州长在 1877 年去世前不久这样说。由

---

① Francis Lewis Cardozo, *Address Before the Grand Council of the Union Leagues at Their Annual Meeting* (Columbia, SC, 1870), 10 - 11.

于美国人坚称他们相信民主和基于被统治者的意愿建立的政府，因此重建时期的立法者和国会议员制定的法律及修正案是“公正和不可改变的”。莫顿指责说，如果重建失败了，那只是因为“遭到了武装起来杀人不眨眼的组织，以及恐怖主义和那个时代最邪恶最残忍的禁令的抵制”。莫顿坚持认为，战后的改革并没有因为实现了自己的目标而结束，也没有因为无效而被废除。相反，它们被有针对性的暗杀和暴力系统地摧毁，这是现代观众往往不愿听到的残酷现实。人们更容易相信的是，这一时期存在某种缺陷或腐败，这种看法一定程度上弱化了白人民团的恶行，冲淡了对奥克塔维厄斯·卡托或本杰明·F. 伦道夫牧师等活动家遭人谋杀的记忆。[①]

面对令人不安的事实会带给人有历史意义的启发，尽管这不是什么易事。别的不说，诚实地回顾过去，可以提醒我们这些事离我们有多近。1939 年 11 月，前国会议员、历史学家约翰·罗伊·林奇去世，享年 92 岁，那一年小马丁·路德·金才 10 岁。2000 年，北卡罗来纳州立法机构受托完成一份关于 1898 年选举日骚乱的报告，骚乱期间，近 2000 名白人民主党人不仅拆毁了威尔明顿唯一一家黑人报纸印刷厂，迫使该镇的非裔美国人领导人逃离，还在大街上枪杀共和党选民。该机构一名委员亦是白人承包商，他抵制该调查，警告说调查将“重提旧账”。他的第一个想法是“100 年前每个人都犯了错，我们得站在今天来看问题”，仿佛杀害多达 100 名黑人选民不过是一次过失，最好忘掉。但当该机构仔细研究旧剪报和档案信件时，这位商人对过去有了新的认识。“我的想法变了，”他承认，“我很惊讶地

① *Circular, The President's Southern Policy: Letter of Hon. O. P. Morton*，现存于霍华德大学 Moorland-Springarn 研究中心 Pinchback 档案。

发现对此事的感情是如此之深，而且没过去多久。”①

对另一些人来说，信守舒心的谎言比接受一个复杂且往往令人不安的过去要好。如果说历史学家半个世纪前基本上放弃了邓宁学派的重建研究成果，那么它仍然存在于学术界的某些角落里，尤其是在大众意识中。虽然现在的电影中不再出现《一个国家的诞生》那种残酷的种族主义，但它们要么小心翼翼地回避南北战争的因果关系这一棘手问题（也许是担心坦率地讨论奴隶制问题会失了票房），要么延续怀恨在心的北方共和党人严厉地对待战败的南方邦联的神话。《葛底斯堡》（*Gettysburg*）的编剧兼导演罗纳德·F. 麦克斯韦尔试图淡化有关奴隶制的扩张是脱离联邦之根源的争论，并强调詹姆斯·朗斯特里特并非一个亲奴隶制的理论家，在这部1993年的电影中，麦克斯韦尔笼统地评论道，我们应该解放奴隶，然后向萨姆特堡开火。当然，历史记载中的朗斯特里特在后来的几年里经常承认奴隶制是战争的起因，而现实中的这位将军可能纳闷，如果蓄奴州的奴隶已经获得自由，蓄奴州为什么还要为独立而战?20世纪的最后10年制作的一部电影的编剧希望把朗斯特里特的身份变成一个未公开的废奴主义者，这一事实表明，将一个剧本简化为对战术和动作的一维讨论，比认真调查为什么这么多美国人死在葛底斯堡更有市场价值。②

5年后，由约翰·格雷为TNT电视频道编剧并导演的《林肯遇刺之日》（*The Day Lincoln Was Shot*），以一个蹩脚的叙述结尾，说亚伯拉罕·林肯之死的真正悲剧在于它让重建进程落在了希望“惩罚”

---

① “North Carolina City Confronts Its Past in Report on White Vigilantes,” *New York Times*, December 19, 2005.

② 在 *Causes Won, Lost, and Forgotten: How Hollywood and Popular Art Shape What We Know about the Civil War*（Chapel Hill, 2008）的第57页，Gary W. Gallagher对Longstreet的虚构对话进行了说明。

南方的史蒂文斯等激进分子手中。奇怪的是，这些话和朗斯特里特的奇谈怪论，在据以改编成《葛底斯堡》和 TNT 频道那部电影的原著——迈克尔·沙亚拉 1974 年的小说《杀手天使》（*The Killer Angels*）和著名作家吉姆·毕晓普 1955 年关于林肯遇刺的同名小说——中都没有出现，这表明麦克斯韦尔和格雷要么用的是那个时代的过时资料，要么是对重建时代的改革抱有普遍的误解。后来，史蒂芬·斯皮尔伯格 2012 年的电影《林肯》（*Lincoln*）把史蒂文斯刻画成将自由和黑人权利视为单纯的正义的一位有原则的、务实的斗士，而为黑人解放和平权进行游说的黑人活动家却诡异地没在该片中出现。然而，对一些美国人来说，像史蒂文斯这样的共和党人倡导的渐进式改革显得太过现代，以至于记者们无法把这些改革当作准确的事实来接受。1993 年的《萨默斯比》（*Sommersby*）以战后的田纳西州为背景，主角是一名黑人共和党法官，至少有一位佛罗里达州的影评人嘲笑片中的法庭场景是凭空臆想和违背历史的。[1]

邓宁和鲍尔斯的作品还在出版，小托马斯·迪克森的三部小说也是。这些著述应该依然可以读到，即使只是作为历史文献，或者是在以一种令人沮丧的方式提醒人们，美国白人在上个世纪的大部分时间里是如何故意记错重建时期那几十年历史的。然而，一位近期读过邓宁著作的人在美国最大的购书网上发了评论，谴责重建时期是“一个过度惩罚南方白人的时期，就因为白人相信上帝赋予他们权利去脱离一个忽视了宪法对日益专制的联邦政府的约束的国家”。和迪克森一

---

① “‘Day Lincoln Was Shot’ Is Simply Assassinine,” *New York Daily News*, 1998 年 4 月 10 日；“Foster, Gere Put Heart into Summersby,” *Orlando Sentinel*, 1993 年 2 月 5 日. 2012 年 11 月 22 日，备受尊敬的专注研究林肯的学者 Harold Holzer 在 *The Daily Beast* 上发表“What's True and False in ‘Lincoln’ Movie”一文。他赞扬斯皮尔伯格对 Stevens 的塑造很准确，但同时也提到 Lydia Smith 是这位国会议员的“非裔美国情妇”。根据宾夕法尼亚州的法律，Smith 和 Stevens 并非合法婚姻。

样，这位评论者也暗示黑人的投票权和军事占领几乎证明了“随后以游击战为基础的非正规战争”是正当的。鲍尔斯作品的21世纪买家，称赞作者准确地将史蒂文斯描绘成一个“真正的恶棍”，一个狂热的“争取黑人平等”的斗士，一个“憎恨南方及南方白人”并且如此劳心劳力地让重建“尽可能地残酷无情”的人。还有一位读者读了鲍尔斯的作品后非常愤怒，声称“厌恶《悲剧时代》中那些穷凶极恶的主人公，[而且]想揍他们一顿，给他们涂上柏油粘上羽毛，把他们赶出美国历史”。一位自称历史学家的人宣称，鲍尔斯的作品“简直是有史以来关于重建及战后南方独立时期状况的最好的书”。这位评论者发现，人们仍然可以买到“在出版商[强加]或由于政治正确而使自我审查成为常态之前写得很好”的书，这尤其令其眼前一亮。[①]

尽管将1920年代出版的一部不被采信的、高度虚构的作品在现代社会的十几篇热情洋溢的线上评论视为少数死硬的新邦联分子的最后一搏可能很吸引人，但是，“邦联被打败后，无力自保的南方遭受了许多恶毒仇恨的加害”这一论调，正如鲍尔斯作品的另一位现代读者所言，仍然是司空见惯的。经济学家托马斯·迪洛伦佐曾任职于仍在鼓吹脱离联邦的南方同盟研究所（League of the South Institute），最近，他认为“‘重建’期间，在军事统治下又经历了12年多暴力和无法无天的日子，这无疑是美国土地上有史以来最严重的无政府状态”。这并不是说前南方邦联因为白人民团主义而“无法无天”，而是说保护黑人选民的士兵的存在本身在某种程度上就是“暴力的”。南方邦联退伍军人之子为乔伊·马索夫的基础教育教材《我们的弗吉尼

① John Blangero 2010年9月5日在亚马逊网站上的评论；G. F. Gori 2004年8月7日发表的评论；Joaquin Hawkins于2012年5月3日发表的评论；Gregory M. Kay 2009年7月29日发表的评论。

亚：过去与现在》（*Our Virginia*：*Past and Present*）提供了研究对象，该教科书错误地暗示“成千上万”非裔美国人为南方邦联而战，他们还为弗吉尼亚州州长罗伯特·F. 麦克唐纳2010年的《“南方邦联历史宣传月”宣言》（*Confederate History Month Proclamation*）提供了文本，但该宣言中并没有提及奴隶制。因此，在美国历史上，或许没有其他话题比这更能揭示历史学家所认为的事实和大众所相信的事实之间竟是如此惊人的脱节。①

在谈及铭记战争及其后果时，雕像和纪念碑变得特别有争议，几乎和它们纪念的地点一样有血腥味。2000年，竖立在亚拉巴马州塞尔玛市内一座公园里的内森·贝德福德·福雷斯特的青铜半身像不翼而飞。当一个自称“福雷斯特之友”的组织筹集资金想制作一个替代品时，当地活动家反对把它放在公共场所。“福雷斯特之友”的一名成员回答说：“在这个国家，我们可以敬拜我们的英雄。”他还说，塞尔玛市已经为小马丁·路德·金建了座纪念碑，他们只是希望“享受同样的待遇”，这就好像把一个有钱的奴隶贩子、三K党领袖、允许在枕头堡屠杀黑人军队的邦联军官，与一位牧师、和平主义者和民权烈士在历史上置于同等位置。该组织的其他成员指责他们的批评者侵犯了白人的“民权”，犯了“现时主义（presentism）”的错，也就是用最近的标准来谴责过去的行为。不过，反对竖一座新半身像的人并没有说什么福雷斯特有生之年没有说过的话。“当我们扩大权力时”种植园主阶层的残余“尊重了”联邦政府的决定，一位共和党人

① William H. Losch2011年4月22在亚马逊网站上发表的评论；Thomas DiLorenzo, *The Real Lincoln: A New Look at Abraham Lincoln, His Agenda, and an Unnecessary War* (Seattle, 2002), 118；“McDonnell's Confederate History Month Proclamation Irks Civil Rights Leaders,” *Washington Post*, April 7, 2010；“Virginia 4th-grade Textbook Criticized Over Claims on Black Confederate Soldiers,” *Washington Post*, October 20, 2010。

1866年如此说道，“当我们放下武器准备迎接”南方白人重返联邦时，前南方邦联分子“把人性和良善的感觉误以为是恐惧”。[1]

比起查尔斯顿对自由精神纪念碑的提议引发的激烈讨论，塞尔玛市充满敌意的辩论看起来几乎是不慌不忙。这座雕像由研究非裔美国人社会的牧师亨利·达比设计，旨在纪念黑人废奴主义者丹马克·维齐以及两个同在1822年夏天被绞死的非洲人杰克·普里查德和星期一·盖尔。在一个到处是蓄奴的开国元勋和邦联官员的雕像、牌匾和半身像的城市里，达比认为埋葬地点不详的维齐没有任何纪念性标志是错误的。经过多年的游说，2007年，查尔斯顿市拨款2万美元用于建造这座雕像，并批准了设计方案。该市的艺术和历史委员会（Arts and History Commission）成员大多投票表示支持，该项目的主角维齐一手拿着《圣经》，一手拿着工具，因为他在世时既是木匠，也是该市非裔美国卫理公会教堂的平信徒牧师。亦有成员持反对意见，说维齐不适合作为纪念碑的主题，他说：“问题症结在于：到底应该通过屠戮个体，还是通过一个过程慢慢赢得自由？”事实是，早在维齐密谋的两年前，州议会就通过了新的立法，禁止自赎和私自解放，但这个唯一的持反对意见者拒绝解释卡罗来纳的奴隶有过怎样和平的“过程”。[2]

---

① “Bust of Civil War General Stirs Anger in Alabama,” *New York Times*，2012年8月24日；Billy E. Price 致 *Birmingham News* 编辑的信，2012年8月28日；（author unknown），*Is the South Ready for Restoration*，20. 2013年，孟菲斯市发生了类似的冲突：市议会投票决定重新命名 Forrest Park，引发了三K党和南方邦联退伍军人之子的抗议。详见 Kevin M. Levin, “The Ku Klux Klan Protests as Memphis Renames City Park,” *The Atlantic*，2013年2月28日。

② “Former S. C. Slave's Legacy Disputed,” *USA Today*, November 20, 2007; Blain Roberts and Ethan J. Kytle, “Looking the Thing in the Face: Slavery, Race, and the Commemorative Landscape in Charleston, South Carolina, 1865 - 2010,” *JSH* 78 (2012):680.

其他批评者也迅速加入进来。当地一位电台脱口秀节目主持人声称，维齐于1799年买回了自己的自由，但他的孩子仍然为奴，“他不仅想杀死压迫他的人，还想杀死所有白人，女人，孩子，一个都不放过”。通过假设奴隶反叛的最终目的是谋杀白人，而不是解放美国黑人，这位电台主持人谴责维齐是“一个潜在的恐怖分子”。而另一位反对者写信给《查尔斯顿邮报》（*Charleston Post*）和《信使报》（*Courier*），坚持认为维齐的计划最终是要让成千上万卡罗来纳黑人逃往海地，“充其量不过是一场大屠杀”。更令人惊讶的是，堡垒军事学院（the Citadel）的一位历史学教授也对“为一个被法律制裁过并存心制造混乱的人”建纪念碑表示怀疑，这座学院的原址就在维齐密谋被挫败后所建的军械库中。教“南方独立战争”这门课的这位凯尔·西尼斯教授还提出“许多黑人自由民拥有奴隶”，以此把混血自由民——拥有奴隶又自称“棕色人种”的少数人——的肤色说成纯黑并夸大他们的数量。西尼斯还说，奴隶制今天尚未“被冠上污名”，这一论调1822年冒着生命危险为自己和家人争取自由的几十个美国奴隶显然并不知晓。[①]

使问题复杂化的是纪念碑的选址。支持者本能地想到了马里恩广场，那是这座城市最大的公园之一。广场也有象征意义。原来的堡垒军事学院就在附近，老罗伯特·维齐设计的1865年那座非裔美国卫理公会教堂也在附近。（如今位于原址的教堂是后来建的。）但广场仍为两个成立于19世纪的民兵连所有，一根高高的柱子矗立在此，拥护奴隶制的参议员约翰·C. 卡尔霍恩的雕像在柱顶俯视整个广场，这两者看起来都不赞同在此为一个策划奴隶暴动的自由黑人建纪念

① Roberts and Kytle, “Looking the Thing in the Face,” 680; C. Gail Jarvis to editor, Charleston *Post and Courier*, July 1, 2000; Charleston *City Paper*, April 26, 2006.

碑。到 2000 年，自由精神纪念碑的支持者已选定汉普顿公园。这里曾是赛马场和赛马会联合公墓的所在地，也引起了那些想让大家铭记首个阵亡将士纪念日和战后充满希望的激动人心的时刻。尽管缺乏必要的资金将小模型改成大尺寸的雕像，该市还是在 2010 年 2 月 1 日举行了动工仪式。那日寒风凛冽异常，却有数百人赶来庆祝市长乔·莱利所称颂的“人类渴望自由的不屈不挠的精神”。牧师约瑟夫·达比在仪式上发表讲话，以笑声驱散了早晨的寒意。他说，“上帝为每一个说”南卡罗来纳州“天气寒冷的人安排了这样的天气，然后给了这里一座丹马克·维齐塑像”。[①]

批评人士再一次纷纷写信向当地报纸投诉。和以前一样，他们大多指控维齐计划谋杀“城里的每一个男人、女人和孩子”，还有一位则在这位废奴主义者所谓的罪行清单上添了“纵火和强奸”，其此举让人联想到小托马斯·迪克森。导游兼作家马克·琼斯坚持认为，“查尔斯顿的任何非裔美国人”都比维齐、盖尔和普里查德更有资格拥有雕像，因为这些反叛领袖本打算用“暴力”解放该市的奴隶。支持竖立纪念碑的人回应说，查尔斯顿甚至全国大部分地区，都已为那些用战争和革命来实现独立或解决国家困境的白人士兵及政治家竖起了数百座雕像。一些人指出，要求所有非裔美国人的神龛只纪念和平主义者是一种不顾史实的双重标准。正如历史学家小伯纳德·E. 鲍尔斯所言，一旦州立法机构阻断了和平变革的可能，“暴力革命［就是］不可避免的”。鲍尔斯说，虽然几十年前就买回了个人自由的维齐在发起叛乱反抗时已不再是奴隶，但晚年时他“替弱势群体发声”，

---

① Roberts and Kytle, “Looking the Thing in the Face,” 677 - 678; Charleston *Post* and *Courier*, January 30, February 2, 2010.

尚未完工的丹马克·维齐纪念碑是为了纪念南卡罗来纳非裔美国人长期斗争的历史。建成后，它将成为查尔斯顿为数不多的美国黑人纪念碑之一，而该市到处都是为蓄奴政客和邦联领导人建的雕像及纪念碑。尽管维齐于1822年被绞死，但战争结束后，这位黑人废奴主义者的儿子罗伯特·维齐在查尔斯顿重新露面，并参加了1865年4月在萨姆特堡举行的光复仪式。年轻的维齐和他父亲一样是个木匠，他还设计了查尔斯顿重建的非裔美国卫理公会教堂，以取代43年前被查尔斯顿白人夷为平地的教堂。(图片由《查尔斯顿邮报》《信使报》及雕塑家埃德·德怀特提供)

“这其中有某种美国人独有的东西”。[①]

许多卡罗来纳白人则不这么认为。一个执拗的写信人宣称自己“强烈反对”竖这尊雕像，并指责拟议中的自由精神纪念碑“可能是1990年代的辛普森杀妻案判决在查尔斯顿的翻版”。如果将一位希望解救成千上万受奴役的美国人（包括他的孩子在内）的平信徒牧师，和一个被控谋杀自己白人妻子的富有运动员相提并论，会让许多报纸

① Michael Trouche致Charleston *Post* and *Courier* 编辑的信，2004年2月24日；“Vesey Evokes Honor, Horror,”同上，2010年3月8日。

读者觉得这是一段糟糕的历史的话，那么要分辨《查尔斯顿邮报》和《信使报》网站上的帖子则很难。有一个写信人不了解反抗者曾打算劫持港口的船只逃往海地一事，就声称这些蓄谋已久的反抗者计划在该州“建立自己的压迫政权”，“让自己出人头地”。另一位写信人认为，林肯“远比罗伯特·E. 李、斯通沃尔·杰克逊或杰斐逊·戴维斯更有种族主义色彩”，以提醒人们战前的岁月与内战及其后果有着多么紧密的联系。戴维斯这位南方邦联总统在最后一刻给出的武装一小部分黑人的提议未获成功，却被夸大成了一项“最终结束奴隶制并给予黑人充分的平等权利”的计划。这位写信人若有所思地说：“维齐不是斯巴达克斯。”①

这么多白人如此紧张，以至于批评家提议了许多其他可以竖纪念碑的候选人。为证明近代历史比有争议的过去更容易驾驭，那些写信人推荐了黑人物理学家、宇航员罗纳德·麦克奈尔，此人 1986 年死于“挑战者号”那场灾难。也有人推荐摇滚乐先驱查比·切克，而查尔斯顿学院前院长则提名该校的白人校友约翰·C. 弗里蒙特。建议的人选中更合适的还包括战争英雄、国会议员罗伯特·斯莫斯，1915 年他在南卡罗来纳州的博福特去世。作为该市内战纪念活动的一部分，查尔斯顿在不同区域竖起了两个小的斯莫斯石碑。达比牧师愿意看到人们向这位国会议员致敬，但他说：“斯莫斯要不是成功地夺取了一艘南方船只”，“就会像维齐一样被处死”。斯莫斯、弗里蒙特或马萨诸塞州第 54 军团的黑人士兵应该被历史铭记，达比对此表示同意，因为“他们和丹马克·维齐一样，都是自由的拥护者”。但是，对过去的适当纪念，要求的不仅仅是为像斯莫斯或小马丁·路德·金

① Michael Trouche 致 Charleston *Post* and *Courier* 编辑的信，2010 年 2 月 19 日；帖子参见 www. postandcourier. com，2010 年 2 月 15 日。

这样的人建对抗性纪念碑（counter monuments）。它要求对一段麻烦而复杂的过去进行全面完整的描述，这段过去包括对那些为争取自由而被判犯有密谋罪的人的大规模处决。[①]

这座雕像仍未建成。城郊公园本打算竖立丹马克·维齐纪念碑的地方仍是一块空地。对支持和反对这座雕像的人而言，这场争论尽管可能很激烈，却只涉及战前在查尔斯顿对非洲人和非裔美国人的奴役。而对于从1822年到1865年几乎一直在躲藏的罗伯特·维齐来说，这场斗争要漫长得多。但是战争的结束对这位年迈的前奴隶，对他的儿子小罗伯特和儿媳安娜来说意味着新的一天。重建工作使老罗伯特有可能重建他父亲的教堂，并加入查尔斯顿的机械师协会；也使他的儿子小罗伯特有机会在该市的自由民储蓄银行分行开设账户。重建意味着推迟已久的梦想终于实现。到1870年老迈的老罗伯特·维齐去世时，他在萨姆特堡光复仪式上认识的前奴隶罗伯特·斯莫斯已经协助起草了一部州《宪法》，这部《宪法》让他们俩都可以去投票了。生于1832年的小罗伯特·维齐无疑活着见证了斯莫斯从卡罗来纳的第五选区当选为美国众议院议员；但就像他1874年夭折的幼子一样，他可能在目睹一场新的战争扼杀了重建的希望之前就去世了。

一座雕像无法重建，就无法纪念一个多面的过去。但是，如果自由精神纪念碑建成的话，或许应该在基座上再添第四个人的雕像，那就是老罗伯特·维齐，当时他还是个22岁的木匠。丹马克·维齐曾考虑带着他的第二任妻子苏珊和他们获得自由的孩子移民到利比里亚。但他的儿子罗伯特和其他孩子仍是奴隶，所以维齐决定“留下来，看看能为他的同胞们做些什么”。对于美国黑人及其激进的共和

---

① Roberts and Kytle, “Looking the Thing in the Face,” 681，注170；“Civil War Is Nothing to Celebrate,” Charleston *Post* and *Courier*，April 25，2011。

党盟友来说，重建是一个更好的未来，是美国第一个真正进步的时代。如果活动人士在宾夕法尼亚和纽约州赢得了永久投票权或交通上实现了种族融合，那么到 1901 年，这个时代的改革已在共和国的大部分地区结束了。即便雕塑林立也不能弥补失去的潜力，亦无法抹去那些把乔治・亨利・怀特这样的活动家赶下台的人的罪责。但是，当美国南北各地为本杰明・F. 伦道夫、奥克塔维厄斯・卡托、詹姆斯・M. 辛兹这些在重建之战中牺牲的改革家树起纪念碑时，我们就会知道：美国人终于明白那几十年的意义了。①

① 关于 Vesey 不移民的决定，参见拙作 *He Shall Go Out Free*，121－122。

致谢

完成一本书总是令人心满意足，却也莫名地令人担忧。一段长途跋涉终于结束了，但最终交出手稿也意味着无法在进一步思考后再予以修订、修正或改动了。但这当中有件事无需担心，那就是感谢老朋友和同事，他们读完了全部或部分的手稿，让我避免了不少错误，也使整个研究和写作过程更加愉快。

在 1988 年美国早期史历史学家学会（SHEAR）的会议上，我第一次见到约翰·贝洛拉维克（John Belohlavek），他对几个章节提供了他一贯明智的评论。在那个会上，我几乎一个人也不认识，约翰因为他新出版的一本书而被大家举杯祝贺，但他见我形单影只，便来问我在忙什么，还请我喝了一杯。每年在美国早期史历史学家学会的会议上喝点马提尼酒，如今对我来说是大会的亮点。另外两位睿智的老朋友斯坦·哈罗德（Stan Harrold）和休·戴维斯（Hugh Davis）也读了部分手稿。斯坦用红笔勾出他对一些形容词的质疑，这份挥洒自如，胆小之人是做不到的，而他在语法和内容上也向来正确。休仍然是研究北方各州重建工作的主要权威，任何读过本书注释的人都应该很清楚他对本书的影响。

一段时间以来，我一直受惠于卡罗尔·拉瑟（Carol Lasser）、加里·科恩布里斯（Gary Kornblith）的善良，还有斯泰西·罗伯森（Stacey Robertson）——我确实知道怎么拼这个姓——的宽容。他们对19世纪的改革和反奴隶制了如指掌，毫无怨言地阅读了我寄给他们的每一页纸。约翰·奎斯特（John Quist）和米切尔·斯奈（Mitchell Snay）也把自己手头的重要工作放在一边，花了足够多的时间阅读我的一些手稿，米切尔关于贺拉斯·格里利的精彩传记出版时，我正好在研究1872年的选举。约翰可能认为这段时间以来我欠他一些人情，但既然我看到他跪在欧柏林学院的礼拜堂里为殖民时代的事祷告（他穿着那时的装束，加里和休也是，想想那场面吧），我想我们差不多扯平了。

罗伯特·库克（Robert Cook）和理查德·福利特（Richard Follett）不仅邀请我到苏塞克斯大学（University of Sussex）演讲，还同意阅读本书的部分内容，他们对那段时期以及华盛顿的博弈的了解无人能企及。我还要感谢勒莫恩学院（Le Moyne College）孜孜不倦的图书馆研究员韦恩·史蒂文斯（Wayne Stevens），他总愿意寻找最不起眼的小册子或文件的踪迹。同时还要感谢勒莫恩学院的研究和发展委员会为我在他们那里拷贝图片提供慷慨支持。本项目始于丹·格林（Dan Green）的一个电话，他是我出色的经纪人，也是我的支持者，他对历史的了解比大多数历史学家都要多，而且会以仔细而敏锐的眼光来审视我的手稿。彼得·吉纳（Peter Ginna）绝对是一位出色的编辑，总是标出一些有问题的句子或段落要我澄清，却从不试图软化或纠正我的观点。

特别感谢亲爱的朋友艾伦·盖雷（Alan Gallay）和唐纳德·R. 赖特（Donald R. Wright）。我认识艾伦已经33年了，自从我们

1980年在研究生院相识以来，他可能读过我写的每一个字。只有真正的朋友才会在我手稿的空白处写下“这点我不买账”这样直白的话，但艾伦总是那么靠谱，他的洞察力也是一样。唐纳德显然本该投身编辑这一行的，可惜错过了，但他的评语是如此温和，以至于我每次都会把初稿交给他过目。正如我以前可能说过的，我俩是可以一起喝酒的可爱的人。

本书的大部分内容写于2011至2012学年，当时我在爱尔兰国立都柏林大学（UCD）担任玛丽·鲍尔·华盛顿教席的教授。我非常感谢富布赖特委员会和爱尔兰国立都柏林大学的院系——尤其是校长约翰·麦卡弗里（John McCaffery）——给我时间完成这个项目。在爱尔兰期间，我有机会在贝尔法斯特女王大学、苏塞克斯大学和诺丁汉大学（我在那里穿了绿色衣服，像罗宾汉一样，若不是为了娱乐观众的话）尝试道出其中的一些想法和章节，特别要感谢布莱恩·凯利（Brian Kelly）、凯瑟琳·克林顿（Catherine Clinton）、安东尼·斯坦诺尼斯（Anthony Stanonis）、理查德·福利特（Richard Follett）、罗伯特·库克（Robert Cook）、比万·苏厄尔（Bevan Sewell）和塞莱斯特-玛丽·伯尼尔（Celeste-Marie Bernier）的盛情款待，感谢他们对我提出探究性的问题，跟我热情地讨论，还有那些愉快的晚餐和美味的葡萄酒。

我的两个女儿科尔尼（Kearney）和汉娜（Hannah），与本书并无太大关系。但她们是如此美好、优秀和聪颖，使我的生活在方方面面都无与伦比。她们现在开始读我的藏书了，也许有一天也会读到这本。我希望她们喜欢。

这本书是献给蕾·佛特（Leigh Fought）的。她通读了整部书稿，在每一页的空白处都写满了精辟的评论和绝妙的修改建议。在爱尔兰的那段时间，我们学会了轻轻敲打饭桌的两头，而不去（至少不会太频繁）打断对方的书写。我们在都柏林度过的大部分下午都会沿着多德河散步，在这段长长的路上，我们会讨论一个又一个的想法，聊聊那天写的东西。蕾可能认为她在我们一起散步的时候总在谈她关于弗雷德里克·道格拉斯及其生活中的女人的想法，但其实与蕾有关的一切都让我受益匪浅。

图书在版编目(CIP)数据

重建之战/(美)道格拉斯·R.埃格顿
(Douglas R. Egerton)著;周峰译.—上海:上海译
文出版社,2021.12
(历史学堂)
书名原文:The Wars of Reconstruction: The
Brief, Violent History of America's Most
Progressive Era
ISBN 978－7－5327－8873－6

Ⅰ.①重… Ⅱ.①道…②周… Ⅲ.①美国—历史
Ⅳ.①K712

中国版本图书馆CIP数据核字(2022)第014034号

重建之战
[美]道格拉斯·R.埃格顿 著 周 峰 译
责任编辑/钟 瑾 装帧设计/柴昊洲

上海译文出版社有限公司出版、发行
网址:www.yiwen.com.cn
201101 上海市闵行区号景路159弄B座
上海市崇明县裕安印刷厂印刷

开本890×1240 1/32 印张14.5 插页2 字数409,000
2022年4月第1版 2022年4月第1次印刷
印数:0,001—6,000册

ISBN 978－7－5327－8873－6/K·296
定价:68.00元